D1867556

AUSGESUNDERT

Independent Commission
on Population
and Quality of Life

Visionen für eine bessere Lebensqualität

Aus dem Englischen
von Annette Bus und Anja Köhne

Birkhäuser Verlag
Basel · Boston · Berlin

Die englische Originalausgabe erschien 1996 unter dem Titel „Caring for the Future. Making the Next Decades Provide a Life Worth Living“ bei Oxford University Press, Oxford/New York.

© The Independent Commission on Population and Quality of Life 1996

This translation of „Caring for the Future“ originally published in English in 1996 is published by arrangement with Oxford University Press.

Ho 33 / 30777

BAUBIBLIOTHEK
ETH Hönggerberg

Die Deutsche Bibliothek – CIP-Einheitsaufnahme

Visionen für eine bessere Lebensqualität / Independent Commission on Population and Quality of Life. Aus dem Engl. von Anja Köhne und Annette Bus. – Basel ; Boston ; Berlin : Birkhäuser, 1998
Einheitssacht.: Caring for the future <dt.>
ISBN 3-7643-5730-4

Dieses Werk ist urheberrechtlich geschützt. Die dadurch begründeten Rechte, insbesondere die des Nachdrucks, des Vortrags, der Entnahme von Abbildungen und Tabellen, der Funksendung, der Mikroverfilmung oder der Vervielfältigung auf anderen Wegen und der Speicherung in Datenverarbeitungsanlagen, bleiben, auch bei nur auszugsweiser Verwertung, vorbehalten. Eine Vervielfältigung dieses Werkes oder von Teilen dieses Werkes ist auch im Einzelfall nur in den Grenzen der gesetzlichen Bestimmungen des Urheberrechtsgesetzes in der jeweils geltenden Fassung zulässig. Sie ist grundsätzlich vergütungspflichtig. Zuwiderhandlungen unterliegen den Strafbestimmungen des Urheberrechts.

© 1998 der deutschsprachigen Ausgabe: Birkhäuser Verlag,
Postfach 133, CH-4010 Basel, Schweiz
Umschlaggestaltung: Atelier Jäger, D-88682 Salem
Gedruckt auf säurefreiem Papier, hergestellt aus chlorfrei gebleichtem Zellstoff. ∞
Printed in Germany
ISBN 3-7643-5730-4

9 8 7 6 5 4 3 2 1

Inhalt

Vorwort für die deutsche Ausgabe

Während wir uns ernste Gedanken machen über die gegenwärtige Gesellschaft, über die Demokratie, die Wirtschaft und die Umwelt, ist uns bewußt, daß das nächste Jahrtausend nahe bevorsteht.

Dies zwingt uns alle, insbesondere diejenigen, die auf nationaler, regionaler und kommunaler Ebene Verantwortung tragen, zum weiten Blick und zur grundsätzlichen Frage, ob wir gut vorbereitet sind, die Weichen richtig gestellt haben und was in den kommenden Jahren zu tun ist.

Hat die Politik die richtigen Lehren aus der Geschichte gezogen für die Sicherung des Friedens in unseren Ländern, in Europa, weltweit?

Ist die Wirtschaft so strukturiert, daß die Menschheit gut mit allem Notwendigen versorgt ist und alle Menschen eine angemessene Arbeit haben?

Können alle sicher sein, eine Bildung und Ausbildung zu erhalten, die ihnen ausreichende Fähigkeiten vermittelt, und werden sie diese Fähigkeiten nutzen können?

Haben wir alles getan, um destruktive Spannungen zwischen Menschen zu verringern oder gar nicht erst aufkommen zu lassen?

Können die Alten ihren Lebensabend und die Kinder ihr Erwachsenwerden unbesorgt leben?

Sind die umweltpolitischen Fehler der Vergangenheit beseitigt, und begehen wir heute und morgen keine neuen Fehler, die zukünftige Generationen belasten?

Haben wir weder ökonomische noch finanzielle, noch soziale, noch ökologische Hypotheken auf die Zukunft aufgenommen?

Wer ernsthaft nachdenkt, wird diese Fragen kaum mit einem klaren „Ja" beantworten können.

Wachsende Massenarbeitslosigkeit, die insbesondere Frauen und Jugendliche hart trifft, ein seit Jahrzehnten nicht mehr für möglich gehaltenes Maß an Armut und Hoffnungslosigkeit auch in den sogenannten reichen Industriestaaten - dies stellt die nachhaltige Entwicklung unserer Gesellschaft vor große Herausforderungen.

Gerade Großstädte sind zunehmend die Orte, an denen sich die Folgen der Arbeitslosigkeit dramatisch bemerkbar machen: soziale Ausgrenzung, fehlende Mobilität, Obdachlosigkeit. Je weniger die sozialen Netze auf nationaler Ebene funktionieren, desto mehr verschärft sich der Konflikt in den Kommunen, wie die begrenzten finanziellen Ressourcen genutzt werden sollen. Es gibt eine schleichende Entsolidarisierung in unserer Gesellschaft, die immun macht gegen die Bedürfnisse von Kindern, Jugendlichen, Frauen, alten Menschen, Ausländern.

Hinzu kommen als Herausforderungen die scheinbar unversöhnlichen Gegensätze z. B. zwischen Wohnungsbau und Flächenerhalt, zwischen Ego-Mobilität und Öko-Mobilität, zwischen Konsumverhalten und Abfallvermeidung.

Zu viele leben in einem trügerischen „Wohlstandsinsel-Bewußtsein", das auf einem Ressourcenverbrauch basiert, der unverträglich ist mit Vorsorge für kommende Generationen und mit weltweiter Gerechtigkeit

Wir müssen uns entscheiden, welche Gesellschaft wir in der Zukunft wollen: eine reine Konsum- oder Raffgesellschaft oder eine, die geprägt ist durch ökologische und soziale Rahmenbedingungen.

Ich bin überzeugt, daß nur eine nachhaltige Entwicklung uns eine lebenswerte Zukunft ermöglichen kann. In dem Dreiklang von ökologischer, sozialer und ökonomischer Entwicklung liegt unsere Chance. Nur wenn wir diese parallel steuern, müssen diejenigen, die nach uns kommen, nicht die negativen Folgen unserer heutigen Bedürfnisse ertragen.

„Wir sind zuversichtlich", heißt es in der Charta von Aalborg, die 1994 von den Teilnehmern der Europäischen Konferenz unterzeichnet wurde, „daß wir über die Kraft, das Wissen und das kreative Potential verfügen, um eine zukunftsbeständige Lebensweise zu entwickeln und unsere Städte auf das Ziel der Zukunftsbeständigkeit hin zu gestalten."

Die Independent Commission on Population and Quality of Life hat über alle diese Themen intensiv beraten. Wir haben wichtige und interessante Gespräche miteinander geführt und uns von Regierungen und Nichtregierungsorganisationen beraten lassen. Viele Männer und vor allem Frauen haben uns in den regionalen Anhörungen die Augen noch weiter geöffnet.

Jede und jeder von uns ist mit neuer Kraft und vielen Anregungen in die eigene Arbeitswelt zurückgegangen.

Nun wünsche ich mir, daß das Ergebnis dieser Arbeit mit diesem Buch Hilfestellung, Ideen und neue Kraft auch anderen für ihre Arbeit gibt. Es lohnt sich, im Interesse der heutigen und der künftigen Kinder dieser Welt die Fragen der Weltbevölkerung und ihrer Lebensqualität bei allen unseren persönlichen, beruflichen und politischen Entscheidungen im Auge zu behalten.

Beate Weber
Oberbürgermeisterin der Stadt Heidelberg

Vorwort

Als ich der Einladung nachkam, der Independent Commission on Population and Quality of Life (ICPQL) vorzusitzen, erinnerte ich mich der Worte, die die ehemalige norwegische Ministerpräsidentin Gro Harlem Brundtland im Vorwort zu dem Bericht „Our Common Future" (1987) geschrieben hat: „Es stellte sich heraus, daß die Bevölkerungsprobleme – Bevölkerungsdruck und Menschenrechte – und die Zusammenhänge zwischen diesen Herausforderungen auf der einen Seite und Armut, Umwelt und Entwicklung auf der anderen zu den schwierigsten Anliegen gehörten, mit denen wir zu kämpfen hatten."

Unsere Kommission stieß auf die gleichen Schwierigkeiten. Wo sollten wir mit unserer Arbeit anfangen? Auf welcher Ebene sollten wir die Zusammenhänge ansiedeln, die der Brundtland-Bericht genannt hatte? Es wäre sinnlos gewesen, mit Makroproblemen zu beginnen, da diese durch den Sprachgebrauch in Medien und Politik unkenntlich geworden waren. Hätten wir aber lediglich die konkreten Fakten des Bevölkerungswachstums dargestellt, dann hätten wir nur wiederholt, was renommierte Institutionen längst analysiert und publiziert haben.

Unter „Zusammenhang" verstehen viele, daß Begriffe zusammengezählt werden – Bevölkerung *und* Entwicklung, Bevölkerung *und* Armut. Dies erschien uns wissenschaftlich unzureichend und unbefriedigend. Statt dessen versuchten wir konkretere, klar bestimmbare Korrelationen zwischen den Elementen zu finden, die zusammen das ergeben, was unter dem Begriff „Bevölkerungsdynamik" zusammengefaßt wird. Wir wollten ihre gegenseitigen Berührungspunkte aus neuer Perspektive betrachten und in jedem einzelnen Fall einen geeigneten Ansatzpunkt finden.

Es zeigte sich, daß wir kein leichtes Vorgehen gewählt hatten. Mir wurde wieder einmal klar, wie weit verbreitet die Mentalität der Spezialisierung noch immer ist und wie oft sie neues Denken und

Handeln verhindert. Will man einen Quantensprung nach vorn machen, sind interdisziplinäres Wissen, ein fächerübergreifendes Verständnis von Problemen und integrierte Politiken gefragt. Unsere Kommission war sich einig: Wir würden das Bevölkerungsproblem nicht lösen, wenn wir innerhalb seiner Grenzen blieben. Die Aufgabe der Kommission, „Bevölkerungsfragen in ihren sozioökonomischen Kontext zu stellen“, erforderte Analysen der wichtigsten Bestandteile eines differenzierten Rahmenmodells sowie Vorschläge dazu.

Einige in unserem Umfeld glaubten zunächst, daß die Kairoer Konferenz über Bevölkerung und Entwicklung (1994) die Kommission ihrer Daseinsberechtigung beraubt hätte. Die Kommission hatte ihre Arbeit zwei Jahre vor Kairo aufgenommen, zu einem Zeitpunkt, als die Treffen der Regionalgruppen und der globalen Vorbereitungskomitees der Konferenz schon recht weit fortgeschritten waren. Die Kommission konnte daher nicht darauf abzielen, auf der Kairoer Konferenz etwas zu bewirken.

Darüber machte ich mir jedoch wenig Sorgen. Im Gegenteil, es war eine große Erleichterung für mich, daß einige der Hauptkomponenten des Bevölkerungsproblems auf den Konferenzen der Vereinten Nationen thematisiert werden sollten: Die Fragen, die sich aus den demographischen Analysen und aus einer Bewertung der Methoden ergaben und die in den allgemeinen Rahmen der bevölkerungspolitischen Programme paßten, wurden umfassend abgedeckt. Die Frauenbewegung hatte die Bedeutung dieser Serie von UN-Aktivitäten erkannt und engagierte sich daher intensiv auf der Kairoer Konferenz. Dies erwies sich als entscheidend, auch um die Rechte der Frauen auf den Gebieten zu fördern, die Frauen direkt betrafen. Durch die Beteiligung von Frauen erschienen Bevölkerungsfragen in einem anderen Licht. Die Kairoer Konferenz war daher ein Wendepunkt; seitdem werden Bevölkerungsfragen anders behandelt. Die Kommission hat diesen Meinungsumschwung als eine Bestätigung für den Ansatz interpretiert, den sie von Anfang an verfolgt hatte.

Zwei Tatsachen drängten sich nach der Kairoer Konferenz unausweichlich auf: Erstens wiesen alle Statistiken darauf hin, daß das Bevölkerungswachstum die Armut weiter verstärkte, und alle Zukunftsprognosen deuteten an, daß zusätzlich Millionen von Menschen in Armut versinken würden. Wir mußten also Bevölkerungsentwicklung und Lebensqualität in eine neue, dauerhafte Beziehung zueinander setzen. Zweitens hatte schon die Konferenz von Rio (1992) klargestellt, daß der übersteigerte Konsum und die wachsenden Abfallmengen der Industrieländer zum globalen „Bevölkerungsproblem" beitragen. Diese Erkenntnis wurde auf der Kairoer Konferenz bestätigt. Wir hatten es also nicht „nur" mit einem „Umweltproblem" zu tun, auf das nicht nur die Politiker mit Herablassung reagierten. Aufgrund der scheinbar logischen Folge

Ökologie → Umwelt → Natur

hörte sich ein Großteil der Umweltdiskussion für viele Leute idealistisch an, und sie ging der Sache nicht auf den Grund.

Einige der Widersprüche, die dem Problem innewohnen, waren jedoch recht offensichtlich:

- Auf der einen Seite gibt es die Erweiterung der Rechte der Frau, vor allem auch eine Aufwertung ihrer Rolle in der Familienplanung; auf der anderen Seite ist der politische Wille der Regierungen und Behörden in dieser Hinsicht schwach ausgeprägt.
- Es bestehen enorme Ungleichgewichte zwischen Nord und Süd trotz der Akzeptanz und Befolgung des gleichen Entwicklungsmodells.
- Obwohl das Konzept der „Nachhaltigkeit" als Grundprinzip im Umgang mit der Natur weithin akzeptiert wird, hapert es bei der Entwicklung von Technologien, die die Belastung der Umwelt verringern können.

Diese und andere Aspekte mußten in Zusammenhang mit der Bevölkerungsdynamik bearbeitet werden, sobald der neue Ansatz zur Bewältigung von Bevölkerungsproblemen verbreitet und anerkannt war.

Die Kommission wurde für die Notwendigkeit einer neuen Form von industrieller „Gleichung" sensibilisiert, die die Produktions- und Konsumstrukturen verändert. Wie man damit allerdings umgehen sollte, war mir nicht klar. Aber ich wußte genau, daß die Begriffe dieser neuen Gleichung nicht diskussionslos akzeptiert werden würden, weder als Begriffe selber noch die darin implizierten Zusammenhänge. Der Skandal der absoluten Armut und der irrationalen Konsummuster, beide grundlegend verbunden mit dem Bevölkerungswachstum, würde nur durch eine neue Form wirtschaftlichen Wachstums überwunden werden können.

Die Zielsetzung unserer Kommission war ehrgeizig: Eine neue Vision für die Lösung der weltweiten Bevölkerungsprobleme sollte erarbeitet werden, wobei Menschenrechte und sozioökonomische Bedingungen als wichtigste Referenzfragen angesehen wurden. Es war aufregend, an eine neue Vision zu denken – aber wie konnte man neue Konzepte, neue Strategien und neue Instrumente liefern?

An diesem Punkt erinnerte ich mich an einen Besuch, den ich 1986 beim Salk Institute in Kalifornien gemacht hatte. Nach einem faszinierenden Gespräch über Männer und Frauen, Biologie und Humanwissenschaften gab mir Jonas Salk ein Exemplar des Buches „World Population and Human Values“, das er und sein Sohn Jonathan in den frühen achtziger Jahren herausgegeben haben. Darin fand ich einen Fingerzeig: Die Autoren verwenden die sigmoidale Kurve – die gewöhnlich benutzt wird, um Übergangsphasen in der Entwicklung von Bevölkerungszahlen zu beschreiben – als Metapher. Für sie stellt diese Kurve ein Symbol dar für die veränderten Erwartungen an die Lebensqualität und die Bewertung der Lebensumstände. Während der erste Teil der Kurve mit seinem steilen Anstieg Richtung Unendlichkeit für unbegrenztes Wachstum und unbeschränkte Perspektiven steht, erreicht der Teil der Kurve, der auf die Übergangsphase folgt, einen Gipfelpunkt und symbolisiert einen begrenzten oder geschlossenen „Raum“. Aggressiver Wettbewerb würde so Kooperation Platz machen, rigide Unabhängigkeit würde abgelöst von gegenseitiger Abhängigkeit, und Gleichgewicht würde Expansion ersetzen.

In den Gebieten, wo die Bevölkerungsentwicklung schon stabil ist (d. h. in den meisten nördlichen Staaten), finden sich wenige Hinweise darauf, daß das Bewußtsein, in einer Gesellschaft mit begrenzten Möglichkeiten zu leben, Wahlmöglichkeiten und Entscheidungen beeinflußt. Die Dominanz des Nordens über die Ressourcen der Erde und über das menschliche Know-how verschafft uns die Illusion, daß wir uns noch immer auf dem „unbegrenzten“ Abschnitt der Kurve bewegen. Von dieser Illusion irregeleitet, fällt es dem Norden leicht, in seiner Handlungslogik zu verharren, als ob die Tragfähigkeit des Planeten unbegrenzt wäre. Und der Süden läßt sich von ähnlichen Illusionen irreleiten, indem er den gleichen Gedankenmodellen folgt. Daher ist sowohl im Hinblick auf das Bevölkerungswachstum als auch hinsichtlich der Konsummuster ein Wertewandel notwendig.

Es ist also offensichtlich, daß die Stabilisierung der Bevölkerungsentwicklung notwendigerweise mit dem verknüpft ist, was Salk als *Gleichgewicht* bezeichnet. „Gleichgewicht wird sich in den Beziehungen zwischen den Menschen manifestieren wie auch in der Beziehung zwischen Mensch und Natur." Dieser Hinweis brachte mich auf die Idee, daß es in der *Bevölkerungs*frage in jeder Gesellschaft nicht mehr ausreichen würde, nur auf die demographischen Übergänge zu achten oder darauf, Maßnahmen zu ergreifen, um die Übergangsphase zu beschleunigen. Statt dessen war es (so fing ich an zu glauben) für jede Gesellschaft notwendig, alle Voraussetzungen zu schaffen, die zu einem *dynamischen Bevölkerungsgleichgewicht* beitragen und ein erfülltes Leben für künftige Generationen garantieren.

Für die globale Ebene hat ein Mitglied der Kommission dieses Gleichgewicht beschrieben. Dabei wurde der Schwerpunkt so verschoben, daß der Ansatz sich zu einem grundlegenden Rahmen für die Visionen und Politikansätze entwickelte, nach denen die Kommission suchte: Lebensqualität für alle kann nur erreicht werden, wenn man sowohl die *Tragfähigkeit der Erde* als auch die *Zuwendungsfähigkeit der Menschheit* in Betracht zieht. So gesehen, ist die Bevölkerung nicht mehr einfach nur ein Faktor, sondern der Schlüsselfaktor. Beim Thema Bevölkerung ist der Mensch an sich zentral, und Menschen sind nicht vergleichbar oder austauschbar mit *Dingen* (Energie, Inflation usw.). In anderen Worten: Bei der Analyse sollte der Mensch nie übersehen werden.

Obwohl es ein wichtiger Bestandteil des Arbeitsplans unserer Kommission war, konkrete Bevölkerungspolitiken und -programme zu untersuchen, hatten wir nicht vor, allein die konventionellen analytischen Ansätze zu verfolgen. Die Mitglieder der Kommission hatten von Anfang an entschieden, all die wechselseitig zusammenhängenden Themen in einem einzigen Grundgerüst zusammenzufassen.

Um dies erreichen zu können, mußte der zweite Teil des Namens der Kommission, *Lebensqualität*, definiert werden. Die Kommission entschied einstimmig, daß dieser Begriff das endgültige und wegweisende Ziel (und sogar das konzeptionelle Instrument) beschreiben sollte, das es uns erlaubte, unsere Ergebnisse auf eine – wie wir hofften – innovative Weise zu formulieren.

In den drei Jahren, in denen die Kommission arbeitete, ist das Konzept der Lebensqualität in all unsere Arbeitsbereiche und -phasen eingedrungen. Lebensqualität wird als Ziel anerkannt, sobald die Schwelle der Quantität (das Existenzminimum) überschritten ist. Lebensqualität wurde so zu unserem Leitbild für einen nachhaltigen Konsum – steigender Konsum führt paradoxerweise ab einem bestimmten Punkt zu einer verminderten Lebensqualität. Nach und nach kristallisierte sich heraus, daß Lebensqualität eine Kombination von Rechten und Pflichten ist, die klare Fingerzeige sowohl für die Entscheidungsträger als auch die dynamischen Bestandteile der Zivilgesellschaft sind.

Vor diesem Hintergrund erwiesen sich schon auf der ersten Sitzung der Kommission die strategischen Hauptentscheidungen als extrem wichtig. Wir beschlossen, anstelle von indirekter Forschung oder der Befragung bekannter Experten unsere Erkenntnisse in den vielen zu untersuchenden Themenfeldern hauptsächlich durch öffentliche Anhörungen in allen Teilen der Welt zu sammeln. „Die Stimme des Volkes“ wurde somit zur wichtigsten Teststrecke für die Ansichten, die wir zu entwickeln begannen, die aber noch keine zusammenhängende Form gefunden hatten. Was wir am Anfang noch nicht vorhersahen, war, daß die Stimmen aus dem Volk die Haupttriebkräfte in unseren Bemühungen werden würden.

Es waren die Beiträge aus der Bevölkerung, die der Kommission die umfassendsten Perspektiven gaben, und sie vermittelten gleichzeitig ein höchst lebendiges Bild der kulturellen Vielfalt, mit der wir uns auseinandersetzen mußten. Die Beiträge lieferten uns Elemente für einen realistischen Ansatz und bewiesen, daß Bevölkerungsfragen in eine neue Perspektive integriert werden müssen, die zu neuen Ansätzen hinsichtlich Regierungsstil und Führungsqualitäten führt, zu einer neuen Politik und neuen Strategien und zu konkreten Maßnahmen und Aktionen.

Überall setzten die Gruppen und Einzelpersonen, denen wir zuhörten, voraus, daß es unserer Kommission um Lebensqualität gehe, und verbanden damit die Hoffnung, daß ihre konkreten Lebensumstände verbessert würden. Schon bei der ersten Anhörung im Dezember 1993 in Simbabwe (an ihr nahmen Vertreter der englisch- und portugiesischsprachigen Länder Afrikas teil) wurde der atmosphärische Rahmen geprägt. Ein großes Banner verkündete: „Wir verdienen eine bessere Lebensqualität". Damit wurde das unausgesprochene Motto der Kommission bestätigt.

Die öffentlichen Anhörungen, die es der Kommission ermöglichten, Menschen aus fünfzig verschiedenen Staaten im Kontext ihrer Region zuzuhören, wurden mit Enthusiasmus begrüßt. Verschiedenste humanitäre Organisationen (aus der großen Familie der Nichtregierungsorganisationen) wurden von anerkannten Wissenschaftlern vertreten; Repräsentanten von Geberorganisationen aus den Bevölkerungsprogrammen nahmen ebenso teil wie Leiter staatlicher Behörden und natürlich auch die betroffenen Mittellosen, die ihre Situation offenbarten. Die öffentlichen Anhörungen zeichneten sich auch noch durch eine weitere Eigenschaft aus: Sechs der sieben Anhörungen wurden von einem Kommissionsmitglied oder mehreren Kommissionsmitgliedern aus der Region organisiert, in der sie stattfanden, und dies in enger Zusammenarbeit mit den Nichtregierungsorganisationen (NRO).

Durch die öffentlichen Anhörungen lernten wir vor allem zweierlei. Erstens erfuhren wir etwas über das *Integrationsniveau*, ab dem politische Maßnahmen und Dienstleistungen für die Menschen und Gemeinschaften erst Sinn haben. Selbst in den ärmsten Regionen erwarten die Menschen keine isolierten Maßnahmen, sondern sie wollen erfahren, was sie als Gemeinschaft betrifft, ob es nun Hilfe oder Hindernis für eine bessere Lebensqualität ist.

Die zweite Lektion war ein Warnsignal. In allen Gebieten stieß die Kommission auf Signale für einen wachsenden Widerstand gegen alle Institutionen, die mit vorgefertigten Rezepten das Bevölkerungswachstum verringern wollen und dabei oft die Komplexität der Lebensbedingungen der Menschen übersehen.

Erforderlich war nicht nur eine neue Vision, sondern auch die Bestärkung der Menschen, an der Verbesserung ihrer Lebensqualität mitzuwirken. Die Kommission war von ihrer Zusammensetzung her dazu imstande, sowohl Visionen zu erarbeiten als auch die „Hilfe zur Selbsthilfe" zu unterstützen: In der Kommission bestand ein Gleichgewicht zwischen Mitgliedern aus dem Süden und dem Norden. Darüber hinaus waren, zum erstenmal in einer internationalen Initiative, genauso viele Frauen wie Männer vertreten. Es herrschte nicht nur ein zahlenmäßiges Gleichgewicht zwischen den Geschlechtern, auch die öffentliche Stellung der Männer und Frauen in ihren Herkunftsländern lag auf dem gleichen Niveau. Und ihre politischen, sozialen und wissenschaftlichen Erfahrungen entsprachen ihrem Bekanntheitsgrad.

Neben den eigenen Fachgebieten brachten die Kommissionsmitglieder auch einen reichen und vielfältigen Erfahrungsschatz mit: Unter ihnen waren Professoren, frühere Parlamentarier sowie ehemalige oder amtierende Minister für Entwicklung, Gesundheit, Soziales oder Außenpolitik.

Es ist mir ein dringendes Anliegen, an dieser Stelle das Bedauern der gesamten Kommission darüber auszudrücken, daß es Olusegun Obasanjo untersagt worden ist, an unserem Treffen im März 1995 teilzunehmen. Er wurde verhaftet, ins Gefängnis geworfen und in einem Geheimprozeß wegen angeblicher Beteiligung an einer Verschwörung verurteilt. Die Kommission ist der begründeten Überzeugung, daß General Obasanjo in keiner Weise in eine Verschwörung verwickelt war.

Ich möchte auch meine Dankbarkeit gegenüber meinen Kollegen aus der Kommission ausdrücken für die Großzügigkeit, mit der sie ihre Ideen, ihre Erfahrung und ihre Arbeit zur Verfügung stellten, für die inspirierende Kreativität und den verläßlichen Einsatz sowie für die rückhaltlose Unterstützung, die sie mir in schwierigen Momenten gewährten.

Es ist wahr, daß wir schwierige Augenblicke erlebten: das Abstekken neuer Gebiete; die Widerstände, auf die wir trafen; die Methoden, mit denen wir Beweise sammeln mußten; die Entwicklung von Konzepten während des Arbeitsprozesses; die durch all das hervorgerufene Ungewißheit. All diese Schwierigkeiten erwiesen sich immer wieder als Hürden. Aber diese Schwierigkeiten festigten auch den Zusammenhalt zwischen den Kommissionsmitgliedern auf dem Weg zu einer neuen Vision für die internationalen Bevölkerungsfragen. Gemeinsam wurde ein Gedankengebäude erbaut und auf diese Weise – wie ein Kommissionsmitglied es sagte – die Identifizierung mit der Kommission gesichert.

In diesem Buch werden die Hauptlinien der Vision dargestellt, die die Kommission erarbeitet hat, in der Hoffnung, daß diese Leitlinien von den Bevölkerungsexperten und anderen Fachleuten weiterentwickelt werden. Indem wir Bevölkerungsfragen in einen weiteren Rahmen gestellt haben, als dies bislang mit den gebräuchlichen selektiveren Ansätzen üblich war, hoffen wir auch, dazu beizutragen, daß sich die gegenwärtigen Polarisierungen auf diesem Gebiet etwas auflösen. Wir sind optimistisch, daß alle an der Diskussion Beteiligten das Thema Bevölkerung nicht nur als Schnittstelle aller Politikfelder betrachten werden, sondern vor allem auch als Ausdruck der gesellschaftlichen Dynamik und ihrer menschlichen Phänomene wie Leben und Tod, Stabilität und Mobilität sowie im Kontext der Überlebensfrage für die Menschheit und den Planeten.

Wir wünschen uns darüber hinaus, daß unser Versuch einer neuen Vision zu Maßnahmen auf allen Ebenen anregt: eigenständige Aktionen von Menschen, vor allem der Armen selbst, um ihre Lebensqualität zu verbessern; Anstrengungen der Menschen im Erziehungswesen, nach alternativen Konzepten und Lehrmethoden zu suchen; Bemühungen von Wirtschaftsunternehmen, um die sozialen und wirtschaftlichen Anforderungen miteinander zu verbinden; Entwürfe der Wissenschaftlergemeinde, um den systemwissenschaftlichen Ansatz besser auszuarbeiten, damit der Bevölkerungsbegriff und die Aspekte der Lebensqualität besser verstanden werden; Einsatz aller Aktivisten aus diesen Bereichen, um Modellprojekte kreativ voranzutreiben; schließlich die Bereitschaft der Politiker, auch all das ernst zu nehmen und in Handeln umzusetzen, was ihnen zunächst idealistisch erscheinen mag.

Die Kommission ist zutiefst davon überzeugt, daß die Bevölkerungsfrage in ihrer Gesamtheit angegangen werden muß; anders ist kein bahnbrechender Erfolg möglich. Jeder, der erkennt, daß das

Bevölkerungswachstum gebremst werden muß, weiß auch, daß dieses Ziel nicht erreicht werden kann, ohne daß Bevölkerungsfragen von den Regierungen radikal neu berücksichtigt und behandelt werden.

Maria de Lourdes Pintasilgo

Einführung: Eine Welt im Umbruch

Bevölkerung und Lebensqualität müssen im Kontext von Entwicklung gesehen werden. Das heißt, die Lebensbedingungen müssen sowohl auf der individuellen als auch auf der kollektiven Ebene verbessert werden. Wir müssen über die traditionellen Gegensatzpaare Nord und Süd, Entwicklung und Unterentwicklung, Gemeinschaft und Individuum hinausgehen und die verschiedenen Bereiche innerhalb eines Landes oder einer Gemeinschaft miteinander verbinden.
Ricardo Melendez Ortiz, Kolumbien, öffentliche Anhörung, Lateinamerika

Ein Blick auf unsere demographische Situation zeigt die folgenden wichtigsten Probleme: Umweltzerstörung – in nahezu katastrophalem Ausmaß – in vielen Regionen; Armut unter einem Großteil der Bevölkerung; ausgeprägte soziale Unterschiede, die schnell zu einem Auseinanderfallen der Gesellschaft führen können; Verlust des Wertesystems, der bei vielen Menschen zu einer völligen Desorientierung führt; wachsende Kriminalität und damit einhergehend Mangel an Sicherheit; Verlust von Arbeitsplätzen. Reformen werden dabei ohne jegliches Verständnis für die enge Beziehung zwischen wirtschaftlichem und gesellschaftlichem Wandel durchgeführt.
Natalia Rimachevskaya, Rußland, öffentliche Anhörung, Osteuropa

Nie war der Begriff „beispiellose Veränderung" zutreffender als in den Jahrzehnten nach dem Zweiten Weltkrieg – einer Phase, in der Neues und Unbekanntes zur Norm wurde, einer Phase, die durch unzählige nicht voraussehbare Ereignisse gekennzeichnet war. Unser Jahrhundert war auch das Jahrhundert eines spektakulären Bevölkerungswachstums.

Im Jahr 1830 lebte eine Milliarde Menschen auf der Erde, innerhalb nur eines Jahrhunderts hatte sich die Bevölkerung bereits verdoppelt. In den Jahrzehnten seit dem Zweiten Weltkrieg aber erreichte der Bevölkerungszuwachs ungekannte Dimensionen: In den sechziger Jahren lag die Wachstumsrate bei über zwei Prozent; in der ersten Hälfte des Jahrhunderts hatte sie 0,5 Prozent betragen, in der ersten Hälfte der neunziger Jahre 1,5 Prozent.

Das bedeutet, daß sich das Tempo des Bevölkerungswachstums verlangsamt. Die Kurve hat ihren Zenit überschritten. Dieser Punkt liegt genau in der Mitte einer demographischen Übergangsphase, die sich ungefähr über zwei Generationen erstreckt.

Jonas Salk illustriert die mißliche Lage der Menschheit anhand einer Kurve, wobei die Steigungen die Evolution einer Art beschreiben. Bevor die Kurve ihren Höhepunkt erreicht, bestimmt scheinbar grenzenloses Wachstum das Weltbild: Unabhängigkeit, Wettbewerb, Macht und/oder Vernunft, ungezügelter Individualismus und nur halb erkannte Realitäten sind die Leitmotive dieser Gesellschaften. Nachdem die Kurve ihren Höhepunkt überschritten hat, rücken gegenseitige Abhängigkeit, Zusammenarbeit, Konsens, Gleichgewicht, „Sowohl-Als-auch" und Ganzheitlichkeit in den Vordergrund.

Diese einzigartigen Veränderungen charakterisieren die Umbruchphase der Zivilisation. Nie zuvor hat die Menschheit solch eine radikale Veränderung ihrer demographischen Zusammensetzung erfahren, weder in diesem Ausmaß noch in dieser kurzen Zeit. Es ist auch möglich, daß die Spezies Mensch nie wieder eine solche Veränderung erleben wird.

Die 5,7 Milliarden Menschen, die heute die Erde bevölkern, sind sehr verschieden: Nur 16 Prozent leben in den Industrieländern. Etwa 45 Prozent der Bevölkerung in den Entwicklungsländern sind jünger als 15 Jahre. Und der Anteil der älteren Menschen steigt weltweit über die derzeitige 10-Prozent-Marke.

Auch bei einer sich verlangsamenden Wachstumsrate wird aufgrund der Bevölkerungsdynamik die Weltbevölkerung noch mehrere Jahrzehnte lang ansteigen. Die Kinder von heute sind die Eltern von morgen, das heißt, daß eine Milliarde Menschen dazukommen wird. Deshalb wird am Ende der demographischen Umbruchphase eine wesentlich größere Bevölkerung stehen. Auch wenn sich das Wachstum im Jahr 2040 stabilisiert (z. B. wenn die Fruchtbarkeitsrate auf den Wert der Sterblichkeitsrate von heute 2,1 sinkt, also pro Frau 2,1 Kinder geboren werden), wird die Weltbevölkerung zwischen heute und dem Jahr 2050 um mehr als vier Milliarden Menschen anwachsen.

Wir leben in einer Zeit, in der gesellschaftliche Institutionen, bewährte Prozesse und Werte verschwinden, bevor sich neue entwikkeln können. Tradierte Normen und Werte werden in Frage gestellt, während die Veränderungen weder klar definiert noch systematisch artikuliert sind. Aber an dem Punkt, an dem die Entschleunigung der Wachstumsrate einsetzt und das wirtschaftliche Wachstum stagniert, ist die Anziehungskraft der Macht und die Angst vor dem Machtverlust am stärksten. Die einen können nicht an den alten Werten festhalten, andere klammern sich verzweifelt an sie. Derweil bilden sich die neuen Werte nur langsam heraus; und dann, wenn sie unwiderlegbar scheinen, tauchen plötzlich neue Lösungen auf.

Die Welt ist gefangen in einem vielschichtigen und rasanten Veränderungsprozeß in fast allen Lebensbereichen, auch wenn die Veränderungen nicht unbedingt durch kausale Zusammenhänge miteinander verbunden sind. Ganz im Gegenteil: Sie scheinen in viele – oft widersprüchliche – Richtungen zu gehen. Die alte Weltordnung ist verschwunden, eine neue ist noch nicht in Sicht. Wir erleben im Grunde den Übergang von einem grenzenlosen Horizont zu einem begrenzten – wenn nicht gar endlichen – Raum auf der Suche nach Gleichgewicht. Es besteht kein Zweifel daran, daß die beiden Wertesysteme, die diesen Übergang charakterisieren, miteinander konkurrieren. Dieser Konflikt endet oft in einer Sackgasse und geht zu Lasten der sozialen Stabilität, des Gleichgewichts zwischen Nationen und Völkern und der individuellen Sicherheit.

Die Beschleunigung des wissenschaftlichen Fortschritts verstärkt die Spannungen. Denn dieser Fortschritt hat eine globale Kultur hervorgebracht, die dazu tendiert, die Vielfalt der Wertesysteme zu reduzieren.

In ihrer Charta von 1945 definieren die Vereinten Nationen ihre Ziele wie folgt:

- die nachfolgenden Generationen von der Geißel des Kriegs zu befreien;

- den Glauben an die grundlegenden Menschenrechte, die Würde und den Wert jedes Menschen, die Gleichberechtigung von Mann und Frau in allen Ländern, ob groß oder klein, zu bekräftigen;
- sozialen Fortschritt und die Verbesserung des Lebensstandards in größerer Freiheit zu fördern.

Diese Ziele sind nichts weniger als ein Paket aus Werten und Prinzipien, die den Übergang in eine friedlichere und wohlhabendere Welt erleichtern sollen. Zum erstenmal in der Geschichte wurde kollektive Sicherheit nicht nur militärisch, sondern auch sozial und wirtschaftlich definiert.

In den fünfzig Jahren seit dem Zweiten Weltkrieg hat sich das reale Produktionsvolumen vervierfacht: Die Industrieproduktion wuchs um das 40fache, der Energieverbrauch um das 22fache, die Getreideproduktion um das Dreifache, der Außenhandel um das Siebenfache. Die weltweite Produktion erreichte 1950 einen Wert von (heutigen) 2,6 Billionen US-Dollar, 1990 von 22,3 Billionen US-Dollar, der Welthandel setzte 1950 insgesamt 60 Milliarden US-Dollar um und 1990 schon 3,4 Billionen US-Dollar. Die Getreideproduktion lag 1950 bei 631 Millionen Tonnen und 1990 bei knapp 2 Milliarden Tonnen.

Dieses Wachstum hat unsere natürlichen Ressourcen stark beansprucht – stärker, als man noch vor einigen Jahrzehnten annehmen konnte. Die Veränderungen brachten neue Streßfaktoren und Konflikte mit sich: zügellose Ausbeutung der natürlichen Ressourcen, Müllberge, Luft- und Wasserverschmutzung, Armut und Hunger, um nur einige zu nennen.

Die Hoffnung auf Frieden hat sich nicht erfüllt. Aufrüstung und kalter Krieg hielten die Konflikte wach, verstärkten sie sogar. Die rivalisierenden Machtblöcke trieben das Wettrüsten so weit, daß sie die Welt mehr als einmal hätten auslöschen können – ein Rennen, das der Wohlfahrt der Menschen lebenswichtige Ressourcen entzog. Die militärische Sicherheit war wichtiger geworden als die menschliche Sicherheit, wichtiger als Nahrung und Gesundheit, als Arbeit, Einkommen und Umwelt.

Es handelt sich dabei nicht um voneinander isolierte Phänomene. Ganz im Gegenteil: Sie gehören zu der Spannung, die der Prozeß des weltweiten Umbruchs erzeugt. Sie stellen bestehende Konsum- und

Produktionsmuster, die nicht nachhaltig sind, in Frage und wurden viel zu lange viel zu wenig angezweifelt. Sie demonstrieren die Notwendigkeit, der Sozialpolitik in der Entscheidungsfindung und der Gesamtpolitik einen wesentlich höheren Stellenwert einzuräumen. Dies wiederum verlangt einen Umbruch in der Politik, sowohl auf nationaler als auch auf internationaler Ebene.

All diese Veränderungen gehören zu zwei übergreifenden Umbruchphasen. Eine bezieht sich auf politische Prozesse, auf den Übergang von autoritären Regimen zu demokratischen Systemen. Der zweite Umbruch, der alle anderen Entwicklungen beeinflußt, wird durch die Revolution in der Kommunikationstechnologie angetrieben. Er spielt eine zentrale Rolle bei der Verbindung von Menschen, Fakten und Ideen – und nicht zuletzt bei der „Globalisierung" des Umbruchs selbst.

Die Fortschritte in der Medizin, in der Produktion von Nahrungsmitteln, Waren und Dienstleistungen haben das Bevölkerungswachstum direkt beeinflußt. Die beschriebenen Umbruchprozesse können sich positiv oder negativ auf die Anstrengungen zur Verbesserung der Lebensqualität auswirken. In jedem Fall aber beeinflussen sie die Bevölkerungsdynamik, direkt oder indirekt.

Demographische Veränderungen sind Auslöser aller Umbrüche, besonders auch derjenigen, die mit Leben und Tod zusammenhängen, mit unserer Art, zu arbeiten und zu lieben, unserer Art, uns zu verhalten und miteinander umzugehen. Es gibt keine Einzellogik, die durch schieren Willen die Beschleunigung erzwingen könnte.

Umgekehrt beeinflussen diese Prozesse und Konflikte wiederum die Bevölkerungsdynamik. Das demographische Verhalten in Mittel- und Osteuropa nach dem Fall des Kommunismus zum Beispiel illustriert die unmittelbaren Wirkungen politischer, wirtschaftlicher und sozialer Veränderungen auf demographische Bedingungen, besonders auf die Fruchtbarkeits- und Sterblichkeitsrate.

Kluges Management kann dazu beitragen, daß Veränderungsprozesse reibungslos verlaufen, daß sich die Zeitspanne der demographischen Umbrüche und der damit verbundenen Turbulenzen und Unsicherheiten verkürzt. Die Veränderungsprozesse in den Griff zu bekommen ist eine gewaltige Herausforderung – am schwierigsten dabei ist der erste Schritt: die Herausforderung in Angriff zu nehmen.

Die ideologischen Auseinandersetzungen der Vergangenheit – um Demokratie, Menschenrechte und Wirtschaftssysteme – sind schwächer geworden. Aber die Gefahr neuer ideologischer Konfrontationen und Spannungen ist nach wie vor nicht gebannt.

Deshalb hat es sich die Independent Commission on Population and Quality of Life (ICPQL) zum Ziel gesetzt, die Themen Bevölkerung und Lebensqualität unwiderruflich zusammenzuführen. Nur ein ganzheitlicher Blick auf die Umbruchphase kann der Vereinfachung Paroli bieten, die die Lösung einzig und allein in der Stabilisierung der Weltbevölkerung sieht. Die Kommission geht aufgrund ihrer ganzheitlichen Perspektive davon aus, daß all diese Veränderungsprozesse die Lebensqualität beeinflussen. Um alle relevanten Aspekte genauer zu beleuchten, hat die ICPQL diverse Studien in Auftrag gegeben, die im Anhang aufgelistet sind.

„Die Welt von morgen kann entweder durch Gewalt oder durch gemeinsame Werte gezähmt werden" – so sagte es ein Politik- und Umweltwissenschaftler. Und genau weil der Umbruch weder von Katastrophen noch von Gewalt begleitet werden darf, ist ein neues Wertesystem vonnöten: Werte, die eine reibungslose und schnelle Überwindung des Umbruchs ermöglichen. Die Vision der Kommission wird durch die Tatsache bestätigt, daß die internationale Gemeinschaft in bezug auf Bevölkerungsfragen individuelle Rechte und Wahlmöglichkeiten zugesagt hat. Das heißt, daß normative Werte bei der Darstellung der *Wahlmöglichkeiten* und der Stärkung der *Rechte* eine bedeutende Rolle spielen.

Wir stehen an der Schwelle zu einem neuen Jahrtausend und am Kreuzweg der Umbruchphasen. Vor uns liegen zwei ungelöste Herausforderungen, die gleichzeitig angenommen werden müssen.

Der erste Konflikt stammt schon aus der Zeit der industriellen Revolution. Er flammte vor fünfzig Jahren mit der Geburt der Vereinten Nationen erneut auf, konnte aber auch damals nicht gelöst werden: einen Zustand ohne Mangel zu erreichen. Abwesenheit von Mangel ist die Basis menschlicher Sicherheit und unauflöslich mit Arbeit, Einkommen, Gesundheit und Umweltsicherheit verwoben. Die Beseitigung der Armut ist daher eine Herausforderung an das, was wir die *caring capacity* – die Zuwendungsfähigkeit – der Menschheit nennen, eine Herausforderung an unsere Fähigkeit, mit anderen mitzuleiden, uns zu dem zu verpflichten, was nötig ist, um den Mitmenschen zumindest ein Minimum an Lebensqualität zu ermöglichen, im Einklang mit unserer Würde und unserer Sorge um die Zukunft der Erde.

Die zweite Herausforderung liegt darin, die Umweltzerstörung zu beenden. Umweltzerstörung ist eine grundlegende Gefahr. Sie bedroht nicht nur unsere Lebensqualität, sondern sie gefährdet auch das Überleben der Menschheit. Wir müssen beweisen, daß wir in der Lage sind, mit der begrenzten Tragfähigkeit unserer Lebensräume zu leben.

Lebensqualität steht in direktem Zusammenhang mit der Qualität der natürlichen Welt. Deshalb müssen wir uns auf Lebensstandards zubewegen, die die natürlichen Grenzen anerkennen.
Phyllis Creighton, Kanada

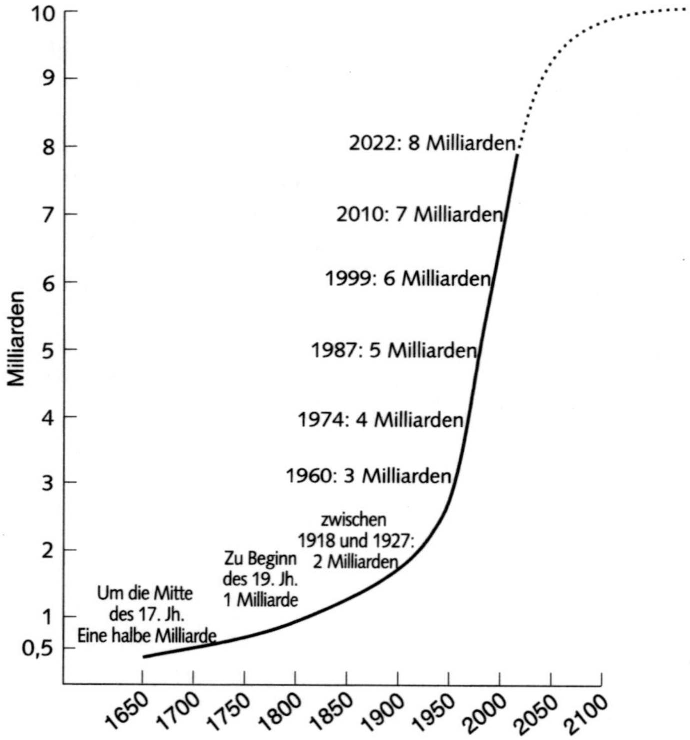

Die S-Kurve zeigt das Bevölkerungswachstum zwischen 1650 und 1980. Zwischen 1825 und 1925 kam die zweite Milliarde zu der ersten hinzu. Die dritte Milliarde war nach weiteren fünfzig Jahren erreicht, die vierte nach fünfzehn Jahren. Die Vereinten Nationen schätzen die Weltbevölkerung auf 5,8 Milliarden im Jahre 1996, vielleicht 8 Milliarden im Jahre 2025. (Nach Jonas und Jonathan Salk, World Population and Human Values, A New Reality, New York, Harper & Row, 1981)

Teil I
Zusammenhänge und Herausforderungen

1. Bevölkerung als Herausforderung

Eine einseitige Betrachtungsweise des Problems versteht Bevölkerung als Zahl von Körpern, wobei die Tatsache vernachlässigt wird, daß diese Körper Nahrungsmittel und Energie verbrauchen. Diese fragmentierte Betrachtungsweise herrscht auch in den internationalen Foren vor, in denen die reichen Länder auf die hohe Wachstumsrate der Bevölkerung in den armen Ländern hinweisen und sie als Hauptproblem der nachhaltigen Entwicklung darstellen, die armen Länder hingegen den hohen Pro-Kopf-Verbrauch der reichen Länder betonen.
Maximo T. Kalaw jr., Philippinen, öffentliche Anhörung, Südostasien

Fundierte Schätzungen deuten darauf hin, daß zwei Milliarden Menschen – ein Drittel der Menschheit – in absoluter Armut leben werden, wenn wir so weitermachen wie bisher. Die Hälfte davon, eine Milliarde, wird in Städten leben. Das ist nicht nur eine Frage der Lebenshaltungskosten, sondern auch eine des grausamen Preises des Überlebens.
Anwar Fazal, Malaysia, öffentliche Anhörung, Südostasien

Zahlen und Wachstumsraten – Aspekte der Bevölkerungsdynamik

Wenige Themen haben mehr Kontroversen und politische, gesellschaftliche und moralische Konflikte ausgelöst als die Bevölkerungsfrage, obwohl bislang nur wenige wirksame Maßnahmen ergriffen worden sind. Die weltpolitischen Führer äußern tiefe Betroffenheit über demographische Probleme, aber die mageren Ergebnisse dieser Betroffenheit zeigen deutlich, daß die Bevölkerungsentwicklung von komplexen Faktoren beeinflußt wird. Wir werden die Probleme nicht allein dadurch lösen können, daß wir uns nur Bevölkerungsfragen zuwenden. Die Bevölkerungsfrage wurde, im wahrsten Sinne, zu einem strategischen Faktor der nationalen und internationalen Politik. Aufgrund des Verlaufs des demographischen Übergangsprozesses und seiner enormen Bedeutung für unsere Zukunft ist es nützlich, sich noch einmal die bisherige Bevölkerungsentwicklung zu vergegenwärtigen und die wahrscheinlichen Trends herauszuarbeiten.

Das Wachstum der Bevölkerung begann nach der Agrarrevolution, obwohl der Anstieg der Wachstumskurve durch Hungersnöte, Epidemien, Kriege und den Zusammenbruch verschiedener Kulturen unterbrochen wurde. Bis zum Jahr 1750 betrug die Weltbevölkerung insgesamt 700 Millionen.[1]

Im Verlauf des 18. und 19. Jahrhunderts, mit der industriellen Revolution in einigen europäischen Ländern und in Nordamerika, nahm die Geschwindigkeit des Bevölkerungswachstums zu, obwohl die hohen Sterblichkeitsraten (die in dieser Zeit sogar anstiegen) den Zuwachs noch drosselten. Die Weltbevölkerung brauchte ein Jahrhundert, von 1830 bis 1930, um sich von einer Milliarde auf zwei Milliarden zu verdoppeln.

In den Entwicklungsländern ging die Sterblichkeit nach Ende des Zweiten Weltkriegs rapide zurück, und die Bevölkerung wuchs weiter. Der Grund hierfür waren Fortschritte in der Industrialisierung sowie die verbesserte medizinische Versorgung und Gesundheitspflege. Der Trend verlief jedoch insgesamt ungleichmäßig, vor allem aus folgenden vier Gründen:

1. Unterschiede in der Art und Intensität der Industrialisierung;
2. ungleicher Zugang zu Gesundheits- und Bildungsangeboten;
3. unterschiedliche demographische Charakteristika, zum Beispiel unterschiedliche Größe der Bevölkerungsgruppen im fortpflanzungsfähigen Alter;
4. Einfluß von Traditionen.

1 Colin McEvedy und Richard Jones, Atlas of World Population History (Harmondsworth, Penguin Books, 1978)

Nach einem langsamen Rückgang fiel die Sterblichkeitsrate bis 1990 auf 2,1 Prozent.

In den Industrieländern verlangsamte sich das Bevölkerungswachstum schnell. Während die Wachstumsrate zwischen 1950 und 1980 bei 1,2 Prozent jährlich lag, ging sie bis 1990 auf 0,6 Prozent zurück.

Die Phase des größten Bevölkerungswachstums fiel mit rapiden Fortschritten von Technologie, Bildung, Gesundheit und materiellem Wohlstand zusammen. Das durchschnittliche Realeinkommen in den Entwicklungsländern, gemessen in inflationsbereinigter Kaufkraft in Dollarparitäten, stieg um fast das Dreifache, und zwar von 950 US-Dollar pro Kopf im Jahr 1960 auf 2730 US-Dollar im Jahr 1991. Ein solcher Anstieg war in allen Regionen zu verzeichnen außer in Afrika und Südasien.[2] (Das „Kaufkraft"-Äquivalent stellt dar, wieviel Einkommen unter unterschiedlichen wirtschaftlichen Bedingungen darauf verwendet werden muß, das gleiche Produkt oder die gleiche Dienstleistung zu erwerben; damit ist es wohl die angemessenste Darstellung von Währungsrelationen.)

Im Gesundheitsbereich stieg die Lebenserwartung bei der Geburt in den Entwicklungsländern von 46 Jahren im Jahr 1946 auf 63 Jahre im Jahr 1992, obwohl die letztere Zahl noch immer in Relation zur durchschnittlichen Lebenserwartung von 76 Jahren in den Industrieländern gesehen werden muß.[3] Darüber hinaus gab es beeindruckende Fortschritte im Bildungsbereich, wobei der Rückgang des Analphabetentums mit einer Zunahme der Einschreibungen bei Grund- und weiterführenden Schulen einherging.[4]

Trotz der weitverbreiteten Wahrnehmung einer zunehmenden Bevölkerungsexplosion ist es alles in allem so, daß die Wachstums*rate* der Weltbevölkerung insgesamt den Zenit überschritten hat. Der Höhepunkt wurde schon vor etwa dreißig Jahren erreicht, zwischen 1965 und 1970, als die Zuwachsrate bei über 2 Prozent im Jahr lag. Die

2 UN Development Programme (UNEP), Human Development Report 1994 (Oxford, Oxford University Press, 1994)

3 Ebenda

4 Zum Analphabetentum: UN Development Programme (UNEP), Human Development Report 1994; zur Schülerquote: UNESCO, Statistical Yearbook der verschiedenen Jahrgänge (Paris)

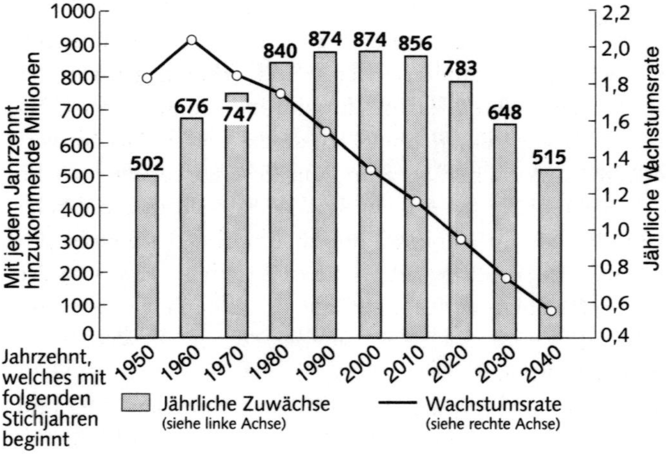

Abbildung 1.1: Der Zenit der Bevölkerungskurve: Zuwächse und Zuwachsraten pro Jahrzehnt. Die Wachstums*rate* erreichte ihren Höhepunkt etwa im Jahr 1965; der Zuwachs der *Gesamtmenge* wird wohl seinen Höhepunkt erst im Jahr 2010 erreichen. (Quelle: UN Population Division)

Zuwachsrate sank im Zeitraum von 1990 bis 1995 auf jährlich 1,54 Prozent. Abbildung 1.1 stellt diesen Wandel in graphischer Form dar.

In absoluten Zahlen wuchs die Gesamtbevölkerung von 3,7 Milliarden im Jahr 1970 auf 5,7 Milliarden im Jahr 1995 – zwei Milliarden zusätzlich innerhalb von nur 25 Jahren. Selbst kleinere Wachstumsraten werden daher zu größeren absoluten Zuwächsen führen. Diese „Bevölkerungsdynamik" wird sich noch einige Jahrzehnte lang fortsetzen, denn die Eltern von morgen leben schon heute. Bis zum Jahr 2000 soll der absolute Zuwachs auf einen historischen Höchstwert von durchschnittlich 88 Millionen pro Jahr steigen. Dies entspricht *zehnmal der Gesamtbevölkerung Schwedens zusätzlich* im Jahr oder *einem zusätzlichen Lateinamerika* alle fünf Jahre.[5]

Das breite Spektrum der möglichen demographischen Entwicklungen erlaubt verschiedene Szenarien. Die Bevölkerungsabteilung

5 UN Population Division, World Population Trends as Assessed in 1994 (New York, Vereinte Nationen, 1994)

der Vereinten Nationen erstellt ihre Schätzungen auf der Grundlage verschiedener Annahmen, die sich zum Beispiel auf die zukünftigen weiblichen Fruchtbarkeitsraten beziehen. Auf der Basis gegenwärtiger Trends mag das plausibelste Szenario die mittlere Prognose der UN-Bevölkerungsabteilung sein, deren Schätzungen einen Höchstwert von 9,8 Milliarden Menschen bis zum Jahr 2050 vorhersehen (siehe Abbildung 1.2). Die zentrale Annahme dabei ist, daß die weibliche Fruchtbarkeitsrate, die im Jahr 1995 durchschnittlich 3,1 Kinder pro Frau betrug, bis zum Jahr 2040 auf das Stabilisierungsniveau von 2,1 Kindern pro Frau fallen wird. Es würde dann noch ein weiteres Jahrhundert, also bis zum Jahr 2150, dauern, bis sich die Weltbevölkerung bei 11 Milliarden stabilisiert hätte.[6]

Tritt diese Prognose wirklich ein, so würden zwischen 1995 und 2050 4,1 Milliarden Menschen zur Weltbevölkerung hinzukommen; *dies entspricht der Weltbevölkerung des Jahres 1975.* Wir müßten Wege finden, diese zusätzlichen Menschen zu ernähren, zu bekleiden, ihnen ein Dach über dem Kopf zu geben und ihnen zu ermöglichen, ihren Lebensunterhalt zu verdienen sowie andere Ressourcen zu nutzen, während wir gleichzeitig versuchen müßten, die lokale und globale Umwelt zu erhalten. Dies würde eine gewaltige Herausforderung an die Politik darstellen und neue Finanzmittel, die Entwicklung menschlicher Ressourcen, den Aufbau von Institutionen und neue Technologien erfordern.[7]

Geht man von der pessimistischen Prognose der Vereinten Nationen aus, so würde die weibliche Fruchtbarkeitsrate vom Jahr 2040 an bei 2,5 Kindern pro Frau stagnieren. Da diese Rate über der Stabilisierungsrate von 2,1 Geburten liegt, würde die Bevölkerung bis ins Unendliche weiterwachsen, so daß die Weltbevölkerung im Jahr 2050 11,9 Milliarden betragen würde und 18 bis 19 Milliarden im Jahr 2100.

Geht man dagegen von der optimistischen Schätzung der Vereinten Nationen aus, so würde die Stabilisierungsrate von 2,1 Kindern pro Frau schon im Jahr 2015 erreicht werden und danach abnehmen

6 Jeweils: UN Population Division, World Population Trends as Assessed in 1994 (New York, Vereinte Nationen, 1994); UN Population Division, Long Range Population Projections (New York, Vereinte Nationen, 1992)

7 UN Population Division, Long Range Population Projections

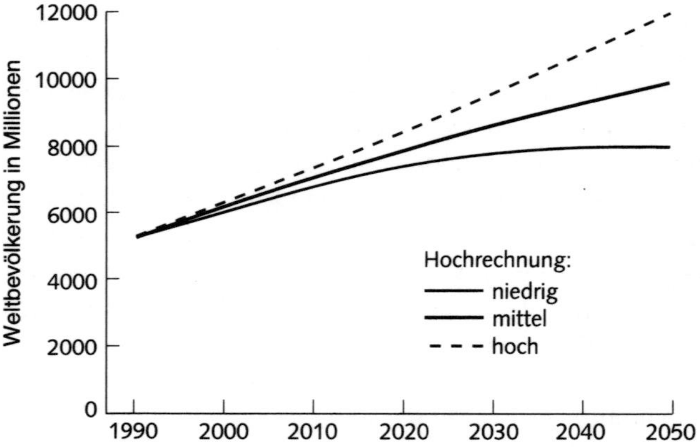

Abbildung 1.2: Alternative Zukunftsszenarien für das demographische Wachstum: hohe, mittlere und niedrige Schätzungen. (Quelle: UN Population Division)

– dem Verlauf der Kurven in den meisten europäischen Ländern folgend. Eine Frau würde im Jahr 2050 dann im Durchschnitt lediglich 1,57 Kinder haben, was dem derzeitigen europäischen Durchschnitt entspricht. Sollte die Fruchtbarkeitsrate bei diesem Niveau bleiben – was keine unrealistische Annahme ist –, so würde die Weltbevölkerung bis auf acht Milliarden im Jahr 2045 wachsen und danach wieder zurückgehen.

Die Wachstumsraten der verschiedenen Szenarien weichen in den ersten Jahren nur wenig voneinander ab. Selbst nach zehn Jahren läge der Unterschied zwischen der pessimistischen und der optimistischen Schätzung lediglich bei 295 Millionen. Mit jedem Jahrzehnt jedoch würden die Unterschiede wachsen, und die Schere der Gesamtmengen würde bis zum Jahr 2050 weit auseinanderklaffen.

Die Zukunft ist jedoch noch nicht in Stein gemeißelt. Die beschriebenen Szenarien sind *Prognosen*, nicht *Vorhersagen*. Die Fruchtbarkeits- und Sterberaten können sich aufgrund individueller Entscheidungen, politischer Bedingungen, unvorhersagbarer Katastrophen und wissenschaftlicher Durchbrüche ändern.

Wenn die Sterberate niedriger als erwartet liegt, steigt die Bevölkerungszahl. Das gleiche wäre der Fall, wenn die Lebenserwartung schneller zunehmen würde, als in den Prognosen zugrunde gelegt wird.[8] Es ist aber auch denkbar, daß die Sterberaten langsamer sinken als angenommen. Alte Krankheiten wie Malaria und Tuberkulose sind schon jetzt wieder auf dem Vormarsch, und die wachsende Resistenz gegen Antibiotika und Pestizide kann neue Probleme hervorrufen. AIDS kann das Bevölkerungswachstum vor allem in einigen afrikanischen Ländern dämpfen und die demographischen Strukturen dadurch radikal beeinflussen, daß Erwachsene dieser Krankheit in der Blütezeit ihrer Jahre zum Opfer fallen.[9] Auch der Klimawandel könnte, über sinkende Agrarerträge oder längere Dürreperioden, die Sterblichkeitsrate beeinflussen.

Die zukünftige altersmäßige Zusammensetzung der Weltbevölkerung läßt neue Gefahren ahnen. Die Altersgruppe der unter Fünfzehnjährigen stellt inzwischen einen Großteil der Gesamtbevölkerung dar, und es wird erwartet, daß ihr Anteil weiter wachsen wird.

Es ist anzunehmen, daß die Zahl der alten Menschen (d. h. der über Sechzigjährigen) zwischen 1950 und 2025 um das Sechsfache, von 200 Millionen auf 1,2 Milliarden, steigen wird: Damit würde ihr Anteil von acht auf vierzehn Prozent der Weltbevölkerung wachsen. Für die Zahl der Menschen über achtzig Jahre wird ein Anstieg von 13 auf 137 Millionen erwartet. Niemals vorher hat es eine solche Verlängerung des menschlichen Lebens gegeben.

Das zukünftige Bevölkerungswachstum wird sich, von einem Prozent abgesehen, in den heutigen Entwicklungsländern abspielen, und nicht weniger als zwei Drittel davon werden in zwei Regionen stattfinden: in Afrika und in Südasien. Diese Regionen sind die ärmsten der Welt; sie haben die niedrigste Lebensqualität und die schlechtesten Lebensbedingungen für Frauen. Frauen werden auch in Westasien und in Nordafrika benachteiligt, also in Regionen, für die die höchsten demographischen Wachstumsraten erwartet werden.[10]

8 Wolfgang Lutz (Hg.), The Future of World Population (London, Earthscan, 1994)

9 John Bongaarts, Projection of the Mortality Impact of AIDS, in: Wolfgang Lutz (Hg.), The Future of World Population (London, Earthscan, 1994)

10 UNEP, Human Development Report 1995 (Oxford, Oxford University Press, 1995)

Die stereotype Ansicht, daß das Bevölkerungswachstum sich ausschließlich auf die Entwicklungsländer beschränkt, ist aber falsch. Für vier der Industrieländer – die Vereinigten Staaten, Kanada, Australien und Neuseeland – werden ebenfalls Zuwächse vorhergesagt. Der Großteil dieses Wachstums wird durch Immigration und durch die hohe Fruchtbarkeitsrate unter Einwanderern verursacht werden. Das zukünftige demographische Wachstum dieser Länder wie auch anderer Industriestaaten wird von ihrer Einwanderungspolitik abhängen.

In Europa könnte die Bevölkerung im Jahrzehnt von 1995 bis 2005 abnehmen, was einige Schwierigkeiten verursachen würde. Der Alterungsprozeß der Gesamtbevölkerung in den Industrieländern kann erheblichen Druck auf deren soziale Nachhaltigkeit ausüben, und die Leistungen der sozialen Sicherungssysteme können darunter leiden. In den Entwicklungsländern werden die Probleme, die mit einer größeren Überalterung einhergehen, noch schwerwiegender sein, da die Kapazitäten dieser Staaten schon jetzt nicht ausreichen, um mit den Bedürfnissen fertig zu werden.

Bevölkerung als Zahlen, Bevölkerung als Menschen

Das Bevölkerungswachstum wird sich in hohem Maß auf die Lebensqualität zukünftiger Generationen auswirken. Umgekehrt ist die Verbesserung der Lebensqualität, vor allem der Frauen, eine Variable der Bevölkerungsentwicklung. Es handelt sich dabei um eine wechselseitige Kausalbeziehung – Lebensqualität/Bevölkerungswachstum –, und es ist dringend erforderlich, in beiden Richtungen tätig zu werden.

Deswegen muß Bevölkerung aus einer gleichgewichtigen Perspektive betrachtet werden: sowohl als Zahlenmenge als auch als menschliche Wesen. *Bevölkerung* heißt *Menschen*. Wie einer der Befragten in unserer Anhörung in Südasien klarstellte: „Frauen haben Kinder, keine Bevölkerung."

Bevölkerung heißt auch *Zahlen*. Zahlen sind jedoch nur wichtig, weil sie sich auf viele Aspekte der Lebensqualität auswirken. Es passiert viel zu häufig, daß die Menschen über all den abstrakten makroökonomischen Zielen wie niedrige Inflationsrate und ausgeglichener

Staatshaushalt vergessen werden. Wenn Bevölkerung lediglich als Datenmenge und von anderen Aspekten des Lebens getrennt betrachtet wird, so ist dies sowohl menschlich als auch wissenschaftlich *falsch*. Die Lebensqualität der *Bevölkerung als Menschen* sollte deshalb der Fokus aller politischen Entscheidungen sein.

Selbstverständlich benötigen verantwortliche Regierungen Politiken, die auf dem Gesichtspunkt „Bevölkerung als Zahlenmenge", also auf den Grundsätzen der Demographie, beruhen. Sie müssen zum Beispiel Position beziehen, ob ihre Wachstumsraten, ihre Einwanderungsquoten und ihre geographische Verteilungsstruktur annehmbar sind. Um diese Parameter zu ändern, müssen Regierungen die entsprechenden Strategien entwickeln. Eine Politik, die die Bevölkerungszahlen beeinflussen will, darf – in anderen Worten – ihr primäres Ziel nicht aus den Augen verlieren: die Lebensqualität der Bevölkerung, d. h. der Menschen, zu verbessern.

In Ho-Chi-Minh-Stadt sind fast alle Unterkünfte heruntergekommen; fast alle Familien sind ohne Toiletten; 80 Prozent der Armen sind aus den ländlichen Regionen in die Stadt gezogen; 70 Prozent der Armen haben lediglich eine Grundschule besucht; 29 Prozent der Armen, die älter als fünf Jahre sind, sind Analphabeten; 65 Prozent der Bevölkerung arbeiten zumindest zeitweise für weniger als sechs Monate im Jahr; und der durchschnittliche Wohnraum im ganzen Land beträgt drei Quadratmeter pro Kopf.

Nguyen Thi Canh, Vietnam, öffentliche Anhörung, Südostasien

2. Die soziale Herausforderung: Der Kampf gegen die Armut

Ich mache Ihnen einen Vorschlag: Für jedes internationale Projekt und auf jeder Ebene müssen Umweltverträglichkeitsprüfungen vorgelegt werden. Warum führt man nicht ähnliche Prüfungen ein, die bewerten, ob ein Projekt dazu beiträgt, soziale Ungerechtigkeiten zu beheben?
Maria Teresa Augusti, Brasilien, öffentliche Anhörung, Lateinamerika

Ich bin Mutter einer sehr armen Familie mit sieben Kindern in Ormoc City, Leyte. Von dem geringen Lohn meines Mannes als Arbeiter in einer Zuckerrohrplantage können wir nicht leben. Deshalb gehen zwei unserer Kinder in die Grundschule, die anderen fünf müssen arbeiten, damit wir überleben können. Unser ältester Sohn hat uns 1988 verlassen und arbeitet seitdem schwarz in einem Schweinezuchtbetrieb in Bulacan.
Enrica Albers, Philippinen, öffentliche Anhörung, Südostasien

Unsere Kinder verlassen die Schule, weil sie teuer ist, die Väter finden keine Arbeit, die Preise steigen. In den Wäldern können wir nichts mehr sammeln, um unsere arbeitslosen Männer zu unterstützen. Das Land, das wir bewirtschaften, wird immer weniger – das Weideland verschwindet und damit auch unser Vieh. Unsere Familien dagegen werden immer größer. Was wird aus unseren Kindern werden, und was können wir für sie tun?
Sibonelelo-Gruppe, Simbabwe, öffentliche Anhörung, südliches Afrika

Die Armut hat viele Gesichter

Ein halbes Jahrhundert nachdem die Vereinten Nationen versprachen, den Hunger zu beseitigen, leben immer noch Millionen von Menschen (und täglich werden es mehr) in völliger Armut. Die Aufgabe, dieses ungeheure vermeidbare Leid abzuschaffen, ist noch lange nicht gelöst.

In den letzten Jahren hat sich gezeigt, daß in vielen Ländern die Armut nicht allein durch integrierte Entwicklungsbemühungen verringert werden kann. Die strukturelle Armut in den Industrieländern verdeutlicht ebenfalls, daß das derzeitige Wirtschaftsmodell unfähig ist, die demographischen Veränderungen in den verschiedenen Regionen der Welt zu meistern.

Drei Jahrzehnte ist es jetzt her, daß im International Covenant on Economic, Social, and Cultural Rights (ICESCR) Gesundheit, Bildung, Arbeit sowie ein Leben ohne Angst und Hunger zu Grundrechten erklärt wurden. Das Ziel, die Armut weltweit abzuschaffen, wurde zwar in internationalen Vereinbarungen und auch in der politischen Praxis wiederholt bekräftigt, aber noch gibt es mehr als eine Milliarde Menschen, denen die Rechte allein nichts nutzen. 1996 war das Internationale Jahr zur Bekämpfung der Armut – eine Gelegenheit für die internationale Gemeinschaft, ihre Kräfte zu sammeln und auf ein gemeinsames Ziel hinzuarbeiten, dessen Verwirklichung schon lange ansteht.

Nach UN-Schätzungen lebten im Jahr 1970 weltweit 944 Millionen Menschen in Armut. 1985 war die Zahl auf 1,156 Milliarden gestiegen. Das Entwicklungsprogamm der Vereinten Nationen (UN Development Programme) hat 1994 – anhand einer anderen statistischen Methode – 1,3 Milliarden errechnet.[11] Diese Millionen sind mehr als Zahlen. Dahinter stehen Menschen: jeder mit seinen Hoffnungen und Ängsten, jeder mit dem Recht auf Selbstachtung und ein Leben frei von Leid und Angst. Die Zahlen sagen vor allem eines: Das Elend in der Welt ist nicht weniger geworden trotz drei Jahrzehnten

11 UN, 1989 Report on the World Social Situation (New York, UN, 1989)

Entwicklung. Ganz im Gegenteil, das Elend ist in manchen Bereichen gewachsen.

Unter den Ärmsten der Armen, die täglich ums Überleben kämpfen, ist die Sterberate höher als unter den Reichen. Betrachtet man die Säuglingssterblichkeit, klafft die Schere zwischen Armen und Reichen noch weiter auseinander. In vielen Ländern haben die Wohlhabenden mehr Kinder, und in Immigrantenfamilien der ersten Generation, die eine vorher nicht gekannte Sicherheit und Gesundheit genießen, ist die Wachstumsrate höher.

Und doch: Die rasanteste Phase des Bevölkerungswachstums – seit 1950 – wurde vom schnellsten Fortschritt in Technologie, Medizin und Gesundheitsversorgung, Bildung und materiellem Wohlstand begleitet. Das durchschnittliche Realeinkommen, gemessen in PPP-Dollar[12], das heißt in Dollar-Kaufkraftparität, hat sich zwischen 1950 und 1991 verdreifacht. Die Erhöhungen waren in allen Regionen signifikant, außer in Afrika und Südasien.[13]

Armut ist ein offener Angriff auf die Würde des Menschen. Sie hat viele Gesichter und zeigt sich nicht nur in einem niedrigen Einkommen. Armut bedeutet Mangelernährung, anhaltender schlechter Gesundheitszustand, fehlende Schulbildung, schlechte Wohnverhältnisse, Dauerarbeitslosigkeit oder Unterbeschäftigung, fehlender Zugang zu sozialen, juristischen und Informationsdienstleistungen, die Unfähigkeit, bürgerliche Freiheiten oder politische Rechte zu beanspruchen. In der Tat haben Arme oft nicht die Möglichkeit, Entschädigung – sei es auf juristischem oder auf politischem Wege – einzufordern.

Armut hat aber auch noch weiter gehende Aspekte: mangelnde Kontrolle über das eigene Leben und die eigene Zukunft, entwürdigende Machtlosigkeit, die zersetzenden Wirkungen von Hoffnungslosigkeit, Zynismus und Verlust des Glaubens an die Zukunft. Armut bedeutet oft nicht nur eine kurze Phase des Mangels, sondern wiederholte und andauernde Entbehrung, wobei meist mehrere Aspekte der Armut zusammenkommen.

12 PPP: purchasing-power parity

13 UNESCO, World Education Report 1993 (Oxford, Oxford University Press, 1993)

Armut ist also ein Synonym für schlechte Lebensqualität, die nicht einmal Minimalstandards entspricht. Armut existiert in den Industrieländern ebenso wie in den Entwicklungsländern. In letzteren ist Armut nicht nur eine vorübergehende Erscheinung, vielmehr ist sie zu einem dauerhaften strukturellen Merkmal des Entwicklungsprozesses geworden: In den armen Ländern sitzen die Armen in der Armutsfalle fest.

Armut in den Industrieländern

In jeder Nacht des Jahres 1993 schliefen in New York 23 000 Männer und Frauen auf der Straße oder in Obdachlosenasylen – nur ein kleiner Teil der drei Prozent der Einwohner der Stadt, die in den vorhergegangenen fünf Jahren kein Dach über dem Kopf hatten.
The New York Times, 16. November 1993

In Großbritannien waren 1989 offiziell 40 000 Menschen obdachlos.
Human Development Report 1992

In Großbritannien lag die Arbeitslosenquote in den achtziger Jahren bei über 20 Prozent, in Spanien bei über 40 Prozent und in Norwegen bei über 46 Prozent.
UN World Survey, 1989

In den Industrieländern ist Armut ein wachsendes Problem. Gefährdete Gruppen – die Alten und Rentner, die Jungen, die älteren Arbeitslosen, Einwanderer – leben in Unsicherheit, Mangel und Ausgrenzung, die Jahrzehnte andauern können. Es gibt immer mehr Menschen, deren Einkommen nicht einmal eine minimale Lebensqualität sichert, was sich deutlich in den steigenden Zahlen der Obdachlosen, der „Penner", zeigt, die fast überall auszumachen sind.

Die Ausmaße der Armut und der Entbehrung sind überwältigend und beängstigend. Sie rütteln uns aus unserer Gleichgültigkeit auf, hinterlassen uns aber oft nur wütend oder gelähmt. Im Jahr 1990 konnten in den Entwicklungsländern 406 Millionen Kinder im Grund- und Hauptschulalter ihr Recht auf Bildung nicht wahrnehmen. Die UNESCO schätzt, daß die Zahl bis zum Jahr 2000 auf 450 Millionen wachsen wird.[14]

Zwischen 1970 und 1990 fiel in den Entwicklungsländern die Analphabetenrate unter Erwachsenen von 55 auf 33 Prozent. Die absolute Zahl stieg in diesem Zeitraum aber – vor allem aufgrund des Bevölkerungswachstums – auf 905 Millionen. Davon waren zwei Drittel Frauen.[15] Analphabetismus beschränkt sich keineswegs auf Entwicklungsgebiete. In den Industrieländern wird er – mit unterschiedlichen Kriterien – auf fünfzehn bis zwanzig Prozent der Bevölkerung geschätzt. Auffällig ist hier das Phänomen des funktionalen Analphabetismus: Trotz einiger Jahre Schulbildung können Jugendliche nicht oder nur rudimentär lesen und schreiben. Diese Zahlen beziehen sich auf Jugendliche über fünfzehn Jahren und unter fünfzehn Jahren, sofern sie keine Schule besuchen. Weltweit gibt es schätzungsweise 1,5 Milliarden Menschen, die Analphabeten oder funktionale Analphabeten sind.

Die Zahl der Arbeitsplätze hat weltweit zugenommen, aber nicht genügend, um allen einen Lebensunterhalt zu sichern. Arbeitslosigkeit oder Unterbeschäftigung, unterbezahlte, entwürdigende oder ausbeuterische Arbeit bestimmen immer noch das Leben vieler Menschen. 1995 waren Schätzungen zufolge 120 Millionen Menschen arbeitslos. Weitere 600 bis 700 Millionen suchten zusätzliche Arbeit, um einen minimalen Lebensstandard erreichen oder halten zu können oder die Zukunftsperspektiven ihrer Kinder zu verbessern.[16] Laut International Labour Organization (ILO) arbeiten weltweit 100 Millionen Kinder. Es gibt keine verläßlichen Zahlen zu weiteren Kategorien entrechteter, marginalisierter und oft unsichtbarer Arbeiter und Arbeiterinnen.

14 Ebenda

15 Ebenda; Zahlen für das Jahr 1970 aus UNESCO, Compendium of Statistics on Literacy (Paris, 1993)

16 World Bank, World Development Report 1995 (Oxford, Oxford University Press, 1995); UN Development Programme, Human Development Report 1992 (Oxford, Oxford University Press, 1992)

Untersuchungen, aufgeschlüsselt nach Industrie, Beruf und Beschäftigung, sind dringend notwendig.

Etwa eine Milliarde Menschen hat keinen Zugang zu medizinischer Grundversorgung. Etwa 1,3 Milliarden Menschen müssen verschmutztes Wasser trinken, und 1,9 Milliarden sind ohne rudimentäre Sanitäreinrichtungen.[17]

Zwischen 1988 und 1990 galten etwa 786 Millionen Menschen als unterernährt. Dies stellt zwar im Vergleich zu 941 Millionen zwischen 1969 und 1971 einen Fortschritt dar, doch die Verbesserungen waren auf Asien beschränkt. In anderen Regionen stagnierten die Zahlen – oder stiegen sogar, wie in Lateinamerika von 54 auf 59 Millionen und in Afrika von 101 auf 168 Millionen.[18]

Armut bedeutet meist nicht nur eine, sondern mehrere Formen der Entbehrung gleichzeitig: Arbeitslosigkeit und niedriges Einkommen, Analphabetismus, Hunger, schlechter Gesundheitszustand, unzureichende Wohnung und mangelnde soziale Dienstleistungen – sie kommen nicht zufällig und nicht allein. Sie betreffen meist die gleichen Menschen, die gleichen Familien, die gleichen Slums, die gleichen marginalen oder ländlichen Gebiete. Analphabetismus resultiert aus mangelnder Schulbildung, was wiederum zu marginaler Beschäftigung und zu niedrigem Einkommen führt. Niedriges Einkommen bedeutet überbelegte Wohnungen, Mangelernährung, kein Zugang zu sauberem Trinkwasser und zu Sanitäreinrichtungen; all das zusammen mündet in einem labilen Gesundheitszustand.

Verschiedene Arten der Entbehrung und des Mangels verbinden sich oft mit Diskriminierung, sei es aufgrund von Rasse, Geschlecht, Klasse oder Behinderung. Diese Vorurteile enden in *sozialer Ausgrenzung*, einem vielschichtigen und kumulativen Nachteil.

Aber Ausgrenzung ist kein Zustand. Sie ist ein Prozeß, in dem Menschen entrechtet und ihnen die Grundrechte, die auch ihre menschliche Würde konstituieren, entzogen werden. Jedes Mitglied

17 UN Development Programme, Human Development Report 1994 (Oxford, Oxford University Press, 1994)

18 Food and Agriculture Organization und World Health Organization, Nutrition and Development – A Global Assessment (Rom und Genf, 1992)

einer Gesellschaft kann diese Rechte beanspruchen.[19] Doch was bedeutet diese Theorie, wenn Menschen in Armut gefangen, wenn sie in eine Lage geraten sind, aus der es scheinbar kein Entrinnen gibt, weder für sie selbst noch für ihre Kinder.

Das Niveau der Lebensqualität wird von einer Generation an die nächste weitergegeben; Mangelernährung von Mutter und Kind ist gleichbedeutend mit einem schlechten Start ins Leben. Armen Eltern fällt es schwer, ihre Kinder in der Schule zu halten, und Eltern, die nicht lesen und schreiben können, ist es nicht möglich, ihren Kindern beim Lernen zu helfen. Chronische Mangelernährung führt zu körperlicher und geistiger Unterentwicklung während der Schulzeit, später zu schlechter Gesundheit und Behinderungen: kurz gesagt, zu mangelnder Kontrolle über das eigene Leben. Arme Kinder sind die ultimativen Opfer solcher Umstände. Sie sind dazu verdammt, die Ungleichheiten und Ungerechtigkeiten der Armut und der Entbehrungen an die eigenen Kinder weiterzugeben. Dies bringt den sozialen Frieden in große Gefahr. Steigende Gewalt und steigende Kriminalität – die die Ärmsten am stärksten treffen – tragen zu sinkender Lebensqualität für alle bei.

Die Ursachen der Armut

Die Ursachen der Tatsache, daß so viele Menschen ihre Grundbedürfnisse nicht befriedigen können und dürfen, sind ausgesprochen komplex. An erster Stelle stehen dabei politische, wirtschaftliche, strukturelle und gesellschaftliche Ursachen, die von mangelndem politischem Willen und falschen Prioritäten in der Politik und in der Verwendung von Ressourcen verstärkt werden:

- Auf der individuellen Ebene handelt es sich um mangelnden Zugang zu Ressourcen, zur Ausbildung von Fähigkeiten oder zu Möglichkeiten, einen angemessenen Lebensunterhalt zu verdienen.

19 G. Room u. a., Observatory on National Policies to Combat Social Exclusion (Bericht an die EU-Kommission, Lille, 1992)

- Auf der gesellschaftlichen Ebene handelt es sich oft um institutionalisierte Ungleichheiten in der Verteilung von Ressourcen, Dienstleistungen und Macht, zum Beispiel Boden, Kapital, Infrastruktur, Märkte, Kredite, Information und Beratung. Ähnliches gilt für soziale Leistungen wie Bildung, Gesundheit, sauberes Wasser und Sanitäreinrichtungen. Die Versorgungsungerechtigkeit trifft besonders die ländlichen Gebiete. Es überrascht kaum, daß 77 Prozent der Armen in den Entwicklungsländern in ländlichen Gebieten wohnen.[20] Die städtischen Armen leben allerdings unter noch schlimmeren Bedingungen.

Frauen sind von Armut stärker betroffen als Männer. Trotz Schutz durch Gesetze und Institutionen hält ihre Benachteiligung an, verschlimmert sich sogar. Die Armut der Welt hat immer häufiger ein weibliches Gesicht.

Armut setzt sich mit steigender Ungleichheit in der Verteilung von Einkommen und Wohlstand immer stärker fest, sowohl innerhalb als auch zwischen den Ländern. Die Schere zwischen den reichsten 20 Prozent und den ärmsten 20 Prozent klafft immer weiter auseinander. 1991 kamen den Industrieländern mit 22 Prozent der Weltbevölkerung 61 Prozent des realen Bruttosozialprodukts[21] (BSP) zugute. Das heißt, für die Entwicklungsländer mit 78 Prozent der Bevölkerung blieben gerade 39 Prozent übrig.

Tabelle 2.1: Vergleich der Lebensbedingungen zwischen Slums und Nichtslums im Großraum Manila („Metro Manila").

	Slums	Nichtslums
Schulabgangsrate nach Grundschule (in %)	35	20
Geburtenrate pro 1000 Einwohner	177	33
Säuglingssterblichkeit pro 1000 Lebendgeburten	210	76
Tuberkulosepatienten pro 100 000 Einwohner	7000	800
Mangelernährung 3. Grades (%)	9,6	3

Quelle: Öffentliche Anhörung, Südostasien

20 UN Development Programme, Human Development Report 1994

21 Das weltweite reale BSP wird errechnet, indem das durchschnittliche regionale reale BSP pro Kopf mit der regionalen Bevölkerungszahl multipliziert wird.

Einigen Ländern ist es gelungen, Wirtschaftswachstum in eine Verringerung der Ungleichheit umzumünzen, indem sie stark in menschliche Ressourcen investiert haben. Das Ausmaß der Ungleichheit variiert von Land zu Land enorm. In den Industrieländern klafft die Schere zwischen dem reichsten und dem ärmsten Fünftel der Bevölkerung von 4,3:1 (Japan) bis 9,6:1 (Großbritannien) auseinander – das heißt, das reichste Fünftel der Bevölkerung besitzt 4,3- bzw. 9,6mal soviel wie das ärmste Fünftel. In Asien sind die Verhältnisse ähnlich: im Durchschnitt 6:1, in Westasien 7:1.[22] Anders ist die Situation in Afrika, wo das Verhältnis 13:1 ist. Am eklatantesten sind die Unterschiede in Lateinamerika, wo sie im Durchschnitt bei 17,5:1 liegen.

Auch die Ungleichheiten zwischen städtischen und ländlichen Gebieten sind auffallend, vor allem in bezug auf Gesundheitsversorgung, Bildung und Familienplanungsdienste. Zur Illustration: In Lateinamerika ist die Versorgung mit den genannten Leistungen in der Stadt 2,8mal besser als auf dem Land, in Asien liegt der Unterschied bei 4,2:1 und in Afrika bei fast 8:1.

Die Abschaffung der Armut

Jede Politik, die darauf abzielt, die Armut abzuschaffen, muß die Unterschiede in der Einkommensverteilung ausgleichen. Auch der Zugang zu Wohlstand und Dienstleistungen muß für alle gesichert werden. Die derzeitige Lage – tiefverwurzelte Verteilungsungerechtigkeit – ist kein unvermeidliches Ergebnis wirtschaftlicher Prozesse. Sie ist vielmehr ein Resultat der in der Vergangenheit gefällten politischen Entscheidungen. Ergo: Die Situation kann nur durch qualitativ andere – bessere – politische Entscheidungen verändert werden.

Unfaire Einkommensverteilung und ungleiche Zugangsmöglichkeiten zu sozialen Dienstleistungen züchten ein Gefühl der Benachteiligung und des Aufruhrs, ein Gefühl, das keineswegs gleichzusetzen

22 Die regionalen Durchschnittswerte wurden von der Kommission auf der Basis von Weltbank-Daten errechnet. Quelle: World Bank, World Development Report 1994 (Oxford, Oxford University Press, 1994)

ist mit Neid, das aber die Saat der Unzufriedenheit in sich birgt. Kooperation, Solidarität und sozialer Zusammenhalt erfordern daher in erster Linie eine gerechte Verteilung von Einkommen und Ressourcen.

Warum entzündet die Nichterfüllung wirtschaftlicher und sozialer Rechte nicht die gleiche Auflehnung wie die Verletzung bürgerlicher und politischer Rechte? Entweder wird es der internationalen Gemeinschaft gelingen, wirksame Maßnahmen zur Ausmerzung der Armut zu finden, oder ihre wiederholte Besorgnis um die Bevölkerungsexplosion wird sich als bloßes Lippenbekenntnis erweisen.

Dennoch: Die Lage ändert sich. Wut und Zorn gegenüber Ungerechtigkeit waren eine wichtige Quelle der Inspiration für die ethische und ideologische Entwicklung und für die wichtigsten radikalen und moderaten Reformbewegungen. Der Druck der beteiligten Gruppen wurde verstärkt durch die zahlreichen UN-Konferenzen, die sich mit Umwelt und Entwicklung, Bevölkerung und Entwicklung, sozialer Entwicklung, Menschenrechten sowie der Rolle der Frau (zuletzt 1995 in Peking) befaßten. Dieser Druck hat den Dialog angekurbelt zwischen den Regierungen und der Zivilgesellschaft – also all den Nichtregierungsorganisationen, die lebendige, unabhängige Kräfte in der Gesellschaft vertreten und sich mit sozialen Fragen auseinandersetzen. Unserer Ansicht nach werden solche Bewegungen zunehmend – und entscheidend – gebraucht, wenn „Rechte auf Lebensqualität" verwirklicht und aktive soziale Verantwortung als ein Indikator sozialer und politischer Entwicklung anerkannt werden sollen.

Radikale Veränderungen sind unvermeidlich. In den vergangenen Jahren haben nationale Strategien zur Armutsbekämpfung die Unterstützung von Regierungen und internationalen Organisationen gefunden. Besonders dem Weltsozialgipfel in Kopenhagen ist es gelungen, politische Impulse zu geben und diese Ansätze voranzutreiben. Sie müssen weiterverfolgt und umgesetzt werden.

Die Kommission ist sich bewußt, daß der Kampf gegen die Armut schwierig ist – aber er ist der entscheidende Kampf unserer Zeit. Bevölkerungswachstum kann Armut verstärken und bewirken, daß aufgrund des Erbrechts Grundbesitz geteilt wird, was Menschen zu einem Leben unter der Armutsgrenze zwingt. Bevölkerungswachstum wird oft als die Ursache der Armut gesehen, tatsächlich aber ist es nur einer der Gründe für die hartnäckige Weiterexistenz der Armut.

Die Mittel zur Beendigung von Armut und Ausgrenzung sind zweifellos vorhanden, sowohl auf nationaler als auch auf internationaler Ebene. Sie müssen dazu eingesetzt werden, die wachsende Zahl der armen Länder zu unterstützen. Armut, so unhaltbar sie auch sein mag, kann nicht ohne zusätzliche Mittel – beachtliche Mittel – abgeschafft werden. Auf dieses Problem möchte die Kommission mit diesem Bericht besonders hinweisen.

Zu viele Kinder von Kindern hungern. Im reichsten Land der Welt gehen Abend für Abend acht Millionen Kinder hungrig zu Bett. Jeden Morgen gehen ebenso viele hungrig zur Schule. Es gibt bei uns zu viele Kinder, deren Gesundheitszustand schlecht ist und die keine medizinische Versorgung kennen. Es gibt bei uns zu viele Kinder, die nach der Geburt einfach in den Krankenhäusern gelassen werden, zu viele Kinder, ungeplant und ungewollt, die keine zärtliche Umarmung kennen. Bei uns ist es oft einfacher, Drogen zu bekommen als etwas Zärtlichkeit. Wir müssen dafür sorgen, daß jedes Kind – ganz gleich, wo auf der Welt – die Möglichkeit hat, gesund aufzuwachsen, eine Schule zu besuchen und motiviert und voller Hoffnung in die Zukunft zu blicken.
Jocelyn Elders, ehemalige Gesundheitsministerin der USA, öffentliche Anhörung, Nordamerika

47 Jahre Unabhängigkeit und viele Versprechen. In Indien wissen die meisten Menschen nicht, ob sie am nächsten Tag noch Arbeit haben, ob ihre Kinder überleben, ob die Frauen Sicherheit und Gesundheit genießen werden.
Imrana Quadeer, Indien, öffentliche Anhörung, Südasien

Die Verbesserung der Lebensqualität armer Menschen bedeutet, daß verschiedene Probleme gleichzeitig angegangen werden müssen. Wir möchten keine Obdachlosen mehr auf unseren Straßen sehen, wir möchten nicht länger hören, daß Menschen hungern. Wir möchten keine Frauen mehr sehen, die keine medizinische Versorgung kennen und an gefährlichen Abtreibungen, an sexuell übertragenen Krankheiten oder was weiß ich sterben. Denn wir können all dies abstellen. Wir landen auf dem Mond,

wir bauen Waffen, mit denen wir die gesamte Menschheit auslöschen können. Aber bis jetzt konnten wir dieses Problem noch nicht lösen.
Cece Modupe Fadope, USA, öffentliche Anhörung, Nordamerika

Auch die Armen haben Träume. Sie haben so viele Probleme gelöst. Sie haben überlebt, ebenso wie viele eingeborene Völker. Wir können von ihnen Lösungen lernen.
Rigoberta Menchu, Guatemala, öffentliche Anhörung, Lateinamerika

Mahatma Gandhi hat einmal gesagt: „Wenn du eine Entscheidung triffst, gehe zum Ärmsten, den du kennst, und frage ihn, ob deine Entscheidung ihm helfen wird. Wenn die Antwort ‚ja' lautet, dann halte ohne Zögern an dieser Entscheidung fest." Das ist und bleibt ein guter Rat – überall.
Nirmala Buch, Indien, öffentliche Anhörung, Südasien

Der Kampf gegen die Armut steht heute im Zentrum der Beziehung zwischen Bevölkerung und Lebensqualität. Je mehr wir uns Sektorthemen wie Bildung, Gesundheit oder Gewalt zuwenden, desto mehr kommen wir auf die Armut als Grundübel zurück. (...) Lateinamerika ist kein armer Kontinent, Lateinamerika ist von Ungerechtigkeit gezeichnet.
Rosiska Darcy de Oliveira, Brasilien, öffentliche Anhörung, Lateinamerika

Einer der größten Fehler der Reformer, die seit 1992 die sozioökonomische Politik in unserem Land bestimmen, ist die Tatsache, daß sie die Sozialpolitik eklatant vernachlässigen. Sie dachten, soziale Probleme könnten gelöst werden, nachdem die Wirtschaft wieder läuft. Für unsere Politiker ist der Schutz der Gesellschaft eine rein quantitative Frage.
Anatoly Vishnevsky, Rußland, öffentliche Anhörung, Osteuropa

Ich bin vierzehn Jahre alt, das älteste von fünf Kindern eines Schuhmachers. Ich war eines von acht Kindern, die in der Sardinenfabrik Young's Town arbeiteten. Wir arbeiteten von sieben Uhr morgens bis vier Uhr am nächsten Morgen. Manchmal wurden wir während der Arbeit bewußtlos, an vielen Tagen schliefen wir nur zwei Stunden. Wir aßen Nudeln (der

Besitzer hatte auch eine Nudelfabrik), in denen manchmal Maden und Schaben schwammen. Oder wir aßen Reste, die wir von zu Hause mitgebracht hatten. Wir packten Fische in Dosen, manchmal 3000 Stück pro Tag. Wir schnitten unsere Finger an den Dosenrändern und den Fischknochen, daß das Blut in die Dosen rann. Nach der Arbeit wurden wir in unsere Schlafsäle gesperrt. Auch an Sonn- und Feiertagen durften wir nicht hinaus. Monatelang erhielten wir keinen Lohn, weil der Arbeitgeber behauptete, wir schuldeten ihm das Geld für die Busfahrt aus der Provinz. Er zog uns die Kosten für die Fahrt ab. Die Staatsanwaltschaft machte eine Razzia und befreite uns.
Josie Cabeiros, Philippinen, öffentliche Anhörung, Südostasien

Die Lebensqualität der einfachen Leute resultiert aus der ungerechten Verteilung, sie hat nur wenig mit Bevölkerungswachstum zu tun. Das überstrapazierte Argument des Bevölkerungswachstums wird manchmal gegen die Interessen der Menschen verwendet, wenn erfolglose Politiker und die herrschende Elite versuchen, es als Alibi zu nutzen.
Devendra Raj Panday, Nepal, öffentliche Anhörung, Südasien

Armut ist auf die verzerrte Verteilung von Einkommen zurückzuführen und auf fehlende Landreformen. Beides bestraft vor allem die brasilianische Bevölkerung afrikanischen Ursprungs, besonders die Frauen.
Edna Roland-Geledes, Brasilien, öffentliche Anhörung, Lateinamerika

Payatas in Quezon City ist eine Müllhalde. Viele Arme aus der Stadt sind dort hingezogen. Die 635 000 Einwohner von Payatas leben vom Müllsammeln, was oft schwere Krankheiten und Tod verursacht. Diese Menschen können aus dem Teufelskreis der Armut nicht ausbrechen.
Anita M. Celdran, Philippinen, öffentliche Anhörung, Südostasien

3. Die ökologische Herausforderung

Die Tatsache, daß immer mehr Menschen arm sind, trägt zur Umweltzerstörung bei: Die Armen, das sind die „kaingineros“, Subsistenzbauern, die kommen, nachdem die Holzfäller die Wälder gerodet haben. Die Armen, das sind die kleinen Fischer, denen in überfischten Gewässern das Dynamitfischen als einziger Ausweg bleibt. Die Armen, das sind die Bewohner der städtischen Slums, die vor der Armut auf dem Land geflüchtet sind. Die meisten dieser Armen sind Opfer des ungleichen Zugangs zu natürlichen Ressourcen in ihren Gemeinschaften. Darin liegt die Wurzel der Armut, über die unsere Kirchenfürsten und unsere Politiker so beschämend still sind.
Maximo Kalaw, Philippinen, öffentliche Anhörung, Südostasien

Es sind nicht die Armen, die verantwortlich sind für die Zerstörung der Umwelt. Wenn Menschen weniger Ressourcen haben, gehen sie schonender damit um, denn sie sind das einzige, worauf sie zurückgreifen können. Kleinbauern arbeiten wesentlich effizienter. Sie kümmern sich besser um ihr Land. Es ist die Habsucht der Reichen, die mehr Ressourcen verbrauchen als die Armen. Gandhi sagt: „In diesem Land gibt es genug für die Bedürfnisse aller, aber nicht genug für die Habsucht weniger.“
Vijay Vyas, Indien, öffentliche Anhörung, Südostasien

Druck auf die Umwelt

Seit Jahrtausenden nehmen wir die Natur als selbstverständlich hin, als grenzenlos. Und viel zu lange haben wir auch die Regenerierung der Natur als selbstverständlich angenommen.

Die wissenschaftliche und industrielle Revolution hat das Verhältnis Mensch – Natur radikal verändert. Der Mensch hat die Natur erobert, ihre Geheimnisse entschlüsselt.

Die moderne Industriegesellschaft basiert auf der Ausbeutung der natürlichen Ressourcen. Sie hat die Natur der Wirtschaft untertan gemacht und die Bedürfnisse der Natur – allen voran die Selbsterneuerung – vergessen. Mit dem ökonomischen Paradigma des unendlichen Wirtschaftswachstums, das von der industriellen Revolution hervorgebracht worden ist, wurde die Natur zu einem unter vielen Aktivposten – anders als in bäuerlichen Gesellschaften, wo sie die einzige Ressource war. Damit hat sie auch ihren hohen Status verloren, der in Agrargesellschaften institutionalisiert, sogar ritualisiert war.

Je mehr die Wissenschaft die versteckten und komplexen Prozesse der Natur entschleierte, desto mehr wurde die Natur in der ökonomischen Rechnung der industriellen Revolution zum unbelebten Faktor – einem Faktor, der bedenkenlos ausgebeutet werden kann. Die Bedeutung der Natur als unabdingbarer Lebensraum des Menschen, als Lebensraum, der Pflege und Sorgfalt braucht und den wir für künftige Generationen erhalten müssen, wurde ignoriert.

Die bäuerlichen Kulturen waren geprägt vom Respekt vor der Natur und ihren Gaben, die die Grundlage des Überlebens und sogar des Reichtums bildeten. Aus diesem Respekt erwuchs die Harmonie zwischen menschlichen Bedürfnissen und natürlicher Umwelt. Die Bauern und die Frauen waren die wichtigsten Hüter und Hüterinnen dieser Symbiose. Der Übergang von der agrarisch strukturierten Gesellschaft zu einer Gesellschaft der Massenproduktion mit ihrem intensiven Chemie-Input brachte den „Tod der Bauern in der zweiten Hälfte des 20. Jahrhunderts"[23] und ließ das harmonische Verhältnis zwischen Mensch und Natur weiter erodieren.

Die Wirkungen der Umweltplünderung spüren wir alle, sogar die Menschen, die noch in bäuerlichen Gesellschaften leben. Und unbestreitbar liegt die Hauptverantwortung für diese Plünderung bei den Industrieländern. Die Welt steht heute vor der Herkules-Aufgabe, ein neues und nachhaltiges Gleichgewicht herzustellen. Das bedeutet, daß

23 Eric Hobsbawm, The Age of Extremes: The Short Twentieth Century (London, Michael Joseph, 1994)

wir die Umwelt nicht länger als Ressourcenselbstbedienungsladen und Müllhalde behandeln dürfen, sondern als unser „Wohnzimmer" betrachten müssen, das uns Leben ermöglicht und uns Schutz gibt. Wir möchten unser „Wohnzimmer" sauber, gesund und so angenehm wie möglich halten, und so wollen wir es auch unseren Kindern hinterlassen. Die Qualität der Umwelt ist ein kritischer Aspekt der Lebensqualität – mittelbar oder unmittelbar.

Bis in die fünfziger Jahre dieses Jahrhunderts war Umweltverschmutzung ein klar umrissenes technisches Problem, dem sich die Unternehmen und die Ingenieure widmeten. Das Problem war insofern lokal, als seine Auswirkungen lokal begrenzt waren. In der Zwischenzeit aber haben der verschwenderische Gebrauch natürlicher Ressourcen und wachsende Abfallberge die Lage dramatisch zugespitzt – auf jeder gesellschaftlichen Ebene.

Der kumulative Effekt ungezügelter Ressourcennutzung hat ein Problem unvergleichlichen Ausmaßes geschaffen, ein Problem, das uns alle angeht. Die Störung und Zerstörung des alten Gleichgewichts ist so mächtig, daß sie alles berührt, was wir über das Verhältnis zwischen Mensch und Natur wissen.

In den siebziger Jahren packte man das Problem zunächst regional an, dann global. Die Sorge über die Ausbreitung der Wüsten, über Entwaldung, Bodenerosion, sauren Regen und Luftverschmutzung in den Städten gelangte auf die internationale Agenda. Zu Beginn der achtziger Jahre wurde klar, daß der Mensch und seine Lebensweise die Ursache der globalen Störungen ist. Zur Liste der Probleme kamen nun noch das Ozonloch, die globale Erwärmung, der Verlust der biologischen Vielfalt und die Folgen der Überfischung und der Meeresverschmutzung hinzu.

Die Frage nach der Verantwortung für die Zerstörung der Umwelt schuf neue ideologische Kluften: auf der internationalen Ebene zwischen Nord und Süd und auf der nationalen Ebene zwischen Reich und Arm (und denen, die ihre Stimme für die Armen erheben). Armut ist die Ursache der Entwaldung, der Bodendegradierung und der Zerstörung der Küstenökosysteme. Weltweit sind Hunderte von Millionen armer Menschen gezwungen, ihre Lebensräume zu übernutzen, um überleben zu können. Dieses Problem wird durch das Bevölkerungswachstum noch verschärft. Die Zerstörung der natürlichen Ressourcen wird so lange weitergehen, wie die Ursachen der Armut nicht angepackt werden. Deshalb ist ein Aktionsplan dringend erforderlich, ein Plan, der diesen Millionen von Haushalten – vor allem im Süden – eine Alternative zu Brandrodung und anderen zerstörerischen Praktiken bietet.

Wie wir die Integrität der Natur zerstört haben

Bestimmte Merkmale der Umwelt, zum Beispiel biologische Vielfalt und Zugang zu natürlichen Ressourcen, sind unmittelbare Bestandteile der Lebensqualität. Auch andere Merkmale üben einen – wenn auch weniger direkten – Einfluß auf die Lebensqualität aus, da sie sich auf Gesundheit und Ernährung, auf den Lebensunterhalt, die Arbeitslast oder den gesellschaftlichen Zusammenhalt auswirken. Diese Merkmale gelten nicht nur in den Industriestaaten. Sie definieren die Lebensqualität überall, den Lebensunterhalt der Armen, sogar das Überleben der Gattung Mensch. Es reicht daher nicht aus, daß nur einige wenige Länder klare Standards für den Erhalt der Umwelt erstellen. Dies muß weltweit geschehen.

Bevölkerungswachstum spielt bei all diesen Problemen eine Rolle, denn es ist kein isoliertes Phänomen, sondern verbindet sich mit zwei Schlüsselfaktoren:

- den vorherrschenden Produktions- und Konsummustern,
- der angewendeten Technologie und den daraus resultierenden Abfallmengen.

Die Qualität von Luft und Wasser

Luft und Wasser – zwei grundlegende Komponenten der Natur – werden durch Fabriken, Elektrizitätswerke und andere Produktionsstätten, Autos und andere Transportmittel sowie private Haushalte verschmutzt.

Nachdem die Verschmutzungspegel dramatisch gestiegen waren – leicht ablesbar an den Wirkungen von Schwefeldioxid (SO_2), bodennahem Ozon, FCKW und anderen Luftschadstoffen sowie an der toxischen Schwermetallbelastung des Wassers – entwickelten die Industrieländer Umweltschutzprogramme.

Diese Programme verbesserten die Luft- und Wasserqualität deutlich. Rauch- und SO_2-Emissionen haben sich seit den achtziger Jahren in den meisten Städten stark – manchmal drastisch – verringert. In den achtziger Jahren fielen die SO_2-Werte in Finnland, Frankreich, Deutschland, den Niederlanden, Schweden und der Schweiz um über fünfzig Prozent. Auch die Schwermetallbelastung hat in den meisten Ländern stark nachgelassen.[24] Die Emissionen von Stickoxiden und bodennahem Ozon (beide durch Autos verursacht) steigen jedoch weiter. Asthma ist folglich in vielen Städten ein wachsendes Gesundheitsproblem. In vielen Ländern ist die Nitratbelastung des Wassers durch Auswaschung der Düngemittel gestiegen.[25]

Die Probleme wiederholen sich in den jungen Industrieländern Asiens und Lateinamerikas. Die achtziger Jahre brachten eine signifikante Verschlimmerung der Luftverschmutzung: So stiegen in China, Indien, Pakistan und Thailand die SO_2-Emissionen um fünfzig Prozent und mehr. In Xian, Schanghai, Peking, Jakarta, Lahore und Teheran zum Beispiel waren einige Belastungswerte vier- bis achtmal so hoch wie in Tokio.[26]

Mitte der achtziger Jahre waren Schätzungen zufolge 1,3 Milliarden Menschen – die meisten davon in den Entwicklungsländern – Rauchkonzentrationen ausgesetzt, die über den von der World Health Organization (WHO) ermittelten Maximalwerten lagen. Hätten die Werte den WHO-Marken entsprochen, hätten zwischen 300 000 und 700 000 Menschenleben jährlich gerettet werden können.[27]

Die ärmsten Haushalte sind einer weiteren Gefahr ausgesetzt: der Luftverschmutzung in Innenräumen. Holz-, Stroh- und Dungfeuer produzieren Rauch, Stickoxide, Schwefeldioxid, Kohlenmonoxid

24 UN Environment Programme, Environment Data Report 1993/94 (Oxford, Blackwell, 1993)

25 Ebenda

26 Ebenda

27 World Bank, World Development Report 1992 (Oxford, Oxford University Press, 1992)

und krebserregende Stoffe. Sie können akute Infektionen der Atemwege und chronische Bronchitis hervorrufen – Krankheiten, an denen jährlich etwa 4 Millionen Säuglinge und Kinder sterben. Wahrscheinlich zwischen 400 und 700 Millionen Menschen, die meisten davon Frauen und Kinder, sind Rauchwerten in Innenräumen ausgesetzt, die die WHO-Maximalwerte bis um das Neunzigfache übersteigen.[28]

Atmosphäre

Vielleicht die größte Herausforderung für unser Überleben stellen die anthropogenen Veränderungen in der Atmosphäre dar: Sauerstoffverluste und globale Erwärmung, die durch die verstärkte Emission der sogenannten Treibhausgase (z. B. Kohlendioxid und Methan) sowie durch Entwaldung hervorgerufen werden.

Auch wenn das Klima sich durch die globale Erwärmung nur allmählich verändern sollte, so sind doch die Folgen ernst zu nehmen. Auf der Basis der wahrscheinlichen Trends bis zum Jahr 2100 sagt das Intergovernmental Panel on Climate Change (IPCC) eine Zunahme der Durchschnittstemperatur um etwa 2,9 Grad Celsius und einen Anstieg des Meeresspiegels um dreißig bis hundert Zentimeter voraus. Die Folgen: Viele Inseln im Pazifik könnten überflutet werden, und im dichtbevölkerten Küstengebiet Chinas wären etwa 76 Millionen Menschen vom erhöhten Meeresspiegel betroffen. In Bangladesch würde etwa ein Zehntel der Bevölkerung vertrieben.[29]

Weltweit würden die Niederschläge unregelmäßiger; neue Muster der Sedimentierung, Bodenfeuchtigkeit und Regenfälle könnten sich ausbilden. Auch die Getreideproduktion würde sich dramatisch verändern: Eine Verdoppelung der Kohlendioxidwerte könnte zu einem zwei- bis fünfprozentigen Verlust bei der Reisernte führen,

28 Ebenda

29 IPCC, Climate Change: The IPCC Scientific Assessment, überarbeitete Auflage, herausgegeben von J.T. Houghton (Cambridge, Cambridge University Press, 1990); Climate Change 1992 (Cambridge, Cambridge University Press, 1992); Guardian, 6. April 1995; F.U. Mahtab, Effects of Climate Change and Sea-Level Rise in Bangladesh (London, Commonwealth Secretariat, 1989); Norman Myers, Environmental Refugees (Washington, Climate Institute, 1995)

die Maiserträge könnten sogar um 15 bis 24 Prozent fallen.[30] Pflanzen wären erhöhtem Hitzestreß ausgesetzt, und Ungeziefer und Seuchen könnten sich verbreiten. Jede Anpassung an die neuen klimatischen Gegebenheiten könnte dramatische Folgen haben.

All diese Veränderungen könnten auch die Meeresströme beeinflussen, was wiederum signifikante Veränderungen im globalen Klima hervorbrächte und Massenwanderungsbewegungen und Konflikte verursachen kann.

Entwicklungsländer werden wahrscheinlich von der globalen Erwärmung am schlimmsten betroffen. Die Getreideproduktion könnte um neun bis zwölf Prozent fallen, die Preise dagegen würden in diesem Fall um zehn bis hundert Prozent steigen.[31] Gibt es keine Klimaveränderung, so rechnet man bis zum Jahr 2060 mit etwa 640 Millionen Menschen, die vom Hunger bedroht sind. Tritt die Klimaveränderung ein, könnte sich diese Zahl auf 823 Millionen erhöhen. Bittere Ironie dabei ist die Tatsache, daß die Menschen, die durch die Klimaveränderung vom Hunger bedroht sind, nichts zur Veränderung des Klimas beigetragen haben, da sie zu arm sind, die Quellen der toxischen Emissionen zu nutzen. Dennoch würden sie die Hauptlast tragen.

Eine Klimaveränderung könnte auch verheerende Auswirkungen auf die schon beeinträchtigte biologische Vielfalt haben. Die Wanderung der Niederschlags- und Temperaturzonen würde viele Arten vertreiben, wobei manche, zum Beispiel Bäume, ihre Lebensräume nicht schnell genug verlagern könnten. Andere könnten Hindernisse, etwa besiedeltes Gebiet, nicht überwinden und würden aussterben.[32]

30 Martin Parry und Cynthia Rosenzweig, Food Supply and the Risk of Hunger in The Lancet 342 (November 1993), 1,345; Cynthia Rosenzweig u. a., Climate Change and Food Supply (Oxford, University of Oxford Environmental Change Unit, 1993). Die angegebenen Werte basieren auf dem Durchschnitt der Ergebnisse der drei zentralen Klimamodelle.

31 Parry und Rosenzweig, Food Supply; Rosenzweig u. a., Climate Change, Berechnung der angegebenen Werte wie in Anmerkung 8.

32 Robert Peters und Thomas Lovejoy (Hg.), Global Warming and Biological Diversity (New Haven, Yale University Press, 1992)

Wälder

Wälder – sei es in der tropischen, der borealen oder der gemäßigten Zone – sind bedroht. In den achtziger Jahren gingen von den 1,756 Milliarden Hektar Tropenwald jährlich zwischen elf Millionen Hektar (1980) und sechzehn Millionen Hektar (1990) verloren. Das entspricht einer Fläche, die fünfmal so groß ist wie Belgien. Tendenz steigend.

Die höchsten Verlustraten sind in Asien zu verzeichnen (11,4 Prozent im Lauf des Jahrzehnts), in Westafrika (9,6 Prozent) und in Mittelamerika (14 Prozent). Laut Food and Agriculture Organization (FAO) wurden im selben Jahrzehnt in Ländern wie Bangladesch, Malaysia, Pakistan, den Philippinen, Thailand sowie in einigen Staaten Mittelamerikas und der Karibik über 18 Prozent der Tropenwälder zerstört.[33]

Walddegradierung und Entwaldung haben ernsthafte Auswirkungen auf die globale Erwärmung. Brandrodung der Wälder macht etwa zwanzig Prozent der weltweiten Kohlendioxidemissionen aus: Jährlich werden 4,6 Gigatonnen Kohlendioxid in die Atmosphäre ausgestoßen. Entwaldung ist auch einer der Hauptgründe des Verlustes der biologischen Vielfalt und der Lebensräume. Wenn Holzfäller und Bauern die Bäume abholzen, nimmt die Erosion zu, Fische sterben in Flüssen und Bächen, es gibt weniger Tiere und Pflanzen für die Bewohner. Diese Prozesse reduzieren Ernteerträge und die Vielfalt der Ernährung.

Sorge bereitet auch die Lage von etwa 200 Millionen Bauern und Siedlern in den tropischen Ländern, die auf der Suche nach bewirtschaftbarem Land von den Küsten ins Landesinnere gezogen sind. Durch die traditionelle Brandrodung wurden zwar auch Bäume gefällt, aber die Bauern gaben dem Land genug Zeit, sich zu erholen. Der steigende Bevölkerungsdruck läßt dazu jedoch immer weniger Zeit. Folglich nimmt die Produktivität des Landes ab, besonders im Bergwald, wo die Bodenqualität schlecht ist. Auch wo das traditionelle Verfahren durch Terrassenwirtschaft ersetzt wurde, bleibt die Produktivität niedrig.

Die Entwaldung von Bergen löst Erosion aus und schafft Ödland. Die Niederschlagsmengen sinken, entsprechend auch der Grundwas-

33 FAO, Forest Resources Assessment 1900 (sic) (Rom, 1993)

serspiegel, was akuten Wassermangel verursacht. Frauen und Mädchen, die in ländlichen Gebieten für die Wasserversorgung zuständig sind, müssen größere Entfernungen zurücklegen. In Trockengebieten kann diese Aufgabe zwei bis drei Stunden täglich beanspruchen.[34] Entwaldung bedeutet auch Verlust von Waldfrüchten, Feuerholz und Futtermitteln, so daß die Ernährung von Haushalten, die von Wäldern abhängig sind, gefährdet ist. Baumaterial, Küchen- oder medizinische Kräuter und andere Waldprodukte tragen zum Lebensunterhalt der Armen bei, die sie entweder roh oder verarbeitet verkaufen.

Entwaldung bedeutet also für die Armen noch größere Armut. Diese kumulative Abhängigkeit von den Wäldern außerhalb der landwirtschaftlichen Saison spricht die Armen von der Schuld an der Entwaldung frei. Ganz im Gegenteil: Die Armen erweisen sich als bessere Schützer des Waldes als die staatlichen Forstbehörden.

Je länger die Zeiten zum Sammeln von Wasser und Holz werden, desto stärker müssen die Kinder, besonders die Mädchen, ihren Müttern zur Hand gehen. Dadurch verringert sich die Effizienz der Kalorienversorgung der Kinder, und sie verlieren Zeit für die Schule.[35]

Aber auch in der borealen und der gemäßigten Zone – beide wichtig als Kohlenstoffsenken – befinden sich die Wälder in der Krise. Luftverschmutzung und verschwenderische Waldbewirtschaftung verursachen gravierende ökologische Schäden. Die Nachfrage der Industrie nach Holz erhöht den Druck auf die Holzfäller. Weite Gebiete wurden bereits durch Kahlschlag und unangemessene Aufforstungsprogramme unwiederbringlich zerstört.

Auch die Wissenschaft hat noch lange nicht alle Fragen zu Waldökosystemen und der komplexen Beziehungen zwischen Wäldern und Klimaveränderungen beantwortet – ein weiteres Hindernis für Erhaltung und Regeneration. Nur ein ganzheitlicher Ansatz, der biologische, physikalische, ökonomische und soziale Variablen integriert, verspricht Erfolg.[36] Ein weiteres Hindernis ist das Fehlen eines institutionellen Mechanismus auf lokaler Ebene, der öffentliche Re-

34 UN, The World's Women (New York, 1991)
35 Actionaid, Listening to Smaller Voices (London, 1995)
36 Detaillierte Diskussion in: World Commission on Forests and Sustainable Development: Proposed Work Programme (Woods Hole, August 1995)

chenschaftspflicht und Bevölkerungsbeteiligung miteinander vereinbart. Innovative Ansätze der gemeinsamen Waldbewirtschaftung durch Regierung und Bevölkerung in einigen asiatischen Ländern haben viel Aufmerksamkeit erregt. Ein besonderes Beispiel stammt aus Indien (Westbengalen), wo einige Frauengruppen eine fünfzigprozentige Beteiligung in den dörflichen Waldschutzkomitees verlangten – und durchsetzten.

Biologische Vielfalt

Die größte Gefahr für die biologische Vielfalt – die genetische Vielfalt und die Vielfalt der Arten und der Ökosysteme – ist der Verlust der natürlichen Lebensräume. Sie gehen in Rekordtempo verloren: Akkerland breitet sich in den Entwicklungsländern aus, und Bodenversiegelung (durch Häuser, Straßen, Industrie) ist weltweit ein Problem. So hat Thailand schätzungsweise 87 Prozent seiner ursprünglichen Mangroven verloren und 96 Prozent seiner Feuchtgebiete. Australien hat 95 Prozent seiner Feuchtgebiete eingebüßt, in den USA liegt die Zahl bei 53 Prozent.[37]

Auch die Bevölkerungsdichte ist ein zentraler Faktor beim Verlust natürlicher Lebensräume. Unter 50 ausgewählten Ländern Asiens und Afrikas haben die 20 Prozent der von Habitatverlusten am stärksten betroffenen Länder eine Bevölkerungsdichte von 189 Menschen pro Quadratkilometer; bis zum Jahr 1990 haben sie im Schnitt 85 Prozent ihrer ursprünglichen Lebensräume für Wildtiere verloren. Die am wenigsten betroffenen 20 Prozent der Länder dagegen haben nur 41 Prozent der Lebensräume eingebüßt, und die Bevölkerungsdichte erreicht im Durchschnitt nur 31 Menschen pro Quadratkilometer.[38]

37 Diese und verwandte Daten sind auf Diskette beim World Watch Institute erhältlich.

38 Paul Harrison, The Third Revolution (London und New York, Penguin Books, 1993). Datenquellen: Jeffrey McNeely u. a., Conserving the World's Biodiversity (Gland, International Union for the Conservation of Nature and Natural Resources [IUCN], 1990), 268/9; Zahlen zur Bevölkerungsdichte aus World Resources Institute, World Resources 1990/91 (Oxford, Oxford University Press, 1990)

Der fortschreitende Verlust des tropischen Regenwaldes stellt ein besonderes Problem dar, da er mehr als die Hälfte der Pflanzen- und Tierarten (einschließlich Insekten) und verwandte genetische Ressourcen beherbergt. Schätzungen zufolge führt der jährliche Verlust von Tropenwaldressourcen bis zum Jahr 2015 zum Aussterben von dreizehn Prozent der Arten.

Die Erhaltung der biologischen Vielfalt ist auch für die Nahrungssicherung entscheidend. Auch wenn nur etwa 200 der rund 250 000 Pflanzenarten der Erde genutzt werden, so sind doch ihre wilden Verwandten ein für die weitere Pflanzenzucht wichtiger Genpool. Einige der bedeutendsten Zentren der genetischen Vielfalt in Westasien, Äthiopien, dem Indusbecken und dem Andenhochland sind durch Bodenverschlechterung bedroht.[39]

Biologische Vielfalt ist auch eine reiche Quelle pharmazeutischer und medizinischer Produkte der Zukunft. Darüber hinaus übernimmt sie wichtige Funktionen in der Regulierung des Biosystems. Viele Pflanzen sind von speziellen tierischen Befruchtern oder Samenverteilern abhängig, das heißt, der Verlust dieser Tiere bedeutet auch den Verlust der Pflanzen. Etwa 120 moderne Arzneimittel stammen aus pflanzlichen Grundstoffen, und vier von fünf Menschen in den Entwicklungsländern sind auf traditionelle, das heißt vor allem Kräutermedizin als Erstbehandlung angewiesen. Dennoch geht viel dieses biologischen Reichtums verloren und damit auch das Wissen darum. Grund ist der Verlust der Lebensräume und der indigenen Kulturen.[40]

Die biologische Vielfalt hat auch einen ästhetischen Wert. Je voller die Städte werden, desto mehr erfreuen sich die Menschen an intakter Natur. Viele Gemeinschaften und alle Religionen treten den meisten Lebewesen mit spiritueller Achtung gegenüber.

Auf der Suche nach einem neuen Gleichgewicht

Die ökologische Herausforderung ist eine neue Phase des menschlichen Bewußtseins in unserer Suche nach einem Paradigma des Gleichgewichts zwischen Natur und Mensch. Wir befinden uns mitten in

39 World Conservation Monitoring Centre, Global Biodiversity (London, Chapman and Hall, 1992), 331–340

40 Ebenda; IUCN, Global Biodiversity Strategy (1992)

einer *ökologischen Übergangsphase*: Wir wenden uns ab vom Konzept einer immer wieder erneuerbaren Natur (und des naiven Glaubens an ihre Dauerhaftigkeit) und wehren uns gegen die Zerstörung ihrer Ressourcen, ihrer Unversehrtheit und ihrer Schönheit.

Der Übergang von der Natur „dort draußen" zu einer Umwelt, die Teil der menschlichen Existenz ist, verlangt einen radikalen Wertewandel. Schlüsselbegriffe hierbei sind Sensibilität, Respekt, Ehrfurcht, Harmonie, Pflege, aber auch mehr technisch und weniger emotional besetzte Begriffe wie Schutz, Erhaltung und Rehabilitation. Im Zentrum des neuen und notwendigen Verständnisses steht die Erkenntnis, daß Mensch und Natur ein gemeinsames Schicksal verbindet, daß unser Leben verwoben ist mit den Grundelementen der Natur – Luft, Wasser, Boden – und den Bäumen. Die Suche nach Harmonie und gegenseitiger Erhaltung wird dafür sorgen, daß die Menschen im Zentrum aller gesellschaftlichen Prozesse – zu denen auch die Erhaltung, Erneuerung und Bereicherung der Natur gehören – stehen.

„Philosophisch" ausgedrückt: Der Mensch hat die Natur aus einer rein linearen Evolution herausgerissen und seinem Herrschaftswillen unterworfen. Jetzt treten wir in eine neue Phase ein, in der wir erkennen, daß sich die Natur erneuern muß. Theorie und Praxis der Erhaltung und der Effizienz sind die neuen Imperative. Sie gewährleisten die Fähigkeit der Natur, menschliches Leben zu unterstützen.

In dieser Phase des ökologischen Übergangs müssen sich auch Produktions- und Konsumweisen erneuern, damit die Verluste der Natur kompensiert werden können. Dies wird unter anderem eine strenge Regulierung der Industrie erfordern bis hin zum Verbot bestimmter Verfahren und Produkte, deren umweltzerstörerische Wirkung nach dem heutigen Stand unserer Kenntnisse nicht ausgeglichen werden kann.

Eine weitere Aufgabe besteht darin, die Struktur menschlicher Siedlungen mit der Natur in Einklang zu bringen. Megastädte mit ihren urbanen Merkmalen überbeanspruchen die Natur – die bedrohlichen, wenn nicht katastrophalen Auswirkungen sind in Mexico City, Schanghai, Bombay oder Kairo aus erster Hand zu erfahren.

Wie alle anderen Übergangsphasen wird auch die ökologische Übergangsphase gekennzeichnet sein von Verwirrung, falschen Lösungen und Chaos. Wir können uns auch nicht der Einsicht verweigern, daß die Komplexität der Probleme den Menschen dazu zwingt, zum flexiblen Faktor zu werden, ähnlich wie wir in der Vergangenheit die Natur zum frei verfügbaren Faktor gemacht haben. Bevor wir uns aber der Bevölkerungsfrage zuwenden, müssen wir uns mit einigen anderen Ursachen unseres Problems auseinandersetzen.

Es gibt jetzt Bürgerinitiativen gegen Golfplätze, diese immer weiter um sich greifenden Spielplätze der Neureichen in den Ländern der Dritten Welt. Diese Bürgerinitiativen sind der Meinung, daß die Spielplätze auf Kosten der Umwelt und der Armen gebaut werden.
Anwar Fazal, Malaysia, öffentliche Anhörung, Südostasien

Unsere Kinder kennen keine wilden Tiere mehr – sie sind ausgestorben. Wir pflügen unser Land mit den bloßen Händen, weil wir keine Zugtiere mehr haben – das ist schwierig. Die Menschen töten wilde Tiere. Respekt für die Tiere, die Gott so herrlich erschaffen hat, gibt es nicht mehr. Unsere Kinder haben keine Arbeit wegen der wirtschaftlichen Strukturanpassung.
Sibonelelo-Gruppe, Simbabwe, öffentliche Anhörung, südliches Afrika

4. Die wirtschaftliche Herausforderung: Ein neues Produktions- und Konsummodell für die globalisierte Wirtschaft

Wenn wir es nicht schaffen, uns auf den Einfluß der Kräfte des Weltmarktes auf unsere Zukunft einzustellen, werden die Regierungen und Bürger diesen Kräften relativ hilflos gegenüberstehen. (...) Übervölkerung bei ungleicher Verteilung der globalen Ressourcen stellt eine Herausforderung dar, die es erforderlich macht, Wege zu finden, (...) diese weltweiten Kräfte zu regulieren.
Richard Falk, USA, öffentliche Anhörung, Nordamerika

Der Arbeitsmarkt ist inzwischen überflutet, so daß junge, qualifizierte Arbeitskräfte keinen guten Arbeitsplatz mehr kriegen. Das führt dazu, daß wir unterbeschäftigt sind, schlecht oder falsch beschäftigt, oder, am allerschlimmsten, arbeitslos. Die jungen Leute haben am meisten gelitten. Die Wirtschaftskrise, die Strukturanpassungsprogramme, AIDS, Dürren, Desertifizierung, Abholzung der Wälder und Umweltverschmutzung bedrohen die Gesundheit der Menschen, vor allem der Armen, der Frauen und der jungen Leute.
Brigitte Hlatshwayo, Simbabwe, öffentliche Anhörung, südliches Afrika

Wir haben in unserem Land jahrzehntelange Erfahrungen mit Entwicklungsprogrammen gemacht: mit Politiken und Planungen zur Verbesserung der Volkswirtschaft. Die Menschen jedoch hatten keine Möglichkeit mitzureden, wie sie ihren Lebensunterhalt verdienen wollten. Die von oben nach unten gerichtete Beratung der Menschen reicht nicht aus. (...) Die Menschen sollten wählen können, welche Gangart die Wirtschaft einschlagen soll.

Nirmala Buch, Indien, öffentliche Anhörung, Südasien

Wirtschaftliches Wachstum als Ziel – eine Abfolge von Entwicklungsmodellen

Bevölkerungswachstum, extreme Armut und ökologischer Raubbau haben – als Phänomene für sich und in ihrem Zusammenspiel genommen – ihre Wurzeln in den Wirtschaftssystemen, nach denen die Welt in den letzten fünfzig Jahren funktioniert hat. Wirtschaftliche und soziale Entwicklung für den einzelnen wie für alle war das Hauptziel aller Nationen in den letzten fünf Jahrzehnten. Entwicklung wurde mit Wirtschaftswachstum gleichgesetzt, das überall zunehmend zur einzigen Sorge der Politiker wurde. Dies führte zu einer Verbreitung von Entwicklungsmodellen und von Strategien, die der Förderung des Wirtschaftswachstums dienten.

In der Zeit nach dem Zweiten Weltkrieg, als die Erinnerung an die große Wirtschaftskrise noch frisch war, verließen sich die meisten westlichen Länder auf folgende Marktprinzipien:

- Massenarbeitslosigkeit beenden,
- den freien Austausch von Kapital und Waren ermöglichen,
- Chancengleichheit für alle garantieren,
- ein Gesundheits- und Bildungssystem sowie ein soziales Netz aufbauen,

um so den Wohlfahrtsstaat zu schaffen.

Als auch die Entwicklungsländer politische Unabhängigkeit erreichten, zeigten sie die gleiche Entschlossenheit zur Industrialisierung und strebten schnelles Wirtschaftswachstum an, um so die Grundlage für soziale Erfolge zu schaffen. In den kommunistischen Ländern wurden die gleichen Ziele durch zentrale Planwirtschaft angestrebt.

In diesen Jahrzehnten unterwarfen sich die Entwicklungsländer diversen Moden, von denen jede einen anderen Einstieg in die verschiedenen Aspekte der Entwicklung versprach – oft wurden sie durch die Industrieländer und internationale Geldgeber dazu ermutigt, wenn nicht gar gedrängt. Das Spektrum der in dieser Hinsicht verfolgten Politikansätze ist atemberaubend:

- Abdeckung der Grundversorgung, Schaffung von Ersparnissen und Hilfsgeldern;
- Entwicklung von Infrastruktur, wobei der Schwerpunkt auf Bauprojekten lag;
- Industrialisierung durch die Substituierung von Importen;
- „Privatisierung“ verschiedener öffentlicher Funktionen;
- Stärkung der Entwicklungsbehörden;
- Handel statt Entwicklungshilfe;
- Agrarrevolution;
- Integration der ländlichen Entwicklung;
- Wachstum durch Umverteilung;
- Entwicklung menschlicher Ressourcen;
- strukturelle Anpassungsprogramme;
- Anwerbung ausländischen Kapitals;
- nachhaltige Entwicklung;
- Leitlinien auf der Basis der Notwendigkeiten dieser „nachhaltigen, menschlichen Entwicklung“ und
- Wiederentdeckung der Privatwirtschaft.

Zwischen 1945 und 1973 erfuhr die Weltwirtschaft eine lange Phase des Aufschwungs, die global positive Rahmenbedingungen herstellte. Diese Situation änderte sich mit dem Schock steigender Ölpreise in den siebziger Jahren, die einen langen Zyklus stagnierenden Wachstums, unausgeglichener Bilanzen und Handelsstörungen in der Weltwirtschaft in Gang setzten. Die öffentliche Verschuldung wuchs ebenso wie die Inflation.

In der Dritten Welt versagten offensichtlich die Modelle der parastaatlichen Beherrschung wirtschaftlicher Aktivitäten, einschließlich der Einfuhrsubstituierung hinter hohen Zollschranken. In Osteuropa und der Sowjetunion erwiesen sich Staatseigentum, Unterdrükkung und zentrale Planwirtschaft als unfähig, die versprochenen Güter und Dienstleistungen bereitzustellen. In allen Ländern wurden staatliche Eingriffe in den sozialen und wirtschaftlichen Prozeß kritisch unter die Lupe genommen.

Gleichzeitig lag der Schwerpunkt der entwicklungspolitischen Tagesordnung der siebziger Jahre auf der Betonung nationaler Souveränität auf wirtschaftlichem Gebiet, auf endogener Entwicklung und auf der Verschiedenartigkeit wirtschaftlicher Systeme, wie sie durch die Charter of Economic Rights and Duties ausgedrückt wurde, die die Generalversammlung der Vereinten Nationen 1974 angenommen hat. Später trugen das Ende des kalten Kriegs und die Globalisierung der Wirtschaft zum Verschwinden der Entwicklungsalternativen bei, die in den verschiedenen Ländern und Regionen in Ansätzen erarbeitet worden waren.[41] Heute ist das Hauptziel aller Entwicklungsbemühungen die schnelle und umfassende Integration in die Weltwirtschaft.

Vor diesem Hintergrund dominierten die Prinzipien der Demokratie, das Primat der marktwirtschaftlichen Kräfte und die Pluralität der Initiativen die politische Szene der achtziger und neunziger Jahre. Diese Entwicklung gipfelte in der Beendigung des kalten Kriegs und im Zusammenbruch der zentralen Planwirtschaft in der Sowjetunion und bei ihren Bündnispartnern. Innerhalb von weniger als zwei Jahrzehnten haben alle Länder ihre nationalen Wirtschaftspolitiken radikal geändert.

Ausgeglichene Haushalte und eine endlose Serie von Mittelkürzungen im Gesundheits- und Bildungsbereich und der Sozialversicherung wurden zur Losung. Der Staat wurde weithin als Träger minimaler Funktionen angesehen, der öffentliche Sicherheit nach innen und außen gewährleisten sollte, ansonsten aber das ungestörte Funk-

41 Rajani Kotari, The Yawning Vacuum: A World without Alternatives, Alternatives, 18:2 (1993)

tionieren der Märkte durch Deregulierungsmaßnahmen zu fördern hatte. Staatliche Unternehmen und Dienstleistungen wurden zurückgestutzt und in vielen Fällen privatisiert.

Die Schuldenkrise verschärfte die Schwierigkeiten. Die Verschuldung der Entwicklungsländer stieg rasant von 658 Milliarden US-Dollar im Jahr 1980 auf 1375 Milliarden US-Dollar im Jahr 1988, um im Jahr 1994 auf 1945 Milliarden zu steigen. Riesige Schuldensummen wurden während der Ölkrise in den siebziger Jahren und des Zusammenbruchs der Rohstoffmärkte in den frühen achtziger Jahren angesammelt, als Kredite aufgrund der umlaufenden Petrodollars, einfach zu bekommen waren. Außerdem stiegen die Zinsen weltweit auf Rekordhöhen. Die Schuldendienste wurden daher immer schwieriger; und neue Kredite wurden eher zur Begleichung alter Schulden verwendet als für Produktivinvestitionen.

Natürlich gab es auch verschwendete Investitionen und Korruption, aber der Verfall der Rohstoffpreise wirkte lähmend. Das Preisniveau im Jahr 1993 lag etwa 32 Prozent niedriger als im Jahr 1980, und im Vergleich zu Industrieerzeugnissen waren die Rohstoffpreise 55 Prozent billiger als 1960. Das Ergebnis: eine starke Verschlechterung der Handelsbedingungen für die Entwicklungsländer.[42]

Vor dem Hintergrund der Schuldenkrise wurden Strukturanpassungsprogramme eingeführt, die die Schuldnerländer unter der Aufsicht und Beratung der Bretton-Woods-Institutionen (Weltbank und Internationaler Währungsfonds) durchführen mußten. Diese Programme erforderten oft tiefe Einschnitte in die öffentlichen Ausgaben: Arbeitsplätze im öffentlichen Bereich wurden abgebaut, die öffentliche Gesundheitsversorgung und das Bildungswesen wurden schwerer zugänglich, Familienplanungsprogramme wie auch die staatliche Unterstützung für Ernährung und Wohnen wurden verringert. Viele dieser Maßnahmen waren zu streng, zu umfassend und zu plötzlich; keine Maßnahme berücksichtigte soziale Faktoren und lokale Gegebenheiten angemessen. Die so verfolgten Politikansätze könnten mit dem Begriff „Anpassung ohne Rücksicht auf Verluste" beschrieben werden.

42 World Bank, Global Economic Prospects and the Developing Countries (Washington, 1994); World Debt Tables 1994 (Washington, 1994)

So betraf der strukturelle Anpassungsprozeß auch die sozialen Dienste und die Fürsorge. Soziale Dienste, die für Lebensqualität und Wirtschaftswachstum von grundsätzlicher Bedeutung sind (z. B. Gesundheit und Bildung), wurden nicht vor solchen Einschnitten geschützt und fielen so leicht anderen wirtschaftlichen Zielen zum Opfer. Ordnungspolitische Maßnahmen und Subventionen – die in einigen Fällen für die soziale Gerechtigkeit notwendig sind – wurden beschnitten, oft völlig wahllos. Die abrupte Kürzung von Subventionen für Nahrungsmittel und Energie zum Beispiel erhöhte die Lebenshaltungskosten der Armen in den Städten und der Landlosen in den ländlichen Regionen. Die Kürzung der öffentlichen Ausgaben bewirkte darüber hinaus einen Anstieg der Arbeitslosigkeit.

All dies hatte grausame direkte Auswirkungen auf die Lebensqualität, vor allem in Afrika, wo die Kommission in ihren zwei Anhörungen mit einer Flut von Klagen über Strukturanpassungsmaßnahmen überschüttet wurde. In vielen Ländern sanken die Schülerzahlen in den Grundschulen, und auch die Lebenserwartung wurde geringer.[43]

Die meisten Länder des ehemaligen Ostblocks litten ebenfalls unter der Anwendung der Prinzipien des freien Marktes, die oft zu abrupt und übereifrig eingeführt wurden. Zu den Maßnahmen gehörten umfassende Haushaltskürzungen und Privatisierungen; dazu kam der Zusammenbruch des Handels zwischen diesen Ländern. In Rußland und sieben anderen osteuropäischen Staaten fielen die Reallöhne zwischen 1989 und 1993 um 17 bis 54 Prozent. Der Anteil der Menschen, die in Armut leben, wuchs von 4 bis 24 Prozent 1989/90 auf 25 bis 61 Prozent im Jahr 1993. In den meisten Ländern stieg die Sterblichkeitsrate (vor allem unter männlichen Erwachsenen), während die Lebenserwartung sank. Eheschließungen und Fruchtbarkeitsraten nahmen ebenfalls stark ab, ein Phänomen, das normalerweise nur zu Kriegszeiten zu beobachten ist. Die Kriminalitätsrate wuchs in den drei Jahren nach 1989 um 68 bis 295 Prozent.[44]

43 World Debt Tables 1994; UNESCO, World Education Report 1993 (Paris, 1993)

44 International Child Development Centre, Crisis in Mortality, Health and Nutrition (Genf, 1994); UNICEF, Transitional Regional Monitoring Report No. 2 (Florenz, 1994)

Die Auswirkungen der Globalisierung

Der Prozeß der Globalisierung hat eine lange Geschichte. Die Gründung und Erweiterung der Vereinten Nationen und anderer multinationaler Organisationen, das stetige Wachstum des Welthandels, der Aufbau internationaler Wissenssysteme in Verbindung mit der gesellschaftlichen Entwicklung – all dies veränderte Kommunikationsmuster, Technologie, Produktion und Konsum und stärkte den Internationalismus als kulturellen Wert. Nur wenige Bevölkerungsgruppen waren den weltweiten Auswirkungen zweier Weltkriege und der dazwischenliegenden Wirtschaftskrise nicht ausgesetzt, obwohl der Grad der Betroffenheit und das Bewußtsein darüber stark variieren.

Im Zentrum des sich beschleunigenden Globalisierungsprozesses stand die technologische Revolution, die das internationale System grundlegend veränderte. Wirtschafts- und Nationalkulturen werden zunehmend von den internationalen Marktkräften geprägt. Kapital, Informationen und Ideen umrunden den Globus mit Lichtgeschwindigkeit. Handel, Finanzmärkte, Wissenschaft und Technologie, die Massenmedien, Konsummuster sowie die sozialen und ökologischen Probleme nehmen immer schneller globale Dimensionen an.

Die Globalisierung stellt also eine politische Herausforderung dar. Die verschiedenen Aspekte der Globalisierung führen zu einer Universalisierung der Macht, die sich derzeit in den Händen neuer multinationaler Akteure konzentriert. Diese lassen den souveränen Nationalstaat hinter sich zurück und verdrängen den Geist des Internationalismus früherer Jahrzehnte. Die neuen Strukturen und Protagonisten der Weltmacht sind relativ anonym; sie lassen Verantwortlichkeit vermissen und handeln oft ohne Kontrolle, da effektive und politisch verantwortbare weltweite Kontrollsysteme fehlen.

Der Dreh- und Angelpunkt der wirtschaftlichen Globalisierung sind Deregulierungsmaßnahmen, die die Einflußmöglichkeiten der einzelnen Regierungen radikal beschränkt haben. Das beste Beispiel dafür sind die störenden Wirkungen der internationalen Währungsspekulationen auf die nationale Wirtschaftspolitik. Regierungen, die ihre Politik weniger als zuvor am nationalen Interesse ausrichten können, müssen effizient auf internationale wirtschaftliche Entwicklungen reagieren. Im Rahmen ihrer Bemühungen, die öffentlichen

Ausgaben besser im Zaum zu halten, sind viele Regierungen gezwungen, die Fortschritte des Wohlfahrtsstaats rückgängig zu machen und ihre Sozialpolitik einzuschränken.

Gleichzeitig fand eine Globalisierung der Arbeitsmärkte statt in dem Sinn, daß Arbeitskräfte jetzt weltweit miteinander konkurrieren. Arbeit „fließt" jedoch auf internationaler Ebene nicht vollkommen frei, sondern ist durch Zuzugsbegrenzungen für Arbeiter beschränkt. Statt dessen fließt das Kapital frei dorthin, wo qualifizierte Arbeit am billigsten und das Arbeitsrecht am schwächsten ist. Das beeinträchtigt sowohl das Arbeitsrecht als auch die Kraft der Gewerkschaften, bessere Arbeitsbedingungen und bessere Tarife zu erkämpfen.

Die Globalisierung scheint das Schicksal der Unternehmen von dem ihrer Beschäftigten zu entkoppeln. Bislang führten wachsende Profite zu größerer Arbeitsplatzsicherheit und höheren Löhnen. Dies ist nicht mehr so. Heute ist es Alltag, daß eine Firma Rekordgewinne bekanntgibt und gleichzeitig Beschäftigte entläßt. Außerdem lösen die großen Unternehmen die Bindung an ihre Herkunftsländer.

Die Wandlungsprozesse der Weltwirtschaft laufen so schnell und weitreichend ab, daß sie unter den Arbeitnehmern Verwirrung und Angst verbreiten, während sie den Arbeitgebern neue Möglichkeiten und Vorteile bieten und Erwartungen wecken:

- Auf der einen Seite entwickeln sich die riesigen und schnell wachsenden Märkte der Schwellenländer zur wichtigsten Schubkraft für ein nie vorher gesehenes Wirtschaftswachstum. Sie schaffen Arbeitsplätze und Reichtum, erhöhen die Einkommen und materiellen Standards bei fallenden Preisen für Konsumgüter und Dienstleistungen.

- Dem stehen auf der anderen Seite Kosten gegenüber. Der Transfer von Arbeitsplätzen ins Ausland führt zu Ängsten und Widerständen gegenüber dem freien Handel und ruft nostalgische Isolationstendenzen hervor. An den Rand gedrängt werden Länder, die Primärgüter herstellen, und Menschen, denen der Marktzugang oder die Kenntnisse oder andere Ressourcen fehlen, um vom Marktgeschehen profitieren zu können. Menschen und gesellschaftliche Gruppen, die über wenig Ausbildung oder Fähigkeiten verfügen, werden in einer zunehmend wettbewerbsorientierten Gesellschaft abgewertet.

- Der gigantische Wettbewerb, der Teil des Globalisierungsprozesses ist, führt zu „The-winner-takes-it-all"-Situationen.

Im Verein mit der weltweiten Verbreitung von Informationen vollzieht sich auch eine Universalisierung der Kultur: Westliche Konsummuster und die amerikanischen Massenmedien erobern die Welt. Überall werden die Kulturen unterhöhlt. Probleme nehmen globale Dimensionen an: Terrorismus, organisiertes Verbrechen und Drogenhandel werden von Grenzen nicht zurückgehalten. Alte und neue Krankheiten verbreiten sich schneller über den Planeten als jemals zuvor, und auch Umweltgefahren sind grenzüberschreitend und wirken sich auf die gesamte Erde aus.

Die Globalisierung läßt sich nicht aufhalten, und kein Land kann ihren Wirkungen entgehen. Die Herausforderung liegt daher darin, mit der Eigendynamik der Globalisierung möglichst gut fertig zu werden, die darin verborgenen Gefahren abzuwehren und ihre inhärenten Möglichkeiten auszunutzen.

Gewinner und Verlierer der Informationsrevolution

Die Globalisierung führt zu einer Kontrolle des Wissens durch neue Akteure; ihre Macht ersetzt nach und nach die alten Wege, auf denen sich die Wissenssysteme international verbreiteten. Wissenssysteme sind mit all ihren Auswirkungen auf die Lebensqualität inzwischen zur Ware geworden. Die Reglementierung geistigen Eigentums ist fest in der Hand der Akteure aus den Industrieländern, was den Entwicklungsländern wenig Spielräume läßt. Ohne eine Überprüfung und Überarbeitung dieser neuen Mechanismen wird die Globalisierung den Entwicklungsregionen nur immer weitere Nachteile bringen.

Das Zusammenwirken der weltweiten Wissenssysteme, Technologien und Kapitalströme bestimmt die Informationsrevolution. Die Kontrolle der Hertzfrequenzen und der Hard- und Software wird bis weit ins 21. Jahrhundert hinein die Erarbeitung des Lebensunterhalts prägen. Wer heute die Kontrolle hat, wird die

Zukunft beherrschen. Die globale Reichweite und aggressive Marketingmethoden geben den neuen Medien außerdem die Möglichkeit, die öffentliche Meinung und die gesellschaftlichen Werte bis hin zur materiellen Nachfrage überall zu beeinflussen. Es gibt Stimmen, die das Argument vertreten, die Entwicklungsländer hätten einen relativen Vorteil in bezug auf die neuen Technologien. Da sie nicht umfangreich in die Strukturen einer Industriegesellschaft investiert hätten, könnte diesen Ländern direkt der Sprung in die Informationsgesellschaft gelingen. Dies würde jedoch einen Mindeststandard an Wissenschaft und Technologie voraussetzen – der in den meisten Entwicklungsländern nicht gegeben ist.

Die Mängel heutiger Strategien

Die Jagd nach Wirtschaftswachstum als *raison d'être* unseres Wirtschaftssystems hat Produktionsausstoß, Handel und Investitionen weltweit dramatisch zunehmen lassen. Den angewandten Entwicklungsmodellen wohnen jedoch Mängel und Fehlleistungen inne, so daß sich die Ungleichheit zwischen den Nationen und Ungerechtigkeiten verschärfen.

Wie die Kommission an anderer Stelle in diesem Buch ausführt, ist das Konzept, Wachstum aus dem BSP abzuleiten, unzureichend. Da das BSP eine aggregierte Zusammenfassung aller Güter und Leistungen darstellt, die in einem Land hergestellt werden, hat man es lange als einen ausreichenden Hinweis darauf angesehen, ob es einem Land gutgeht – es wurde als Hauptmerkmal der Lebensqualität interpretiert und war die Meßlatte, mit deren Hilfe Länder miteinander verglichen wurden. Als Kompaß jedoch ist das BSP irreführend. Es zeigt zum Beispiel nicht an, ob der Wohlstand eines Landes nachhaltig ist, und internationale Vergleiche sagen an sich nichts aus über den relativen Standard der Lebensqualität.

Das marktwirtschaftliche System, das (in den meisten Modellen zumindest) von Utilitarismus und Transaktionen geprägt ist, hat sich zudem als unfähig erwiesen, die vielen Dimensionen der Lebensqualität einschließlich des Erhalts der Umwelt zufriedenstellend zu erfassen. Dadurch paßt jetzt auf der ganzen Welt einiges nicht zusammen. Ein Fünftel der Menschheit konsumiert vier Fünftel aller Ressourcen. Während die reichen Industrieländer nicht für die ökologischen Schäden aufkommen müssen, die sie hervorrufen, betreffen viele Kosten und Auswirkungen (z. B. der Treibhauseffekt) gerade die Armen und die Entwicklungsländer.

Die Weltwirtschaft ist nicht nachhaltig und nicht akzeptabel, solange sie auf der rücksichtslosen Ausbeutung der natürlichen Ressourcen beruht, hochgradig von fossilen Brennstoffen abhängt, grenzenlosen Abfall produziert und sich weder um Gleichheit noch Gerechtigkeit in und zwischen den Gesellschaften kümmert. Solch eine Weltwirtschaft treibt auf den Abgrund zu. In dieser Situation ist eine fundamentale wirtschaftliche Neuorientierung und Umstrukturierung notwendig – eine Übergangsphase, die die Zähmung der Marktmechanismen voraussetzt, so daß soziale und ökologische Ziele berücksichtigt werden. Jeder Mensch – egal, wo er lebt und ob heute oder morgen – sollte die gleiche und unveräußerliche Möglichkeit haben, die natürlichen Ressourcen der Erde zu nutzen.

Die Situation wird noch verschärft durch die Prognose, daß die Weltbevölkerung bis zum Jahr 2025 die größten Steigerungszahlen der Geschichte verzeichnen wird, womit der bislang größte Zuwachs der menschlichen Konsumansprüche einhergehen wird. Die Weltwirtschaft muß daher in ihrer Produktion nach Qualitätszielen ausgerichtet werden, nicht nach Mengen: Die Konsummuster müssen so angepaßt werden, daß sie den Anforderungen weltweiter Nachhaltigkeit genügen. Diese Umwandlung wird sich wahrscheinlich als tiefgreifender erweisen als die landwirtschaftlichen und industriellen Revolutionen der Vergangenheit.

Zwei miteinander rivalisierende Ziele müssen in Einklang gebracht werden, nämlich auf der einen Seite Nachhaltigkeit, die die Lebensqualität verbessert, auf der anderen Seite ein hohes Niveau wirtschaftlicher Aktivitäten, die die wirtschaftliche Basis verbreitern können. Dem liegt offensichtlich das Konzept des *nachhaltigen Konsums* zugrunde.

- Nachhaltiger Konsum ist der Einsatz von Gütern und Dienstleistungen, der die Grundbedürfnisse abdeckt und die Lebensqualität verbessert, während gleichzeitig der Verbrauch natürlicher Ressourcen und giftiger Materialien minimiert und der Ausstoß von Abfällen und Emissionen reduziert wird, so daß die Befriedigung der Bedürfnisse zukünftiger Generationen nicht gefährdet ist.

Die Entwicklung nachhaltiger Konsummuster

Die gegenwärtigen Konsummuster zeichnen sich durch den direkten und indirekten Verbrauch fossiler Energien aus sowie durch den ungezügelten Gebrauch der natürlichen Ressourcen in der industriellen Fertigung und der Nahrungsmittelherstellung; dazu kommen steigende Abfallmengen und immer größere Umweltverschmutzung, kurze Lebensspannen der Produkte und ressourcenintensives Verhalten.

Der zunehmende Konsum war im Westen zwischen 1970 und 1988 für 75 Prozent der Zunahme der Luftverschmutzung verantwortlich und für 74 Prozent des Kohlendioxidanstiegs zwischen 1965 und 1989. Die Philosophie des „immer mehr", die mit gesellschaftlichen Zielen und Wünschen gleichgesetzt wird, treibt den exzessiven Konsum immer weiter voran, ohne die möglichen irreversiblen ökologischen Folgen zu berücksichtigen.

Konsum ist das Ergebnis von individuellen Entscheidungen, die im Kontext sowohl der eigenen Gemeinschaft als auch der globalen Gesellschaft getroffen werden. Normalerweise hängen Konsummuster dabei von den Ressourcen ab, die dem einzelnen oder der Gruppe zur Verfügung stehen. Konsummuster hängen aber auch von Sparmaßnahmen für die Zukunft ab, von der Verschiebung gegenwärtiger Bedürfnisse zugunsten eines besseren Lebens in späteren Zeiten sowie von der Vorsorge zwischen den Generationen. Die heutigen Konsummuster pflegen solche Verhaltensmaßregeln nicht zu berücksichtigen, wohingegen Identität und Status vom Konsum abgeleitet werden.

Es ist keine moralische Verurteilung der Lebensstile anderer Menschen, wenn der Konsum in Frage gestellt wird. Es ist vielmehr so, daß Konsummuster Licht auf die Mängel gesellschaftlichen Verhaltens und auf den Zustand des politischen, wirtschaftlichen und sozialen Systems sowie der Ingenieurwissenschaften werfen. Wenn wir keine neuen Wege finden, um zu verhindern, daß Konsummuster immer mehr die Lebensqualität einschränken, dann hilft uns auch eine Eindämmung des Bevölkerungswachstums nichts. Das westliche Konsumniveau kann nicht auf die ganze Welt übertragen werden. Wenn sieben Milliarden Menschen so viel Energie und Ressourcen verbrauchen, wie die Menschen in den Industrieländern dies heute tun, würden wir (nach norwegischen Berechnungen aus dem Jahr 1994) fünf Planeten Erde benötigen, um die Bedürfnisse jedes einzelnen zu befriedigen.

Diese Schlußfolgerung läßt sich am besten am Beispiel der USA illustrieren, einer Vorreiterkultur mit reichen Ressourcen, in der die Produktionsstrukturen und Konsummuster tendenziell verschwenderischer sind als in anderen Industrieländern. 1991 verbrauchten die USA zum Beispiel fast dreimal soviel Energie wie Japan, um das gleiche BSP zu produzieren.[45] Die USA verursachten 1991, mit nur 4,6 Prozent der Weltbevölkerung, 22 Prozent der weltweiten Kohlendioxidemissionen – mehr als China, Indien, Lateinamerika und Afrika zusammen.[46]

Nimmt man den Energieverbrauch als Indikator für ökologische Nachhaltigkeit, dann beansprucht ein US-amerikanisches Baby die Lebensgrundlagen der Erde doppelt so stark wie ein schwedisches Baby, dreimal so stark wie ein italienisches Baby, dreizehnmal so stark wie ein brasilianisches, fünfunddreißigmal so stark wie ein indisches und hundertvierzigmal stärker als ein Baby aus Bangladesch.

Zwischen 1986 und 1990 verbrauchten die Industrieländer pro Kopf neunmal mehr fossile Brennstoffe, verursachten elfmal mehr Kohlendioxid, sechsundzwanzigmal mehr FCKW und fünfundsiebzigmal mehr Giftmüll.[47] Der durchschnittliche Amerikaner ver-

45 World Resources Institute, World Resources 1994/95 (Oxford, Oxford University Press, 1994)

46 Ebenda

47 Ebenda; Paul Harrison, The Third Revolution (London, New York, Penguin Books, 1993)

braucht fünfunddreißigmal soviel Treibstoff wie ein Inder, fünfundvierzigmal soviel Kupfer und fünfunddreißigmal soviel Aluminium.[48]

Die Klassifizierung der Welt in reiche und arme Länder entspricht nicht mehr der globalen Realität zunehmender Differenzierung; die Aussage, daß der Überkonsum ein Phänomen des Nordens ist, ist daher zu einfach. Auch im Süden gibt es einen wachsenden „Norden" – reiche Eliten, die Lebensstile verfolgen, die auf materieller Ebene zunehmend denen des Westens ähneln.

Um in anderen Worten auszudrücken, worauf an anderer Stelle in diesem Buch noch einmal hingewiesen wird: Das wohlhabendste Fünftel der Bevölkerung in Chile, Mexiko, Venezuela und Malaysia verfügt über höhere Einkünfte als der durchschnittliche Deutsche oder Japaner.[49] Dieser Wandel ist beachtenswert, genauso, daß die Einkommen im Süden wachsen. China, als die an Kaufkraft drittgrößte Volkswirtschaft der Welt (in Dollarparitäten gemessen), ist auch der drittgrößte Emittent von industriellem Kohlendioxid. Indien, die siebtgrößte Volkswirtschaft der Welt (in Realwerten gemessen), ist auch der sechstgrößte Produzent dieses Treibhausgases.[50]

Wenn wir nachhaltige Konsummuster entwickeln wollen, muß jeder einzelne dazu bereit sein, für die vollen ökologischen Kosten dessen aufzukommen, was er verbraucht. Dies bedeutet, daß Wohnen, Fleisch und Reisen teurer werden müssen. Die Kosten für Energie, Abwässer und Abfälle müssen steigen. Es ist kaum vorstellbar, daß die Erde ohne grundlegende technologische Fortschritte eine Verdopplung der Zahl von Privatfahrzeugen bis zum Jahr 2015 (wie es derzeit vorhergesagt wird) ertragen kann – von der Verachtfachung, die für das Jahr 2100 angenommen wird, ganz zu schweigen.

48 World Resources 1994/95

49 Diese Berechnungen basieren auf dem realen Bruttoinlandsprodukt des Jahres 1992 nach Kaufkraftparität und Einkommensverteilung; vgl. World Bank, World Development Report 1994 (Oxford, Oxford University Press, 1994).

50 Der reale Umfang einer Volkswirtschaft entspricht dem realen BIP pro Kopf nach Kaufkraftparität multipliziert mit der Gesamtbevölkerung; World Bank, World Development Report 1995 (Oxford, Oxford University Press, 1995); World Resources 1994/95.

Die Größe der entstehenden Verbraucherklassen in den Entwicklungsländern – d. h. der Menschen, deren verfügbares Einkommen den Erwerb größerer dauerhafter Konsumgüter erlaubt – ist schon jetzt gewaltig. Ein Hinweis auf die Größe dieser aufsteigenden Klassen ist die Zahl der Fernsehgeräte, eines wesentlichen Produkts unserer Zivilisation, das inzwischen als eine Notwendigkeit angesehen wird (der Besitz eines Fernsehers wird nicht länger als individueller Lebensstil betrachtet). Bis 1985 gab es in den Entwicklungsländern schon 570 Millionen Menschen in Haushalten mit einem Fernsehgerät. Bis 1991 hatte sich diese Zahl auf 1,12 Milliarden fast verdoppelt; dies entspricht der Gesamtzahl der Einwohner in den Industrieländern. Im Zeitraum von sechs Jahren stieg die Zahl der Fernsehgeräte jährlich um zwölf Prozent – jedes Jahr kamen 134 Millionen dazu; diese Steigerungsrate ist fast sechsmal so hoch wie die des Bevölkerungswachstums.

Obwohl das Fernsehen in vielen Ländern einen verschwenderischen Lebensstil nach nördlichem Vorbild propagiert, bietet das Medium auch ungenutzte Möglichkeiten, Informationen und Bildung im Hinblick auf nachhaltige Konsummuster zu verbreiten. Es könnte irgendwann einmal möglich werden, auf diesem Weg alternative Lebensstile zu fördern. Und obwohl der Konsumprozeß nicht gestoppt werden kann, ist es vielleicht möglich, ihn als globales Phänomen mit globalen Wirkungen zu beeinflussen.

> *Ich wünsche mir, daß die Entwicklung von Gemeinschaften mehr betont wird: daß den Menschen mehr vertraut wird, daß ihnen Mittel gegeben werden, um ihre Fähigkeiten auszuloten. In Bangladesch reden zum Beispiel alle über eine Bank, die Frauen Kredite gab. Die Bank verdiente mit ihren Krediten gute Erträge, und die Frauen entwickelten Aktivitäten, die ihnen Einkommen brachten. Die Frauen fühlten sich gestärkt.*
> Cece Modupe Fadope, USA, öffentliche Anhörung, Nordamerika

Die Wirkungen des Überkonsums werden auch nach einer Dämpfung des Bevölkerungswachstums weiterhin bedrohlich sein, solange das derzeitige Paradigma „Entwicklung = Wirtschaftswachstum“ nicht verändert wird. Andererseits mag es als ein Vorbild für eine nachhaltige Entwicklung des Südens dienen, wenn der Norden nachhaltige

Konsummuster annimmt. Wir benötigen eine „Effizienzrevolution" in bezug auf unsere Nutzung von Energie und Materialien, und dafür sind Regulierungsmaßnahmen und die Einführung ökonomischer Anreize und Preissignale notwendig.

Bei einer Verlangsamung des Bevölkerungszuwachses und der Verringerung von Familiengrößen verschiebt sich der Schwerpunkt von der Fortpflanzung auf die Befriedigung anderer menschlicher Bedürfnisse; der Konsum rückt mehr in den Vordergrund. Selbst in den – meist reichen – Ländern, in denen die Bevölkerung nur geringfügig wächst, nimmt der Pro-Kopf-Verbrauch zu. Das durchschnittliche Heiratsalter, die Scheidungsraten und die Lebenserwartung steigen an. Mehr und mehr Menschen leben in kleinen Haushalten mit ein oder zwei Personen, wobei jeder Haushalt seine eigene Energie- und Wasserversorgung sowie Einrichtung und Ausstattung benötigt. (Eine Verlangsamung des Bevölkerungswachstums dürfte das Produkt aus Bevölkerung × Konsum zunächst nicht verringern.)

Es wird ein langwieriger Prozeß werden, einen Lebensstil des nachhaltigen Konsums zu entwickeln, zum Teil auch aufgrund der schon bestehenden umfassenden Infrastrukturen an Wohnungen, Geschäften, Büros, Fabriken und Straßen. Regierungen können zu einer Beschleunigung des Umstellungsprozesses beitragen, indem sie dafür sorgen, daß neue Einrichtungen effizienten Energie- und Materialstandards genügen. Maßnahmen in dieser Richtung sind die Regulierung von Beleuchtung und Ventilation, Heizung und Klimaanlagen sowie Kühlsystemen usw. Auch können Regierungen ihren Einfluß als Nachfrager und Bauherren nutzen. Forschungskampagnen und die Aufklärung der Öffentlichkeit sind weitere Möglichkeiten.

Da nachhaltige Konsummuster nicht nur den Norden betreffen, kann der Süden die Fehler der Vergangenheit des Nordens vermeiden. Nachhaltiger Konsum dient als Ideal auch für arme Länder, zum Beispiel im Fall energieeffizienter Holzöfen, in der Agroforstwirtschaft und bei preiswerten Methoden zur Bodenerhaltung. Der Norden kann seine Vorreiterrolle erfüllen, indem er darauf besteht, die Emissionen bis zum Jahr 2000 zu verringern.

Die Förderung nachhaltiger Produktionsweisen

Die Funktionsweise der Volkswirtschaften muß sich an neuen Maßstäben orientieren, indem die gegenwärtigen Produktionsprozesse hinterfragt und angepaßt werden, so daß sie ökologischen Gesichtspunkten Rechnung tragen. Zu diesem Zweck muß analysiert werden, welche Produktionsprozesse Ressourcen effizient nutzen, wieviel Abfälle sie verursachen, welcher Naturverbrauch mit ihnen einhergeht und inwieweit sie ästhetische Kriterien berücksichtigen.

Wir müssen die Aufgabe bewältigen, den gleichen Endverbrauch bei weniger Umweltschäden zu gewährleisten.[51] Dazu werden nachsorgende Technologien und Zwischenlösungen nicht ausreichen. Vielmehr muß das Wachstum des BSP vom Energieverbrauch entkoppelt werden; langlebige und mehrfach verwendbare Produkte sind zu entwickeln; Industrieabfälle und anderer Müll müssen recycelt werden; der Individualverkehr muß eingeschränkt werden, und die Landwirtschaft ist auf eine nachhaltige Wirtschaftsweise umzustellen.

Gesteigerte Effizienz sollte zu einem geringeren Durchsatz von Mineralien, fossilen Brennstoffen und anderen Ressourcen führen. Es muß auch vermerkt werden, daß Preise die wahren Knappheiten oft nicht wiedergeben und dadurch Rohstoffe und Zwischenprodukte falsch bewertet werden. Viele Regierungen subventionieren zum Beispiel den Verbrauch von fossilen Brennstoffen, Pestiziden, chemischen Düngemitteln und anderen Produkten für die Landwirtschaft. Die natürlichen Ressourcen, die der staatlichen Kontrolle unterliegen (Wasser, Wälder, Weideland, Mineralstöcke), sind außerdem oft zu solch niedrigen Gebühren verfügbar, daß deren Übernutzung und damit verbundene Umweltschäden subventioniert werden. Staatliche Anreize sollten jedoch nachhaltige Nutzungsformen fördern.

In dieser Hinsicht wird sich die technologische Entwicklung als entscheidend erweisen: Neue Produktionsprozesse müssen die Verbrauchsmengen der natürlichen Ressourcen deutlich verringern und dadurch auch zur Senkung von Emissionen und Abfällen beitragen,

51 Norwegisches Umweltministerium, Report of the Oslo Symposium on Sustainable Consumption (Oslo, Januar 1994); Ministerieller Runder Tisch von Oslo, Conference on Sustainable Production and Consumption (1995)

so daß den Kriterien der gegenwärtigen Risikobewertungen Genüge getan wird. Eine Industriepolitik, die Anreize mit Verboten koppelt, sollte die Entwicklung und Anwendung umweltfreundlicher Techniken fördern. Dabei ist es im Interesse der Industrie selbst, kooperativ mitzuwirken.

Die Bewältigung der Abfallmengen

Eine der größten Herausforderungen ist die Reduzierung der wachsenden Mengen fester, flüssiger und gasförmiger Abfälle, die von Haushalten und Industrie verursacht werden. Dies bedeutet, daß die Gesamtmenge an benötigten Materialien für Güter und Dienstleistungen verringert wird, von der Rohstoffförderung bis hin zum Endprodukt. Der Slogan für diese Aufgabe könnte heißen: reduzieren, wiederverwerten, recyceln.

Aus dem Bergbau stammt eine Zahl, die für sich selbst spricht: Der Bergbau verursachte 1990 fast 46 Prozent der festen Abfälle, die in Nordamerika und Westeuropa anfielen. Während es im Moment unwahrscheinlich erscheint, daß unsere Vorräte an Mineralien zur Neige gehen, ist es möglich, daß wir uns mit dem Müll vergiften, der durch den Abbau, die Verarbeitung und den Transport der Mineralien entsteht, solange wir weiter im gleichen Umfang Mineralien verbrauchen. Die Gesamtmenge von 2951 Milliarden Tonnen an mineralischen Abfällen läßt die 344 Millionen Tonnen an Haushaltsabfällen, die im gleichen Zeitraum anfielen, fast als geringfügig erscheinen.

Zukünftiges Bevölkerungswachstum wird das Problem der mineralischen Abfälle natürlich noch verschärfen: größere Geröllhalden, noch mehr vernarbtes Land und noch mehr verschmutztes Wasser, nicht nur durch den Bergbau und seine Abfälle selbst, sondern auch durch die Nutzung seiner Produkte. Dies beeinträchtigt die Atmosphäre, das Wasser, die biologische Vielfalt und letztlich die Lebensqualität selbst.[52]

Gefährliche und andere giftige Abfälle stellen ein spezielles Problem dar, vor allem, was ihren Export betrifft. Es muß daher gewähr-

52 John Young, Mining the Earth (Worldwatch Paper No. 109; Washington, Worldwatch Institute, 1992)

leistet werden, daß solche Abfälle nicht einfach in Entwicklungsländer exportiert bzw. „entsorgt“ werden.

Die Reduzierung von Emissionen und anderen Schadstoffen
Es mag unwahrscheinlich sein, daß uns die fossilen Brennstoffe ausgehen, aber die drohende Gefahr des Klimawandels zwingt uns dazu, ihren Verbrauch drastisch einzuschränken, selbst wenn noch riesige Vorkommen unter der Erdoberfläche ruhen. Änderungen in der Technologiepolitik und im Verbrauch dieser Brennstoffe sollten dann eine Wirkung erzielen, wenn wir vor allem folgende drei Ansätze zur Reduzierung der Kohlendioxidemissionen verfolgen:

1. Verbesserung der Energieeffizienz;
2. stärkere Nutzung von Brennstoffen mit geringerem Kohlenstoffgehalt (d. h. weniger Kohle, mehr Gas);
3. Einführung und offensive Förderung erneuerbarer Energien.

Eine Verlagerung von fossilen Brennstoffen zu erneuerbaren Energiequellen setzt eine umfassende Umstrukturierung der Wirtschaft voraus, die durch politischen Wandel auf nationaler und internationaler Ebene vorangetrieben werden muß. Sollte sich der Anpassungsprozeß als erfolgreich erweisen, wird das Ergebnis nicht nur eine Senkung der Treibhausgasemissionen sein, sondern auch ein Ansatz für eine langfristige Lösung der Energieprobleme der Entwicklungsländer. Um letzteres zu gewährleisten, bedarf es vorteilhafter Bedingungen für den Wissenstransfer sowie der umfassenden finanziellen Unterstützung von seiten der Industrieländer.

Der Imperativ einer neuen wirtschaftlichen Denkweise

Wir sind mit einem beunruhigenden Paradoxon konfrontiert. Die Armen steigern ihren Verbrauch, um der Armut zu entfliehen, während die Wohlhabenden immer größeren materiellen Wohlstand anstreben. Alle Regierungen befürworten höheren Verbrauch als ein Mittel, um die Wirtschaft anzukurbeln und die Arbeitslosigkeit zu bekämpfen. Unter den gegenwärtigen Bedingungen bedeutet höherer

Konsum jedoch einen Energieverbrauch, der nicht nachhaltig sein kann – den Verbrauch von fossilen Energiequellen nämlich, der Luft und Wasser vergiftet.

Wollen wir eine nachhaltige Verbesserung der Lebensqualität erreichen, müssen wir folgende Kette durchbrechen: Wirtschaftswachstum – Beschäftigung – politischer Erfolg in Form von Demokratie – vermehrter Ressourcenverbrauch – Abfall und Umweltverschmutzung. Statt einer Wirtschaft, die auf Quantitäten aufbaut, brauchen wir eine Wirtschaft, die auf Qualität beruht, auf einer Produktionsweise, die Qualitätsprodukte und mehr und bessere Dienstleistungen hervorbringt und die auch hochwertige Arbeitsleistungen voraussetzt.

Die Kommission ist daher der Auffassung, daß es dringend, wenn nicht gar unvermeidlich ist, die Produktions- und Konsummuster auf eine Weise zu ändern, die einer neuen wirtschaftlichen Revolution gleichkommt. Da diese Anstrengungen die Zukunft, vielleicht sogar das Überleben der Welt beeinflussen werden, können sie nur in gemeinsamer Verantwortung und als gemeinsames Unternehmen der Industrie- und der Entwicklungsländer angegangen werden.

Der Hauptfehler des heutigen Wirtschaftssystems ist dessen Kurzsichtigkeit: Entscheidungen, vor allem Investitionsentscheidungen, werden falsch getroffen. Wir setzen den Wert der Zukunft fortwährend zu niedrig an. Eine der größten Herausforderungen ist es, ein makroökonomisches Rahmenmodell zu entwickeln, das den langfristigen Konsequenzen wirtschaftlichen Handelns Rechnung trägt.

> *Die Menschheit kann nur solche Prozesse akzeptieren, die die ganze Bevölkerung berücksichtigen – ob es sich um wirtschaftliche, soziale, politische oder kulturelle Prozesse handelt. Wir können es nicht länger zulassen, daß die von Menschen geschaffenen Mechanismen (denn nicht Gott war der Schöpfer der Wirtschaftssysteme) weiterhin als modern, rational, logisch oder wissenschaftlich bezeichnet werden.*
> Herbert de Souza (Betinho), Brasilien, öffentliche Anhörung, Lateinamerika

Du, ESAP[53]*,*
Du bist eine zweiköpfige Schlange,
Du lügst mich an, daß alles gut wird,
Schämst du dich nicht deiner selbst?

Du, ESAP,
Du hast einen zweifarbigen Rücken,
Essen und Kleider sind jetzt teuer,
Wegen dir,
Hau ab!

Du, ESAP,
Du redest um den heißen Brei herum,
Gestern hast du mich weggekürzt von meiner Arbeit,
Ich sage: Pack ein und geh!

Du, ESAP,
Du räumst auf wie Vim, das Scheuermittel,
Ich kann mir kein Geld leihen für den Aufbau
Eines Projektes, das mir Einkommen verschafft,
Was, denkst du, soll ich tun?

Du, ESAP,
Ich trage jetzt an einer schweren Last,
Die Krankenhaus- und Schulgebühren sind zu hoch,
Oh, das Leben ist hart.
Lied der Tsholotsho-Gruppe (Analphabeten), Simbabwe, öffentliche Anhörung, südliches Afrika

53 ESAP: Economic Structural Adjustment Programme = Strukturanpassungsprogramm von IWF und Weltbank

Die Weltbank und der Internationale Währungsfonds reden über „Strukturanpassung" und verwenden dabei die Sprache der Währungspolitik. Mein persönliches Gefühl ist, daß das, was wir wirklich brauchen, die Anpassung an eine nachhaltige Lebensweise ist, zu der die Bank aber nicht rät. Denn deren Strukturanpassung bezieht sich auf Geldwerte, nicht auf reale Werte. Aber wenn die Entwicklungsländer sich solch einem Anpassungsprozeß in bezug auf ihre finanziellen Probleme unterwerfen und sich in ihrem Haushaltsrahmen bewegen müssen usw., dann müssen sich auch die Industrieländer einem strukturellen Anpassungsprozeß unterwerfen.
M. S. Swaminatham, Indien, öffentliche Anhörung, Südasien

Gesucht: ein neuer Weg für die Welt
Die Bevölkerung – nicht nur als statistische Größe, sondern vor allem auch als *Menschen* – muß im Rahmen der sich gegenseitig beeinflussenden Zusammenhänge betrachtet werden: lähmende Armut, ökologischer Raubbau und wirtschaftliche Globalisierung. Eine nachhaltige Verbesserung der Lebensqualität muß unser zentrales Anliegen werden – wir müssen die Grenzen der Tragfähigkeit unserer Erde respektieren und auf die Bedürfnisse der Menschen eingehen, indem wir die *Zuwendungsfähigkeit* (*caring capacity*) der Menschen wiederentdecken und stärken. Diese Vision kann nur dann Wirklichkeit werden, wenn sie auf politischer Ebene durch sozial verantwortliche Staaten und die gesamte internationale Gemeinschaft umgesetzt wird. Eine Mindestanforderung an die Politik ist ein Paradigmenwechsel in der Bevölkerungspolitik, eine Neudefinition unseres Konzepts von Arbeit, die Entwicklung und Umsetzung von Alternativen im Gesundheits- und Bildungswesen und die selbstbestimmte Fortpflanzung und Stärkung der Frauen. In anderen Worten, gefragt ist nichts weniger als ein neuer Gesellschaftsvertrag: einer, der die gesellschaftlichen Kräfte und andere Ressourcen mobilisiert.

Teil II
Für eine neue Vision

5. Sich auf das Ziel konzentrieren: Die nachhaltige Verbesserung der Lebensqualität

So sieht Bamako heute aus: Unsere Häuser sind zu klein, und in den Häusern leben zu viele Menschen. Leute laden ihren Müll neben den Mülleimern ab, und der Gestank toter Schafe und Hunde, die in die Gräben geschmissen wurden, reizt die Menschen. Kinder gehen auf dem Gelände anderer Menschen auf die Toilette, und die Straßen sind nicht genügend beleuchtet.
Modibo Diakite (10 Jahre alt), Mali, öffentliche Anhörung, Westafrika

Zeit für einen neuen Fokus: Die nachhaltige Verbesserung der Lebensqualität

Wir haben festgestellt, daß das Streben nach Wirtschaftswachstum auf der ganzen Welt zum wichtigsten Anliegen geworden ist. Entwicklung wird mit Wirtschaftswachstum gleichgesetzt: Dadurch verliert der Entwicklungsbegriff alle sozialen Implikationen. Die wirtschaftliche Perspektive hat inzwischen alle anderen Ziele – wie Gerechtigkeit, ökologische Nachhaltigkeit, Beschäftigung und sozialer Zusammenhalt – in den Schatten gestellt.

Schon der Begriff „Entwicklung" hat sich als hinderlich erwiesen. Er unterstellt, daß es eine Bewegung auf ein Ziel hin gibt. Die Unterscheidung zwischen „Entwicklungsländern" und „entwickelten Ländern" suggeriert, daß das Ziel bei einem gewissen Konsumniveau liegt, das die Industrieländer schon erreicht haben, während die anderen es erst noch erreichen müssen. Aber solch ein Niveau gibt es nicht. Die menschliche Realität besteht aus vieldimensionalen Facetten und kann daher nicht in die gleichmacherische Dimension des Wirtschaftswachstums gepreßt werden. Die Zeit ist reif für eine Alternative, für einen ganzheitlichen Ansatz zur Verwirklichung unserer politischen Ziele.

Die Kommission schlägt daher vor, daß das Konzept der nachhaltigen Verbesserung der Lebensqualität in allen Ländern zum Fokus der politischen Prozesse wird. Dies wäre eine permanente und dynamische Aufgabe, die einer Politik zur Zementierung des Status quo den Boden entzieht und keine Ausflüchte für Untätigkeit mehr zuläßt.

Ein grenzenloses Ansteigen der Bevölkerungszahlen ist genauso unmöglich wie eine grenzenlose Zunahme der materiellen Güter pro Kopf. Aber während Quantität nicht länger die dominierende Leitlinie für alle menschlichen Prozesse sein kann, ist es möglich, die Qualität immer weiter zu verbessern. Nach Auffassung von Gro Harlem Brundtland „brauchen wir einen Übergang von Quantität zu Qualität". Aus diesem Grund ist es möglich, sich eine fortwährende Verbesserung der Lebensqualität vorzustellen (die tatsächlich grenzenlos sein könnte). Eine nachhaltige Verbesserung der Lebensqualität könnte zum Prüfstein sowohl der Industrie- als auch der Entwicklungsländer gemacht werden.

Bei dem Streben nach einer nachhaltigen Verbesserung der Lebensqualität sollte der Abdeckung der Minimalbedürfnisse der Bevölkerung die höchste Priorität eingeräumt werden; dieses Ziel sollte nicht verhandelbar sein. An der Armutsgrenze und darunter ist Quantität sowohl an Gütern als auch an Dienstleistungen eine Grundanforderung, ohne die Lebensqualität nicht erreicht werden kann. Oberhalb der existentiellen Grundanforderungen ist Quantität jedoch nur insoweit bedeutungsvoll, als sie zu einer Verbesserung der Lebensqualität beiträgt – wenn sie Unstimmigkeiten vermindert und Lücken schließt. Quantität im Übermaß ist nicht nachhaltig und kann die Lebensqualität verschlechtern.

Nachhaltigkeit muß nicht bedeuten, daß die Entwicklungsländer auf die Befriedigung ihrer grundlegenden Bedürfnisse eingeschränkt werden oder daß die mit Industrialisierung und Konsum einhergehenden Prozesse begrenzt werden müssen. Es bedeutet aber auch nicht, daß die Industrieländer einen stabilen und endgültigen Zustand erreicht haben oder daß sie den Pfad der immer größeren Quantitäten weiterverfolgen dürfen. Nachhaltigkeit ist weder eine Grenze, die der Mehrzahl der Menschen auferlegt wird, noch ein grenzenloser Raum, der für einige wenige reserviert bleibt. Im Gegenteil, Nachhaltigkeit sollte die progressive Verbesserung der Lebensqualität aller ermöglichen – für ganze Nationen wie auch für jeden einzelnen.

Lebensqualität besteht aus vielen Elementen: Gesundheit und Bildung, angemessene Ernährung und Wohnraum, eine stabile und gesunde Umgebung, Gerechtigkeit, Gleichberechtigung zwischen Mann und Frau, Teilnahme am gesellschaftlichen Leben, Würde und Sicherheit. Jedes dieser Elemente ist für sich genommen wichtig. Ist auch nur ein Element nicht gegeben, so verschlechtert sich die Lebensqualität subjektiv.

Lebensqualität kann außerdem nicht „aggregiert" oder als „Durchschnittswert" festgelegt werden, so daß es recht schwierig ist, Lebensqualität zu definieren oder zu messen. Das, was die Menschen als Lebensqualität bezeichnen, ist in hohem Maß durch ihre Kultur definiert. Selbst innerhalb einer einzigen Gesellschaft bestehen unterschiedliche Auffassungen darüber, was Lebensqualität eigentlich ausmacht, je nach Kulturbereich oder persönlicher Einstellung.

Das Konzept der Lebensqualität enthält daher immer auch subjektive Elemente. Es kann vorkommen, daß in einem Kulturbereich die Reduzierung der materiellen Bedürfnisse (oder der Gier) als Lebensweg empfohlen wird. In anderen Bereichen derselben Gesellschaft oder auch in einer anderen Gesellschaft würde solch ein Verzichtsanspruch als absurd oder sogar selbstquälerisch erscheinen. Es ist wahr, daß in den meisten Kulturen eine Dichotomie zwischen egoistischen und altruistischen Orientierungen besteht. Diese quasi universellen ethischen Spannungen, die selbst innerhalb der modernen, schnell veränderlichen Glaubenssysteme und Werte zu finden sind, sind daher die Grundlage für das von der Kommission gewählte politische Ziel: die nachhaltige Verbesserung der Lebensqualität.

Auf dem Weg zu einer sicheren und nachhaltigen Lebensqualität

Die Unzufriedenheit mit dem Begriff „Entwicklung“ hat in den letzten Jahren zwei größere Projekte ins Leben gerufen, die äußerst wichtig sind und die Veränderungen in der modernen Welt adäquat beschreiben. Der Bericht der Weltkommission für Umwelt und Entwicklung[1] galt als Antwort auf die Entdeckung der Begrenztheit der Welt und bestärkte das Konzept der nachhaltigen Entwicklung. Es ist seitdem offensichtlicher geworden, daß (wir zitieren den Bericht) „der Inhalt des Wirtschaftswachstums sich ändern muß“ und daß „der Konsum materieller Güter nach verschiedenen Nachhaltigkeitsstufen klassifiziert werden sollte“.

Gleichermaßen hat das Ende des kalten Kriegs, der viele Nationen über fünfzig Jahre hinweg bedrohte, bewirkt, daß die menschliche Sicherheit als Primat der Politik akzeptiert worden ist, nachdem diese lange vor der Sicherheit der Staaten in den Hintergrund rücken mußte.

Die Verbesserung der menschlichen Sicherheit

In der Vergangenheit haben sich Regierungen üblicherweise vor allem mit dem Erhalt der staatlichen Souveränität und der inneren und äußeren Sicherheit befaßt. Auch die Beendigung des Ost-West-Konflikts Anfang der neunziger Jahre hat nicht alle Spannungen gelöst, die in der Bipolarität wurzelten. Statt dessen hat die neue politische Struktur der Welt, mit einer Supermacht und vielen fragmentierten Gesellschaften, eine Vielzahl von kleineren Interessenskonflikten hervortreten lassen – viele dieser Konflikte werden von heftigen Bürgerkriegen begleitet. Diese Konflikte werden von einer zunehmenden Remilitarisierung geschürt. Die Friedensdividende, die in der Zeit nach Beendigung des kalten Kriegs erwartet wurde, erwies sich als schwer faßbar. Die Umwandlung des militärisch-industriellen Sektors in den Industrieländern, vor allem in den osteuropäischen Staaten, und

1 Unsere gemeinsame Zukunft (Eggenkamp Verlag, 1987)

die schrittweise Entmilitarisierung der Entwicklungsländer sind schwierig und komplex.

Die Erarbeitung eines neuen und erweiterten Konzepts der menschlichen Sicherheit, das die militärischen Aspekte herunterstuft, dafür aber die sozialen, wirtschaftlichen und ökologischen Aspekte stärker betont, ist ein wichtiger Durchbruch. Die Kommission teilt die Auffassung, daß eine neue Sicherheitsvision unabdingbar ist, da die gegenwärtig etablierten Sicherheitsphilosophien noch immer den Staat in den Mittelpunkt stellen und militärische Mittel als wichtigste Instrumente ansehen. Daher denkt man bei Diskussionen über Sicherheitsfragen noch immer an die Sicherheit des Staates, sowohl in seinen Außenbeziehungen als auch in seinem Innern. Die Kommission kam zu dem Ergebnis, daß diese Auffassung des Sicherheitsbegriffs katastrophale Wirkungen gezeigt hat, zum Beispiel in Lateinamerika.

Wir müssen daher eine Dimension des Sicherheitsbegriffs entwikkeln, die den Menschen in den Mittelpunkt stellt. Bei der Sicherheit geht es schließlich darum, daß das Leben für die *Menschen* sicherer gemacht wird und daß sie nicht nur von äußeren Bedrohungen geschützt werden. Die Menschen können es genausogut in die eigenen Hände nehmen, ihr Leben sicherer zu gestalten: Jeder unternimmt alle möglichen Schritte, um diese persönlicher orientierte Sicherheit aufzubauen; daneben müssen aber die Rahmenbedingungen gesetzt werden, die Sicherheit erst ermöglichen. Es ist nicht möglich, Sicherheit einfach zu „liefern"; in anderen Worten, es müssen die sozialen Bedingungen gewährleistet sein, die Sicherheit realisierbar machen. Eine passive Haltung gegenüber Sicherheitsfragen wird nicht ausreichen, um das Sicherheitsprinzip in ein menschlicheres umzuwandeln. Es ist tatsächlich so, daß ein sehr „sicherer" Staat eine Menge unsicherer Menschen beherbergen kann.

Die Menschen finden sich heutzutage in einer Art struktureller Unsicherheit wieder – sie wurzelt in Armut und im Ausgeschlossensein aus der Gesellschaft. Oft gibt es keine Arbeitsmöglichkeiten, während die Staatsmaschinerie und ihre „mächtigen" Klassen den Sozialrechten keine Aufmerksamkeit schenken. Die Kommission stellte fest, daß die überwältigende Mehrheit der Menschen sich weniger Sorgen um Krieg als um folgende Probleme macht:

- Wird es etwas zu essen geben?
- Wird es genug Holz für Kochfeuer oder Heizung geben?
- Wird es, zu Hause oder auf der Straße, Überfälle geben?
- Wird es nach Vertreibung oder Erdbeben Zuflucht geben?
- Wird es Schutz gegen Überschwemmungen, Dürren oder Arbeitslosigkeit geben?
- Werden die Kinder die Möglichkeit haben, zur Schule zu gehen?
- Sind Krankheiten vermeidbar, und gibt es eine medizinische Grundversorgung?

Unsicherheit wird also auf persönlicher Ebene am deutlichsten empfunden, wobei viele Menschen darauf vertrauen, daß ihre lokalen Entscheidungsträger im Fall der Not helfen können. Es ist jedoch so, daß Sicherheitsgarantien auf lokaler Ebene nicht mehr gegeben werden können, denn die echten Bedrohungen sind meist grenzüberschreitender Natur. Lösungen für Probleme wie Umweltzerstörung, Migration und Fluchtbewegungen, Drogen und Terrorismus können nur auf höherer Ebene gefunden werden.[2]

Die Kommission stellt sich hinter eine umfassende Definition des Sicherheitsbegriffs, die auch zunehmende Akzeptanz in internationalen Fachkreisen findet: ein Sicherheitsbegriff, der die traditionellen Konzepte erweitert, indem er ausdrücklich die Sicherheit und den Schutz der Menschen vor Verletzungen, Unfällen, Katastrophen, Krankheiten und Gewalt sowie auch vor dem Verlust der Lebensgrundlagen oder vor negativen Umweltveränderungen fordert.[3]

Die Sicherheit des menschlichen Wesens kann also als wichtigster Aspekt der Lebensqualität angesehen werden. Die Menschen haben ein Recht darauf – nicht nur darauf, vor vermeidbaren Schäden

2 Eine detaillierte Erklärung dieses Konzepts findet sich im Human Development Report 1994 (Oxford, Oxford University Press, 1994) des UNDP

3 UNDP, Human Development Report 1994 (Oxford, Oxford University Press, 1994)

geschützt zu sein, sondern auch darauf, keine Angst vor möglichen Schäden haben zu müssen. Jede Bedrohung des Lebensunterhalts ist auch eine Bedrohung all dessen, was daraus erwächst: Ernährung, Gesundheit, Unterkunft usw. Bei den Ärmsten der Armen bedeutet eine Bedrohung des Lebensunterhalts auch eine Bedrohung des Überlebens selbst.

Dabei gewinnt die ökologische Sicherheit zunehmend an Bedeutung, da Umweltveränderungen Auswirkungen auf Gesundheit, Lebensunterhalt und manchmal auch auf das Überleben haben können. Bodenerosion kann die Ressourcengrundlage eines Bauern zerstören. Wasser- und Luftverschmutzung können die Gesundheit schädigen und zu Konflikten führen. Das Ozonloch bedroht durch Krebsrisiko und mögliche Augenschäden die Gesundheit des einzelnen. Der Treibhauseffekt bedroht uns möglicherweise alle durch Überschwemmungen und Stürme, wobei ein Anstieg des Meeresspiegels Millionen von Menschen aus ihrer Heimat vertreiben und landlos machen könnte.

Krieg tötet nicht nur Menschen, sondern entwurzelt auch viele Leben; er zerstört Landwirtschaft, Industrien und Handel, unterbricht das Bildungswesen, erzeugt Hungersnöte und vertreibt Menschen aus ihrer Heimat. Kriege zwischen den Staaten sind seltener geworden als Bürgerkriege und interne Konflikte: Waren es 1960 noch 10 Bürgerkriege, so gab es 1993 schon 34. Zwischen 1980 und 1992 kamen etwa 450 000 Menschen jährlich durch Kriege um.[4] Alle 1993 verzeichneten Konflikte waren Bürgerkriege – sie fanden statt im ehemaligen Jugoslawien und der ehemaligen Sowjetunion, in 9 der 43 Staaten südlich der Sahara und in mehreren asiatischen Ländern.[5]

Es ist ein Fehler, zu glauben, daß hohe Militärausgaben vor dem Risiko eines Kriegs schützen. Hohe Militärausgaben mögen Kriege zwischen den Staaten verhindern, wenn sie abschreckend wirken. Innerhalb von Staaten können hohe Militärausgaben bedeuten, daß die Regierungen unnachgiebig ihre Politik verfolgen und dabei die

4 Stockholm International Peace Research Institute, SIPRI Yearbook 1994 (Oxford, Oxford University Press, 1994)

5 Siehe auch Ruth Sivard Leger, World Military and Social Expenditures 1993 (World Priorities, Washington, 1993)

Bedürfnisse und Forderungen von Randgruppen oder -regionen ihres Landes vernachlässigen.

Militärausgaben sind schädlich für die menschliche Sicherheit. Die Priorität, die Regierungen der Sicherheit des Staats gegenüber der Sicherheit ihrer Bürger einräumen, läßt sich am besten anhand der Bindung menschlicher Ressourcen, der Aussagen politischer Kampagnen und dergleichen darstellen. Es ist wohl wahr, daß die Militärausgaben von ihrer Rekordhöhe von 995 Milliarden US-Dollar im Jahr 1987 auf schätzungsweise 767 Milliarden US-Dollar im Jahr 1994 gefallen sind. Von der entstehenden Friedensdividende von etwa 228 Milliarden US-Dollar flossen jedoch lediglich 27 Milliarden in Entwicklungsländer.[6]

In den entwickelten Ländern hat die Sicherheit einzelner Menschen inzwischen einen höheren Stellenwert als Verteidigungsmaßnahmen; in den Industriestaaten sind die durchschnittlichen Ausgaben für das Gesundheitswesen etwa doppelt so hoch wie die Militärausgaben. Von den 94 Entwicklungsländern, für die Daten vorliegen, gaben 1990 nicht weniger als 52 Länder mehr für ihr Militär als für das Gesundheitswesen aus. Insgesamt investierten die Entwicklungsländer zweieinhalbmal mehr in Waffen als in das Gesundheitssystem.[7]

Die Kommission schließt sich der internationalen Kampagne an, die eine weltweite Senkung der Militärausgaben anstrebt, vor allem in den Entwicklungsländern.

Die Industrieländer müssen nun aktiver und glaubwürdiger zu einer Entmilitarisierung des internationalen Lebens beitragen. Es reicht nicht aus, Entwicklungsländer dazu aufzufordern, ihre Militärausgaben zu senken, oder neue Bedingungen an die Vergabe von Finanzmitteln zu knüpfen. Die militärische Unterstützung der Entwicklungsländer muß verringert und schließlich eingestellt werden. Die Waffenexporte der zehn Hauptlieferländer gingen zwischen 1988 und 1992 um gut die Hälfte zurück; jetzt sollten die Lieferungen ganz beendet werden, zumindest in die Regionen, die am meisten von

6 UNDP, Human Development Report 1994 (Oxford, Oxford University Press, 1994)

7 Berechnet auf Grundlage von Daten aus dem Human Development Report 1994, sowie aus Ruth Sivard Leger, World Military and Social Expenditures 1993.

Konflikten bedroht sind. Kein Staat, der aus Waffenhandel finanzielle Vorteile gewinnt, kann sich glaubwürdig für Frieden einsetzen. Die Herstellung und der Handel von Waffen durch geheime Kanäle sollten unterbunden werden.

Die Kommission ist der Überzeugung, daß ein neuer Entmilitarisierungsansatz in die Mechanismen integriert werden muß, die der Zusammenführung militärischer und sozioökonomischer Belange dienen. Die Kommission schlägt daher vor, daß das Konzept der kollektiven Sicherheit so ausgebaut wird, daß sich die Institution, die die größte Kompetenz in der Wahrung des internationalen Friedens und der Sicherheit aufweist, also der Sicherheitsrat der Vereinten Nationen, in Zukunft auch mit Bedrohungen für die sozioökonomische Sicherheit der Menschheit beschäftigt.

Eine allgemeine Übereinkunft über diese erweiterte Kompetenz des Sicherheitsrats könnte im Rahmen einer Resolution niedergelegt werden, über die die Vollversammlung der Vereinten Nationen abstimmt; dadurch könnten umständliche Verhandlungen über eine sonst notwendige Änderung der Charta der Vereinten Nationen aus dem Jahr 1945 vermieden werden.

Eine Neudefinition des Sicherheitsbegriffs sollte die Sicherheitsprioritäten auf nationaler Ebene beeinflussen und die persönliche, soziale, wirtschaftliche, ökologische und militärische Sicherheit umfassen. Dadurch würde eine Umverteilung der bisherigen Gelder für militärische Ausgaben notwendig, die zukünftig für Aufgabenfelder mit direktem Nutzen für die menschliche Sicherheit wie Gesundheitswesen (vor allem Familienplanung), Umweltschutz und Bekämpfung der Kriminalität bereitgestellt würden. Als ersten Schritt sollten es sich alle Regierungen zum Ziel setzen, ihre Ausgaben für Gesundheit und Bildung den Militärausgaben zumindest anzugleichen, soweit sie dies nicht schon getan haben.

Die Förderung der Nachhaltigkeit

Man könnte Lebensqualität den vergessenen Aspekt des modernen Lebens nennen. Um unsere Zivilisation einen weiteren Schritt voranzubringen, sollten wir Lebensqualität als die *Zukunft der Menschheit* anvisieren. Auf diese Weise wäre es die Hauptaufgabe der Menschheit im nächsten Jahrhundert, intensiv und praktisch nach Wegen zu suchen, Lebensqualität zu definieren und in die Realität umzusetzen.

Nachhaltigkeit ist ein Konzept, das gerade rechtzeitig gefunden wurde. Es wurzelt direkt in unserem Naturverständnis und Umweltbewußtsein und in der Akzeptanz der Begrenzung der natürlichen Ressourcen. Das Konzept der Nachhaltigkeit ist die Grundlage für den Erhalt der Umwelt und für das Überleben der Gesellschaften, ihrer Individuen und Volkswirtschaften.

Die Kommission ist der Auffassung, daß Nachhaltigkeit sowohl eine Voraussetzung als auch ein Bestandteil der Lebensqualität ist. Wenn Lebensunterhalt und Wohlstand nicht tragfähig sind, dann sind sie nicht sicher. Sicherheit impliziert daher Nachhaltigkeit. Lebensqualität auf jedem Niveau und auch jede Verbesserung der Lebensqualität müssen nachhaltig sein, sonst wird die Qualität sinken und – für zukünftige Generationen – unter dem gegenwärtigen Niveau bleiben. Diese Einsicht ist ein wichtiger Bestandteil unserer *Zuwendungsfähigkeit*, die wir in späteren Kapiteln beschreiben werden. Nachhaltigkeit hat zahlreiche Dimensionen, von denen viele in der in Rio verabschiedeten Agenda 21 erfaßt werden.

In wirtschaftlichen Begriffen ausgedrückt, bedeutet Nachhaltigkeit, daß wir unseren natürlichen Kapitalbestand erhalten. Wir wissen, daß jedes Einkommen, das aus dem Abbau des Kapitalbestandes resultiert, langfristig nicht nachhaltig ist. In ökologischen Begriffen ausgedrückt, bedeutet Nachhaltigkeit, daß wir vermeiden müssen, die Reserven natürlicher Ressourcen zu erschöpfen oder die Aufnahmefähigkeit der natürlichen Senken durch unsere Abfallströme und Emissionen zu überlasten. So ist es auch nötig, die biologische Vielfalt soweit wie möglich und in möglichst vielen natürlichen Lebensräumen zu bewahren. Und feste, flüssige und gasförmige Abfälle, um ein weiteres Beispiel zu nennen, sollten nicht in größeren Mengen verursacht werden, als von den Senken aufgenommen werden können.

Nachhaltigkeit hat auch soziale Aspekte. Wir müssen die Verschiedenartigkeit der Menschen erhalten, indem wir ihnen – vor allem durch Gesundheitsdienste und Bildung – ermöglichen, ihre Persönlichkeit zu entwickeln. Man könnte sagen, daß das Kapital, das in die

Gesundheit und die Bildung der Menschen investiert wird (manche nennen dies *Humankapital*), zu einem wichtigen wirtschaftlichen Faktor wird – vor allem in Zeiten des weltweiten Wettbewerbs. Diese Form des Kapitals sollte erhalten werden, indem die Investitionen in das Bildungs- und Gesundheitswesen und andere soziale Dienste weiterhin getätigt oder erhöht werden.

Nachhaltigkeit ist auch die Fähigkeit der Menschen, sich gegenseitig zu unterstützen und jene Einsamkeits- und Abgrenzungsgefühle zu überwinden, die sonst den Beweis für den Verlust und die Einschränkung menschlichen Potentials darstellen.

Gemeinschaften und ganze Gesellschaften bauen auch Sozialkapital auf, welches aus gesellschaftlichem Zusammenhalt, kultureller Identität und Disziplin besteht; diese Zutaten sind für ein friedfertiges kollektives Überleben notwendig. Dieses Kapital kann durch soziales Gefälle, Arbeitslosigkeit und Unsicherheit abgebaut werden. Solche Situationen sind langfristig sozial nicht nachhaltig und können unter anderem Drogenmißbrauch jeglicher Art und Kriminalität hervorrufen, was nicht nur die Lebensqualität jedes einzelnen mindert, sondern auch der Gesellschaft schadet.

Nachhaltigkeit ist also nicht nur eine Anstrengung, die die Regierungen im Rahmen ihrer Politik leisten müssen. Nachhaltigkeit ist auch ein Grundbestandteil der Pflichten jedes einzelnen der Gesellschaft gegenüber.

Was ist Lebensqualität?

In meinem Land ist unsere Mentalität der größte Feind. Um diese zu ändern, müssen wir besser informiert werden und verstehen lernen, statt uns von Ideologen und Politikern irreleiten zu lassen. Das ist der Schlüssel zur Lebensqualität.

Wir können nicht akzeptieren, daß es zur Lösung gehören soll, menschliches Leiden zu ignorieren, wenn das Ziel doch ist, die Menschen in den Mittelpunkt zu stellen.

Genauso wie totes oder sterbendes Leben ein Widerspruch in sich selbst ist, ist weder Lebensqualität ohne Überleben noch Überleben ohne Lebensqualität möglich.

Wenn es im Süden keine Lebensqualität und keine menschliche Entwicklung gibt, wird es unmöglich sein, Wanderbewegungen zu vermeiden.
Ein kolumbianischer Regierungsvertreter

Aspekte der individuellen und kollektiven Rechte

Bedürfnisse, Rechte und Pflichten

Das, was wir trotz aller Definitionsschwierigkeiten als Lebensqualität bezeichnen, hat seinen Ursprung in den individuellen Grundrechten, die über die letzten drei Jahrhunderte hinweg nach und nach entwikkelt worden sind und die inzwischen zur Grundlage der Vereinten Nationen gehören. Da die Menschen in strukturierten Gesellschaften miteinander verbunden sind, gibt es Grundrechte, die den menschlichen Grundbedürfnissen auf materieller, gesellschaftlicher und psychologischer Ebene entsprechen. Selbst in den einfachsten Gesellschaftsformen sind diese Grundrechte immer individuell oder kollektiv ausgestaltet (oder beides). Wenn sich Gesellschaften zu Staatsgefügen entwickeln, dann entspringen aus den Bedürfnissen der jeweiligen gesellschaftlichen Institutionen nationale Rechte. Und genau wie innerhalb jeder Gesellschaft bestehen auch in Staatengemeinschaften „individuelle" und „kollektive" Rechte.

Die heutigen Zustände lassen es dringlich erscheinen, daß wir dem Zusammenspiel dieser individuellen und kollektiven Rechte genaueres Augenmerk schenken. Auch wenn wir die Einmaligkeit und Unantastbarkeit des individuellen Gewissens proklamieren, betonen wir, daß die Rechte des Kollektivs in dieser Epoche der Globalisierung klar definiert werden müssen.

Viele individuelle Rechte sind in internationalen Rechtsinstrumenten festgeschrieben worden, wohingegen fast alle kollektiven Rechte lediglich durch Resolutionen und Aktionsprogramme artikuliert werden, die von den Vereinten Nationen und anderen internationalen Organisationen verabschiedet worden sind, wobei Aktionsprogramme keine bindende Kraft haben. Die verschiedenen Rechte stehen nicht immer in Einklang miteinander; es gibt Widersprüche und Lücken.

Rechte sind das formale Zugeständnis grundlegender Bedürfnisse durch eine Gemeinschaft, sei dies der Staat, die Familie, der Arbeitgeber oder die internationale Staatengemeinschaft. Sie stellen den Versuch dar, den Inhalt und die Grenzen der gegenseitigen Beziehungen zu definieren, in denen Individuen und Kollektive auf verschiedenen Ebenen stehen. Bürgerliche und politische Rechte werden zu den *Grund*rechten gezählt, weil sie es dem Bürger ermöglichen, in verschiedenen Rollen und auf verschiedenen Ebenen an Entscheidungsprozessen teilzunehmen.

Die Erfüllung von Bedürfnissen hängt davon ab, daß alle beteiligten Parteien ihre Pflichten auf verantwortungsvolle und engagierte Weise erfüllen. Ohne Verantwortungsbereitschaft aller Seiten sind Rechte wenig mehr als moralische Fingerzeige für soziale Beziehungen. Solch vage Richtlinien entwickeln nie die politische und rechtliche Durchsetzungskraft, die notwendig erscheint, um das Verhalten von Menschen wirkungsvoll zu beeinflussen.

Wenn man *Rechte* betont, sollte man nie vergessen, die damit einhergehenden *Pflichten* zu beachten. Individuelle Verantwortung ist nicht nur die Grundlage für *fürsorgliche Zuwendung*; sie macht ein *menschliches* Wesen überhaupt aus. Einer Gesellschaft, die durch extremen Individualismus geprägt ist, wird es kaum möglich sein, die Erfüllung der Menschenrechte zu gewährleisten.

Bedürfnisse und deren Ausformung als Rechte

Wir haben erkannt, daß die Lebensqualität von materiellen, gesellschaftlichen und psychologischen Bedürfnissen geprägt wird. Zwischen den Bedürfnissen gegenwärtiger und zukünftiger Generationen gibt es wenig Unterschiede. Um unsere verschiedenen Bedürfnisse aber in eine „bearbeitbare" Form zu übersetzen, ist es notwendig, sie in Gestalt von Rechten auszudrücken, die die Erfordernisse einzelner befriedigen können.

Wir haben festgestellt, daß das Recht auf Leben und das Recht auf persönliche Sicherheit grundlegend sind. Um Angstfreiheit zu gewährleisten, ist den Staaten die Pflicht übertragen worden, Recht und

Ordnung aufrechtzuerhalten und die äußere Sicherheit der Nation zu wahren.

Das Recht auf Freiheit von Hunger ist eine *grundlegende Notwendigkeit*, wie es auch in der World Declaration on Nutrition des Jahres 1992 anerkannt wird: „Wir erkennen an, daß der Zugang zu ausreichend nahrhaftem und sicherem Essen das Recht jedes einzelnen ist." Für ein Viertel der Menschheit ist dieses Recht nur Theorie. Ernährung soll nicht nur bloßes Überleben, sondern auch ein aktives und gesundes Leben gewährleisten; eine angemessene Ernährung ist daher vor allem für Mütter während der Schwangerschaft und Stillzeit wichtig.

Gesundheit wird von allen Menschen als eines der wichtigsten Elemente der Lebensqualität genannt. Der International Covenant on Economic, Social, and Cultural Rights (ICESCR) aus dem Jahr 1966, auch „Sozialpakt" genannt, postuliert „das Recht jedes einzelnen auf den höchstmöglichen Stand körperlicher und geistiger Gesundheit". In der Verfassung der Weltgesundheitsorganisation (WHO) wird dieser Standard nicht lediglich als Abwesenheit von Krankheit oder Gebrechlichkeit definiert, sondern als „ein Zustand des vollkommenen körperlichen, geistigen und sozialen Wohlergehens". In jüngerer Vergangenheit wurden Gesundheitsrechte dahingehend interpretiert, daß jeder ein Recht auf gesellschaftliche und ökologische Bedingungen hat, die der Gesundheit förderlich sind. Das Recht auf Gesundheit schließt damit das Recht auf vor- und nachsorgende medizinische Informationen, Bildung und Grundversorgung ein. Seit der Verabschiedung des Aktionsprogramms „Gesundheit für alle" ist der Zugang zur Grundversorgung ein ausdrücklich anerkanntes Recht geworden.

Das Grundrecht auf Bildung setzt Menschen in den Stand, verschiedene materielle, soziale und psychologische Aspekte ihrer Lebensqualität zu befriedigen. Lesefähigkeit zum Beispiel ist die Grundlage für die Inanspruchnahme politischer und juristischer Rechte; grundsätzlich sind Arbeitslohn und überhaupt die Chancen auf einen Arbeitsplatz zunehmend von der Allgemeinbildung abhängig. Der Sozialpakt bestätigt das Recht auf kostenlosen Pflichtunterricht in der Grundschule und auf gleichberechtigten Zugang zur Sekundarschule und auf weiterführende Bildungswege für alle. Dieses Recht wird ergänzt durch das Recht auf Grundausbildung für all diejenigen, die keine Grundschulbildung erfahren haben. Mit der „Weltdeklaration Bildung für alle" von Jomtien (Thailand) 1990 wurde ein weiteres Element hinzugefügt, nämlich das Recht auf lebenslange Weiterbildung.

Die Menschen müssen arbeiten, um zu leben. Die überwältigende Mehrheit der Menschen baut eigene Nahrungsmittel an und sorgt selbst für Wohnraum und einfache medizinische Versorgung. Geht man jedoch über das Subsistenzniveau hinaus, so benötigen die Menschen weiteres Einkommen, um Zugang zu Ressourcen wie Land oder Kapital zu erhalten, mit denen sie dann zusätzliches Einkommen schaffen können. Der Sozialpakt formuliert daher das „Recht jedes einzelnen Menschen auf einen angemessenen Lebensstandard für sich und seine Familie, wozu angemessene Ernährung, Bekleidung und Unterkunft gehören sowie die stetige Verbesserung der Lebensverhältnisse".

Das Recht auf Arbeit impliziert den Erhalt eines Einkommens. Der erstgenannte Rechtsanspruch des Sozialpakts bestätigt daher das „Recht jedes einzelnen Menschen, die Möglichkeit zu haben, seinen Lebensunterhalt durch Arbeit zu erlangen, die er frei wählt oder annimmt". Dieses Recht verpflichtet den Staat dazu, eine Politik zu verfolgen, die eine „produktive Vollbeschäftigung" anstrebt, wobei unter Beschäftigung mehr als lediglich ein „Job" verstanden wird, der durch einen Arbeitgeber gestellt wird. Als Beschäftigung gilt auch die Arbeit Selbständiger in der Landwirtschaft, in kleinen Unternehmen und (zunehmend) im Dienstleistungssektor. Dabei ist die Arbeit nicht nur ein Mittel zum Zweck, sondern dient dem erwachsenen Menschen während des Großteils seiner wachen Stunden auch als soziales Umfeld. Daher sind die *Arbeitsbedingungen* ein wichtiges Element der Lebensqualität. Der Sozialpakt erkennt auch verschiedene Rechte an, die mit der Arbeitsqualität verbunden sind: faire Löhne, Sicherheit und Gesundheit am Arbeitsplatz, Chancengleichheit bei Beförderungen, Ruhepausen und Urlaub sowie andere Freizeiten.

Die Pflichten der Regierungen hinsichtlich des Rechts auf Arbeit sind in der Konvention Nr. 122 der International Labour Organization (ILO) zur Beschäftigungspolitik festgelegt, die im Jahr 1964 verabschiedet und seitdem von 83 Ländern ratifiziert worden ist. Sie besagt, daß Unterzeichnerstaaten „eine aktive Politik als ein Hauptziel erklären und verfolgen sollen, die darauf abzielt, eine produktive Vollbeschäftigung mit Wahlmöglichkeiten zu erreichen".

Das Recht auf angemessene Unterkunft wird als Schutz gegen die Elemente, gegen Angriffe und Diebstahl verstanden und als Recht auf eine Infrastruktur, die den Erhalt der Gesundheit gewährleistet – vor allem Wasser und sanitäre Einrichtungen. Da die meisten Unterkünfte auf Selbstversorgungsbasis gebaut werden, ist der Kern des Rechts auf Wohnung das Recht auf Pachtsicherheit, d. h. Schutz gegen willkürliche Vertreibung. Darüber hinaus impliziert es das Recht auf zumindest grundsätzliche *Bezahlbarkeit*.

Das Recht, zu heiraten und eine Familie zu gründen, wurde schon in der Grundsätzlichen Erklärung der Menschenrechte (1948) festgeschrieben. Das Recht darauf, die Größe der eigenen Familie im freien und verantwortlichen eigenen Ermessen festzulegen, wurde in der Convention on the Elimination of All Forms of Discrimination against Women (CEDAW) anerkannt; dies schließt das Recht auf den Zugang zu Informationen, Bildung, Beratung und Dienstleistungen im Bereich der Familienplanung mit ein. In derselben Konvention sind auch andere Rechte in bezug auf die reproduktive Gesundheit enthalten, zum Beispiel vor- und nachgeburtliche Fürsorge und Wochenbett. Diese Rechte wurden im Rahmen der Aktionsprogramme weiter ausgearbeitet, die auf den Konferenzen von Kairo und Peking angenommen wurden.

Erst in den letzten Jahren kam die Sorge um die Umwelt hinzu. Das Recht auf Leben setzt voraus, daß die für den Menschen lebenswichtigen Systeme (Wasser, Böden, Wälder, Artenvielfalt, Ozeane, Atmosphäre) erhalten werden müssen. Der Zustand der Gewässer, Böden und Bäume hat Auswirkungen auf die Ernährung und auf die Arbeit der Frauen, die Wasser und Feuerholz holen gehen. Die Artenvielfalt an sich ist natürlich wichtig, dient aber auch als Quelle für ästhetische Befriedigung. All diese Gesichtspunkte werden berücksichtigt in der World Charter for Nature, die durch eine Resolution der UN-Vollversammlung im Jahre 1982 angenommen wurde.

Eine erweiterte Liste von Umweltrechten könnte unter anderem das Recht auf sauberes Wasser umfassen, auf gift- und schadstofffreie Nahrungsmittel, auf saubere Luft und auf Informationen zu Giftstoffen, die Wasser, Nahrung und Luft beeinträchtigen; auch sollte ein Zugang zu allgemeineren Informationen über Umweltrisiken bestehen sowie das Recht auf die nationale und internationale Wiedergutmachung von Umweltschäden eingeführt werden.

Politische Rechte stellen den Rahmen dar, in dem gesellschaftliche Bedürfnisse befriedigt werden können. Dies ist der Grund, warum politische Rechte ein fester Bestandteil der Lebensqualität sind. Sie dienen auch als Grundlage für die Durchsetzung anderer Rechte sowie dem Schutz der Menschenwürde. Politische Rechte sind durch die International Convention on Civil and Political Rights (ICCPR) der Vereinten Nationen, auch „Zivilpakt" genannt, festgelegt worden und schließen das Recht auf Leben, Freiheit und Sicherheit, Meinungs- und Redefreiheit sowie Versammlungs-, Organisations- und Bewegungsfreiheit mit ein. Daneben stehen das aktive und das passive Wahlrecht. Das Gebäude des geregelten Lebens basiert auf dem Fundament von Recht und Gesetz, welches zum obersten Ziel aller etablierten Gesellschaften werden soll.

Das Recht auf Gleichheit ist ebenfalls im Zivilpakt enthalten und gilt als Grundlage für die Verteidigung anderer Grundrechte. Das Recht auf Gleichheit ist jedoch nur dann zu verwirklichen, wenn jeder Bürger das Recht auf einfachen und bezahlbaren Zugang zu juristischen Informationen, Beratung und Vertretung hat.

Von größter Bedeutung für den „normalen" Menschen ist jedoch wahrscheinlich das Recht auf Beteiligung an allen Entscheidungen, die den Lebens- und Arbeitsalltag betreffen. Bislang ist es jedoch noch nicht gelungen, dieses Recht so klar zu formulieren, daß es umsetzbar wäre. Dennoch bestätigt der Zivilpakt „das Recht auf Beteiligung an öffentlichen Entscheidungen, und zwar direkt oder durch gewählte Vertreter". Die Frauenkonvention fordert darüber hinaus ein verstärktes Recht für Männer wie für Frauen, „an der Formulierung staatlicher Politik teilzuhaben" und „an der Erarbeitung und Umsetzung von Entwicklungsplanungen auf allen Ebenen mitzureden".

Ein grundsätzliches Problem bei der Verwirklichung von Rechten ist die Gleichberechtigung der Geschlechter, die zwar vom internationalen Recht geschützt ist, gegen die jedoch in den meisten Ländern verstoßen wird. Es ist weiterhin so, daß Frauen im Bereich politischer Macht wie auch bei der Durchsetzung ihrer Rechte vor Gericht diskriminiert werden, daß sie weniger und schlechter bezahlte Arbeit finden, daß sie im Eigentumsrecht benachteiligt werden, daß sie bei der Familienplanung entmündigt werden und daß sie weniger Ausbildungsmöglichkeiten haben – Diskriminierung findet in fast jedem Lebensbereich statt.

Die Convention on the Rights of the Child (CRC), auch „Kinderkonvention" genannt, respektiert das kindliche Bedürfnis nach Liebe und Verständnis. Von frühester Kindheit an und über viele Lebensjahre hinweg benötigen die Menschen für ihr Wachstum und ihre Entwicklung *Liebe und Zuwendung* innerhalb ihrer Familie und der Gemeinschaft. Menschen, die ohne genügende Fürsorge aufwachsen, können sich zu psychologisch beeinträchtigten Erwachsenen entwickeln, die eher als andere Menschen der Gemeinschaft Schaden zufügen.

Spezielle Aufmerksamkeit gilt auch Beziehungsformen innerhalb der Familien. Machtbeziehungen, die oft zu emotionaler, verbaler und körperlicher Gewalt führen, die sich meist gegen Frauen oder Kinder richtet, sind dabei besonders zu berücksichtigen. Familien können gewöhnlich nur im unterstützenden Umfeld einer weiteren Gemeinschaft gedeihen. Gemeinschaften mit positiven Grundhaltungen können materielle und emotionale Unterstützung geben und helfen oft bei der Arbeitslast. Menschen benötigen die sichere Unterstützung durch ihre Gemeinschaft, um soziale Kontakte auf privater Ebene und in der Arbeitswelt pflegen und genießen zu können.

Die Berücksichtigung psychologischer Bedürfnisse hinsichtlich Freizeit, Ruhe und Spaß trägt zur Bereicherung der Lebensqualität bei. Diese Bedürfnisse fanden in der Kinderkonvention sowie in der Konvention für Arbeiter des Sozialpakts und den verschiedenen ILO-Konventionen Eingang.

Die meisten dieser psychologischen Bedürfnisse stellen Rechte im moralischen Sinn dar, da viele von ihnen nicht juristisch durchsetzbar sind. Sie können auch durch keine wohldefinierten Institutionen befriedigt werden: Juristisch gesehen, ist niemand für diese Bedürfnisse verantwortlich oder haftbar. Dennoch sollten sich die Regierungen darum bemühen, ein gesellschaftliches Klima zu schaffen, das diesen Bedürfnissen zuträglich ist und es wahrscheinlicher werden läßt, daß solche psychologischen Anforderungen erkannt und befriedigt werden. Sie könnten dann auch durch Gerichtshandlungen eingefordert werden.

Die internationale Anerkennung der Rechte auf Lebensqualität

Wenn der Begriff „Lebensqualität" von Regierungen bei der Formulierung ihrer Politik und von Menschen bei ihren Handlungen berücksichtigt werden soll, so muß diesem Begriff eine praktikable Bedeutung gegeben werden, der über subjektive und kulturell-relativierende Beschränkungen hinausgeht und gleichzeitig seine menschlichen und stark differenzierten Bedeutungen nicht verliert.

Die vorhergehenden Abschnitte haben veranschaulicht, wie Bedürfnisse in Rechte übersetzt wurden. Alle Rechte sind unteilbar und voneinander abhängig und sind die Parameter für ein sinnvolles menschliches Leben. Bürgerliche und politische Rechte können nicht ausgeübt werden, solange nicht soziale und wirtschaftliche Rechte erfüllt sind. Zwischen bürgerlichen und politischen Rechten einerseits und wirtschaftlichen und sozialen Rechten andererseits muß ein gewisses Gleichgewicht bestehen. Wie oben dargestellt, sind viele Rechte schon in den vier großen Verträgen der Vereinten Nationen festgeschrieben worden: dem International Covenant on Economic, Social, and Cultural Rights, der International Convention on Civil and Political Rights, der Convention on the Elimination of All Forms of Discrimination against Women und der Convention on the Rights of the Child. In Tabelle 5.1 sind die wichtigsten Rechte aufgelistet, die in diesen Verträgen festgelegt sind, ergänzt durch Elemente der Charta der Vereinten Nationen.

Rechtlich gesehen, sind lediglich die Nationen, die die in Tabelle 5.1 aufgelisteten Verträge unterzeichnet haben, dazu verpflichtet, diese auch in nationales Recht umzusetzen. Doch selbst die Staaten, die einen Vertrag ratifiziert haben, können in bezug auf einige Klauseln Vorbehalte anmelden. Der Umfang der vier Verträge ist umfassend. 129 Staaten unterschrieben den Zivilpakt, 131 Staaten den Sozialpakt, 140 die Frauenkonvention, und 175 die Kinderkonvention. Ratifiziert haben bis April 1995 aber nur insgesamt 112 Nationen alle vier Instrumente, dazu kommen weitere 15, die drei Verträge ratifiziert haben. 10 Länder haben keinen der Verträge ratifiziert.

Die Kommission ist der Auffassung, daß internationale Bemühungen in Gang gesetzt werden sollten, diese Verträge allgemeingültig werden zu lassen, indem die Zahl der Staaten, die sie unterzeichnet und ratifiziert haben, vergrößert wird und indem die Länder, die Vorbehalte ausgedrückt haben, dazu bewegt werden, diese zurückzuziehen. Zumindest sollten die Staaten, die nicht unterzeichnet oder Vorbehalte angemeldet haben, die Gründe dafür nennen und Lösungswege zur Beseitigung der Probleme aufzeigen.

Unterschriften und Ratifizierungen werden jedoch nicht ausreichen. Der nationale und internationale Schwerpunkt sollte vielmehr auf dem Grad der Umsetzung und der Durchsetzung der verschiedenen Vertragsverpflichtungen liegen.

Die Ausschüsse, die im Rahmen der Vertragsbestimmungen eingesetzt wurden und die bislang die Berichte der Unterzeichnerstaaten bewertet haben, sollten von den Unterzeichnerstaaten dazu aufgefordert und befähigt werden, regelmäßig analytische Bestandsaufnahmen zur Verwirklichung der verschiedenen Rechte wie auch zu den auftretenden Problemen zu erarbeiten, um den Druck auf die Staaten zu erhöhen, ihren Verpflichtungen nachzukommen.

Tabelle 5.1: Rechte auf Lebensqualität, die im Rahmen der rechtlichen Instrumente der Vereinten Nationen anerkannt wurden

Recht	Instrument
Würde	Charta, Präambel
Recht auf Leben	Zivilpakt, 6.1
Sicherheit von Personen	Zivilpakt, 9.1
Angstfreiheit	Sozialpakt, Präambel
Angemessene Ernährung, Freiheit von Hunger	Sozialpakt, 11.1–2
Ernährung von Müttern	CEDAW, 12.2
Recht auf Arbeit	Sozialpakt, 6.1
Arbeitsqualität	Sozialpakt, 7
Volle und produktive Beschäftigung	Sozialpakt, 6.2
Gesundheit	Sozialpakt, 12.1
Zugang zu ärztlicher Grundversorgung	Kinderkonvention, 24.2b
Pränatale und postnatale Gesundheitsversorgung für Mütter	Frauenkonvention, 12.1; Kinderkonvention, 24D
Zugang zu Informationen und Diensten der Familienplanung	Frauenkonvention, 14b, 16e
Vorsorgende Gesundheitsbildung	Kinderkonvention, 24e
Erziehung	Sozialpakt, 13.1
Kostenlose und verpflichtende Grundschulbildung	Sozialpakt, 13.2a; Kinderkonvention, 28a
Ausbildung auf Sekundarstufe, für alle zugänglich	Sozialpakt, 13.2b
Angemessene Unterkunft	Sozialpakt, 11.1
Mutterschaftsurlaub	Sozialpakt, 10
Soziale Absicherung	Sozialpakt, 9
Gleichberechtigung der Geschlechter	Charta, Präambel; Frauenkonvention
Schutz der Familie	Zivilpakt, 23.1
Politische Rechte	Zivilpakt, *passim*
Mitsprache	Frauenkonvention, 7, 14.2a

Abkurzungen: **Charta** = Charta der Vereinten Nationen; **Sozialpakt** = International Covenant on Economic, Social, and Cultural Rights (ICESCR); **Zivilpakt** = UN International Convention on Civil and Political Rights (ICCPR) der Vereinten Nationen; **Frauenkonvention** = Convention on the Elimination of All Forms of Discrimination against Women (CEDAW); **Kinderkonvention** = Convention on the Rights of the Child (CRC)

Quellen: Vereinte Nationen, UNESCO

Der Zivilpakt hatte von Anfang an eine eigenständige politische Institution, den Ausschuß für Menschenrechte. Hier werden die Berichte der Staaten angehört sowie Beschwerden von Staaten gegen andere Staaten eingereicht. Ein freiwilliges Protokoll, welches parallel zum Übereinkommen etabliert worden war, ermöglicht es dem Ausschuß, auch Beschwerden von Einzelpersonen oder Gruppen anzunehmen, die Vertragsbrüchen zum Opfer gefallen sind. Während die Berichte der Staaten über das eigene Vorgehen manchmal selbstzufrieden ausfallen, geben die Beschwerden ein realistischeres Bild wieder. Darüber hinaus bilden die Beschwerden einen Katalog an Präzedenzfällen, die die Auslegung des Übereinkommens erleichtern.

Im Gegensatz dazu hatte der Sozialpakt bis 1987 keine Aufsichtsbehörde. Dann wurde das Committee on Economics, Social, and Cultural Rights gegründet, demgegenüber die Mitgliedsstaaten alle fünf Jahre über ihre Maßnahmen Bericht erstatten müssen. Der Ausschuß gibt kurze, allgemein gehaltene Kommentare zu Grundprinzipien der wirtschaftlichen und sozialen Rechte. Individuelle Beschwerden und zwischenstaatliche Konflikte können nicht vor den Ausschuß gebracht werden. Die beiden anderen Verträge, Frauen- und Kinderkonvention, haben jeweils eigene Ausschüsse. Auch diese erhalten Länderberichte, können aber keine Beschwerden von Einzelpersonen, Gruppen oder Staaten bearbeiten.

Die Kommission drängt auf die rasche Erstellung eines freiwilligen Protokolls für den Sozialpakt, nach dem Beschwerden betroffener Einzelpersonen oder Gruppen angehört werden können.[8] Ähnliche Protokolle sollten auch für die anderen Konventionen erarbeitet werden. Sie sollten es den Staaten ermöglichen, gegen andere Staaten Beschwerde einzulegen. Damit würde das gleiche *Beschwerderecht* etabliert, welches derzeit schon im Rahmen des Zivilpakts besteht.

Zur Durchsetzung der Verträge gibt es derzeit keine Instrumente. Neue Ansätze sowohl direkter als auch indirekter Natur müssen entwickelt werden. Dabei müssen zunächst die Hindernisse bewältigt werden, die den Verträgen selbst innewohnen. Während Vergehen gegen bürgerliche und politische Rechte sofort von den Unterzeich-

8 Vgl. UN Draft Optional Protocol Providing for Consideration of Communications (doc. E/C.12/1994/12), New York, 1994.

nerstaaten bearbeitet werden müssen, enthält der Sozialpakt eine Rückzugsklausel, die schon benutzt wurde, um einen Aufschub zur Umsetzung der Rechte zu entschuldigen. Artikel 2.1 dieser Vereinbarung stellt klar, daß die Staaten „mit dem Maximum ihrer verfügbaren Ressourcen" Schritte unternehmen sollen, „um der vollen Realisierung der anerkannten Rechte stetig näherzukommen". Diese Formulierung wurde dahingehend ausgelegt, daß von ärmeren Ländern nicht zu erwarten sei, daß sie diese Rechte sofort verwirklichen, sondern eine schrittweise Umsetzung verfolgen würden – je nachdem, wie und wann es ihre Ressourcen erlauben. Das kommt einem fast unbefristeten Aufschub der Anwendung der Rechte gleich. Die Kinderkonvention enthält ähnliche Vorbehalte hinsichtlich wirtschaftlicher und sozialer Rechte, jedoch nicht in bezug auf bürgerliche und politische Rechte.[9]

Das Committee on Economics, Social, and Cultural Rights hat eine derartig lasche Interpretation in aller Deutlichkeit zurückgewiesen und vertritt den Grundsatz, daß jeder Unterzeichnerstaat „eine Kernverpflichtung hat, zumindest das minimale Grundniveau jedes Rechts zu befriedigen". Daher muß ein Staat, in dem zum Beispiel einer bedeutenden Zahl von Menschen ausreichende Nahrungsmittel, medizinische Grundversorgung, Unterkunft und Grundausbildung fehlen, *prima facie* als Vertragsverletzer betrachtet werden.[10]

Armut kann keine Entschuldigung für Untätigkeit sein. Ein Staat, der einem Übereinkommen beigetreten ist, muß nach Auffassung des Ausschusses aufzeigen, daß er „jede Anstrengung unternommen hat, alle zur Verfügung stehenden Ressourcen prioritär zur Abdeckung der Mindestverpflichtungen zu nutzen".[11] Der Ausschuß kann bei seiner

9 Kinderkonvention, 4, 28; Sozialpakt, 2.1. Dabei sollte beachtet werden, daß in der betreffenden Bestimmung (Sozialpakt 2.1) die Formulierung im Höchstmaß (to the maximum) verwandt wird, daß also damit der Verwirklichung der Rechte allerhöchste Priorität eingeräumt werden sollte.

10 Committee on Economics, Social, and Cultural Rights, 5. Sitzung, General Comment No. 3 (doc.E1991/23), New York, UN, 1990. (Im anglo-amerikanischen Gewohnheitsrecht bezieht sich das Prinzip des *prima facie* auf Urteile, die aufgrund offensichtlicher Indizien, ohne vorherige Nachforschungen, gefällt werden.)

Entscheidung darüber, ob ein Staat gegen ein Recht verstoßen hat, folgende Aspekte berücksichtigen:

- Hat die betreffende Regierung ihre Ressourcen effektiv und gerecht genutzt?
- Ist der Zugang zu den Leistungen der Regierung gleichberechtigt?
- Hat die Regierung der Anwendung der Rechte im Vergleich zu anderen Programmen angemessene Priorität zukommen lassen?[12]

Es ist jedoch utopisch, anzunehmen, daß internationale Verfahren genügen, um die Realität und Praxis innerhalb von Staaten dramatisch zu ändern. Folter, Gefangennahme ohne Gerichtsverfahren, unbestimmter Aufschub von Wahlen: diese Mißbräuche bestehen trotz des Zivilpakts und seiner Umsetzungsmaßnahmen weiter fort. Das Übereinkommen hat aber dabei *geholfen*, bürgerliche und politische Rechte zu *stärken*, und zwar durch verschiedene Formen moralischen, wirtschaftlichen und diplomatischen Drucks von seiten der NRO, der Medien und von Regierungen. Die Staaten haben außerdem selbst zahlreiche Motive, diese Rechte zu fördern: das Begehren nach einem guten internationalen Ruf, nach Attraktivität als Tourismusziel oder Investitionsstandort, die Angst vor Kritik in den internationalen Medien und die Angst vor dem Boykott der Exportprodukte durch ausländische Konsumenten. Diplomatischer Druck von seiten anderer Regierungen schließt auch mögliche Sanktionen durch den UN-Sicherheitsrat mit ein.

Das Rechtesystem der Vereinten Nationen kann lokalen Bürgerinitiativen, Gemeinschaften, Gewerkschaften, Frauengruppen und anderen NRO Bündnispartner im Ausland verschaffen. Das Wissen um das Bestehen von internationalen Rechten trägt zur Stärkung all

11 Committee on Economics, Social, and Cultural Rights, 5. Sitzung, General Comment No. 3 (doc.E1991/23), New York, UN, 1990; siehe auch Limburg Principles on the Implementation of the International Covenant on Economic, Social and Cultural Rights (doc.E/CN/4/1987/17), New York, UN, 1987.

12 Committee on Economics, Social, and Cultural Rights, 5. Sitzung, General Comment No. 3 (doc.E1991/23), New York, UN, 1990; 27, 28.

dieser Gruppen bei und gibt ihnen das Selbstbewußtsein, daß sie in ihrem Kampf um Gerechtigkeit und Freiheit nicht allein sind.

Da die verschiedenen Formen von Druck den bürgerlichen und politischen Rechten Durchsetzungskraft gaben, kann auch wirtschaftlichen und sozialen Rechten zur Verwirklichung verholfen werden, sobald der Druck verstärkt und durch die Vereinten Nationen, Unterzeichnerstaaten, Medien und NRO breit abgestützt wird. Ähnlich der Vergabe von Mitteln zur Stärkung der Demokratisierungsprozesse und demokratischen Institutionen können die Finanzierungseinrichtungen Mittel zur Unterstützung wirtschaftlicher und sozialer Rechte bereitstellen. Internationaler Druck hat sich als überzeugende Kraft erwiesen.

Zu diesem Zweck sollten sich Entwicklungsbehörden und NRO, die auf dem Gebiet von Ernährung, Gesundheit, Familienplanung, Unterkunft oder Erziehung tätig sind, viel mehr auf international anerkannte Rechte stützen. Sie sollten die Rechte zusätzlich zu Prinzipien wie Gerechtigkeit und Gleichheit, Bedarf und gegenseitige Abhängigkeit als Argumentationshilfe nutzen. Auch sollten sie den Ausschüssen, die im Rahmen der Verträge eingerichtet wurden, Berichte und Hinweise auf Mängel vorlegen. Je mehr über diese Rechte gesprochen wird, um so mehr wird sich das Wissen um sie verbreiten und um so mehr werden sie wirksam.

Eine Reihe von Resolutionen, Erklärungen und Aktionsprogrammen der Vereinten Nationen bzw. ihrer Spezialbehörden oder Weltgipfel behandeln andere kollektive oder individuelle Rechte, vor allem insofern sie wirtschaftliche oder soziale Aspekte betreffen. Dabei muß allerdings beachtet werden, daß diese Instrumente, im Gegensatz zu den oben behandelten Verträgen, keine bindende Kraft haben.

Die Entwicklung eines einheitlichen, umfassenden Konzepts der Lebensqualität

Das Bestehen auf Lebensqualität kann zur treibenden Kraft werden, Armut zu beenden, denn gerade den Armen, den Schwachen und Machtlosen werden ihre Rechte am häufigsten verwehrt. Internationale Rechte sind ein zwingender Rahmen, innerhalb dessen Menschen ihre Ansprüche anmelden können, wenn der Staat ihre Rechte beschneidet oder darin versagt, Rechte zu fördern und zu schützen.

Rechten wohnt eine Parteinahme für die Ausgeschlossenen inne. Sobald Rechte weithin bekannt und diskutiert werden, *können* Rechte tatsächlich die Machtlosen ermächtigen und diejenigen haftbar machen, die sonst nicht zur Verantwortung gezogen werden könnten.[13] Rechte dienen darüber hinaus als Grundlage für Bündnisse, durch die die Zivilgesellschaft gestärkt wird, und inspirieren Aktivisten dazu, bei der Verfolgung ihrer jeweiligen Ziele eng miteinander zu kooperieren – dabei werden die getrennten und oft sogar isolierten Wege und Ansätze der Vergangenheit fallengelassen.

Die Kommission schlägt vor, alle relevanten Rechte in einem einheitlichen, alles umfassenden Instrument zusammenzuführen, und zwar unabhängig davon, ob sie durch internationale Rechtsinstrumente festgeschrieben oder durch die Entscheidungsgremien internationaler Organisationen verabschiedet wurden. Ein ganzheitlicher Ansatz verlangt, daß die wichtigsten wirtschaftlichen, sozialen und politischen Dimensionen der Lebensqualität auf systematische, meßbare und anwendbare Weise erfaßt werden. Damit würden die fragmentarischen Verfahren der Vergangenheit überholt und ein Konzept der Qualität eingeführt werden, das mit der Realität übereinstimmt. Gleichzeitig würde mit einem solchen Schritt dem politischen Entscheidungsverfahren, der politischen Evaluierung und Umsetzung ein sinnvolles Instrument verschafft.

Dieses neue Konzept fügt sich auch in die jüngsten Bemühungen mit ein, der Rhetorik der Vergangenheit eine praktische Bedeutung zu geben. Die Aktionspläne, die auf den Weltgipfeln verabschiedet wurden, enthalten ausdrücklich die Aufforderung, nationale Aktionspläne zu erstellen und regelmäßig Berichte über den Umsetzungsprozeß bei verantwortlichen Institutionen einzureichen. Solche Aktionspläne können auch bei den oben erwähnten Ausschüssen, die im Rahmen der vier Verträge eingerichtet wurden, vorgelegt werden.

All diese Verpflichtungen können elektrisierende Wirkung haben. Sie sind möglicherweise teuer, doch werden sie erfolgreich dabei sein, die Unterstützung aller staatstragenden Gruppen und der Zivilgesellschaft zu gewinnen.

13 FIAN, Economic Human Rights – Their Time Has Come (Heidelberg, 1995)

Strategien für eine beständige Verbesserung der Lebensqualität

Um eine nachhaltige Verbesserung der Lebensqualität zu erreichen, bedarf es praktischer und machbarer Strategien in den Ländern. Der erste und grundlegende Schritt dafür ist die Einführung von meßbaren und verifizierbaren Mindeststandards an Lebensqualität, die für alle Länder gelten müßten. Zweitens sollte man sich auf einen Zeitplan einigen, nach dem diese Mindeststandards in allen Ländern eingeführt werden sollten. Im dritten Schritt, nach Erreichung der Mindeststandards, könnten sukzessive höhere Standards festgelegt werden. Dabei würde sich die Betonung von Quantität auf Qualität verlagern und sich die Unterstützung von anderen auf Mindestqualitätsstandards konzentrieren.

Die Voraussetzung dafür ist eine verbindliche, aktive *Sozialpolitik*, sowohl national als auch weltweit. Die Mindeststandards der Lebensqualität dürfen nicht mehr verhandelbar sein: Sie sollten zu Zielen von höchster Wichtigkeit werden, und zwar für jeden und so bald wie möglich. Internationale Anstrengungen sollten unternommen werden, um für jeden Aspekt der Lebensqualität Indikatoren und Mindestwerte zu finden. Sobald die Mindestwerte nicht eingehalten werden, sollte das Recht auf Lebensqualität als nicht erfüllt gelten.

Mindeststandards sollten so präzise und so meßbar wie möglich definiert werden. Als Mindestmaß für Erziehung könnte zum Beispiel eine bestimmte Zahl von gebührenfreien Schuljahren gelten. Auf dem Gebiet des Gesundheitswesens könnte die Mindestanforderung die *bezahlbare* Versorgung mit sauberem Wasser und Anschluß an ein öffentliches Abwassersystem sein, wozu noch bestimmte Ernährungsstandards, die in einem bestimmten Radius erreichbare medizinische Grundversorgung und Familienplanung gerechnet würden. Im Bereich des Wohnens bezöge sich das Recht auf eine bezahlbare einfache Unterkunft oder aber auf Grund und Boden, auf dem selbstgebaute Unterkünfte Platz finden; „bezahlbar“ kann in diesem Fall z. B. als ein bestimmter Prozentsatz des Gesamteinkommens des ärmsten Fünftels der Haushalte definiert werden. Im Umweltbereich könnten bestimmte Grenzwerte für Luft- und Wasserqualität als Mindeststandards sowie die Mindestentfernung zu Grünanlagen oder ländlichen Gebieten festgelegt werden. Auf familiärer Ebene wäre Gewaltfreiheit die Mindestforderung.

Ziele und Zeitpläne

Es reicht aber nicht aus, Mindeststandards zu setzen. Die Forderung nach einer allgemeinen Grundschulbildung wurde schon in den sechziger Jahren durch den Sozialpakt erhoben, doch gibt es heute noch mehr als dreißig Länder, in denen diese Forderung nicht erfüllt ist. Um den Aufschub ins Unendliche zu vermeiden, muß sich die internationale Staatengemeinschaft auf feste Zeitpläne zur Erreichung der Standards einigen.

Die Regierungen sollten sich im Rahmen eines vernünftigen Zeithorizonts konkrete Ziele und Zeitvorgaben setzen, innerhalb deren bestimmte Mindeststandards verwirklicht werden sollten. Die Länge dessen, was als „vernünftiger" Zeithorizont gelten soll, wird von Land zu Land unterschiedlich sein – ein Land, in dem vierzig Prozent zur Grundschule gehen, wird länger zur Erreichung allgemeiner Grundschulbildung benötigen als ein Land, in dem achtzig Prozent die Grundschulen besuchen.

Auf internationaler Ebene sollten die Ungereimtheiten zwischen den verschiedenen Zielen und Zeitplänen ausgeräumt werden. Die Kommission empfiehlt deshalb, daß alle Ziele und Zeitpläne im Bereich der wirtschaftlichen und sozialen Rechte, die von den UN-Konferenzen verabschiedet wurden, harmonisiert und konsolidiert werden. Ist erst einmal eine Einigung in dieser Richtung erzielt worden, sollten keine Änderungen durch die UN-Konferenzen mehr erfolgen; diese sollten vielmehr Strategien zur Verwirklichung der gesetzten Ziele erarbeiten und weiterentwickeln.

Die Ziele der einzelnen Regierungen sollten meß- und verifizierbare Verbesserungen innerhalb der folgenden Jahrzehnte bringen, wobei in den meisten Fällen zwei Jahrzehnte ausreichen sollten. Termine, die mehr als zehn Jahre im voraus festgelegt werden, bewirken nur selten den nötigen Einsatz, vor allem wenn andere Themen und Notwendigkeiten die Zeit und Aufmerksamkeit der Regierungen beanspruchen.

Erster „Angriffspunkt" dieses Ansatzes müssen die einzelnen Nationen sein: ihre Regierungen, ihre Bürger und ihre NRO. In den meisten Fällen wird der wirklich Verantwortliche für Lebensqualität letztendlich jeder einzelne, die Familie, die lokale Gemeinschaft oder das Unternehmen sein. Der Staat würde nur als Katalysator dienen und die Möglichkeiten der Menschen unterstützen; er würde einen geeigneten Rahmen von gesetzlichen Maßnahmen, grundlegenden Dienstleistungen und politischen Prozessen bieten, innerhalb dessen die Bürger sich für eine annehmbare Lebensqualität einsetzen können.

Im Fall der armen Länder sollten die nationalen Verpflichtungen durch eine internationale Übereinkunft untermauert werden, durch die finanzielle Hilfe von außen prioritär die nationalen Ressourcen ergänzen soll, so daß die international definierten Mindeststandards erreicht werden können. Dies sollte das Ziel einer koordinierten Entwicklungspolitik sein (siehe letztes Kapitel dieses Buches).

In Nationen, in denen große Teile der Bevölkerung die Mindeststandards schon erreicht haben, sollten die Regierungen Programme entwickeln, die darauf abzielen, das Niveau der gesellschaftlichen Gruppen zu heben, die noch nicht von den Mindeststandards profitieren. Die Regierungen sollten darüber hinaus auf eine konstante, gerecht verteilte und nachhaltige Verbesserung der Lebensqualität achten. Damit verbunden ist auch das Konzept der „steigenden Ziele", wobei jedes Ziel mit einem jeweils eigenen Zeitplan verbunden ist.

Die zuständigen Behörden auf Bezirks- und Kommunalebene können für Aufgaben, die in ihren Bereich fallen, ebenfalls Ziele wählen und Zeitpläne erstellen: Bildung, Gesundheit, Wohnungswesen, öffentliche Infrastrukturen und viele Umweltfragen.

Die Ziele sollten dabei nicht auf den willkürlichen Durchschnittswerten des ganzen Landes beruhen. Sie sollten vielmehr Mindeststandards beschreiben, die jeder einzelne im Land für sich verbessern kann. Dies bedeutet, daß *disaggregierte Indikatoren* – nach Geschlecht, Ethnien, Einkommensgruppen oder Regionen aufgeschlüsselt – benötigt werden, um sicherzustellen, daß jede einzelne Gruppe über den Mindeststandard gehoben wird; so würde die Armut besiegt werden.

Selbst wenn für alle die grundlegenden Mindeststandards an Lebensqualität sichergestellt worden sind, sollte die nachhaltige Verbesserung der Lebensqualität weiter als wesentliches Politikziel verfolgt werden.

Während die ärmeren Länder der Welt ein Mindestmaß an Lebensqualität erreichen wollen, muß als ebenbürtiges Ziel Gerechtigkeit und Gleichheit zwischen den Ländern angestrebt werden. Die Kommission lehnt Konzepte ab, die zu doppelten Standards bzw. unterschiedlichen Zielniveaus tendieren, und zwar sowohl innerhalb als auch zwischen Staaten: Mindeststandards für die Armen und steigende Zielvorstellungen für die Reichen. *Alle* Länder und Klassen, *alle* Generationen und Geschlechter haben ein Recht sowohl auf alle Mindeststandards als auch auf *Gerechtigkeit*.

Die Indikatoren

Die Zielvorstellungen über die Verwirklichung des Rechts auf eine nachhaltige Verbesserung der Lebensqualität müssen in Form von *Indikatoren* konkretisiert werden, also in meß- und kontrollierbaren sozialen, wirtschaftlichen und ökologischen Parametern.

Indikatoren dienen dabei mehreren Zwecken. Mit ihrer Hilfe verlassen wir die Ebene der Rhetorik und begeben uns auf das Feld der Handlungen und der Verantwortung. Sie ermöglichen es uns, präzise Ziele für zukünftiges Handeln festzulegen. Sie helfen den Regierungen und der Zivilgesellschaft, die Fortschritte zu überwachen, und können Warnsignale geben, wenn Probleme auftauchen. Wenn die Indikatoren unter Teilnahme der Bürger formuliert und weithin veröffentlicht werden, können sie einen Beitrag zur Stärkung der Zivilgesellschaft und der Öffentlichkeit allgemein leisten. Sie geben jedem Informationen darüber, „wie die Dinge so stehen". Durch sie erhält die Öffentlichkeit einen Maßstab, um Fortschritte in Richtung auf bestimmte Ziele einschätzen zu können. Auf dieser Basis können Verbesserungen in den Bereichen verlangt werden, in denen die Ziele nicht verwirklicht worden sind. Indikatoren fördern darüber hinaus das Bewußtsein der Menschen und regen sie dazu an, ihren Lebensstil zu ändern, ihren Gesundheitszustand zu verbessern und die Umwelt zu schützen.

Indikatoren sollten einfach verfügbar und verständlich sein und dem gesunden Menschenverstand entspringen, mit dem Menschen ihre Lebensqualität wahrnehmen. Gleichzeitig sollten sie für verschiedene geographische Gebiete und für unterschiedliche Zeitperioden vergleichbare Daten liefern.

Negative Indikatoren wie Verbrechen oder Gewalt, vor allem gegenüber verletzlichen Gruppen (Kinder, Mädchen, Behinderte, Senioren, Minderheiten), sind heutzutage auch deswegen wichtig, weil sie dabei helfen können, die gesellschaftlichen Kräfte zu identifizieren, die zu nicht nachhaltigen Aspekten der Lebensqualität beitragen. Gleichzeitig können sie dazu dienen, bei den gesellschaftlichen Gruppen, denen es möglich ist, die Grundlagen für eine nachhaltige Lebensqualität in der Zukunft zu schaffen, eine gewisse Empörung zu schüren und damit die Motivation für gesellschaftliches Handeln hervorzurufen.

Die Formulierung von Indikatoren sollte von Regierungen oder Lokalbehörden initiiert werden, wobei die Zivilgesellschaft einschließlich der wissenschaftlichen Institutionen involviert werden sollte. Die ausgewählten Indikatoren könnten Verpflichtungen wie die „nationalen sozialen Entwicklungspolitiken und -strategien" konkretisieren, wie sie die Kopenhagener Konferenz im März 1995 gefordert hat.

Indikatoren sollten in erster Linie die Ergebnisse messen, die für jedes Handlungsziel definiert werden. Daneben sollten sie als Feedback und als Grundlage für die Einschätzung der Fortschritte durch den Bürger dienen. Indikatoren können so zu einem machtvollen Instrument für die „Graswurzel-Bewegung" werden, und Indikatoren ermöglichen es, die Entwicklungen im Bereich der eigenen Lebensqualität zu verfolgen. Gleichzeitig können sie als solide Basis für Forderungen der Medien, NRO und Bürgerorganisationen gegenüber der Regierung dienen.

Daher sollten regelmäßig Berichte über Fortschritte veröffentlicht werden. Die Kommission empfiehlt, daß solche Berichte von einer regierungsunabhängigen Institution erstellt werden, um die Manipulation oder sogar Unterschlagung von unerwünschten Informationen zu verhindern, also von einer Art Ombudsmann der Lebensqualität. Die Bewertung und Berichterstattung über die Lebensqualität könnte sich zu einem *Lebensqualität-Audit* entwickeln.

Indikatoren, die Ergebnisse messen und Fortschritte (oder deren Abwesenheit) verzeichnen, hängen letztlich von zwei zusammenhängenden Rahmenbedingungen ab: Politik und Prozeß. Die Politik legt lediglich den systemischen Rahmen fest, innerhalb dessen die Verwirklichung der Ziele verfolgt werden kann. Programme in der Landwirtschaft oder Familienplanung zum Beispiel, die ohne Beteiligung ihrer Adressaten eingerichtet werden, erreichen ihre Ziele oft nicht; im Gegenteil, manchmal schaden sie mehr, als sie nutzen.

Ziele und Indikatoren konkretisieren nicht nur verschiedene Aspekte der Lebensqualität; sie stellen auch wichtige Mechanismen dar, mit denen sich Regierungen zu Wandel verpflichten und die Zivilgesellschaft ihre Regierungen zur Verantwortung zwingt. Sie dienen außerdem

- der Befriedigung von Bedürfnissen,
- der Durchsetzung von Rechten
- und ermöglichen eine Aussage über die Verantwortungen und Verpflichtungen sowohl des Staats als auch der Bürger.

Viele Organisationen haben Indizes entwickelt, in denen an der einen oder anderen Stelle auf die *allgemeine* Lebensqualität eingegangen wird. Ein *Index* ist eine Zusammenfassung verschiedener Indikatoren, mit dem versucht wird, den wirklichen Wohlstand der Menschen in groben Zügen darzustellen. Indizes können die Aufmerksamkeit der Massenmedien und ihrer Schlagzeilen auf sich lenken, damit die öffentliche Meinung festigen und die politische Führung mobilisieren. In einigen Fällen können Indizes ein ganzes Land dazu ermutigen, seine Leistungen zu verbessern. Indizes können und sollten jedoch nicht als Richtlinien für die Ausgestaltung von Einzelpolitiken dienen.

Einer der ersten Indizes, die erarbeitet wurden, war der Index der Physischen Lebensqualität (PQLI).[14] Dieser Index beruht auf drei Faktoren: der Rate der Kindersterblichkeit, der Lebenserwartung Einjähriger und der Alphabetisierungsrate im Erwachsenenalter. Jeder Faktor wird auf einer Skala von 0 bis 100 eingestuft, wobei 0 die schlechteste Ausgangsposition beschreibt, die 1950 von einem Staat

14 (Physical Quality of Life Index – PQLI.) John Sewell, The United States and World Development: Agenda 1977 (New York, Praeger, 1977); Morris David Morris, Measuring the Condition of the World's Poor (New York, Pergamon Press, 1979)

vorgewiesen wurde, während 100 der Schätzung entspricht, die vom fortschrittlichsten Land im Jahr 2000 erwartet wird. Der für den PQLI zuständige amerikanische Rat für Entwicklung in Übersee (Overseas Development Council) veröffentlicht diesen Index seit 1990 allerdings nicht mehr.

Das UNDP sprang sofort in die Bresche und publiziert seit 1990 jährlich seinen Human Development Index (HDI). In der Fassung von 1994 bezieht sich der HDI auf die Lebenserwartung von Neugeborenen als Gesundheitsindikator. Der Indikator für das Bildungswesen besteht aus einer Kombination der Lesefähigkeit Erwachsener mit der Durchschnittszahl an Schuljahren (gewichtet zu 2/3 bzw. 1/3 des Indikators). Das Einkommen wird anhand des Bruttoinlandsprodukts (des BIP) in Realwerten pro Kopf der Bevölkerung bemessen, wobei regionale Unterschiede in den Lebenshaltungskosten berücksichtigt werden. Da übermäßiger Konsum nur geringe Wohlfahrtsgewinne mit sich bringt, werden Einkommensunterschiede über 5120 US-Dollar stark abgewertet.[15]

Der HDI hat sich inzwischen in der internationalen Presse zu einem Symbol für Fortschritt entwickelt, obwohl sich die Aufmerksamkeit der Öffentlichkeit meist mehr auf den Stellenwert des eigenen Landes in der internationalen Rangordnung als auf absolute Werte richtet. Dennoch hat der HDI erfolgreich dazu beigetragen, nationale Diskussionen über Prioritätensetzungen und die Verteilung von Ressourcen anzustoßen.

Mit dem steigenden Stellenwert des Umweltproblems kamen auch Versuche auf, einen Index zu erarbeiten, der Auskunft über ökologische Aspekte der Lebensqualität geben kann. Die New Economics Foundation in London entwickelte einen Index mit dem Titel „Green League of Nations", der die Lage in 21 Ländern darstellt. Dabei wurden 11 ökologische Indikatoren berücksichtigt.[16] Als Indikatoren werden die Emissionswerte für Stickstoffoxide (NO_x), Kohlendioxid (CO_2) und Schwefeldioxid (SO_2) herangezogen, die Wasserentnahme

15 UNDP, Human Development Report 1994 (Oxford, Oxford University Press, 1994)

16 Alex MacGillivray, A Green League of Nations (London, New Economics Foundation, 1993)

pro Kopf, der Prozentanteil der Bevölkerung, die an ein Abwassersystem angeschlossen ist, der Anteil von Landschaftsschutzgebieten an der Gesamtlandesfläche, der Prozentsatz bedrohter Vogel- und Säugetierarten, das Hausmüllaufkommen pro Kopf, der Energieverbrauch pro Einheit des BIP, die Passagierkilometer in Privatfahrzeugen und die als Düngemittel verwendete Nitratmenge pro Quadratkilometer Ackerland.

Indizes bieten viele Chancen, bergen aber auch Gefahren. Lebensqualität schließt viele sehr unterschiedliche Elemente ein, die niemals vollkommen befriedigend in einer einheitlichen Bewertung zusammengeführt werden können. Außerdem enthalten sie einen bedeutsamen Anteil subjektiver Einschätzung. Die Wahl der einzelnen Indikatoren und deren relative Gewichtung sind Werturteile, so daß die Resultate eines Index wesentlich weniger objektiv sind, als die numerischen Werte erscheinen mögen.

Die Reform der Volkswirtschaftlichen Gesamtrechnungen

Regierungsarbeit, die auf Zielwerten und Indikatoren basiert, findet man inzwischen in den meisten Ländern, doch sind die gewählten Orientierungswerte meist makroökonomischer Natur: niedrige Inflation, ausgeglichener Haushalt, Wachstum des Bruttosozialprodukts (BSP) usw. Es ist jedoch wichtig, die richtigen Indikatoren zum Leitstern für die Wirtschaftspolitik zu machen. Derzeit gelten BSP und Wirtschaftswachstum (also ein Zuwachs des BSP) sowohl auf nationaler wie auch auf internationaler Ebene als Merkmale für den Fortschritt. Das BSP wird als umfassender Kompaß für das Wohlergehen einer Nation mißverstanden, weil es eine umfassende Zusammenfassung des Wirtschaftslebens bietet. Es wird daher oft als bester Ausdruck für Lebensqualität angesehen und herangezogen, um den Wohlstand der Nationen miteinander zu vergleichen.

Das BSP ist jedoch ein irreführender Wegweiser für Lebensqualität, da es keineswegs den Wohlstand einer Nation darstellt und da es keine Auskunft darüber geben kann, ob der bestehende nationale Wohlstand nachhaltig ist. Gleichermaßen sind internationale Vergleiche des BSP nicht tauglich, um die *relative* Lebensqualität wiederzugeben.[17] Erst in der jüngsten Vergangenheit ist der relative Wert der

Einkommen, in Kaufkraft gemessen, als aussagekräftiger Maßstab in die internationalen Vergleichsstatistiken eingeführt worden und ersetzt damit die traditionellen Wirtschaftsdaten, zu denen das BSP gehört.

Das BSP übersieht einen bedeutenden Teil unerläßlicher Arbeiten, ohne die weder das Leben des einzelnen noch das der Gemeinschaft in Gang gehalten werden könnte. Es ignoriert den Wert unbezahlter Arbeit (die meist von Frauen geleistet wird) sowohl im Haushalt als auch in der Gemeinschaft. Gleichermaßen wird die Betreuung und Pflege von Kindern und Alten, Kranken und Behinderten nicht berücksichtigt. Innerhalb des nicht in Geldwerten bemessenen Teiles der Wirtschaft fallen mindestens ebenso viele Arbeitsstunden an wie in Landwirtschaft, Industrie, Handel und offiziellen Dienstleistungen zusammengenommen. In den meisten Studien wird der Geldwert dieser Arbeit auf dreißig bis fünfzig Prozent des BIP geschätzt, und zwar sowohl in den Industrie- als auch in den Entwicklungsländern.[18]

Diese Vernachlässigung der unentgeltlichen Arbeit innerhalb der Volkswirtschaftlichen Gesamtrechnungen (VGR) hat gravierende Konsequenzen. Der zentrale Beitrag, den unbezahlte Frauen und unbezahlte Pflegedienste zum Wohlstand einer Nation leisten, wird dadurch nicht wahrgenommen. „Wenn unsere Arbeit in den Volkswirtschaftlichen Gesamtrechnungen keinen sichtbaren Niederschlag findet, werden wir auch bei der Formulierung der staatlichen Politik nicht berücksichtigt."[19] Die VGR-Version aus dem Jahr 1993, wie sie das Statistische Amt der Vereinten Nationen empfiehlt, *berücksichtigt* die unbezahlte Produktion von Gütern für den Eigengebrauch wie zum Beispiel Subsistenznahrungsmittel oder selbsterbrachte Bauleistungen. Nicht berücksichtigt werden jedoch selbsterbrachte Dienstleistungen wie Hausarbeit oder Kindesbetreuung.[20] In dieser VGR-

17 Die Kritik am BSP ist in vielen Studien von Umweltökonomen und alternativen Wirtschaftswissenschaftlern zu finden, z. B. bei Paul Ekins und Manfred Max-Neef (Hg.), Real Life Economics (London, Routledge, 1992)

18 Louisa Goldschmidt-Clermont, Economic Evaluations of Unpaid Household Work (Women, Work and Development Series, No. 14; Genf, ILO, 1987)

19 Marilyn Waring, If Women Counted (London, Macmillan, 1988)

Version wird auch die Wertminderung der „nicht produzierten" natürlichen Ressourcen verzeichnet: Wald- und nationale Fischbestände, Grundwasser und Mineralreserven.

Als ein erster Schritt in die richtige Richtung sollten also alle Länder dringend ein reformiertes System der Volkswirtschaftlichen Gesamtrechnungen einführen.

Es muß jedoch noch viel mehr geleistet werden, und dies schnell. Die Kommission spricht die dringende Empfehlung aus, die unentgeltlichen Fürsorgeleistungen innerhalb der Haushalte wie auch die ehrenamtliche Arbeit in der Gemeinschaft zu beziffern und diese Zahlen für jedes Land im Rahmen paralleler Statistiken zu veröffentlichen. Als Mittel zur Datenerhebung könnten Volkszählungen und repräsentative Umfragen eingesetzt werden, deren Ergebnisse regelmäßig aktualisiert und der breiten Öffentlichkeit zugänglich gemacht würden.[21] Solange diese Leistungen nicht berücksichtigt werden, werden zentrale politische Entscheidungen weiterhin anhand von irreführenden Informationen gefällt.

Derartige Korrekturen und zusätzliche Informationen würden das gesellschaftliche Bewußtsein auf die Kosten aufmerksam machen, die mit der Substituierung unbezahlter Pflegeleistungen durch professionelle (bezahlte) Fürsorge verbunden wären. Auf der einen Seite würde so das Ansehen der Frauen verbessert, auf der anderen Seite könnten die Regierungen dadurch leichter bessere Sozialversicherungs- und Rentenbedingungen für unbezahlte Fürsorgeleister durchsetzen. Solche Änderungen würden die Regierungen darüber hinaus dazu veranlassen, unbezahlte Fürsorgeleister und ehrenamtlich tätige Personen bei ihrer gesellschaftlich relevanten Arbeit zu unterstützen. Wenn die Belastung dieser Menschen unannehmbar wird, muß die Arbeit der Fürsorgeleister durch den Staat übernommen werden, was zu weitaus

20 Inter-Secretariat Working Group on National Accounts, System of National Accounts 1993 (New York, UN, 1993)

21 Es gibt gute Gründe, diese Zahlen nicht in den Hauptteil der Volkswirtschaftlichen Gesamtrechnungen einzubeziehen. Da die Produktionsergebnisse ebenfalls als Einkommen verrechnet werden müßten, würde dies zum Beispiel dazu führen, daß die Arbeitslosigkeit aus der Statistik verschwindet.

höheren Kosten bei voraussichtlich schlechteren Arbeitsergebnissen führt.[22]

Darüber hinaus sollten sobald wie möglich auch parallele Statistiken über Umweltkosten und die Verminderung des natürlichen Kapitals eingeführt werden. Der gegenwärtig verbreitete Maßstab des BSP gibt uns keinen Hinweis darauf, ob die in ihm zusammengezählten Einkommen nachhaltig sind oder nicht. Das BSP verzeichnet den Abbau unwiederbringbarer Ressourcen oder das Auffüllen der Senken als *Einkommen*.

Ein unkorrigiertes BSP führt nicht nur in die Irre, es verführt uns geradezu dazu, nicht nachhaltig zu leben. In seiner gegenwärtigen Form enthält das BSP auch solche Aktivitäten, die im vor- oder nachhinein soziale und ökologische Kosten kompensieren.

Als das Wirtschaftswachstum Indonesiens bereinigt wurde, indem man die Minderung seiner Ölreserven, die Beeinträchtigung seiner Wälder und seiner Bodenqualität berücksichtigte, sank das BSP im Jahr 1983 um 22 Prozent. Die Wachstumsraten Indonesiens zwischen 1971 und 1984, die nach konventionellen Berechnungsmethoden bei 7 Prozent lagen, fielen auf 4 Prozent, nachdem die Umweltkosten mit eingerechnet worden waren. In Costa Rica belief sich die Wertminderung an Wald- und Fischbeständen sowie Böden im Jahr 1989 auf 9 Prozent des BSP, was der vierfachen Höhe der konventionellen Kapitalabschreibungen entsprach.[23]

Wir müssen daher über die geschätzten zukünftigen Kosten nachdenken, die durch heutige Umweltschäden entstehen; dazu sollten wir das beste wirtschafts- und naturwissenschaftliche Expertenwissen zu Rate ziehen.[24]

22 Report of the Committee on Women's Rights on the Assessment of Women's Unwaged Work (co. A3–0197/93), Straßburg, Europäisches Parlament, 1993.

23 Roberto Repetto u. a., Wasting Assets (Washington, World Resources Institute, 1989). Zu Costa Rica, siehe Raul Solorzano u. a., Accounts Overdue (Washington, 1991)

24 Einer der ehrgeizigsten Versuche, das BSP zu erweitern und zu ökologisieren, ist der US Genuine Progress Indicator (GPI), der vom Redefining Progress Institute erarbeitet wurde. Dieser Indikator soll dazu dienen, nachhaltigen wirtschaftlichen Wohlstand zu messen, d. h. das Pro-Kopf-BSP, erweitert um unbezahlte und freiwillige Arbeitsleistungen und Haushaltsarbeit, abzüglich der ökologischen und

Der „Genuine Progress Indicator“ (GPI), den das US-amerikanische Redefining Progress Institute erarbeitet hat, umfaßt Verbrauchsausgaben (nach Einkommensverteilung bereinigt), Kapitalbildung, nützliche öffentliche Ausgaben und den Wert unbezahlter Hausarbeit. Abgezogen wird der Verlust von Freizeit (die in den USA, trotz der Verbreitung arbeitssparender Instrumente, abgenommen hat), die Kosten für Berufspendeln und Unterbeschäftigung. Auch werden die Kosten für Wasser- und Luftverschmutzung sowie Lärmbelästigung abgezogen und die persönlichen Ausgaben, die davor schützen sollen. Außerdem werden der Verlust an Feuchtgebieten, Agrarland, Wäldern sowie die Bodenerosion, die Kosten, die durch Klimawandel und Ozonloch entstehen, und auch die Kosten abgezogen, die durch die Ablösung nichterneuerbarer Energiequellen durch erneuerbare verursacht werden.

Der GPI stellt nicht den *gegenwärtigen* realen Wirtschaftswohlstand dar. Er gibt auch keinen Aufschluß darüber, ob sich die Menschen besser oder schlechter „fühlen“. Er soll das Ausmaß wirtschaftlichen Wohlstands bestimmen, das langfristig tragbar ist. Die Ergebnisse scheinen darauf hinzudeuten, daß in den USA zwischen 1950 und dem Ende der sechziger Jahre ein Anstieg des nachhaltigen Wohlstands zu verzeichnen war, der in den frühen Siebzigern seinen Gipfel erreichte. Seit 1976 fiel das Niveau wieder und lag 1992 so niedrig wie seit 1956 nicht mehr. Eine jüngere Studie aus Großbritannien zeigt den gleichen Trend, wobei der Wendepunkt 1974 erreicht wurde. 1990 schon belief er sich auf die Hälfte des Wertes von 1974 und lag damit so niedrig wie seit 1958 nicht mehr.[25]

Das Problem dieser Studien liegt darin, daß einige ihrer Grundannahmen wie auch die Berücksichtigung und Nichtberücksichtigung bestimmter Aspekte angreifbar sind. Die angenommenen Kosten für

gesellschaftlichen Kosten, die mit Fortschritt einhergehen. Siehe dazu auch Herman Daly und John Cobb, For the Common Good (London, Greenprint, 1989), Clifford und John Cobb (Hg.), The Green National Product (Lanham, University Press of America, 1994); Clifford Cobb und Ted Halstead, The Genuine Progress Indicator (San Francisco, Redefining Progress Institute, 1994)

25 Siehe dazu auch: Tim Jackson und Nick Marks, Measuring Sustainable Economic Welfare (New Economics Foundation und Stockholm Environment Institute, 1994)

die Substitution verbrauchten Öls durch erneuerbare Energiequellen (75 US-Dollar pro Barrel im Jahr 1988) liegen wesentlich höher als jüngere Schätzungen. Auch die Behandlung von langlebigen Verbrauchsgütern ist bezweifelbar: Deren Nutzen wird auf 22,5 Prozent des Kaufpreises veranschlagt (was im Jahr 1992 403 Milliarden US-Dollar ausmacht), aber die Gesamtausgaben für langlebige Verbrauchsgüter (443 Milliarden Dollar im Jahr 1992) werden unter den Negativa verbucht. Dies führt zu dem Ergebnis, daß langlebige Verbrauchsgüter als Nettokosten behandelt werden (40 Milliarden Dollar im Jahr 1992), so daß ein „Minus-Nutzen" für den Wohlstand entsteht.

Gerechtigkeit

Das Bedürfnis nach Gerechtigkeit ist tief in jedem einzelnen von uns verwurzelt. Sobald unser Sinn für Fairneß und Recht verletzt wird, können Gefühle des Grolls unsere Freude auf jeder Ebene der Lebensqualität vergiften; sie können sogar Unfrieden schaffen. Die Kommission ist überzeugt davon, daß Gerechtigkeit ein Grundprinzip ist, das es zu respektieren gilt – von jedem einzelnen, von Gemeinschaften, Institutionen und vom Staat.

Gerechtigkeit umfaßt mehr als das Konzept der Gleichheit. Eine Reihe internationaler Konventionen beziehen sich auf Diskriminierungen und unterstreichen zum Beispiel, daß Rechte „ohne Benachteiligung jedweder Art aufgrund von Rasse, Farbe, Geschlecht, Sprache, Religion, politischer oder sonstiger Meinungen, nationaler oder sozialer Herkunft, Besitzstand, Geburt oder sonstigem Status"[26] angewendet werden sollen. Die Deklaration der Vereinten Nationen zum Recht auf Entwicklung (1986) sagt, daß Staaten „gleiche Möglichkeiten für alle beim Zugang zu grundlegenden Ressourcen, Bildung, Gesundheitsdiensten, Nahrung, Unterkunft und Beschäftigung schaffen und eine gerechte Einkommensverteilung gewährleisten sollen".

Konflikte werden oft durch tatsächliche oder vermeintliche starke Verzerrungen in der Einkommens- oder Machtverteilung zu Lasten

26 Sozialpakt, 2.2

bestimmter sozialer oder ethnischer Gruppen oder Regionen hervorgerufen, durch mangelnde Demokratie oder Mitbestimmungsrechte oder aber durch die Mißachtung von verbreiteten Forderungen des Volks durch die Machthaber. In solchen Fällen würden bessere Beteiligungsmöglichkeiten und Gerechtigkeit den Ausbruch von Konflikten verhindern helfen. Im Grunde genommen ist das, worum es dabei geht, die Unteilbarkeit der Wirklichkeit: Wir können die Wirklichkeit nicht in verschiedene Schubladen stecken, egal, ob es sich um Wohlstand oder Macht handelt. Die ungleiche Verteilung von Macht oder Wohlstand innerhalb oder zwischen den Nationen – und zwar zwischen *allen* Akteuren – ist der Grund für Antagonismen.

Gerechtigkeit bezieht sich nicht nur auf gleiche Rechte oder Gleichheit vor dem Gesetz. Die Kommission hält es für erwiesen, daß wahre Gerechtigkeit mit wirklicher Chancengleichheit gleichzusetzen ist und daß diese eine verbesserte Verteilungsgleichheit in bezug auf Einkommen, Wohlstand und Zugang zu Dienstleistungen voraussetzt. Gerechtigkeit verlangt daher in bestimmten Situationen nach aktivem Handeln. Dazu gehört die Bevorzugung von Individuen oder Gruppen, die bislang benachteiligt wurden, um die Ungerechtigkeiten der Vergangenheit auszugleichen.

Gerechtigkeit ist kein Thema, das auf ein späteres Stadium der Entwicklung verschoben werden kann, genausowenig ist es ein Thema, das irrelevant wird, sobald eine Nation wohlhabend geworden ist. Gerechtigkeit ist auf jeder Entwicklungsstufe ein wesentlicher Bestandteil der Politik. Die Länder, die sich effektiv mit Gerechtigkeitsfragen befassen, werden – solange ihre Politikansätze gesund sind – mit schnellerem Wirtschaftswachstum, größerer menschlicher Sicherheit, höherer Lebenserwartung und ökologischer Nachhaltigkeit dafür belohnt werden. Vor allem kümmern sich Länder durch Maßnahmen für Gerechtigkeit um die Lebensqualität aller und stärken den Zusammenhalt zwischen den unterschiedlichen sozialen Gruppen.

> *Eine Einkommensverteilung, wonach 20 Prozent der Menschen das 32fache von dem verdienen, was der Rest der Bevölkerung an Einkommen erhält, kann nicht bestehenbleiben. Im Kontext solch tiefer Ungleichheit werden sozialpolitische Aufgaben zur Sisyphusarbeit.*
> Vilmar Faria, Brasilien, öffentliche Anhörung, Lateinamerika

Wenn Sie sich den Staatshaushalt Rußlands anschauen, werden Sie keinen einzigen Posten zur sozialen Sicherung finden. Selbst auf Regierungsebene ist man auf (...) das Thema der sozialen Sicherung noch nicht aufmerksam geworden.
Yuri Mitev, Rußland, öffentliche Anhörung, Osteuropa

Manche Menschen sind viel zu besessen von Meßverfahren und technischen Fragen; Leiden lassen sich jedoch nicht messen. Dabei ist es doch gerade die nichtquantifizierbare Seite des Leidens, die uns für die Wirklichkeit wachmacht. Was für eine Gesellschaft ist das, die gegenüber dem Mißbrauch eines Kindes gleichgültig bleibt? Wir müssen in unserem Geist wie in unseren Seelen wieder klarwerden.
Surchal Wun'Gaeo, Thailand, öffentliche Anhörung, Südasien

6. Die Grenzen respektieren: Die Tragfähigkeit der Erde

Wir in der reichen Welt heizen unseren Konsum mit den natürlichen Ressourcen der Länder an, die auf sie angewiesen sind, um ihre Lebensqualität zu verbessern. Wir werden lernen müssen, zu teilen (...), wir werden Weisheit lernen müssen.
Phyllis Creighton, Kanada, öffentliche Anhörung, Nordamerika

Wir können nicht weiter in einer Welt leben, (...) die nur das Recht des einzelnen kennt. Grundlage unseres Lebens ist die Gemeinschaft, ohne sie gibt es kein Leben. Lebensqualität besteht nicht nur aus der Nahrung, die ein Mensch ißt, sondern auch aus seiner Umwelt, der kollektiven Existenz, seiner Verantwortung gegenüber der Gemeinschaft.
Rigoberta Menchu, Guatemala, öffentliche Anhörung, Lateinamerika

Das Konzept der Tragfähigkeit

Die wirtschaftlichen Herausforderungen, die wir gerade Revue passieren ließen, zeigen eines: Unser Überleben steht auf dem Spiel.

Reichen die Ressourcen der Erde oder der einzelnen Länder aus, um die künftige Bevölkerung mit Nahrung, Energie und Mineralien zu versorgen? Können Klima, Flüsse und Meere die jetzigen und künftigen Produktions- und Konsummuster ertragen, ohne zu kollabieren? Sind wir dabei, die Grenzen der Natur zu verletzen? Wenn ja, was können wir tun, um das zu verhindern? Diese Fragen betreffen uns alle – im Norden und im Süden. Es liegt in unserer gemeinsamen Verantwortung, Lösungen und Visionen zu finden.

Zunächst galt unser Interesse an der Beziehung zwischen Umwelt und Bevölkerung vor allem dem Raubbau an nichterneuerbaren

Ressourcen wie Mineralien und fossilen Brennstoffen. Bald aber rückten weitere schwerwiegende Probleme ins Blickfeld: die Verschmutzung von Luft und Trinkwasser, die Vergiftung der Fischbestände, Entwaldung und der Verlust der biologischen Vielfalt. Phänomene wie Müllverklappung auf See, Überfischen der Meere oder die klimaschädigende Belastung der Atmosphäre sind die neuen globalen Probleme.

Kern dieser Probleme ist die begrenzte *Tragfähigkeit* der Erde und der Natur. Der Begriff „Tragfähigkeit" bezog sich ursprünglich auf die maximale Population einer Art, die von ihrer Umgebung auf unbegrenzte Zeit toleriert werden kann.[27] Die Kommission möchte allerdings dieses umstrittene Konzept anders verstehen. Sie schlägt vor, Tragfähigkeit als *die maximale Last* zu definieren, *die die Menschen der Umwelt aufbürden können, bevor sie ihre Fähigkeit verliert, menschliches Leben zu unterstützen.*

Das bedeutet, daß wir den Weg ohne Wiederkehr, den Weg des Raubbaus und der Zerstörung nicht einschlagen dürfen. Wir Menschen können Grenzen auf eigene Gefahr verletzen – auf die Gefahr hin, den ganzen Planeten zu zerstören. Aber die Natur läßt sich nicht zum Narren halten. Wir müssen Wege finden, wie wir mit und innerhalb der Grenzen leben können, die die Natur uns setzt. Wir müssen die Nachfrage regulieren, sie den Grenzen anpassen.

Die Bevölkerungsstärke ist nur einer der Faktoren, die Ressourcenverbrauch und Ausstoß an Abfall- und Schadstoffen bestimmen. Eine ebenso entscheidende Rolle spielen heute die vorherrschenden Produktions- und Konsummuster. Da unterschiedliche Kombinationen dieser drei Faktoren – Bevölkerung, Technologie und Konsum – identische Wirkungen auf die Umwelt haben können, sind wir theoretisch in der Lage, durch Veränderungen in diesem Dreieck innerhalb der Grenzen der Tragfähigkeit der Erde zu bleiben.

Fortschritte in Forschung und Technologie sowie neue Marktmechanismen werden das Dreieck Bevölkerung – Technologie – Kon-

27 Die Kommission verwendet die Konzepte der biologischen *carrying capacity* (Tragfähigkeit) und des Bevölkerungszyklus basierend auf Michael Begon u. a., Ecology (Oxford, Blackwell Scientific, 1990) und Robert Ricklefs, Ecology (New York, W. H. Freeman, 1990)

sum entscheidend beeinflussen. Aber die Umwelt- und sozialen Kosten, die bis jetzt als externe Kosten galten, müssen in die neuen – und dadurch komplizierteren – Rechnungen einbezogen werden. Dabei könnte sich das Verursacherprinzip als nicht ausreichend herausstellen, wenn zum Beispiel unabhängig von der Höhe der Wiedergutmachung die Natur irreparabel geschädigt bleibt.

Der Begriff Tragfähigkeit hat verschiedene Bedeutungen. Im Kontext der erneuerbaren Ressourcen (z. B. Grundwasservorräte, Wald- oder Fischbestände) bezeichnet er den auf unbegrenzte Zeit maximalen Ertrag, der erzielt werden kann, ohne den zukünftigen Bestand zu gefährden. In bezug auf Verschmutzung (flüssige und gasförmige Emissionen in Flüsse, Seen, Meere und die Atmosphäre) bedeutet Tragfähigkeit die kritische Belastung mit Schadstoffen, die von den Senken aufgenommen werden kann, ohne unwiderrufliche Veränderungen hervorzurufen.[28]

Die Reserven metallischer und mineralischer Ressourcen sind keineswegs statisch. Während sie einerseits durch Verbrauch verringert werden, werden andererseits neue Vorkommen erschlossen – die Reserven wachsen also wieder an. Veränderungen in der Erschließungs- oder Verarbeitungstechnologie oder den Weltmarktpreisen können bewirken, daß die Ausbeutung ehemals unzugänglicher Vorkommen wirtschaftlich wird oder daß synthetische Stoffe natürliche ersetzen. Die Sicherung der Nachhaltigkeit ist jedoch weniger eine Frage des natürlichen Vorkommens der Ressourcen als der festen, flüssigen und gasförmigen Abfall- und Reststoffe aus deren Verarbeitung und Verbrauch.

So war 1990 in Westeuropa und Nordamerika der Bergbau für fast 46 Prozent des Festabfalls verantwortlich: Gegen 2951 Milliarden Tonnen Abraum nehmen sich die 344 Millionen Tonnen Hausmüll wie ein Maulwurfshügel aus.[29] Das Problem wird sich in dem Maß verstärken, in dem sowohl Bevölkerungszahlen als auch Konsum steigen.

28 J.-P. Hettelingh u. a., Mapping Critical Loads for Europe (Bilthoven, National Institute of Public Health and Environment Protection, 1991)

29 OECD, Environmental Data 1993 (Paris, 1993)

Es gibt verschiedene Modelle, anhand der Verfügbarkeit bestimmter Ressourcen – Nahrung, Energie, Mineralien, die Gemeinschaftsgüter Luft, Wasser, Meere und Sonnenenergie – maximal tragfähige Bevölkerungszahlen zu schätzen. Die Ergebnisse reichen von 2 Milliarden Menschen über 7,7 und 11,4 bis zu maximal 50 bis 60 Milliarden.[30]

Nach Ansicht der Kommission ist es wissenschaftlich unmöglich, Bevölkerungshöchstwerte für die Erde oder für einzelne Länder festzulegen, da alle Schätzungen sowohl auf bestehendem Wissen und technologischen Bedingungen als auch auf den derzeitigen Produktions- und Konsummustern aufbauen. Tatsächlich aber sind diese Parameter zeitlich bedingt und können sich ändern. Gesellschaften haben immer wieder bewiesen, daß sie sich relativ rasch an wechselnde Anforderungen, sei es Krieg, sei es Hunger oder andere Katastrophen, anpassen können. In jedem Fall sollte also die Tragfähigkeit einer Ressource oder Senke individuell bestimmt werden.

Nachhaltige Ernährung für alle

Ohne Nahrung kein Leben. Obwohl sich die Weltbevölkerung zwischen 1950 und 1988 verdoppelt hat, konnte die weltweite Nahrungsmittelproduktion der steigenden Nachfrage standhalten. Auch der Ernährungsstatus hat sich verbessert. Neue Forschungsergebnisse weisen allerdings darauf hin, daß wir die Grenzen der nachhaltigen Nahrungsmittelproduktion bald erreicht haben könnten.[31] Die Herausforderung ist in der Tat gewaltig.

Nicht, daß wir auf eine allgemeine Nahrungsmittelkrise zusteuerten. Das Problem liegt vielmehr darin, daß in manchen Ländern

30 Vgl. David Pimentel u. a., Natural Resources and an Optimum Human Population, Population and Environment, 15: 2; Donella Meadows u. a., The Limits of Growth (London, Earth Island, 1972); Donella Meadows, Beyond the Limits (London, Earthscan, 1992); P. Vitousek u. a., Human Appropriation of Products of Photosynthesis, Bioscience, 36: 6 (1986); Graham Higgins u. a., Potential Population Supporting Capacities of Lands in the Developing World (Rom, FAO, 1982)

31 Lester Brown und Hal Kane, Full House (New York, W.W. Norton, 1994)

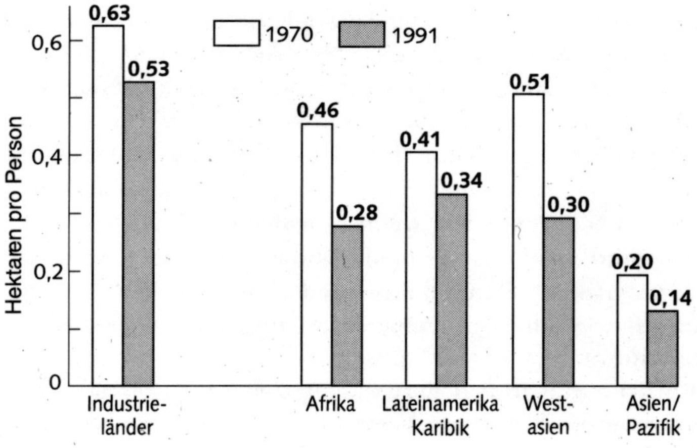

Abbildung 6.1: Bebaubares Land pro Person (in Hektaren), 1970–1991 (Quelle: Food and Agriculture Organization (1993).

verschiedene Trends die Verfügbarkeit von Nahrungsmitteln und die Ernährungssicherheit beeinflussen. Einerseits ist, weltweit gesehen, die Verteilung der Nahrungsmittel ungerecht und ungleichmäßig, andererseits wird die Nachfrage nach Nahrungsmitteln steigen, je besser es uns gelingt, die Armut zu bekämpfen. Darüber hinaus gibt es auch auf der Angebotsseite besorgniserregende Anzeichen: Reis- und Weizenerträge steigen nach wie vor, aber die Zunahme hat sich verlangsamt, und die Finanzmittel für Agrarforschung, besonders in Afrika, wurden drastisch gekürzt.

Die mangelhafte Verteilung der Nahrungsmittel verstärkt bestehende Ungleichheiten zwischen dem Norden und dem Süden. Sie macht Entwicklungsländer von Nahrungsmittelimporten und anderen Hilfsleistungen abhängig, was sich negativ auf die lokale Nahrungsmittelproduktion und auf die Selbstversorgung auswirkt.

Die Zeit der „Grünen Revolution" mit ihrem Allheilmittel der steigenden Produktivität durch Hochertragssorten ist vorbei. Was sie aber hinterläßt, ist ein trügerisches Gefühl der Sicherheit. Vielen Ländern gelingt es nicht, ihre Nahrungsmittelproduktion den steigenden Bevölkerungszahlen anzupassen: In 72 von 113 Entwicklungsländern ist die Nahrungsmittelproduktion pro Kopf zwischen 1980 und 1990 gesunken. Im selben Zeitraum fiel in 37 Entwicklungsländern der Kalorienverbrauch pro Einwohner.[32] Wassermangel und begrenzte Landreserven werden in vielen Ländern die landwirtschaftliche Produktion beschränken. Vieles deutet darauf hin, daß wir bald das gesamte leicht bebaubare Land unter den Pflug genommen haben. Außerdem werden Straßen über fruchtbares Akkerland geführt, und Häuser und Fabriken entstehen dort, wo Getreide wachsen sollte. In Industrie- und dichtbesiedelten Entwicklungsländern wie China, Ägypten und Bangladesch geht die Akkerfläche zurück.[33]

Das gleiche trifft in den Entwicklungsländern auf die landwirtschaftlich nutzbare Fläche pro Kopf zu (vgl. Abbildung 6.1). 1991 wurden in den Industrieländern pro Kopf 0,53 Hektar Ackerland bebaut, aber dem landreichen Lateinamerika standen nur 0,34 Hektar pro Kopf zur Verfügung. In Afrika, das fälschlicherweise oft als landreicher Kontinent angesehen wird, gab es nur 0,28 Hektar pro Kopf, ein drastischer Rückgang gegenüber 1970, als es noch 0,46 Hektar waren. In Ostasien betrug die Fläche 0,19 Hektar, wovon ein wesentlicher Teil bewässertes Land war.

In 25 Entwicklungsländern (meist in Asien und dem Nahen Osten) werden derzeit achtzig Prozent des bebaubaren Landes bewirtschaftet. Das heißt, daß auch schlechter, für langfristigen Anbau ungeeigneter Boden genutzt wird.[34] In 14 Ländern südlich der Sahara ist schon mehr als die Hälfte des potentiellen Ackerlandes unter dem Pflug – und das gerade dort, wo für den Zeitraum zwischen 1995 und 2050 mit einer zweieinhalb- bis vierfachen Steigerung der Bevölkerungszahlen gerechnet wird.[35]

32 FAO, State of Food and Agriculture 1992 (Rom, 1992)

33 Errechnet auf der Basis von FAO (Economic and Social Policy Department), Country Tables 1993 (Rom, 1994)

34 Errechnet auf der Basis der Daten von Nikos Alexandratos, Economic and Social Policy Department, FAO; vgl. auch N. Alexandratos, Agriculture: Towards 2000 (Chicester und New York, John Wiley, 1995). (Die Kategorien marginales Land AT5 und AT7 wurden nicht berücksichtigt.)

35 Ebenda

Legt man die mittlere Prognose für das Bevölkerungswachstum zugrunde, werden in den Entwicklungsländern im Jahr 2050 nur 0,11 Hektar bewirtschaftbares Land pro Kopf zur Verfügung stehen, auch wenn der Flächenverlust nicht unter den Wert der achtziger Jahre sinkt. In den Industrieländern dagegen werden es 0,51 Hektar pro Einwohner sein, also viereinhalbmal soviel wie im Süden.[36]

Auch der landwirtschaftliche Input hält nicht mit dem Bevölkerungswachstum Schritt: Der Einsatz von Düngemitteln fällt seit 1988. In allen unterentwickelten Regionen sinkt der Anteil der bewässerten Fläche pro Kopf. Fruchtbares Land fällt Erosion, Versalzung und Auslaugung (mangelnde Zufuhr von Nährstoffen, einschließlich Mikronährstoffen) zum Opfer. Seit 1945 verschlechterten sich weltweit siebzehn Prozent der Anbaufläche, und für elf Prozent ist ein signifikanter Produktivitätsverlust zu verzeichnen, der nur durch umfassende Veränderungen in der Landnutzung bzw. durch teure Maßnahmen ausgeglichen werden kann.[37]

Es gibt aber auch erfreuliche Tendenzen: In manchen Ländern sanken die realen Preise für Grundnahrungsmittel. Die Erträge steigen, wenn auch langsamer, und in manchen Entwicklungsländern verbessert sich die durchschnittliche Kalorien- und Eiweißzufuhr.[38]

Da die Bevölkerung um mindestens vier Milliarden Menschen wachsen wird, ist es – vor allem für die Armen – von entscheidender Bedeutung, daß die Nahrungsmittelproduktion mit dem Bevölkerungswachstum und dem steigenden Konsum Schritt hält. Dies verlangt umfassende und langfristig angelegte Maßnahmen, angefangen bei einer soliden nationalen Wirtschaftspolitik und Preisgarantien für Bauern. Dazu gehören Einkommenssteigerungen für die ärmsten Bevölkerungsschichten – im Klartext: neue und zusätzliche Arbeitsplätze. Landreformen, die den Zugang zu Land verbessern, sind

36 Die Werte wurden von der Kommission errechnet auf der Basis der Landexpansionsrate 1980/90; FAO, Country Tables 1993.

37 International Soil References and Information Centre, zitiert nach World Resources Institute, World Resources 1992/3 (Oxford, Oxford University Press, 1992)

38 FAO, FAO Outlook (Rom, 1994); FAO, Production Yearbook 1992 (Rom, 1993); FAO, State of Food and Agriculture 1993 (Rom, 1993)

unvermeidbar; Kapital und Technologie müssen verstärkt zur Verfügung gestellt werden.

Besonders in den einkommensarmen Ländern mit Nahrungsmitteldefiziten ist der nationalen Agrarforschung höchste Priorität einzuräumen. Dazu gehört natürlich auch die Verbreitung der Forschungsergebnisse an der Basis – bei den Bauern und Bäuerinnen. Statt dessen wurde die landwirtschaftliche Hilfe gekürzt: Ihr Anteil an der Entwicklungshilfe sank von zwanzig Prozent im Jahr 1980 auf zwölf Prozent im Jahr 1992. Entgegen diesem Trend sollten jedoch Geberländer und andere Organisationen ihr Augenmerk verstärkt auf landwirtschaftliche Hilfe richten, wobei in erster Linie folgende Aktivitäten unterstützt werden sollten: Forschung von Kleinbauern, Festlegen von Forschungsprioritäten sowie Vermarktungs- und Organisationsmethoden – soweit wie möglich in Partnerschaft mit den Kleinbauern.[39]

Viele Länder werden keine Ernährungssicherheit erreichen. Deshalb sind gerade in diesem Bereich besondere internationale Anstrengungen notwendig: Ernährungssicherheit für alle erfordert eine Umverteilung der Betriebsmittel und der landwirtschaftlichen Erträge durch höhere Nahrungsmittelimporte, Nahrungsmittelhilfe und verstärkte Forschung.

Die Agrarforschung hat bei der Steigerung der Nahrungsmittelproduktion eine entscheidende Rolle gespielt und wird dies auch in Zukunft tun, da sowohl Sorten als auch Methoden den klimatischen Veränderungen angepaßt werden müssen. Dabei dürfen sich die Forschungsanstrengungen nicht auf Hochertragssorten und -regionen beschränken bzw. auf Verfahren, die sich nur wohlhabende Bauern leisten können. Die Forschung sollte vielmehr darauf abzielen, neue Sorten und Technologien hervorzubringen (z. B. Biodünger und Biopestizide), die auch armen Bauern und Bäuerinnen und marginalem Land zugute kommen. Darüber hinaus sollte sie die Menschen einbeziehen, die das Land, die Bedingungen, die Traditionen und die Möglichkeiten am besten kennen: die Bauern und Bäuerinnen.

39 Derek Tribe, Feeding and Greening the World (Oxford, CAB International, 1995); Anteil für das Jahr 1992 aus Development Co-operation 1994 (Paris, OECD, 1995)

Die internationalen Agrarforschungszentren der Consultative Group on International Agricultural Research (CGIAR) haben die Landwirtschaft der Entwicklungsländer wesentlich geprägt. Sie waren der Motor der „Grünen Revolution“ und treiben auch weiterhin die Entwicklung verbesserten Saatguts und innovativer Techniken voran. Ihre Arbeit ist für all die Länder von unschätzbarem Wert, die für eigene Forschung und qualifiziertes Personal keine Mittel zur Verfügung stellen können. Aber auch die Etats der CGIAR-Zentren fielen von 275 Millionen US-Dollar im Jahr 1990 auf 215 Millionen US-Dollar im Jahr 1994, dem Tiefststand seit 1979. Die Zukunftsfragen der Nahrungsmittelproduktion können nur gelöst werden, wenn eine wesentlich höhere finanzielle Ausstattung der CGIAR-Zentren gewährleistet und auf eine sichere Basis gestellt wird.[40]

Leitbild der Nahrungsmittelproduktion dürfen nicht länger „Höchsterträge um jeden Preis“ sein. Nachhaltigkeit ist das Gebot der Stunde: nachhaltiger Mitteleinsatz und nachhaltige Bewirtschaftung. Subventionen, die den verschwenderischen Umgang mit Wasser, Düngemitteln und fossilen Brennstoffen fördern, müssen eingestellt und organische Abfälle, die derzeit verbrannt oder in Wasserläufe geleitet werden, sollten wieder dem Boden zugeführt werden.

Erhaltung von Boden- und Wasserqualität sind zwei Eckpfeiler nachhaltiger Landwirtschaft. Steigende landwirtschaftliche Produktivität einerseits und Erhaltung von Boden, Wasser und Baumbestand andererseits wurden in der Vergangenheit meist als separate, gar widersprüchliche Aufgaben wahrgenommen. Sie müssen jetzt in eine zweite „Grüne Revolution“ einfließen, die sowohl auf Nachhaltigkeit als auch auf Produktivitätssteigerung abzielt. Dazu müssen Wege der Ertragssteigerung gesucht werden, die gleichzeitig die Erhaltung von Boden, Wasser und Wäldern gewährleisten. Umgekehrt sollten neue Erhaltungsverfahren die Produktion von Nahrungsmitteln, Futter und Brennstoffen verbessern.

Ein weiterer Faktor in der Nahrungssicherheit ist die Fischerei. Bis 1970 ist der Ertrag der Meeresfischerei schneller gewachsen als die Bevölkerung, was die Pro-Kopf-Fischproduktion stetig steigen ließ.

40 Montague Yudelman, Feeding 10 Billion People in 2050 (Action Group on Food Security, 1994)

Diese Entwicklung hatte 1970 mit 14,3 Kilogramm pro Kopf ihren Höhepunkt erreicht. 1991 lag die Produktion bei 12,6 Kilogramm pro Kopf. Die Steigerung des Pro-Kopf-Fangs im Jahr 1988 konnte nur dadurch erreicht werden, daß die Fischerei neue Fischarten und neue Fischgründe erschloß. Dies führte zur Überfischung (vor allem durch den Gebrauch von Treibnetzen), die die künftigen Fischbestände gefährdet.

Bevölkerungswachstum und steigender Verbrauch werden in Zukunft die Nachfrage nach Nahrungsmitteln aus dem Meer stark steigen lassen. Die Gesamtproduktion lag 1990 bei 98 Millionen Tonnen. Bei unveränderten Konsummustern in den Industrie- und Entwicklungsländern werden im Jahr 2050 142 Millionen Tonnen gebraucht, was weit jenseits der Nachhaltigkeitsgrenze liegt.[41]

Kampf gegen Wasserverschmutzung und Wassermangel

Wasser ist Lebensqualität, Wasser ist Leben: Wasser zum Trinken, zum Bewässern der Felder und zum Kochen, zum Baden und Waschen, Wasser für die Industrie, zum Heizen und Kühlen. Land kann nur dann bewirtschaftet werden, wenn es genügend Wasser gibt. Besonders in den Industrieländern ist der verschwenderische Umgang mit Wasser an der Tagesordnung – sowohl in der Industrie als auch in den Privathaushalten.

Bevölkerungswachstum und Verfügbarkeit von Trinkwasser sind unmittelbar miteinander verbunden. Da die Ressource Wasser von Natur aus begrenzt ist, bedeutet jeder demographische Zuwachs weniger Wasser pro Kopf. Angesichts der derzeitigen weltweiten Bevölkerungsdynamik wird es zu einem intensiven Wettbewerb zwischen ländlichen und städtischen Gebieten um die knappe Ressource Wasser kommen.

41 Berechnungen auf der Basis von FAO, Agriculture: Towards 2010, und UN, Long-Range World Population Projections; es besteht die Annahme, daß die Fischmehlproduktion bei 28 Millionen Tonnen, dem Wert von 1990, stabil bleiben wird.

Wassermangel bedeutet nicht unbedingt, daß Menschen verdursten oder verhungern. Fällt der Wasservorrat jedoch unter eine bestimmte Grenze, sind Landwirtschaft, Industrie und Privathaushalte, Hygiene und Komfort gefährdet. Entsalzung und andere kostspielige Arten der Wasseraufbereitung werden notwendig.

Der schwedische Hydrologe Malin Falkenmark spricht von „Wasserstreß", wenn jährlich weniger als 1700 Kubikmeter Wasser pro Person zur Verfügung stehen. Dann muß unter Umständen Wasser über längere Entfernungen gepumpt oder Brauchwasser aufbereitet werden. Auch kann die Wasserversorgung in Trockenperioden unterbrochen sein. Fällt der Wasservorrat unter 1000 Kubikmeter pro Kopf und Jahr, spricht Falkenmark von „Wassermangel". Dann stehen schwierige Entscheidungen an: Wer hat Vorrang – die Landwirtschaft, die Industrie, die Gesundheit oder die allgemeine Versorgung? Rationierung oder Unterbrechung der Wasserversorgung zu bestimmten Zeiten kann die Folge sein. Im Jahr 1990 waren 338 Millionen Menschen in 28 Ländern von Wasserstreß betroffen.

Die mittleren UN-Prognosen zum Bevölkerungswachstum lassen darauf schließen, daß im Jahr 2025 mehr als 3,3 Milliarden Menschen und 2050 zirka 4,4 Milliarden Menschen von Wasserstreß betroffen sein werden.[42] Länder wie Äthiopien, Somalia, Kenia, Ruanda, Burundi, Malawi und Südafrika werden an Wassermangel ähnlich leiden wie Jordanien und Israel heute.[43] In vielen Ländern Afrikas wird sich der derzeitige Überfluß im Lauf des nächsten halben Jahrhunderts in Mangel verwandeln. So standen 1990 jedem Nigerianer 3200 Kubikmeter Wasser zur Verfügung. Im Jahr 2050 werden es – basierend auf mittleren Prognosen – nur noch 910 Kubikmeter sein.

Der künftige Wasserverbrauch wird sich nach der Effizienz des Angebots und des Konsums richten. Heute wird in den Haushalten verschwenderisch mit Wasser umgegangen. Einsparmaßnahmen müssen mit neuen, wassersparenden Geräten einhergehen.

42 Robert Engelman und Pamela Leroy, Sustaining Water (Washington, Population Action International, 1993), ergänzt von Sustaining Water: An Update (1995)

43 Ebenda; vgl. insbesondere das Middle East Water Project der Harvard-Universität mit seinem gemeinsamen Managementplan zur grenzüberschreitenden Planung, Verwaltung und Nutzung der gemeinsamen Wasserressourcen

In der Industrieproduktion werden vielerorts riesige Wassermengen verbraucht, sei es als Kühlmittel, sei es als „Müllkippe" für Schadstoffe. Technologische Lösungen sind ein Weg aus der Wasserknappheit: Die Forschung sollte sich in erster Linie um neue Gewinnungstechniken bemühen (Sammeln und Nutzung von Regenwasser), um Entsalzung, die Anwendung von Biodünger, Plastikabdekkungen und Berieselung in der Landwirtschaft.

Die Wasserkrise kann nicht ohne umfassende politische Maßnahmen abgewendet werden. Dazu gehören effiziente Recyclinggesetze und Verordnungen, zum Beispiel hinsichtlich der mehrmaligen Aufbereitung von Brauchwasser in der Landwirtschaft. Dadurch wird auch die Belastung der Meere reduziert.

Bewirtschaftung der Gemeinschaftsgüter

Blauer Himmel und türkisfarbene Wellen sind mehr als Postkartenmotive. Die Meere und die Atmosphäre tragen wesentlich zur Gesundheit des Planeten und zum Überleben der Arten bei. Ihr Gebrauch oder Mißbrauch steht uns allen offen: eine gefährliche Freiheit, wie unser oft verantwortungsloser Umgang mit den Gemeinschaftsgütern beweist. Deshalb plädiert die Kommission für eine nachhaltige Bewirtschaftung der Gemeinschaftsgüter. Dies kann nur von Industrie- und Entwicklungsländern gemeinsam geleistet werden. Die Verschwender und Schmarotzer profitieren auf Kosten anderer sowie auf Kosten künftiger Generationen, und sie möchten das natürlich so lange wie irgend möglich unbehelligt fortsetzen. Um so schwieriger wird der nächste Schritt sein: eine internationale Vereinbarung zur nachhaltigen und gerechten Nutzung der Gemeinschaftsgüter.

Kneifen gilt nicht. Denn je länger wir warten, desto drakonischer werden die notwendigen Maßnahmen ausfallen müssen. Wenn wir die Meeresfischerei nicht jetzt regulieren, werden in wenigen Jahren unzählige Arbeitsplätze verlorengehen. Wenn wir die Treibhausgasemissionen nicht jetzt reduzieren, werden wir in der Zukunft mit ernsthaften wirtschaftlichen und sozialen Problemen fertig werden müssen.

Die Verwaltung der Gemeinschaftsgüter verlangt global wirksame Regeln und Institutionen. Einige, zum Beispiel im Klima- und im Meeresschutz, wurden schon etabliert. Die Klimakonvention ist ein Rahmenabkommen zur Verringerung von Treibhausgasen, die, wenn auch bescheiden, Reduktionsziele festschreibt. Ein weiterer internationaler Vertrag setzt der Produktion von FCKW ein Ende. Aber das ist zuwenig und geht zu langsam. Aus der Überzeugung heraus, daß Gerechtigkeit die Voraussetzung für weltweite Vereinbarungen zum Verbrauch und zur Erhaltung der Gemeinschaftsgüter ist, sieht die Kommission die einzige gerechte Regelung darin, allen Menschen ein Recht auf gleich großen Umweltraum zu gewähren.

Deshalb stehen zuerst die Industrieländer in der Verantwortung. Als Hauptnutznießer und -verschwender der Gemeinschaftsgüter ist es an ihnen, die Pro-Kopf-Emissionen auf ein nachhaltiges Niveau zu senken. In den USA, in Kanada und in Australien werden die Einschnitte besonders drastisch ausfallen: Reduktionen von bis zu neunzig Prozent sind unausweichlich. In fast allen anderen reichen Ländern werden die Emissionen um zirka siebzig Prozent reduziert werden müssen. Diese Ziele werden nicht durch gutes Zureden erreicht und auch nicht durch allmähliche geringfügige Reduktionen. Sie erfordern vielmehr die Umstellung auf nachhaltige, das heißt umweltgerechte Technologien – auch auf dem Energiesektor –, nachhaltige Siedlungsstrukturen und Lebensstile. Je schneller dieser Prozeß beginnt, desto besser können wir die Turbulenzen der Übergangsphase meistern.

Der Kampf gegen die Meeresverschmutzung und die Überfischung

Die Meere wehren sich in einem schier aussichtslosen Kampf gegen Sedimente aus Erosion, Düngemittel aus der Landwirtschaft, Gifte aus der Industrie, Abfälle aus Städten und Dörfern. Die Fischbestände werden dezimiert. Von den siebzehn größten Fischgründen der Welt gelten vier als abgefischt, in neun weiteren schrumpfen die Bestände ernstlich.[44] Die Fischereiflotte besteht weltweit aus drei Millionen

44 Don Hinrichsen, Our Common Seas (London, Earthscan, 1990); UN Environment Programme, The State of Marine Environment (UNEP Regional Seas Reports and Studies Nr. 115; Nairobi, 1990)

Booten; nur wenige tausend von ihnen sind hochtechnisiert, aber sie ziehen einen überproportional hohen Anteil des Fangs an Bord.

Etwa zwanzig Millionen Menschen arbeiten auf den Fischerbooten und Schiffen. Sie versorgen mit ihrem Einkommen etwa hundert Millionen Männer, Frauen und Kinder, und viele weitere Menschen sind auf Fisch als eine der wichtigsten Nahrungsquellen angewiesen.

Schadstoffe aus der Atmosphäre gelangen ins Meer. Tankerunfälle verursachen Ölkatastrophen, Abfälle werden im Meer verklappt. Durch die Löcher in der Ozonschicht dringen ultraviolette Strahlen ins Wasser, die das Plankton zerstören. Ganze Regionen sind abgefischt, und Fischarten, die man früher zurück ins Meer warf oder zu Fischmehl verarbeitete, landen heute auf den Tellern der Verbraucher.

Aquakulturen (einschließlich Krabbenfarmen) sollen die Verluste aus dem Fischfang wettmachen. Auch die Abfälle stellen ein Problem dar: Zwischen achtzehn und vierzig Millionen Tonnen, also etwa ein Drittel des gesamten Fangs, werden als zu klein oder unverkäuflich zurück ins Meer geworfen.[45] Unser Wissen um die Folgen dieser Tatsachen ist lückenhaft. Aber eines ist wahrscheinlich: Die meisten marinen Ökosysteme werden die Eingriffe des Menschen nicht überleben.

Mit den *global players* der Fischereiindustrie – Unternehmen, die sich nicht mehr auf eine Fischart oder ein Land beschränken und die auf kurzfristige Gewinne statt auf langfristigen Erhalt der Bestände aus sind – erreichte das Problem der Überfischung eine neue Dimension. Die Produktionstechniken sind hochmodern und werden immer effizienter. Das bedeutet, je kapitalintensiver die Fischereiindustrie wird, desto hemmungsloser werden Bestände überfischt. Auf Fabrikschiffen wird der Fang direkt verarbeitet, wodurch die Arbeitsplätze an Land verlorengehen.

Oberste Priorität muß deshalb die Reduzierung der Fischerei sein: weniger Boote, weniger hochmoderne Technologie, weniger Fischen insgesamt. Für bestimmte Technologien sollte ein Moratorium ausgesprochen werden. Liegen wissenschaftliche Beweise vor, daß diese Technologien der nachhaltigen Fischerei zuwiderlaufen, müssen

45 FAO, The State of World Fisheries and Aquaculture (Rom, 1995)

Sanktionen verhängt werden. Treibnetze und Grundschleppnetze schaden den Fischarten, die nicht gefangen werden sollen, und schädigen den Meeresboden, den manche Arten zum Überleben brauchen.

Verschiedene Maßnahmen sind denkbar, einschließlich Marktmechanismen gegen Überfischung. Diese können außerdem Eigentumsgesetze für die kommerzielle Fischerei, Lizenzen zur Ausbeutung bestimmter Fischgründe sowie handelbare Quoten für Länder und Gemeinschaften umfassen. Als weitere Maßnahme ist die Koordinierung der Fischerei auf regionaler und globaler Ebene möglich. Es sollten Institutionen entwickelt werden, deren Aufgabe es ist, die Nutzung der Meere innerhalb der Grenzen der Tragfähigkeit zu halten.

Die Zuständigkeit für Meeresfragen obliegt derzeit verschiedenen Organisationen: der FAO, dem UN Development Programme und der UNESCO, die für Ozeanographie verantwortlich ist. Es ist an der Zeit, diese Zersplitterung aufzuheben, das Thema Meere gemeinsam zu bearbeiten und mit der Formulierung einer neuen Politik und der Schaffung neuer Institutionen zu verbinden. Für viele Länder könnte Aquakultur ein Lösungsweg sein, der landwirtschaftliche, wirtschaftliche und ernährungswissenschaftliche Aspekte mit sozialen Bedürfnissen vereint.

Atmosphäre: Der Kampf gegen den Treibhauseffekt

Die Verwendung fossiler Brennstoffe in der Weltwirtschaft ist die Hauptursache der globalen Erwärmung und der Verschmutzung. In den achtziger Jahren lagen die Netto-CO_2-Emissionen zwischen durchschnittlich 6 und 8,2 Milliarden Tonnen. Neuen Schätzungen zufolge wird der Energieverbrauch bis zum Jahr 2020 um weitere fünfzig Prozent steigen. Laut dem Intergovernmental Panel on Climate Change (IPCC) würden dabei die CO_2-Emissionen bis 2020 auf 11,8 Milliarden Tonnen ansteigen, auf 14,5 Milliarden im Jahr 2050 und auf 20,3 Milliarden Tonnen im Jahr 2100.[46] Nachhaltig wäre dem

46 William Pepper u. a., Emissions Scenarios for the IPCC: An Update, ohne Datum, kopiertes Papier und Datendiskette erhältlich vom Autor unter der Fax-Nummer: 0010-703-934-9740

heutigen Wissensstand zufolge ein jährlicher Ausstoß von maximal 3 Milliarden Tonnen.

Auch wenn sich die weltweiten CO_2- und andere Emissionen auf ihrem derzeitigen Niveau stabilisierten, würde die Konzentration von Treibhausgasen in der Atmosphäre zwei weitere Jahrhunderte lang steigen. Eine solche Zunahme hätte für das Klima schwerwiegende Folgen. Eine Stabilisierung der Konzentration bei einem Wert, der *doppelt* so hoch ist wie der heutige, verlangt eine Emissionsreduktion auf ein Niveau, das niedriger ist als jenes von 1990. Da zuviel CO_2 aus der Verbrennung von Gas, Öl und Holz (aus der Abholzung) in die Atmosphäre dringt und die Absorptionsfähigkeit der Pflanzen und Meere übersteigt, können nur drastische Emissionsverringerungen die CO_2-Konzentration auf einem für die Atmosphäre ungefährlichen Niveau stabilisieren.

Es besteht kein Zweifel daran, daß die Atmosphäre ohne radikale Veränderungen nicht in der Lage sein wird, bestehende Ökosysteme und Leben zu unterstützen. Werden die nötigen Maßnahmen nicht durchgeführt, ist unser Planet und damit der *homo sapiens* gefährdet. Die Gefahr kann abgewendet werden, wenn wir uns für eine auch qualitativ völlig neue Art der Industrialisierung entscheiden: für ein Zeitalter der erneuerbaren Energien – Sonne, Wind, Wasser, Erdwärme, Biomasse. Fossile Brennstoffe müssen zum Auslaufmodell werden, ersetzt von energieeffizienter Produktion, neuen Konsummustern und neuen Lebensstilen.

Als erstes müssen deshalb überall die Subventionen für fossile Brennstoffe abgebaut und durch ein Anreizsystem für die Anwendung erneuerbarer Technologien ersetzt werden. Auch wenn in den meisten Entwicklungsländern mittelfristig der Verbrauch von fossilen Brennstoffen ansteigen wird, so ist es keineswegs in ihrem Interesse, diesen Anstieg zu fördern. Neue Steuern auf fossile Brennstoffe oder auf den Kohlenstoffgehalt sollten Bestandteil einer *ökologischen Steuerreform* sein.

Der Ausstieg aus den fossilen Brennstoffen kann beschleunigt werden, wenn erneuerbare Energien kostengünstiger werden. Bis jetzt sind saubere Energien – Sonne, Wind, Wasser und Erdwärme – teurer als fossile Brennstoffe. Die Kommission dringt daher darauf, die Verbilligung von erneuerbaren Energien zu einer weltweiten politischen

Priorität zu machen. Dies könnte über eine ökologische Steuerreform geschehen, die die Kosten für Arbeit schrittweise senkt und die Kosten für fossile Brennstoffe und nichterneuerbare Energien anhebt.

Verstärkte Forschungsanstrengungen sind im Bereich der Energieeffizienz ebenso vonnöten wie im Bereich der Großanwendung erneuerbarer Energien als Substitut für fossile Verbrennungsanlagen. Die Forschungsmittel hierfür müssen bedeutend erhöht werden und erfordern unter Umständen einen internationalen Rahmen ähnlich dem Manhattan Project[47] in den vierziger Jahren.

Ironischerweise wurden zwischen 1982 und 1993 in den OECD[48]-Ländern die Ausgaben für Forschung im Bereich der erneuerbaren Energien um 40 Prozent gekürzt. 1993 entfielen auf dieses Gebiet weniger als 9 Prozent des gesamten Energieforschungsetats der OECD-Länder, 13 Prozent auf fossile Brennstoffe. Das kann nur als unverzeihliche Kurzsichtigkeit der politischen Entscheidungsträger bezeichnet werden.[49] Ohne ausreichend finanzierte Projekte kein Fortschritt – deshalb sollten die Forschungsprioritäten eindeutig bei der Solarenergie, der Photovoltaik, der Geothermie und der Biomasse liegen. Themen wie Energieeffizienz und Energieeinsparung sowie Kernfusion und sichere Endlagerung von atomaren Abfällen sollten ebenso von deutlich verstärkten Forschungsanstrengungen profitieren.

Da dies ein globales Unterfangen ist, sollte ein Teil der Forschung international koordiniert und organisiert werden. Denkbar ist ein Labornetzwerk zu erneuerbaren Energien ähnlich dem CGIAR-Netz in der Agrarforschung und andere Konsortien, wie sie beispielsweise in der Kernforschung eingerichtet wurden. Jedes Zentrum sollte sich auf einen bestimmten Teilbereich spezialisieren und Technologien ausarbeiten, die in der direkten Umgebung des Zentrums angewendet werden können. Die Mittel sollten aus internationalen Töpfen kommen, damit die Ergebnisse auch den Entwicklungsländern zugänglich gemacht werden können.

47 Unter dem Namen „Manhattan Project" bauten die USA im Zweiten Weltkrieg unter enormem Einsatz von Menschen und Material die erste Atombombe.

48 OECD: Organization for Economic Cooperation and Development

49 International Energy Agency, Energy Policies of IEA Countries, 1993 Review (Paris, OECD, 1994)

Ein weiterer wichtiger Forschungsbereich sind energiezentrierte Technologien, die die Luftverschmutzung in Räumen durch rauchende Herde bekämpfen: Hier müssen in Zusammenarbeit mit den potentiellen Nutzern und Nutzerinnen in erster Linie billige energieeffiziente Herde entwickelt werden.

Der Kampf gegen Entwaldung und Degradierung des Waldes

Die negativen Einflüsse auf den Wald müssen umgekehrt werden. In der Mitte des 21. Jahrhunderts wird die mit Wäldern bedeckte Fläche weltweit kleiner sein als heute, aber mehr als doppelt so viele Menschen versorgen müssen. Das bedeutet, daß nationale Strategien entwickelt und umgesetzt werden müssen, die die Produktivität der Wälder erhöhen, die Entwaldung stoppen und Anreize für die Erhaltung und nachhaltige Nutzung der Wälder liefern.

Auch die Forstwirtschaft muß ausgewogener gestaltet werden, so daß sie mehrere Ziele verfolgt, nicht nur den Holzgewinn. Die Waldökosysteme müssen besser geschützt werden, und der Holzeinschlag sollte so organisiert werden, daß er den Anwohnern nutzt.

Die Politik sollte beim Waldschutz eine führende Rolle übernehmen und über Anreize den Markt korrigieren und positiv beeinflussen. Sie muß außerdem die derzeitigen Subventionen kritisch prüfen. Die Forschung muß innerhalb dieses Rahmens verbesserte Kriterien und Indikatoren für nachhaltige und regional angepaßte Forstwirtschaft entwickeln.

Die Entwaldung kann über eine Regulierung der Holzpreise und über Schadensbegrenzung durch die Holzwirtschaft verlangsamt werden. Auch die Regulierung der Forstwirtschaft und die Förderung umfassender Aufforstungsprogramme können zum Waldschutz beitragen.[50] In landwirtschaftlich genutzten Gebieten öffnet die Agroforstwirtschaft einen Weg, der Entwaldung Einhalt zu gebieten, da sie die Erosion reduziert, den Grundwasserspiegel anhebt, die Brennstoffversorgung verbessert und die Arbeit der Frauen erleichtert, die für Brennstoff und Wasser verantwortlich sind.

50 A. H. Mather, Global Forest Resources (London, Belhaven Press, 1990)

Nachhaltige Forstwirtschaft in der borealen Zone kann nur greifen, wenn Transport- und Preissubventionen für Holz, die heute die großflächige Abholzung der borealen Wälder fördern, abgeschafft werden. Wirksame Maßnahmen – Restriktionen, Verbote und Strafen – tragen dazu bei, Emissionen aus Industrieanlagen, die die Wälder in besonderem Maß schädigen, zu verringern.

Die größte Gefahr für die bedrohten Arten ist der Verlust der Habitate. Um die Vielfalt der Arten zu schützen, müssen also einerseits die natürlichen Lebensräume erhalten werden, und andererseits muß die Nutzung durch den Menschen mit den nötigen Erhaltungsmaßnahmen in Einklang gebracht werden.[51] Auch hier ist die Politik gefordert, um zum Beispiel die überflüssige Umwandlung naturnaher Gebiete in landwirtschaftliche Nutzflächen zu verhindern und die nachhaltige Bewirtschaftung von Agrarflächen durchzusetzen, einschließlich Prärie, Savanne, Mangroven und Korallenriffe.

Verantwortliche Treuhänderschaft

Verantwortliche Treuhänderschaft umfaßt ein System von Umweltverträglichkeitsprüfungen, das alle ökonomischen Auswirkungen ebenso bewertet wie die Umweltkosten, die durch fast alle menschlichen Aktivitäten entstehen.

Wenn es uns ernst damit ist, die Tragfähigkeit der Erde nicht in unverantwortlicher Weise zu beanspruchen, müssen wir verstärkt Mittel in die Umwelt- und die verwandten Sozialwissenschaften investieren. Den Umweltwissenschaften sollte dabei die Aufgabe zukommen, den maximalen nachhaltigen Ertrag und die Belastungsgrenzen zu bestimmen, damit wir innerhalb dieser Grenzen agieren bzw. dort, wo diese Grenzen überschritten wurden, Korrekturen vornehmen können. Solche Berechnungen können auf den verschiedensten Ebenen durchgeführt werden: im Dorf, das seinen Boden und seine Wälder schützen möchte, in der Region oder dem Land, das den Trinkwasserverbrauch planen will, oder weltweit, um sich mit Ausmaß und

51 World Conservation Monitoring Centre, Global Biodiversity (London, Chapman and Hall, 1992)

Folgen der Klimaveränderung auseinanderzusetzen. Auf der globalen Ebene sollten dazu internationale Gremien aus Wissenschaftlern und anderen Experten eingesetzt werden, ähnlich dem IPCC.

Die Beobachtung der Indikatoren durch Treuhänder an der Basis muß weiterentwickelt werden. Dies trägt dazu bei, daß Umweltfragen zu einem Anliegen vieler Menschen und damit zu wichtigen politischen Fragen werden. Zudem wird gewährleistet, daß das Gleichgewicht zwischen Natur und Menschen über die Grenzen der Politik hinaus zum Thema wird.

In der Politik wird die Umweltfrage nach wie vor marginalisiert und als etwas betrachtet, um das sich die Ökologen kümmern. Tatsächlich aber ist die Umweltfrage eine Frage der *governance*, der guten Regierung. Natur muß ein bestimmender Faktor in der Politik werden, und nur politisches Handeln wird die erforderliche Treuhänderschaft hervorbringen. Uns geht es dabei um eine Form der Treuhänderschaft, die die Bedeutung der Natur an sich als auch ihre Bedeutung für die Menschen anerkennt und wahrt: ihre Ressourcen, ihre Vielfalt, ihre spirituelle Dimension und ihren ästhetischen Wert. Diese Aspekte müssen neu bewertet werden, und das Gleichgewicht der Natur muß wiederhergestellt und geschützt werden.

> *Der globalisierte Wirtschaftsapparat ist nach wie vor patriarchalisch organisiert und (...) ist der Motor der meisten anderen Institutionen, der Politik und vieler Verhaltensweisen. Zu den nachgeordneten Wirkungen der industriellen Revolution gehören Armut, Verschmutzung, nichtnachhaltige Konsummuster, Abfall und Ressourcenübernutzung. Für die zukünftige Entwicklung muß gelten: Fokus auf die Umformulierung der Spielregeln der Weltwirtschaft, auch wenn das bedeutet, daß die derzeitigen Meßgrößen geändert werden, zum Beispiel das Bruttosozialprodukt oder das Bruttoinlandsprodukt, die das Wirtschaftswachstum messen.*
> Hazel Henderson, USA, öffentliche Anhörung, Nordamerika

7. Auf Bedürfnisse eingehen: Die Zuwendungsfähigkeit der Menschheit

Ich bin einmal danach gefragt worden, warum es den philippinischen Frauen soviel leichter als ihren asiatischen Schwestern fällt, das Land zu verlassen, um woanders zu arbeiten. Neben der wirtschaftlichen Notwendigkeit ist ein weiterer Grund, daß unsere Familien kulturell bedingt nur minimalen Widerstand leisten, wenn eine junge Frau (selbst wenn sie Mutter ist) ihre Heimat verläßt, um im Ausland zu arbeiten. Die Emanzipation der Frauen hat sich in mancherlei Beziehung eher zum Nachteil unserer Frauen ausgewirkt.
Rina Jiminez David, Philippinen, öffentliche Anhörung, Südostasien

Die Inflation trifft die Rentner und vor allem die Kriegsversehrten hart. Für die 5000 Rubel, die ich auf meinem Sparbuch hatte (was dem Preis eines Autos entsprach), erhielt ich 12 305 neue Rubel (zu einer Zeit, als ein Kilo Wurst 16 000 Rubel kostete). Die Rentner, die schon für ihre Beerdigung gespart hatten, können sich jetzt nicht einmal einen Sarg leisten; sie müssen in Säcken weggekarrt und verbrannt werden.
D. Sidorov, Rußland, öffentliche Anhörung, Osteuropa

Woraus entspringt die Zuwendung zwischen Menschen?

Das Ziel einer nachhaltigen Verbesserung der Lebensqualität kann nur dann erreicht werden, wenn wir den oben beschriebenen Herausforderungen direkt begegnen. Diese Herausforderungen sind komplexer Natur und können nicht nur durch Gedankenspiele oder überzeugte Entschlossenheit bewältigt werden. Auch scheinen die gewichtigen

Ideen und Vorschläge, die auf den Treffen internationaler Experten, innerhalb von Studien und allen Arten von Veröffentlichungen entwickelt werden, oder die politischen Erklärungen der führenden Politiker der Welt nicht auszureichen. Damit Sozialpolitik wirksam sein kann, benötigen wir ein Wertesystem, in dem die Zuwendung für andere einen hohen Stellenwert hat.

Es kann nicht der ab und zu aufflackernden Großzügigkeit der Reichen überlassen werden, eine nachhaltige Verbesserung für alle zu erreichen – d. h., eine Milliarde Menschen über die Schwelle des Existenzminimums zu heben – und den Boden für eine nachhaltige Lebensführung in den nächsten fünf Jahrzehnten zu bereiten. Wir können es nicht von der Einsicht und dem guten Willen anderer abhängig machen, einen nachhaltigen Umgang mit der Umwelt zu erreichen. Und es ist kaum vorstellbar, daß eine neue wirtschaftliche Sichtweise, die die Natur respektiert und auf Gerechtigkeit abzielt, nur von ein paar engagierten Menschen durchgesetzt werden kann. Zwar müssen all diese Aktionen durchgeführt werden und sich in dem Engagement von Individuen und Gruppen niederschlagen, aber die Welt von heute braucht mehr als ehrenamtliche Aktivisten.

Wir haben auf die Gefahr hingewiesen, daß die *Trag*fähigkeit des Planeten ausgehöhlt wird. Wir werden uns im folgenden Kapitel nun der Unterminierung der *Zuwendung* widmen, einer fundamentalen Dimension des Lebens, ohne die wir nicht imstande sein werden, mit den Herausforderungen der Zukunft umzugehen.

Die Kommission glaubt, daß wir uns von dem engen Ansatz befreien müssen, der nur die materielle Überlebensbasis beachtet. Wir müssen dazu übergehen, die psychologische, spirituelle und politische Fähigkeit, uns einander zuzuwenden, zu entwickeln und aufzubauen, denn dies wird ausschlaggebend für Fortschritt und Überleben sein. Die Fähigkeit, uns zuzuwenden und uns für andere einzusetzen, die uns zu menschlichen Wesen macht, ist das Bindemittel der Gesellschaft. Wir müssen jetzt herausfinden, ob und wie wir unsere Anteilnahme weiterentwickeln können. Eine Vision kann weder verwirklicht werden noch an Eigendynamik gewinnen, wenn es keinen roten Faden gibt, der die Beziehungen auf allen Erfahrungsebenen zusammenhält.

Aber eine Ethik der Zuwendung setzt einen drastischen Paradigmenwechsel voraus. Die Dominanz der marktorientierten Wirtschaftsweise wuchs zu Lasten der menschlichen Zuwendung. Zwar stimmt es, daß wirtschaftliche Entwicklung nie getrennt von der sozialen Entwicklung betrachtet wurde, denn das Hauptziel war immer die Verbesserung der Lebensbedingungen. In der Praxis jedoch sah es so aus, daß das Wachstum des Produktionsausstoßes bald in den Mittelpunkt gestellt wurde. Sobald die Ressourcen knapp werden, leiden darunter als erstes die Ausgaben für soziale Investitionen in den Bereichen des Bildungs-, Gesundheits- und Wohnungswesens. Die Grenzen der bestehenden Entwicklungsmodelle sind offensichtlich, betrachtet man die vielen Millionen benachteiligter Menschen, die unter sozialer Ungerechtigkeit leiden, was Risse im gesellschaftlichen Zusammenhalt entstehen läßt.

Weil die Ressourcen knapp werden, hat die Verwirklichung rein wirtschaftlicher Ziele Vorrang über Kriterien wie Lebensqualität, Sicherheit, Gerechtigkeit und menschliche Gemeinschaft erhalten. Knappheit hat auch zu einem übersteigerten Selbstinteresse geführt, welches sich in Egoismus und Erfolgsstreben, der Suche nach Profit und Wohlstand sowie den damit verbundenen Prestige- und Statussymbolen niederschlägt. Arme Menschen genießen heute keine gesellschaftliche Achtung, wie sie ihnen in vielen Zivilisationen eingeräumt wurde – statt dessen wird Macht zum Angelpunkt vieler Beziehungen. Dadurch wurde die Aussicht darauf verringert, alle Schwierigkeiten und Konflikte, die gewöhnlich in einer Gemeinschaft entstehen, friedlich zu bereinigen.

Eine Ethik der Zuwendung geht über die wirtschaftliche Denkweise hinaus. Solch eine Ethik würde sich dem Sog des reinen Individualismus und der Gier entgegenstellen. Eine nachhaltige Verbesserung der Lebensqualität muß auf der Erkenntnis basieren, daß wir uns um uns selbst, um andere und um unsere Umwelt kümmern sollen und wollen.

Heute lähmt uns das Paradoxon, daß wir auf der einen Seite theoretisch die Fähigkeit zu haben scheinen, praktisch alle Probleme zu lösen, aber auf der anderen Seite nicht imstande sind, dies auch zu tun. Wir haben das Wissen und viele der nötigen Mittel (Technologie, politische Instrumente, Geld), aber wir haben nicht das verbindliche

Engagement und die Willenskraft, um zu handeln. Zugegebenermaßen gibt es eine Menge Hindernisse, die sich entschlossenem Handeln entgegenstellen – zu den entscheidenden gehören dabei typisch menschliche Schwächen wie Kurzsichtigkeit, Selbstsucht und Trägheit. Wir brauchen eine neue Geisteshaltung, die Egozentrik ablehnt, und eine allumfassende Ethik der Zuwendung, die sich unseren Mitwesen und unserer Heimat, der Erde, widmet.

Die Wiederentdeckung der Zuwendung

Zuwendung wird gemeinhin als das Ergebnis einfacher Gedanken und Gefühle verstanden, die es dem Menschen ermöglichen, die Natur zu pflegen, sich aktiv füreinander einzusetzen und die Gemeinschaft intakt zu halten. Zuwendung ist der Ursprung von Meinungen und Handlungen, die die gegenseitige Abhängigkeit von Gemeinschaften und Nationen anerkennen. Zuwendung entsteht aus dem Bewußtsein, daß niemand isoliert ist, während gleichzeitig jeder „anders" ist.

Sich zuzuwenden bedeutet auch, etwas oder jemanden wertzuschätzen und zu lieben; oder auch, sich um jemanden oder etwas zu kümmern, ihn zu pflegen und zu ernähren. Sich zuzuwenden bedeutet ein verbindliches Engagement, welches über reine Emotionalität wie auch über medizinische und soziale Betreuung hinausgeht. Zuwendung ergänzt Rationalität bei der Prägung menschlichen Verhaltens. Zuwendung ist das Gegenteil von Gleichgültigkeit und bedeutet somit auch Kommunikation und eine Partnerschaft des Gebens und Nehmens.

Zuwendung als sozialer Wert ist in jedem Entwicklungsstadium der Menschheit mitbestimmend für Verhalten gewesen: die Zuwendung von Müttern (und oft weiteren, meist weiblichen Verwandten) gegenüber den Kindern, die Aufmerksamkeit, die den Verletzten, Kranken und Alten entgegengebracht wurde. Die großen Religionen, die parallel zu den agrarischen Kulturen entstanden, betonten die zentralen Werte von Zuwendung, Wohltätigkeit und sogar von Almosen, wobei vor allem die Armen, Kranken, Witwen und Waisen berücksichtigt wurden. Unter Zuwendung wurden die Manifestationen des Mitgefühls und des Teilens zusammengefaßt, und in einigen

Religionen umschlossen diese Sympathien neben den Menschen auch die Natur.

Und dennoch besteht immer wieder die Neigung, aktive Zuwendung weniger zu respektieren und weniger zu belohnen als die produktiven Aktivitäten der Menschheit. Schlimmer noch: Bemühungen der Zuwendung werden oft gar nicht bemerkt, vielleicht, weil sie meistens von Frauen wahrgenommen werden.

Die Kommission glaubt deswegen, daß Zuwendung „sichtbar" gemacht werden muß. Selbst wenn Zuwendung und fürsorglichen Handlungen kein Geldwert beigemessen wird, sollte sich die Gesellschaft über die *Kosten* bewußt sein, die *entstehen würden*, wenn diese Handlungen entgolten werden müßten. Dieser Bedarf an Sichtbarmachung hat nicht nur etwas mit Gerechtigkeit denen gegenüber zu tun, die anderen beim Überleben helfen und damit den Druck auf das soziale Netz mindern. Wenn Zuwendung nicht als ein integraler Bestandteil der menschlichen Natur verstanden wird, wird es ausgesprochen schwierig werden, unsere verschiedenen gesellschaftlichen Rollen – innerhalb der Familie, des Berufs und der Zivilgesellschaft – zu ändern. Solange Jungen und Männer nicht wie Frauen an der Zuwendung für andere beteiligt werden, werden die Ungleichgewichte bestehen bleiben.

Die Ethik der Zuwendung muß im öffentlichen wie im privaten Bereich umgesetzt werden. Ob wir die Armut auslöschen, die Verschwendung von Ressourcen eindämmen oder aber die Lebensqualität anderer fördern wollen: all diese Impulse entsprechen in ihrem Wesen dem Prinzip der Zuwendung. Und die Sorge um unsere Umwelt ist von entscheidender Bedeutung für die Überlebensfähigkeit der Menschen wie auch der anderen Lebewesen. Die *Trag*fähigkeit der Erde hängt daher ab von der *Zuwendungs*bereitschaft von uns Menschen.

Warum Zuwendung so wichtig ist

Eine Gesellschaft, die Zuwendung ernst nimmt, würde eine Reihe von Aspekten des öffentlichen Lebens zur Diskussion stellen. Diese Diskussion würde nicht von der Annahme ausgehen, daß autono-

me, rationale Akteure ihre unterschiedlichen Ziele unabhängig voneinander verfolgen, sondern würde der Erkenntnis entspringen, daß die Akteure voneinander abhängen und Zuwendung in einer Vielzahl von Formen sowohl brauchen als auch geben. Es würde auch berücksichtigt, daß jeder von ihnen unterschiedliche Interessen hat, die außerhalb des Bereichs der Zuwendung liegen.
Joan Tronton, „Moral Boundaries“

Diese Überlegungen sind wichtig für die Demokratie und ihre Weiterentwicklung. Alle Menschen gehen in ihrem Leben durch Phasen, in denen sie abhängig sind und in denen ihre Rechte offensichtlich eingeschränkt sind. Egal, ob sie als Einzelpersonen oder Teil einer Gruppe mit solch einer Situation konfrontiert sind – sie benötigen in diesen Fällen als Rückhalt mehr als Gerechtigkeitssinn und mehr als einen formalen Respekt für Menschenrechte. Hier wird ein neuer Humanismus gebraucht, der die Rechte nicht nur in Form rechtlicher Garantien durchsetzt, sondern auch in Form einer übergeordneten Menschenwürde. Tatsächlich kann Zuwendung als Grundlage eines solchen Humanismus dienen – denn wir alle wissen, daß Gesetze nicht ausreichen, um die Menschenrechte zu schützen und zu verwirklichen.

Die Konsequenzen für die Demokratie gehen noch weiter. Da Zuwendung die konstante Interaktion zwischen den Menschen voraussetzt, vertieft sie schon allein dadurch egalitäre Auffassungen und Verhaltensweisen. Zuwendung ist das Gegenteil von Macht und Kontrolle. Auf staatlicher Ebene bedeutet Zuwendung die Förderung und den Schutz der Lebensqualität sowie die Schaffung eines gerechten Lebensrahmens. Ein Staat, der die Rechte nicht achtet, ist schon allein dadurch ein Staat, in dem es an Zuwendung mangelt.

Zuwendung als ein Element moralischer Überlegungen

Vor noch gar nicht langer Zeit wäre das Ideal der Zuwendung als ein Leitprinzip der Ethik wohl als schwammig und sentimental angesehen worden. Mit der Beobachtung jedoch, daß eine zuwendungsarme

Gesellschaft wirtschaftliche Unsicherheit, Gewalt, den Zusammenbruch der Familieneinheit, der Gemeinschaften und sogar der Umwelt hervorbringt, gewinnt das Konzept der Zuwendung wieder an Überzeugungskraft.[52] Dafür gibt es mehrere Gründe, von der Verbreitung humanitärer Aktivitäten auf nationaler und internationaler Ebene bis hin zu den philosophischen Ansätzen politischer Moralisten.

Ein Anlaß, der dem Konzept der Zuwendung Auftrieb gab, war die akademische Debatte in der Frauenbewegung seit den achtziger Jahren, die durch das Buch von Carol Gilligan, „In a Different Voice", inspiriert wurde. Diese Debatte entsprang der Erkenntnis, daß der Bereich der Zuwendung den Frauen überlassen wurde, als wäre es von der Natur so bestimmt, daß die Frauen mit Aufgaben der Zuwendung zu betrauen sind. Dies beschränkt sich nicht darauf, daß Frauen sich um die „unsichtbaren", weil unbezahlten Aufgaben kümmern, um die es uns hier geht; auch die institutionalisierte Verantwortung in Form von Krankenhilfe, Erziehung, Pflegediensten usw. wird von der Gesellschaft zumeist Frauen überlassen.

In vielen Bereichen der politischen Entscheidungsprozesse ist die Zuwendung inzwischen ebenfalls zu einem Faktor geworden. Neben den Arbeiten des Club of Rome haben vor allem zwei Berichte in der jüngsten Vergangenheit die Bedeutung von Zuwendung hervorgehoben:

> „Our Global Neighbourhood", ein Bericht der Commission on Global Governance, betrachtet Zuwendung nicht nur als „zentralen Wert", der (neben dem Respekt für Leben, Freiheit, Recht und Gerechtigkeit, zwischenmenschlichem Respekt und Integrität) „die Menschheit bewahrt". Der Bericht geht noch weiter, indem er es „als Aufgabe der Regierung" definiert, „die Bereitschaft zur Zuwendung zu fördern".

> Eine kanadische Kommission (die Royal Commission of Canada), die mit der Aufgabe betraut wurde, die ethischen und politischen Fragen zu untersuchen, die mit der Einführung neuer Technolo-

52 Zuwendung (caring) wird zum Beispiel als Teil der neuen Regierungsethik der Commission on Global Governance benannt, in: Our Global Neighbourhood (Oxford, Oxford University Press, 1995)

gien verbunden sind, wählte als Orientierungshilfe eine „Ethik der Zuwendung". Die Kommission erklärte: „Die Ethik der Zuwendung versteht den Sinn moralischer Überlegungen nicht ausschließlich oder hauptsächlich in der Einführung von Regeln, die zwischen rivalisierenden Interessen vermitteln sollen. (...) Hauptaufgabe ist es, das Gedeihen der menschlichen Beziehungen zu unterstützen, indem die Würde des einzelnen und das Wohlergehen der Gemeinschaft gefördert werden."

Wenn es an Zuwendung fehlt

Wenn es an Zuwendung fehlt, schlägt sich das in Gleichgültigkeit, Kurzsichtigkeit und Vernachlässigung nieder. Vernachlässigung und Selbstaufgabe entspringen dem fehlenden Interesse an Lebensqualität und zeigen, daß Gesundheitsvorsorge und menschliche Sicherheit nicht wichtig genommen werden. Dies führt dazu, daß bei notwendigen Haushaltseinsparungen zuerst die Mittel für Gesundheit und Erziehung gekürzt werden. Vernachlässigung bedeutet, daß Augen und Ohren gegenüber den sozialen Problemen verschlossen werden – wodurch sich gesellschaftlicher Druck so lange aufbaut, bis er in Aufruhr, Gewalt und Kriminalität mündet.

Solch eine Haltung findet man vor allem bei autoritären Regierungen, aber auch Demokratien sind nicht davor gefeit. Die Ausrichtung auf eng gesetzte makroökonomische Ziele (Bekämpfung der Inflation, Ausgleich der Haushalte), ohne daß auf die Nebenwirkungen von Maßnahmen auf andere fundamentale Politikziele geachtet würde, bezeugt die unzureichende Reaktionsfähigkeit der öffentlichen Politik.

Kurzfristige Zeithorizonte gehören zu den weitverbreiteten Schwächen von Demokratien; meist wird nicht über den nächsten Wahltag hinaus gedacht. Unpopuläre Regierungsmaßnahmen werden meist in den ersten Jahren einer Wahlperiode entschieden, während die letzte Phase einer Wahlperiode im allgemeinen dazu dient, dem Wähler vor der nächsten Wahl die Politik zu „versüßen". Tatsächlich haben es die Demokratien noch nicht geschafft, langfristige Aufgaben mit dem Zyklus vier- bis fünfjähriger Wahlperioden zu vereinen.

Umweltfragen sind in den meisten Gesellschaften vernachlässigt worden. Dies zeigt sich daran, daß die Probleme sich so lange selbst überlassen werden, bis sie unübersehbar geworden sind. So wird das Artensterben, um nur ein Beispiel zu nennen, so lange hingenommen, bis bestimmte Arten nur noch in winzigen Nischen vorkommen; erst dann werden Maßnahmen ergriffen.

Das Gegenteil von Zuwendung ist Macht und Kontrolle, die auch zu Mißbrauch und Aggression führen können. Wenn Aggressionen in Familien auftreten, bedroht die Gewalt die Sicherheit, oft sogar das Leben des Kindes. Anstatt für die Bedürfnisse des Kindes zu sorgen, werden diese durch Gewalt unterdrückt. Und Mißbrauch und Gewalt setzen sich fort – wir wissen, daß die Kinder gewalttätiger Eltern dieses Verhalten oft auch gegenüber ihren Kindern, ihren Ehepartnern oder anderen Menschen zeigen.

Die schlimmsten Formen von Vernachlässigung finden wir daher innerhalb von Familien; sie sind das Ergebnis fehlender Zuwendung, wenn statt Liebe Gleichgültigkeit herrscht. Durch Vernachlässigung werden Kinder, wenn überhaupt, halbherzig und mit einem Minimum des Notwendigen versorgt; oft werden sie dabei unnötigen Risiken ausgesetzt. Vernachlässigung und Gewalt innerhalb der Familien spiegeln sich auch auf gesellschaftlicher Ebene wider. Ein gewalttätiger Staat mißbraucht oder ignoriert die Rechte seiner Bürger. Statt Konzessionen zu machen, begegnet solch ein Staat Protesten mit Unterdrückung. Seine Opfer sinnen auf Rache, und Gewalt mündet in weiterer Gewalt.

Die Konsequenzen der sozialen Vernachlässigung begegnen uns überall. Zeitungen und Fernsehen berichten täglich über Mißbräuche, die die Gesellschaft zerreißen, die Kriminalität erhöhen und den Menschen ein immer deutlicheres Gefühl von Unsicherheit geben. Dabei ist nicht nur die Familie vom Zerfall bedroht, sondern auch die Gemeinschaften lösen sich auf, und ihre Mitglieder ziehen sich immer mehr in die „Individualität" zurück. Da ist es kein Wunder, daß die Umwelt sosehr leidet und unsere biologischen Reserven bedroht sind. Auf globaler Ebene bewirkt Vernachlässigung, daß die absolute Armut ebenso bestehenbleibt wie Unterernährung, Krankheiten, Analphabetismus und daß die Ökosysteme zusammenbrechen und sich das Klima zu ändern droht.

Die Verlustliste droht umfangreich zu werden, aber noch sind die Konsequenzen nicht unvermeidbar. Es ist möglich, Maßnahmen zu ergreifen, um die drohenden Gefahren zu vermeiden; dazu braucht es Regierungen mit einer langfristigen Perspektive, die dazu bereit sind, ihre Zeithorizonte in Jahrzehnten zu bemessen. Schon heute setzen sich viele Menschen mehr als die Regierungen dafür ein, Zuwendung vorzuleben und zu verbreiten.

Die Zuwendung innerhalb der Familie

Die Form der Zuwendung, die sich in allen Gemeinschaften, vor allem innerhalb der Familien, findet, beruht idealerweise auf einer Partnerschaft unter Gleichberechtigten und auf würdevollen Beziehungen, die jeden, ohne Ansehen von Alter und Geschlecht, einschließen. Zuwendung setzt Gleichheit voraus und gleichberechtigte Rollenverteilung in allen gesellschaftlichen Bereichen. Zuwendung ist ein immerwährender Kreislauf, der menschliche Faktoren wie Selbstverwirklichung, Selbstachtung, gegenseitige körperliche und seelische Unterstützung und den gegenseitigen Schutz vor Mißbrauch und Angst hervorbringt.

In Familien, in denen ein Geschlecht unterdrückt wird, kann man beobachten, daß ironischerweise gerade diejenigen, die traditionell Zuwendung leisten – Frauen und Mädchen –, als letzte Zuwendung genießen. Meistens sind sie auch diejenigen, die der Gewalt zum Opfer fallen und die in ihrer Entwicklung behindert werden. In Familien, in denen es keine Partnerschaft zwischen den Generationen gibt, werden die alten und sehr alten Menschen oft zum Spielball der Mächtigen, ob innerhalb der Familie oder des Staats. Wenn wir das gesellschaftliche Gleichgewicht wiederherstellen wollen, müssen wir den Kreislauf, der die Kinder mit den Alten verbindet, wieder schließen und festigen, so daß die Kinder verstehen lernen können, daß sie eines Tages für diejenigen sorgen werden, die jetzt noch für sie sorgen.

All dies setzt verbindlichen Einsatz voraus: Gebraucht werden Engagement und Zeit, Wille und materielle Ressourcen. Die liebevolle Zuwendung von Eltern für ihr Kind mag dabei als Vorbild dienen. Sowohl Lebenserfahrung als auch die Wissenschaft haben klar erwiesen, daß das Wachstum eines Kindes von Zuwendung abhängt. Liebe und Einfühlungsvermögen sorgen dafür, daß sich ein Kind entwickeln und reifen kann. Dazu gehört, daß Krankheiten und Verletzungen vorgebeugt wird und daß für Heilung gesorgt wird, sollte es dem Kind doch einmal nicht gutgehen. All diese Handlungen sind nicht mechanische Reaktionen, sondern gehen auch auf die Erwartungen des Kindes ein.[53]

Elterliche Fürsorge ist bei den Menschen ein lange währender Prozeß und bedeutet in armen Familien den täglichen Kampf, für das Überleben des Kindes zu sorgen. In vielen Familien ruht die Altersvorsorge zudem auf den Schultern der Kinder. Reichere Familien unterstützen ihre Kinder in den meisten Fällen sechzehn bis zwanzig Jahre lang.

Die Zuwendung innerhalb der Gesellschaft

Die Zuwendung, die eine Familie ausüben kann, ist oft abhängig von der Zuwendung, die von der Gesellschaft ausgeht. Dabei geht es nicht um Paternalismus, also den Versorgungsstaat, der seine Bürger dazu verführt, sich auf ungesunde Abhängigkeiten zu Lasten individueller Bemühungen einzulassen. Es scheint so, als sollten wir uns besser um eine Gesellschaft bemühen, die so viel Zuwendung zeigt, daß auch ihre Bürger sich um einander kümmern – also eine Gesellschaft, die Eigeninitiative ermöglicht.

Jeder Aspekt familiärer Zuwendung hat seine Entsprechung auf staatlicher Ebene. Fürsorge heißt, den *Kontext* herzustellen, innerhalb dessen Familien ihre Mitglieder versorgen können: mit Nahrung, Unterkunft, Sicherheit; durch Gleichberechtigung der Geschlechter

53 Siehe auch: Carol Gilligan, In a Different Voice (Cambridge, Mass., Harvard University Press, 1993); R. Myers, The Twelve Who Survive (London, Routledge, 1992)

und durch Stabilität der Familie; durch Bildung und Erziehung und die Vorbereitung auf den zukünftigen Lebenserwerb; durch die Gewährleistung einer nachhaltigen Verbesserung der Lebensqualität.

Als schützende Komponenten kommen dazu die Gesundheitsdienste und andere Formen der sozialen Absicherung sowie die Sicherheit von Recht und Gesetz. Ein sich zuwendender Staat legt auf Vorsorge größtes Gewicht, zum Beispiel bei der Wasserversorgung und anderen Aspekten der öffentlichen Gesundheit, beim Umweltschutz und bei der Verbrechensbekämpfung sowie bei der Familienplanung. Versammlungs- und Redefreiheit wie auch Pressefreiheit verlangen größte Aufmerksamkeit vom Staat. Genauso wichtig für demokratische Prozesse ist eine starke Zivilgesellschaft, in der jede Art von Nichtregierungsorganisation aktiv sein kann. Leider schenken lange nicht alle Regierungen diesen Anforderungen genügend Beachtung.

Gesellschaftliche Zuwendung verlangt außerdem echten Einsatz und nicht nur blumige Worte: Es muß über einen längeren Zeitraum hinweg eine Vielzahl von Ressourcen bereitgestellt werden. Wir haben weiter oben gezeigt, wie hilfreich wohldefinierte Maßnahmen und Zeitpläne für die Verwirklichung einmal gesetzter Ziele sein können, da sie es erlauben, Aktivitäten zu bemessen und zu bewerten. Viele Gesellschaften benötigen jetzt einen klaren Handlungsrahmen, der es jedem ermöglicht, sich direkt an den Entscheidungen zu beteiligen, die ihn selbst betreffen: die Reparatur einer Straße, der Bau einer neuen Schule, die Absicherung der gemeinschaftlichen Dienstleistungen sowie gute Arbeits- und Freizeitbedingungen. Es mag sogar sein, daß wir ganz neue Formen der Zuwendung finden werden, durch die eine Gesellschaft erst vollkommen lebendig wird.

Die international breite Annahme des Aktionsprogramms, das auf dem Kopenhagener Sozialgipfel verabschiedet worden ist, hat die Sicht auf die Dinge tiefgehend verändert, da nicht mehr ausschließlich wirtschaftliche Ziele und Wirtschaftspolitik Gegenstand der Betrachtung sind. Durch die Verwendung des Begriffs des „förderlichen wirtschaftlichen Umfelds“ wird die Wirtschaft jetzt vielmehr als das Mittel betrachtet, das die Verwirklichung anderer, umfassenderer Ziele ermöglicht.

In den Kopenhagener Papieren finden wir wiederholt Hinweise darauf, daß die *Menschen* Priorität haben und damit auch die Sozialpolitik, die soziale Entwicklung und die wirtschaftlichen Bedingungen, die ihren Zielen dienen. So sollen die Regierungen „die Menschen in den Mittelpunkt der Entwicklung stellen“ und dafür sorgen, „daß die Wirtschaft die menschlichen Bedürfnisse effektiver erfüllt“.[54] Regierungen sollen „anerkennen, daß die Verwirklichung einer nachhaltigen sozialen Entwicklung eine gesunde Wirtschaftspolitik auf breiter Grundlage voraussetzt“.[55] Um den Menschen eine soziale Entwicklung zu ermöglichen, müssen die Regierungen sich verpflichten, „einen wirtschaftlichen, politischen, sozialen, kulturellen und rechtlichen Rahmen zu schaffen“, der dies unterstützt.[56] Damit „jeder gleichberechtigten Zugang zu Einkommen, Ressourcen und sozialen Dienstleistungen erlangen kann“, sollen Regierungen einen „dies ermöglichenden wirtschaftlichen Rahmen schaffen“.[57]

Dies ist eine klare Aussage über den vorrangigen Stellenwert, den die soziale Entwicklung einnehmen soll. Dazu muß gesagt werden, daß die Schlußdokumente der Kopenhagener Konferenz einen Rückschritt gegenüber den Verhandlungspositionen und sogar gegenüber den Kompromissen darstellen, die im Vorfeld der Konferenz in den Vorbereitungstreffen erzielt worden waren. Diese Rückschritte sind der Grund für den kritischen Tenor des Berichts, den die in Kopenhagen vertretenen Nichtregierungsorganisationen nach der Konferenz vorlegten.

So neigen Politiker weiterhin dazu, die soziale Entwicklung wirtschaftlichen Zielen unterzuordnen. Gegen Ende des 19. und Anfang des 20. Jahrhunderts wurden Sozialmaßnahmen als Korrektiv in den gesamten Wirtschaftsprozeß eingebaut. Anders ausgedrückt: Während die Industrialisierung voranschritt, wurden Sozialmaßnahmen lediglich nachträglich, Jahre später, als Kompensation für die katastro-

54 John Bowlby, Child Care and the Growth of Love, 2. Ausgabe (Harmondsworth, Penguin Books, 1965)

55 Report of the World Summit for Social Development (Vorläufige Version), 19. April 1995

56 Ebenda

57 Ebenda

phalen gesellschaftlichen Folgen der entfesselten Wirtschaftsentwicklung eingeführt.

Eine ähnliche Haltung findet sich immer noch in den jüngeren internationalen Dokumenten zu Entwicklungsfragen. Soziale Ziele werden immer noch als lästige Nebenaufgabe neben den dominierenden wirtschaftlichen Zielen behandelt. Eine Analyse der Strategien, die von den Vereinten Nationen über die letzten vier Entwicklungsdekaden hinweg umgesetzt wurden, macht deutlich, daß sie unkritisch genau der Denkweise folgten, die sich zur Jahrhundertwende durchgesetzt hatte: Zwar blieben soziale Ziele nicht vollkommen unberücksichtigt, aber es erforderte ständige Bemühungen und Kämpfe, diese Ziele zu offenbaren und in die Strategien zu integrieren.

Es ist wohl wahr, daß es Versuche gab, der sozialen Entwicklung ihren Platz einzuräumen, aber diese Textpassagen waren oft den sehr detaillierten Passagen zur Wirtschaftspolitik nur nachgeordnet und sagten oft nicht viel mehr aus als beispielsweise: „Der letztendliche Zweck der Entwicklung ist es, allen Menschen größere Möglichkeiten für ein besseres Leben zu geben.“[58] Die Strategie des dritten Jahrzehnts der Entwicklung (1981–1990) setzte in ihrem letzten Teil[59] den Schwerpunkt auf die „soziale Entwicklung“. Dabei wurden vor allem Themen wie „Bekämpfung der Armut“, „Bildungspolitik“, „medizinische Primärversorgung“ und „Bevölkerungspolitik“ betont. Diese Politikansätze wurden jedoch in einen Gesamtkontext eingebettet, der nur zur Unterminierung ihrer Umsetzung führen konnte: „Das Endziel der Entwicklung ist die Verbesserung des Wohlergehens der Gesamtbevölkerung auf Grundlage ihrer vollen Teilnahme am Entwicklungsprozeß und der gerechten Verteilung des daraus zu ziehenden Nutzens.“[60] Hier werden zwei Fallstricke deutlich. Zunächst einmal führt die Behandlung der Sozialpolitik unter „Endziel der Entwicklung“ dazu, daß sie dem Ziel des Wirtschaftswachstums untergeordnet wird. Zweitens suggeriert das Ziel einer „gerechten Verteilung des daraus zu ziehenden Nutzens“, daß die soziale Entwicklung von der wirtschaftlichen Entwicklung abhängt – der sozialen

58 Ebenda
59 III. International Development Strategy (New York, United Nations, 1981)
60 Ebenda

Entwicklung wird der zweite Rang zugeteilt, und ihre Grundlage ist die „Verteilung", nicht das Recht auf soziale Entwicklung. Dieser Ansatz zieht sich durch den ganzen Text der globalen Entwicklungsstrategie, was deutlich macht, daß es der internationalen Gemeinschaft nicht gelungen ist, die Sozialpolitik richtig zu plazieren.

Es ist Zeit für „qualitativen und strukturellen Wandel in der Gesellschaft"; dies wird sogar in der zweiten Internationalen Entwicklungsstrategie bestätigt. Dieser Wandel muß Hand in Hand gehen mit einer strukturellen Änderung der Wirtschaftsprozesse und nicht nur vom „schnellen wirtschaftlichen Wachstum" abhängig gemacht werden. Der entstehende Konsens muß verfestigt und die Sozialpolitik von den Fesseln der einschränkenden Wirtschaftspolitik befreit werden. Die notleidenden Menschen haben dies in den Anhörungen, die die Kommission in den verschiedenen Regionen der Welt veranstaltet hat, klar ausgedrückt.

Die Tatsache, daß der Wohlfahrtsstaat auch in Europa in einer Krise steckt, entwertet die hier angesprochenen Themen und Fragestellungen nicht. Im Gegenteil: Die Staaten Europas versuchen, die Mechanismen neu zu überprüfen, die es dem Staat ermöglichen, solchen Verpflichtungen nachzukommen, wohl wissend, daß die sozialen Rechte genauso verteidigt und gefördert werden müssen wie die bürgerlichen und politischen Rechte. Wir benötigen ein neues Denken, in dem die Schritte, durch die der heutige Wohlfahrtsstaat aufgebaut wurde, so zusammengeführt werden, daß sie die Grundlage für einen soziale Zuwendung ausübenden Staat bilden.

Die Kommission ist der Überzeugung, daß das Konzept der Zuwendung als angemessene Grundlage für zukünftige Aktivitäten dienen kann. Dazu gehört, den wirklichen Bedürfnissen von Einzelpersonen und Gruppen Aufmerksamkeit zu schenken und auf sie verbindlich und mit den nötigen Konsequenzen einzugehen. In anderen Worten: *Zuwendung ist ein höheres Prinzip als Zweckdienlichkeit.*

Industrie- und Entwicklungsländer sollten sich gemeinsam für diese Sache einsetzen, um durchzusetzen, daß der Staat soziale Zuwendung verkörpert.

Sozialpolitik als öffentliche Politik

Die Sozialpolitik ist der sichtbare politische Ausdruck des sich sozialen Belangen zuwendenden Staats. Vor der Industrialisierung gehörte die Sozialpolitik noch nicht zu den Aufgaben des Staats. Das Bildungswesen war die Domäne verschiedener kultureller, religiöser und philanthropischer Kräfte. Das Gesundheitswesen wurde von humanitären Institutionen und Individuen getragen.

Mit Beginn der industriellen Revolution beließ der liberale Staat Maßnahmen, die im weitesten Sinn als „sozial" beschreibbar sind, in den Händen verschiedener (oft entgegengesetzter) Interessengruppen und Privatpersonen. Die Funktionsweise dieser Systeme beruhte auf Privatinitiativen, die sich im Kontext einer Gesellschaft abspielten, in der die sozialen Herausforderungen kollektiv vernachlässigt oder einfach ignoriert wurden. Recht und Gesetz sollten die Gleichheit unter den Menschen wahren, wenn auch auf sehr abstrakter Ebene.

Die Sozialpolitik wurde mit Beginn und im Verlauf des 20. Jahrhunderts zu einem integralen Bestandteil der öffentlichen Politik. Der Wiederaufbau nach dem Ersten und dem Zweiten Weltkrieg ergab neue Rahmenbedingungen für die Einführung neuer Sozialpolitiken. Tatsächlich entsprang die Institutionalisierung der Sozialpolitik dem kontinuierlichen Bemühen darum, die menschlichen Kosten der Industrialisierung durch Verbesserung der Lebens- und Arbeitsbedingungen der Arbeiter und durch Entschädigung für die Risiken ihrer Arbeitsstätten zu verringern. Der Staat engagierte sich zunehmend im Bereich der Sozialhilfeleistungen (z. B. der Arbeitslosenversicherung), wobei er in dieser Rolle weiterhin ergänzt wurde durch den kontinuierlichen Druck von Interessengruppen wie den Gewerkschaften. Daneben entstanden die Verhandlungsprozesse zwischen Arbeitgebern und Arbeitnehmern.

Die Sozialpolitik von heute entstand zunächst als eine Antwort auf die „soziale Frage" bzw. auf soziale Themen. Weit entfernt davon, einen umfassenden Maßnahmenkatalog darzustellen, der zur Lösung bestimmter Probleme dienen könnte, werden die neuen Politiken vielmehr in Reaktion auf auftretende Konfliktherde entwickelt und verfolgt. Diese Politik ist somit ein Ausdruck der andauernden Spannungen unter den gegebenen Machtverhältnissen. Die soziale Mobilisierung scheint tatsächlich in Zeiten des sozialpolitischen Drucks am effizientesten zu wirken – wenn nämlich Staat und Gesellschaft sich der Möglichkeit öffnen müssen, neue Grenzen abzustecken, die vor allem im Prinzip der Umverteilung von Ressourcen im Sinn der Chancengleichheit begründet sind.

Die Errungenschaften dieses Prozesses erwuchsen mit der Mobilisierung von Akteuren, die sich bei den wirtschaftlichen Fortschritten ihres Landes benachteiligt oder übergangen fühlten. Das System zur Förderung der Sozialpolitik, das im Dreiecksverhältnis von Staat, Zivilgesellschaft und Bürger entstand, kennen wir heute unter dem Begriff Wohlfahrtsstaat. Dieser wurde jedoch weitgehend durch die Eigenschaften der verschiedenen nationalen Gesellschaften geprägt.

Dieser Prozeß ist noch lange nicht abgeschlossen: In den meisten Ländern ist es dabei geblieben, daß Sozialleistungen durch intensive Bemühungen errungen werden müssen. In manchen Ländern ist selbst der Zugang zum Bildungswesen nicht gebührenfrei; in anderen gibt es keine ausreichende Finanzierung für soziale Dienste wie die medizinische Grundversorgung, selbst wenn die entsprechenden Gesetzestexte verabschiedet worden sind.

Es erscheint paradox, daß der derzeitige Übergangsprozeß, der in den mittel- und osteuropäischen Ländern stattfindet, zu einer Umkehrung der vorhergegangenen Entwicklungen geführt hat, was sich in sozialen Einschnitten und Verarmung niederschlägt. Noch beunruhigender mag es sein, daß die Welt von heute überfordert damit zu sein scheint, eine umfassende Perspektive zu entwickeln, wie mit Armut, Arbeitslosigkeit und anderen drängenden Problemen umgegangen werden soll, die mit dem vorhersehbaren Bevölkerungswachstum einhergehen werden.

Die Kommission schlägt vor, daß die wachsende Zahl der Länder, die den Weg der wirtschaftlichen Entwicklung durch Industrialisierung einschlagen, das Modell des sozial verantwortlichen, sich den gesellschaftlichen Belangen zuwendenden Staats als Leitbild annehmen – zumindest als einen Ansatzpunkt für die Entwicklung der Politiken, die benötigt werden, um Probleme wie soziale Benachteiligung, soziale Sicherheit und Gerechtigkeit zu bewältigen. Nach dem Verständnis der Kommission ist das Modell des Wohlfahrtsstaats nicht gleichzusetzen mit dem Zustand des Staats in den ersten Phasen der

Industrialisierung. Ein wirksamer Wohlfahrtsstaat ist vielmehr ein Zuwendungsstaat, der der Sozialpolitik höchste Priorität einräumt und der die materiellen Mittel aufbringt, durch die diese Sozialpolitik verwirklicht werden kann.

Die sozialpolitische Verantwortlichkeit des Staats

Die letzten Kapitel haben gezeigt, daß die Entstehung von Nationalstaaten mit den ersten sozialpolitischen Maßnahmen zusammenfiel, die die mit der Industrialisierung einhergehenden sozialen Spannungen lösen sollten. Daher ist es verständlich, daß Länder, in denen sich der Nationalstaat erst entwickelt oder die sich in Frühphasen der Industrialisierung befinden, keine Sozialpolitik aufweisen. Darüber hinaus treten in diesen Ländern oft andere Formen von Spannungen auf, zum Beispiel ethnische oder religiöse Konflikte, die wiederum oft dazu führen, daß der betroffene Staat die sozialen Rechte nicht fördert.

Die Probleme, mit denen viele Länder beim Aufbau konfrontiert werden, sind vielgestaltig. Wie soll eine Sozialpolitik gestaltet werden, wenn die Bedingungen sich so stark von denen unterscheiden, unter denen die uns vertrauten Systeme entwickelt wurden? Soll die Initiative dazu von der Zivilgesellschaft ergriffen werden? Ist es notwendig, Anregungen zur Stärkung der Zivilgesellschaft zu geben? Oder ist anzunehmen, daß erst soziale Spannungen den ausreichenden Handlungsdruck auf den Staat erzeugen?

Der Wohlfahrtsstaat ist, schon von seiner Definition her, ein sich zuwendender Staat. Er unterstützt die Familien und Gemeinschaften dabei, sowohl für sich als auch für ihre Umwelt zu sorgen. Der sich zuwendende Staat bietet Familien und Gemeinschaften seine Dienste an, um deren Zuwendungsfähigkeit zu stärken, vor allem bei Vorsorge und Selbsthilfe. Der Staat muß als Zuwendungsstaat erhalten bleiben trotz aller materiellen und organisatorischen Unzulänglichkeiten staatlicher Organisationsformen.

Der Wohlfahrtsstaat hat das Ziel der Entkommerzialisierung bestimmter Güter und Dienstleistungen in das Zentrum seiner politischen Bemühungen gestellt, um damit den verschiedenen sozialen Bedürfnissen entgegenzukommen. Um dieses Ziel zu erreichen, hat der Staat früh umfangreiche Behörden und Institutionen aufgebaut, die der Organisation, dem Management und der Bereitstellung dieser Güter und Dienstleistungen dienen sollen. In Nordamerika und in einigen europäischen Ländern fand in den achtziger Jahren eine Trendwende in dieser Entwicklung statt, als nämlich einige der bislang öffentlichen Dienstleistungen privatisiert wurden, um den Prinzipien der Effizienz und der Wirtschaftlichkeit zu genügen. Die Auffassung, daß der Staat die Dienstleistungen nicht direkt und selbst anbieten muß, findet zunehmend Verbreitung; statt dessen kann der Staat als Katalysator und Schirmherr dienen, ohne jedoch seine normativen und gesetzgeberischen Pflichten wie auch seine letztendliche Verantwortlichkeit aufzugeben.

Die Veränderung der demographischen Strukturen zeigt tiefgreifende Auswirkungen auf die Sozialpolitik. Niedrigere Fruchtbarkeitsraten und die höhere Lebenserwartung in den Industrieländern lassen die Gruppe der über 65jährigen stark anwachsen. Dies erfordert Strukturen, die intensive (und teure) Pflegedienste und Haushaltshilfen bereitstellen. Darüber hinaus gefährdet die Verschiebung der Relationen zwischen der arbeitenden und der nichtarbeitenden Bevölkerung die Finanzierbarkeit vieler Leistungen des Wohlfahrtsstaats.

Die Erfahrungen in Osteuropa zeigen, daß der Rückzug des Staats aus einigen Bereichen der Sozialpolitik und der Abbau der Institutionen, die mit der Verwaltung der Sozialpolitik betraut waren, zu kurzfristig, zu plötzlich und zu willkürlich erfolgten. Das Ergebnis ist die Fragmentierung, in manchen Teilen auch die Zerstörung des sozialen Systems.

Die Kommission hält an der Auffassung fest, daß die Sozialpolitik den Kern der staatlichen Verantwortung bildet. Dieses Kernziel kann in den Umständen angemessene Sozialprogramme umgesetzt werden, die von verschiedenen staatlichen Institutionen oder durch Privatinitiativen getragen werden, wobei der Staat bei letzteren die gesetzlichen Rahmenbedingungen bestimmt, so daß der Gerechtigkeit Genüge getan wird. Sollte sich eine Zentralregierung von den finanziellen Verantwortungen des Staats zurückziehen, so sollten diese Verantwortlichkeiten auf die nächsttiefere Regierungsebene übergehen. Dies entspricht dem Prinzip der Subsidiarität, d. h. der Delegation der Aufgaben von oben nach unten, auf die Arbeitsebene, die den Problemen und Maßnahmen am nächsten liegt.

Dabei entstehen wiederum schwierige Fragen. Wie sollen Energie und Ressourcen eingesetzt werden, um den Fluch der Armut zu beseitigen? Woher soll die Motivation kommen, die Ressourcen bereitzustellen, die für Gesundheits- und Bildungsmaßnahmen in der Phase des demographischen Übergangs notwendig sind? Wie kann ein angemessenes Gleichgewicht zwischen Entbehrung und hohem Konsum gefunden werden? Wie läßt sich ein gesundes Empfinden für die Vermeidung von Abfall und Umweltschäden entwickeln?

Um eine nachhaltige Verbesserung der Lebensqualität zu erreichen, müssen soziale Investitionen ganz oben auf der Prioritätenliste der Regierungen stehen. Tatsächlich war dies die Hauptbotschaft der Weltsozialgipfel. Hier wurde die Verpflichtung eingegangen, die Arbeitslosigkeit zu eliminieren, Vollbeschäftigung und soziale Integration zu garantieren, für Gleichheit und Gerechtigkeit zwischen den Geschlechtern zu sorgen, die für die soziale Entwicklung bereitgestellten Ressourcen zu vergrößern, Bildung und medizinische Grundversorgung allgemein und gleichberechtigt zugänglich zu machen, die Entwicklung von Afrika und den am wenigsten entwickelten Ländern vorrangig zu fördern und die internationale Zusammenarbeit im Bereich der sozialen Entwicklung zu stärken. Die tatsächliche Umsetzung dieser Bekenntnisse ist die derzeitig wichtigste Staatsaufgabe.

Nicht alle Sozialpolitiken werden die gleiche Wirkkraft auf den Prozeß des demographischen Übergangs haben. Dringliche und kreativ gestaltete Maßnahmen im Bereich der Bildungs-, Gesundheits- und Arbeitsmarktpolitik werden den Prozeß direkt beschleunigen. Und die Geschwindigkeit, mit der diese Maßnahmen durchgeführt werden, wird den Verlauf des Übergangsprozesses bestimmen.

Die Kopenhagener Konferenz war ein solider Auftakt, dem nun weitere ernsthafte Schritte folgen sollten. Die Kommission drängt daher auf verstärkte Bemühungen, die Prioritäten bei den Staatsausgaben zu verlagern und neue Ansätze zu verfolgen, um die soziale Ausgrenzung zu bekämpfen, die auf allen Ebenen und in jeder Beziehung abstoßend ist.

Die Kommission sieht es zudem als ein Muß an, daß das Kopenhagener Übereinkommen ohne Verzug umgesetzt wird. Innerhalb dieses Übereinkommens sind alle Unterzeichnerstaaten dazu verpflichtet, die Armut insgesamt zu bekämpfen und dabei Maßnahmen zu ergreifen, die die strukturellen Barrieren beseitigen, durch die Menschen daran gehindert werden, der Armut zu entkommen. Dabei sollen Zeithorizonte angelegt werden, die dem jeweiligen nationalen Kontext angemessen sind.

Jedes Land soll, unter Beteiligung der Zivilgesellschaft, einen einheitlichen sozialen Entwicklungsplan erarbeiten, der alle wichtigen Aspekte des Lebens abdecken soll und in dem die Strategien klar dargelegt werden, die zugunsten der Ärmsten und der Randgruppen eingesetzt werden sollen. Zu diesem Plan sollen auch Ziele und Zeitpläne gehören sowie eine Definition der Indikatoren, mit deren Hilfe die Fortschritte überprüft werden können. *Lokale* Konzepte sollten durch die *lokalen* Behörden erarbeitet werden, wobei auch hier die Bevölkerung umfassend einbezogen werden muß.

Der internationalen Gemeinschaft kommt bei all diesen Bemühungen eine helfende und ermächtigende Funktion zu. Sie könnte dabei helfen, Hindernisse wie Schuldenprobleme zu beseitigen und die zentralen Ressourcen bereitzustellen, die den beteiligten Ländern angemessene und wirksame Maßnahmen ermöglichen. Diese sollte dazu führen, daß ein gerechter und gleichberechtigter Rahmen für die Weltwirtschaft geschaffen wird, der die nachhaltige Nutzung der gemeinsamen Naturressourcen der Welt („global commons"), z. B. der Ozeane und der Atmosphäre, ermöglicht.

Meine Heimatregion ist nicht mehr, was sie einmal war. (...) Es kam eine Zeit, da die Menschen von all den neuen Dingen und hellen Lichtern irregeleitet wurden. Die Lichter wurden aus kommerziellen Gründen aufgehängt. Und dann, welchen Weg einschlagen, meine Leute? Oh! Wahlmöglichkeiten – Entscheidungen, die wir trafen, zum Besseren oder zum Schlechteren. Kapital zog aufs Land, und die Menschen schlugen Profit aus Bäumen. Wo einstmals Wälder waren, brüten heute riesige Wüsten. Die, die das Land verließen, um sich in die Stadt zu wagen: Was wurde aus ihnen?

Iluba-Elimnyama-Gruppe, Simbabwe, öffentliche Anhörung,
südliches Afrika

Ein Charakterzug, der unseren Politikern eigen ist, ist der ausnahmslos quantitative Ansatz, mit dem sie sich Problemen der sozialen Sicherheit annähern. Die Hauptfigur all dieser Debatten ist der Rentner. (...) Selbst das Grundkonzept „Sozialpolitik" muß erst einmal verstanden und erarbeitet werden. Es wurden keine Prioritäten identifiziert und gesetzt. Die Natur der Krise als Übergangsproblem läßt große Ungewißheit aufkommen. Diese Ungewißheit ist der entscheidende Faktor, der auch nicht durch irgendeine spezielle Sozialpolitik beseitigt werden kann; er kann nur beseitigt werden, indem wir den Ausweg aus der Krise finden.
Anatoly Vishnevsky, Rußland, öffentliche Anhörung, Osteuropa

Teil III
Von Visionen zur Politik

8. Einstellungen gegenüber dem Bevölkerungswandel: Ein Paradigmenwechsel

Wir, die Bürger von Brasilien, verlangen heute, daß Wirtschaft und Politik uns gehorchen, denn wir sind die Architekten und Bausteine der Demokratie. Ohne Demokratie sind wir nichts weiter als Gegenstände, Diener, Sklaven der Logik der lokalen Apartheid.
Herbert de Souza (Betinho), Brasilien, öffentliche Anhörung, Lateinamerika

Die Menschen des südlichen Afrika wollen an der Entwicklungspolitik, an der Umsetzung der Bevölkerungsprogramme und an der Verbesserung der Lebensqualität voll und aktiv teilnehmen. (...) Sie wollen nicht nur passive Empfänger sein.
Marvellous Mhloyi, Simbabwe, öffentliche Anhörung, südliches Afrika

Ein Paradigmenwechsel

Die Ergebnisse der UN-Konferenz zu Bevölkerung und Entwicklung, die im September 1994 in Kairo stattfand, werden zunehmend als ein Paradigmenwechsel interpretiert, der sich von den bevölkerungspolitischen Konzepten der vergangenen Jahrzehnte abwendet: „Es wurde eine neue Interpretation der Bevölkerungspolitik vorgebracht. (...) In ihrer Gesamtheit betrachtet, deuten die Empfehlungen, ihrem Inhalt und Stil nach, auf eine vollkommen anders gelagerte Betonung, einen Paradigmenwechsel innerhalb der Ansätze hin, die die internationale

Gemeinschaft gegenüber dem Bevölkerungswachstum verfolgt."[1] In Anbetracht der eigenen Arbeiten und vor allem nach den sieben öffentlichen Anhörungen, die sie durchgeführt hat, teilt die Kommission diese Bewertung.

Diese Auffassung steht im Gegensatz zu der dominierenden Ausrichtung der Bevölkerungspolitik in den sechziger und siebziger Jahren, als Bevölkerungspolitik noch hauptsächlich als ein Instrument betrachtet wurde, mit dem die Bevölkerung kontrolliert und die Geschwindigkeit ihres Wachstums gebremst werden sollte. Dies schlug sich in der Sorge um die Auswirkungen des Bevölkerungswachstums auf die Nahrungsmittelvorräte nieder sowie in dem Glauben, daß das Bevölkerungswachstum ein Entwicklungshindernis darstelle.[2] So äußerte der amerikanische Präsident Lyndon B. Johnson in einer Rede zum Zustand der Nation die Überzeugung, daß „in dem Wettrennen zwischen Nahrungsmittelversorgung und Bevölkerungswachstum, neben den Bemühungen um Frieden, die größte Herausforderung für die Menschheit" liege.[3]

Aber schon vor der ersten Bevölkerungskonferenz der Vereinten Nationen, die 1974 in Bukarest stattfand, erforderten die Belange der jungen Entwicklungsländer eine ausgeglichenere Betrachtungsweise in bezug auf die Ziele und Maßnahmen, die im Rahmen der Bevölkerungspolitik verfolgt werden sollten; die Umsetzung jedoch fiel gegenüber den Intentionen zurück. In dem Moment, in dem die Bevölkerungspolitik auf Fragen der Familienplanung reduziert wurde[4], geriet die Entwicklung aus dem Gleichgewicht und führte zu einem politischen Klima bis dahin nie gesehener Einmischung. „Indem das Bevölkerungsproblem mit der fehlenden Versorgung mit

1 C. Allison McIntosh und Jason L. Finkle, The Cairo Conference on Population and Development: A New Paradigm?, Population and Development Review 21:2 (1995)

2 Peter J. Donaldson, Nature Against Us – The United States and the World Population Crisis, 1965–1980 (Chapel Hill and London, The University of North Carolina Press, 1990)

3 Zitiert in: Peter J. Donaldson, Nature Against Us – The United States and the World Population Crisis, 1965–1980 (Chapel Hill and London, The University of North Carolina Press, 1990)

4 Ebenda

Kontrazeptiva gleichgesetzt wurde, wurden die USA in die Lage versetzt, schnell zu intervenieren, ohne dafür viel Geld ausgeben oder den örtlichen Gegebenheiten viel Aufmerksamkeit schenken zu müssen."[5] Dementsprechend zeigten die rigorosen Bemühungen vieler Entwicklungsländer, ihr Bevölkerungswachstum mit Hilfe der Familienplanung einzudämmen, positive Ergebnisse, soweit es die Bevölkerungszahlen betrifft.[6]

Kontrazeptiva und die damit einhergehenden Informationen und Motivationshilfen, die die Fruchtbarkeitsrate gesenkt haben, wurden zwar verteilt, dies wurde aber nicht von flankierenden Maßnahmen für einen sozialen und wirtschaftlichen Wandel begleitet.[7] In den siebziger Jahren wurde die Stellung der Frau als ein zentraler Faktor für die Fruchtbarkeitsrate erkannt, aber es wurde viel darüber diskutiert, welche Indikatoren die Stellung der Frau definieren könnten. Nachdem die grundlegenden Parameter hierfür – wie Analphabetentum, Bildung und Heiratsalter – entwickelt worden waren, wurden diesen nach und nach andere Parameter, wie wirtschaftliche Beteiligung und Gesundheitsstatus, hinzugefügt.

In dem kurzen Zeitraum zwischen 1974 und 1994 kam es zum Wandel. Auf der einen Seite geriet die *Entwicklung* aufgrund des massiven Strukturwandels in der Weltwirtschaft und durch die Globalisierung in eine Sackgasse. Auf der anderen Seite entwickelte sich die Frauenbewegung und wurde zu einer einflußreichen und entscheidenden Kraft. Eine vollkommene Kehrtwende war die Folge: Die reproduktiven Rechte der Frauen wurden zum Dreh- und Angelpunkt der bevölkerungs- und entwicklungspolitischen Debatte und letztlich der Bevölkerungspolitik selbst.

Die Bestätigung des unverletzlichen Rechts der Frau auf Selbstbestimmung im Bereich der Fortpflanzung hat die Bevölkerungspolitik in einen neuen Kontext gesetzt, der nichts weniger als einen Paradig-

5 Ebenda

6 C. Allison McIntosh und Jason L. Finkle, The Cairo Conference on Population and Development: A New Paradigm?, Population and Development Review 21:2 (1995)

7 Ebenda

menwechsel darstellt. Zum erstenmal wird damit ein soziales Thema von globaler Bedeutung durch individuelle und kollektive Rechte definiert. Daraus folgt die Verpflichtung des Staats, die reproduktiven Rechte seiner Bürger genauso zu respektieren, zu schützen und zu fördern wie alle anderen Rechte. Mit einer solchen Anerkennung muß notwendigerweise auch eine drastische Veränderung der bevölkerungspolitischen Ansätze verbunden sein.

Die Kommission begrüßt diese Entwicklung, die einer weltweiten sozialen Revolution gleichkommt, außerordentlich. Die Selbstbestimmung der Frauen und andere Verbesserungen ihrer Stellung waren, neben der Entkolonialisierung, die bedeutsamste Revolution des 20. Jahrhunderts. Bei ihrer Suche nach einer neuen Vision hat die Kommission versucht, die Grundlagen für einen Paradigmenwechsel zu legen, der die Zukunft der Bevölkerungspolitik und ihrer Umsetzung auf nationaler und internationaler Ebene beeinflussen könnte.

Die Kommission ist der Auffassung, daß den Bürgern mit Hilfe von Bevölkerungsstudien verdeutlicht werden sollte, welche demographischen Trends sich abzeichnen und was deren Konsequenzen auf lokaler, nationaler und globaler Ebene voraussichtlich sein werden, ohne daß dabei jedoch versucht wird, die Familiengröße zu bestimmen. Die Kommission unterstreicht das Recht des einzelnen, die Familiengröße frei und verantwortlich selbst zu bestimmen. Die Anwendung von Druckmitteln innerhalb der Bevölkerungspolitik ist eine Verletzung der Menschenrechte und sollte eingestellt werden.

Gleichzeitig sollte die Bevölkerungspolitik politische Maßnahmen umfassen, die einen Einfluß auf Fruchtbarkeitsrate und Bevölkerungswachstum haben. Diese Maßnahmen liegen u. a. im Bereich der Gesundheit und der Bildung, und beinhalten frauen- und kinderbezogene Investitionen, vor allem auch für Mädchen. Außerdem sollten die Bürger ermächtigt werden, die notwendigen Maßnahmen einzufordern.

Die Bevölkerungspolitik und ihr gesellschaftlicher Kontext

Der Wandel, der sich in Kairo vollzogen hat, kann nur innerhalb eines umfassenden gesamtgesellschaftlichen Kontextes verstanden werden.

Versuche, die Bevölkerungsdynamik zu regulieren, sind so alt wie gesellschaftliche Organisationsformen selbst. Es wurde immer als die wichtigste Verantwortung der Führung oder Regierung einer Gemeinschaft betrachtet, die Nahrungsmittelversorgung zu garantieren, die allgemeine Sicherheit zu gewährleisten und für das nachhaltige Überleben der Gemeinschaft zu sorgen.

Sobald eine Gesellschaft erkannte, daß sie an ihre Expansionsgrenzen stieß, da sie ihre Produktionskapazitäten nicht mehr erweitern konnte, wurden Methoden und später auch Regeln eingeführt, um die Größe der Gemeinschaft zu kontrollieren. Dies ist auch der Grund, warum die Bevölkerungspolitik so eng mit den wesentlichen kulturellen Eigenschaften einer jeden Gesellschaft verknüpft ist.

Mit der Senkung der Sterblichkeits- und Kindersterblichkeitsraten, die durch die Gesundheitspolitik und internationale Zusammenarbeit erreicht wurde, ging eine höhere Lebenserwartung einher. Mit der Zeit wurde dieses Phänomen als der *Grund* des Bevölkerungsproblems interpretiert. Weder die Senkung der Sterblichkeitsrate noch die Verlängerung der Lebenserwartung spielten jedoch während der frühen Diskussionen zur Bevölkerungspolitik, ob auf nationaler oder internationaler Ebene, eine Rolle. Selbst in den neunziger Jahren noch erklärten einige Mediziner und Wirtschaftspolitiker, die UNICEF-Strategie zur Sicherung des Überlebens von Kindern habe viele Entwicklungsländer in eine „Bevölkerungsfalle" geführt.

Eine andere polemische Behauptung war, daß es lediglich die Entwicklungsländer seien, die bevölkerungspolitische Maßnahmen benötigten, da dort die demographischen Zuwächse zu verzeichnen sind. Diese Annahme vernachlässigt die Bedeutung der Wachstumsrate, der Struktur, der Zusammensetzung und der Mobilität einer Bevölkerung – um nur einige der bestimmenden Faktoren zu nennen, die staatlichen Regelungen und nationaler Entwicklung zugrunde liegen. Erst in der jüngsten Vergangenheit wurde daher den ernsthaften Bevölkerungsproblemen in den Industrieländern Aufmerksamkeit geschenkt: sinkende Geburtenzahlen, verlängerte Lebenserwartung, Veränderungen in der Altersstruktur und zunehmende Immigration. Die sozialpolitischen Maßnahmen, die auf diese Entwicklung eingehen sollen, werden nur selten als Bevölkerungspolitik angesehen und nehmen selten eine sichtbare Rolle in den internationalen Diskussionen zur Bevölkerungspolitik ein. Diese Tatsache wurde auf den von der Kommission veranstalteten Anhörungen als bewußte Doppelmoral eingeschätzt.

Solche Fälle von irreführenden politischen Darstellungen erschweren Initiativen und kontinuierliches Handeln und verhindern den Geist der Kooperation, der innerhalb des Dialogs zur Bevölkerungspolitik so wichtig ist. Die Kommission ist daher der Meinung, daß diese Politiken immer innerhalb ihres Gesamtkontextes dargestellt werden sollten, und zwar nicht nur gegenüber den betroffenen Gemeinschaften, sondern auch in Zusammenhang mit dem allgemeinen Ziel der nachhaltigen Verbesserung unserer Lebensqualität. Dazu ist es notwendig, daß

- die gegenwärtige Lücke zwischen demographischer Wissenschaft und Bevölkerungspolitik geschlossen und
- ein kontinuierlicher Dialog mit der Bevölkerung geführt und diese beteiligt wird.

Der Interaktion zwischen Bevölkerung und Entwicklung auf den Grund gehen

Die Fragmentierung des Wissens, einhergehend mit der Spezialisierung der Experten, hat es verhindert, daß bevölkerungs- und entwicklungspolitische Themen ausreichend in einen Zusammenhang gestellt wurden. Außerdem hat die Bevölkerungs- und Entwicklungsdebatte oftmals darunter gelitten, daß Wissenschaftler und Politiker entgegengesetzter Auffassung waren. Während viele Wissenschaftler dafür eintreten, die Faktoren, die zum Bevölkerungswachstum beitragen, in ihrer Gesamtheit zu betrachten, verfolgen Politiker im großen und ganzen einen wesentlich einfacheren Ansatz.

Bevölkerungsexperten haben den Umfang ihrer Arbeiten kontinuierlich erweitert, um die ganze Komplexität der Bevölkerungsdynamik erfassen zu können. Die Kernelemente der demographischen Faktoren – Fruchtbarkeits- und Sterblichkeitsrate, Zusammensetzung und Verteilung der Bevölkerung – wurden durch soziale, wirtschaftliche, politische, technologische und kulturelle Variablen ergänzt, die diese Kernelemente mit beeinflussen. Gleichermaßen wurde in der Entwicklungswissenschaft ein sich vergrößernder Katalog von Faktoren entwickelt, die alle dem Streben nach Wirtschaftswachstum untergeordnet wurden. Letzteres wurde als ausschließliche Aufgabe der Politik betrachtet.

Während das Bevölkerungswachstum in die internationalen Entwicklungsstrategien Eingang fand, blieben die Korrelationen zwischen Bevölkerung und Entwicklung auf die jährlichen Wachstumsraten und ihre Auswirkungen auf das Bruttoinlandsprodukt pro Kopf der Bevölkerung beschränkt. Genau wie die Bevölkerungspolitik, die in den internationalen politischen Dokumenten separat behandelt wurde, wurden auch die demographischen Expertisen und Aktionen isoliert betrachtet.

Unter den Entwicklungsexperten gab es „Wohlfahrtshelfer", die sowohl von staatlichen wie auch von humanitären Organisationen von innerhalb oder außerhalb des Landes entsandt wurden. Daneben gab es „Entwicklungshelfer", Einzelpersonen oder Gruppen, Missionare und „Kooperationsagenten", die die bilateralen oder multilateralen Institutionen vertraten. Außerdem gab es die Leiter der Bevölkerungs- oder Familienplanungsprogramme, die oft sehr unterschiedliche Wege einschlugen und häufig ausländische Experten waren.

Der Grenzbereich zwischen Ethik und Politik

Die Bevölkerungskonferenz von Kairo war durch ihren Versuch, Wissenschaft und Politik zu versöhnen und zu verknüpfen, ein Meilenstein. Die Kommission ruft dazu auf, die Bemühungen, die Bevölkerungspolitik als einen integralen Bestandteil der Sozialpolitik zu verstehen, fortzusetzen. Die Kommission macht den gleichgerichteten Vorschlag, daß alle Bevölkerungs- und Entwicklungsexperten und -helfer, die in den Entwicklungsländern tätig sind, ihr gegenseitiges Verständnis und ihre Zusammenarbeit ausbauen. Unsere Darstellung der nachhaltigen Verbesserung der Lebensqualität macht es offensichtlich, daß „Bevölkerungsfragen" nur im Zusammenhang mit anderen Faktoren, die zur Lebensqualität beitragen, effizient gelöst werden können – nämlich im Zusammenhang mit den Entwicklungsfaktoren.

Kontrovers diskutiert wurde auch die Rolle von Wissenschaft und Technologie. Zwar wurden Kontrazeptiva von Frauen und Männern positiv aufgenommen, aber es fehlte oft an entsprechender Aufmerksamkeit für die Gesundheit der Anwender oder an der Fähigkeit der medizinischen Dienste, die notwendigen Kontrolluntersuchungen und Nachsorge bereitzustellen. Das hat dazu geführt, daß einige der Anwender sich manipuliert fühlten.

Sowohl im Norden als auch im Süden wehren sich Frauenorganisationen gegen „anbieterkontrollierte", langwirkende hormonelle Implantate und fruchtbarkeitshemmende Impfungen. Sie haben die Frage gestellt, warum „anwenderkontrollierte" Verhütungsmethoden und mechanische Empfängnisverhütungsmittel sich nicht durchgesetzt haben und warum die Produzenten diese Methoden auf dem Markt durch technologisch neuere Produkte ersetzten. Es gibt eine Nachfrage nach anwenderkontrollierten Methoden; das haben wir bei einem erfolgreichen Beispiel der Süd-Süd-Kooperation selbst gesehen. Es handelte sich um eine brasilianische Frauengruppe, die einer indischen Partnerorganisation dabei half, die Anwendung von Diaphragmen populär zu machen in der Hoffnung, daß dadurch die Nachfrage so weit ansteigen würde, daß eine Inlandsproduktion aufgebaut werden könnte.

Proteste im Zusammenhang mit der Anwenderkontrolle wurden von vielen Ärzten unterstützt, wenn auch nicht von der gesamten Ärzteschaft. Die Bevölkerungspolitik hat so zu Zweifeln an der ethischen Glaubwürdigkeit des Ärztestandes geführt.

Die Konflikte verschärften sich mit dem Aufkommen neuer Techniken der Geburtenkontrolle (New Reproductive Technologies – NRT). In unseren regionalen Anhörungen von Nordamerika bis Südasien hörten wir scharfe Kritik an der Konzentration auf Forschung und Entwicklung sowie auf die Produktion von invasiven anbieterkontrollierten Kontrazeptiva für Frauen, wohingegen die Bewußtseinsbildung und Verantwortungsbereitschaft bei Männern und benutzerfreundliche Kontrazeptiva vernachlässigt wurden.

Experten stellten fest, daß die Monopolisierung von Forschung und Entwicklung sowie der Produktion in diesem Bereich durch einige Industrieländer die Ursache ist für mangelnde Sensibilität (und manche Fälle von Korruption) unter den medizinischen Fachleuten und den Mitarbeitern von Behörden. Einige Ärzte und Verwaltungsbeamte in den Beratungsdiensten der Familienplanung gaben zu, daß die Geberorganisationen gelegentlich darauf bestanden, daß bei den durch sie finanzierten Programmen langfristig wirkende hormonelle Kontrazeptiva, also invasive Techniken, eingesetzt würden. Es gibt Wissenschaftler, die behaupten, daß die Entwicklung billiger, benutzerfreundlicher und kulturell akzeptabler Verhütungsmittel vor Ort durch unethische Praktiken ausländischer Geber und Produzenten von Kontrazeptiva verhindert worden sei. In den regionalen Anhörungen der Kommission wurde darüber berichtet, daß es in vielen Ländern Monopole von Unternehmen gebe, deren Stammsitze in den Industrienationen liegen. Diese Firmen würden eher reine Gewinninteressen verfolgen als das Ziel, ihre Produkte den lokalen kulturellen Gegebenheiten anzupassen.

Die Kommission drängt daher darauf, daß die Regierungen, die Stiftungen und der private Sektor vermehrt Finanzmittel für die Forschung und Entwicklung wie auch die Produktion sicherer, akzeptabler und anwenderkontrollierter Kontrazeptiva sowohl für Männer als auch für Frauen aufwenden.

Die neuen Techniken der Geburtenkontrolle haben die Debatte um eine neue Dimension erweitert, auf die wir in Kapitel 13 stärker eingehen wollen. Diese Techniken sind für alle Länder von Bedeutung und beziehen sich vor allem auf die reproduktive Gesundheit. Sie eröffnen die Möglichkeit, die Reproduktion medizinisch zu unterstützen, wenn Einzelpersonen oder Paare darum ersuchen; dies geschieht durch Eingriffe in die menschliche – hauptsächlich die weibliche – Fruchtbarkeit. Die Anwendung der neuen Techniken setzt ein gut funktionierendes System der primären Gesundheitsversorgung voraus, und es ergeben sich eine Reihe ethischer Fragen. In vielen Ländern des Nordens wie des Südens wurden daher nationale Beratungskommissionen zur Bioethik einberufen. Auf internationaler Ebene ist dies der Bioethics Council, der unter der Schirmherrschaft der UNESCO gegründet wurde. Die Anwendung von Technologien, vor allem im Bereich der Gesundheit und der Fortpflanzung, sollte immer von dem ethischen Prinzip geleitet sein, daß *das, was wissenschaftlich möglich und technisch machbar ist, auch gesellschaftlich akzeptabel sein muß.*

Die Kommission schlägt vor, in jedem Land ein unabhängiges Organ einzurichten, welches sich zu Fragen der gesellschaftlichen Akzeptanz bei der Einführung neuer Technologien äußert, wozu auch solche gehören, die die Fruchtbarkeit senken oder Unfruchtbarkeit beheben sollen. Ein solch interdisziplinär und interinstitutionell zusammengesetztes Organ sollte damit beauftragt werden, sich mit der gesamten Bandbreite der ethischen und sozialen Fragen auseinanderzusetzen. Es könnte in periodischen Abständen politische Entscheidungsträger beraten und seine Schlußfolgerungen der breiten Öffentlichkeit zugänglich machen, um so den gesellschaftlichen Diskurs zu fördern.

Die Werte, die der Anwendung der neuen Technologien zugrunde liegen, entsprechen weitgehend denen, die auch für die Anwendung der „alten" Reproduktionstechniken zur Senkung der Fruchtbarkeitsraten galten: individuelle Selbstbestimmung, Gleichheit, Respekt vor Leben und Würde, Schutz der Schwachen, Nichtkommerzialisierung der Reproduktion, angemessene Nutzung der Ressourcen, Verantwortbarkeit und ausgewogene Berücksichtigung individueller und gemeinschaftlicher Interessen. Die Royal Canadian Commission on New Reproductive Technologies hat ausgezeichnete Richtlinien zu diesen Fragen erarbeitet.

Die neuen Technologien sollten nicht zu einem Privileg werden oder als Mittel der Diskriminierung dienen. Sie erfordern vielmehr eine genaue Bewertung durch die Gesellschaft, um zu gewährleisten, daß diese imstande ist, mit ihnen umzugehen. Die Bewertung sollte in einer Reihe von Schritten erfolgen:

● Identifizierung ↓	→ wissenschaftliche Evaluierung
↓ Selektion	↓ Beratung
↓ Erprobung →	↓ Entscheidungsverfahren ↓
	Verbreitung von Informationen ●

Unser kleines Schema deutet schon auf das Problem hin: Es bestehen Spannungen zwischen der wissenschaftlich-technischen Entwicklung und Macht auf der einen Seite und der politischen Macht, Kontrolle und Verantwortbarkeit auf der anderen. Die menschlichen und ethischen Implikationen, die mit den alten und den neuen Technologien im Reproduktionsbereich verbunden sind, sind unserer Auffassung nach zu tiefgreifend, um der Selbstregulierung überlassen zu werden.

Die Kommission beobachtete während der regionalen Anhörungen schwerwiegendes Unbehagen gegenüber einigen neuen Technologien. Die Kommission setzt sich daher dafür ein, daß alle Technologien, die auf eine Senkung der Fruchtbarkeitsrate abzielen, den gleichen Kontrollen und den gleichen ethischen Standards unterworfen werden, denen auch die neuen Technologien unterliegen, die Unfruchtbarkeit beheben sollen. Die Kommission sieht es auch als eine Notwendigkeit an, auf internationaler Ebene für die neuen Technologien Standards zu setzen, die geschlechtsspezifische Aspekte behandelt und die Menschenrechte voll würdigen; es sollen – in anderen Worten – Richtlinien für die zukünftige wissenschaftliche Forschung und die Produktentwicklung erstellt werden.

Ein ganzheitlicher Ansatz in der Bevölkerungspolitik

Die Arbeit der Kommission beruhte auf der Annahme, daß nur ein systematischer Ansatz, der Bevölkerung, Lebensqualität und Umwelt einbezieht, den geeigneten Rahmen für die Formulierung der Bevölkerungspolitik bilden kann. In anderen Worten: Die Bevölkerungspolitik sollte nicht nur ein Anhängsel zeitgenössischer Regierungspolitik sein oder etwas, was abgetrennt von den allgemeinen politischen Diskussionen und Entscheidungen behandelt wird.

Die Kommission ist daher der Auffassung, daß eine effiziente Bevölkerungspolitik nicht im Rahmen isolierter Komitees oder Ratssitzungen behandelt werden kann, die außerhalb der politischen Entscheidungsprozesse angesiedelt sind. Der gesamte Regierungsapparat eines Landes sollte verantwortlich für die – implizite und explizite – Bevölkerungspolitik sein.

Solange die Verantwortlichkeiten für die Politikbereiche, die Auswirkungen auf Bevölkerungsfragen haben, auf verschiedene Ministerien und Behörden aufgeteilt sind, kann ein übergreifender Ansatz dabei helfen, diese Aufsplitterung zu überwinden. Nach diesem Ansatz sind Transparenz, also die volle Beteiligung der Öffentlichkeit, und staatliche Verantwortlichkeit erforderlich, da die Bevölkerungspolitik einen angemessenen Platz in der allgemeinen politischen, sozioökonomischen und kulturellen Debatte einnehmen muß. Tatsächlich muß die Bevölkerungspolitik vom kollektiven politischen Willen getragen werden, um:

- politische Kohärenz und Konflikte zu identifizieren und
- die Mobilisierung und Verteilung der Ressourcen zu ermöglichen.

Es wird daher auf globaler Ebene notwendig sein, die kontraproduktive Schematisierung von Bevölkerungsfragen zu vermeiden. Probleme, die mit Fruchtbarkeitskontrolle verbunden sind, werden vom Norden als „weich" betrachtet, während sie der Süden als „hart" wahrnimmt. Fragen der Immigration werden im Norden als „hart" angesehen und als „weich" im Süden. Durch eine ganzheitliche Betrachtungsweise könnte man all diese entgegengesetzten Auffassungen und unterschiedlichen Parameter innerhalb eines einzigen Konzepts zusammenfassen, dem der Lebensqualität. Dann würden entgegengesetzte Interpretationen mit der gleichen Wichtigkeit behandelt.

Ausmaß und Intensität der Beteiligung der Öffentlichkeit werden die Effizienz der Bevölkerungspolitik zu einem großen Teil mitbestimmen. Eine breite Beteiligung ist deswegen von grundlegender Bedeutung, weil sie einer Verzerrung der Bevölkerungspolitik entgegensteuert, die durch zu kurz gesetzte Zeithorizonte und die in den heutigen Demokratien übliche Parteipolitik bewirkt werden kann. Eine breite Beteiligung sollte auch die Öffentlichkeit besser dazu befähigen, auf den verschiedenen Ebenen wirksam zu intervenieren, indem individuelle Interessen, Sichtweisen und Wahlentscheidungen zu kollektiven Zielen zusammengeführt werden.

Auf lokaler, nationaler, multinationaler und globaler Ebene sollte die bevölkerungspolitische Debatte weiter geöffnet und intensiviert werden. Diese Debatte sollte durch eine „Erziehung zur Regierungsfähigkeit" ergänzt werden und folgende Punkte besonders berücksichtigen: sich wandelnde Bedürfnisse von Kindern (da diese in den Diskussionsforen der Erwachsenen nicht selbst vertreten sind); die

Stellung heranwachsender Jugendlicher (auch diese sind nicht repräsentiert, haben aber eigene Erwartungen und Probleme in bezug auf Lebensqualität und Sexualität); die Wahrung der Vielfalt von Familienstrukturen und Kulturen und die Disaggregation der Zahlen zur Bevölkerungsdynamik. Außerdem sollten bevölkerungsgeschichtliche Werke erstellt und konsultiert werden.

> *Bei meiner zweiten Schwangerschaft gebar ich Zwillinge, gerade zu einem Zeitpunkt, als mein Mann seinen Arbeitsplatz verlor. Ich ging also mit den Zwillingen von Banconi zum Markt von Dibida, um zu betteln. Morgens kriegten meine Kinder nichts zu essen, es sei denn, ein Nachbar überließ uns seine Reste. Diese Sorgen haben mich davon abgehalten, jemanden zu finden, der mich in Sachen Familienplanung berät.*
> Eine Frau aus Bamako, Mali, öffentliche Anhörung, Westafrika

9. Eine Neudefinition von Arbeit

Auf der ganzen Welt nimmt der Anteil der Frauen unter den Beschäftigten zu, nur bei uns nimmt er ab. Überall bewegt sich die Sozialgesetzgebung weg von einem paternalistischen Ansatz, der die Frauen vom Arbeitsmarkt abhält, hin zu einer Gesetzgebung, die gleichberechtigte Arbeitsbedingungen schafft. Aber unsere Gesetzgebung erschwert uns Frauen die Sache eher. (...) Die Arbeitslosigkeit in Rußland hat ein weibliches Gesicht.
Zoia Khotkina, Rußland, öffentliche Anhörung, Osteuropa

Unsere Bewegung glaubt daran, daß die Stärkung kleiner Unternehmen die Grundlage für die Schaffung von Arbeitsplätzen und den Aufbau eines neuen Brasiliens ist. Es sind die großen Dinge, die das Elend hier verursacht haben: die großen Unternehmen, die Großgrundbesitzer, der Großgrundbesitz. Ich fände es besser, wenn alles aufgeteilt wäre, dezentralisiert, unabhängig.
Herbert de Souza (Betinho), Brasilien, öffentliche Anhörung, Lateinamerika

Arbeit ist ein zentraler Faktor der Lebensqualität

Arbeit ist sowohl Zweck als auch Mittel. Sie ist nicht nur wegen des Entgelts wichtig; sie gibt dem Individuum auch das Gefühl sozialer Identität und Bedeutung und die Gewißheit, in der Gesellschaft integriert zu sein.

Die Arbeit ist daher ein zentraler Faktor der Lebensqualität. Ob Menschen durch andere beschäftigt werden oder selbständig sind, ihre Arbeit schafft Nahrungsmittel, Kleidung und Unterkunft, oder aber sie schafft das Einkommen, mit dem diese Dinge erworben werden können. Arbeit ist das Hauptmittel, mit dem Menschen versuchen, ihre Bedürfnisse nach Lebensqualität zu befriedigen: einen adäquaten Lebensstandard, ausreichend Nahrung, angemessene Unterkunft, sauberes Wasser und sanitäre Einrichtungen.

Mindestens die Hälfte unserer wach verbrachten Lebenszeit ist mit Arbeit erfüllt, daher stehen die physischen und psychischen Arbeitsbedingungen im Zentrum der Lebenserfahrung. Die gesellschaftliche Anerkennung durch andere Menschen sowie das Gefühl der sozialen Zugehörigkeit werden durch das Ausmaß der Arbeitserfolge mit beeinflußt.

Während aller Phasen der Industrialisierung wurde Arbeit mit Beschäftigung gleichgesetzt. Dies hilft zu erklären, warum die meisten Bereiche der Wirtschafts- und Arbeitspolitik sowie ihre Gesetze und Statistiken von den Parametern der Beschäftigung dominiert wurden und von Vollbeschäftigung als vorrangiger Aufgabe. Tatsächlich wurde die Beschäftigung zum zentralen Politikziel des 20. Jahrhunderts, wie dies die Schaffung der ILO durch die Vereinten Nationen widerspiegelt oder es sich in der Anwendung keynesianischer Wirtschaftspolitik nach der Großen Depression oder in der Charta der Vereinten Nationen ausdrückt.

Artikel 55 der Charta legt fest, daß die Vereinten Nationen sich für Vollbeschäftigung einsetzen sollen. Diese Forderung entsprang dem Wunsch, eine Wiederholung der Massenarbeitslosigkeit der dreißiger Jahre und ihrer Folgen zu vermeiden. Im Jahr 1966 anerkannte der Sozialpakt das Recht jedes einzelnen auf Arbeit sowie auf die freie Wahl des Arbeitsplatzes, auf gerechte und gute Arbeitsbedingungen und den Schutz vor Arbeitslosigkeit. In der jüngeren Vergangenheit, im Jahr 1995, brachte der Weltsozialgipfel die Themen Beschäftigung und Lebensunterhalt wieder auf die Tagesordnung der nationalen und internationalen Politik.

Die Gleichsetzung von Arbeit und Beschäftigung vernachlässigt jedoch wichtige Aspekte der sozialen Anerkennung, der Gefühle von Identität und Sinn, die mit den unsichtbaren Beiträgen von Millionen von Menschen verbunden sind, deren Arbeit nicht unter die Definition von „Beschäftigung“ fällt. Das herrschende Konzept von Beschäftigung übersieht zum Beispiel den wachsenden Sektor der informellen Wirtschaft, der einer bedeutenden Zahl von Menschen in den Industrie- und in den Entwicklungsländern ihren Lebensunterhalt gibt. Außerdem läßt Arbeit natürlich Produkte, Dienstleistungen und Reichtümer entstehen – deren Verteilung die Lebensqualität steigert.

Die Kommission schlägt daher eine Neudefinition der Arbeit in einem weiter gefaßten Sinn vor, die sowohl Beschäftigung einschließt als auch die unbezahlte Arbeit, die überwiegend von Frauen geleistet wird und der Gesellschaft als Ganzes nutzt. Diese Neudefinition sollte sowohl Einzelpersonen als auch Familien berücksichtigen und eine gerechte Verteilung des erarbeiteten Wohlstands gewährleisten.

Arbeitslosigkeit: Fakten und Trends

Die gegenwärtige Phase des demographischen Übergangs fällt zeitlich zusammen mit einem deutlichen Wandel der menschlichen Aktivität. Jedes Jahr kommen zum Beispiel *43 Millionen* Menschen zusätzlich auf den Arbeitsmarkt: 118 000 Menschen pro Tag, mehr als die Beschäftigtenzahl der größten Unternehmen.[8] Die ILO schätzt, daß die Zahl der Arbeitskräfte zwischen 1995 und 2025 von 2,5 Milliarden auf 3,7 Milliarden weltweit wachsen wird. Etwa 99,7 Prozent dieses Zuwachses werden sich auf die heutigen Entwicklungsländer verteilen.[9]

Ein zentrales Problem für die Zukunft wird es daher sein, ob genügend Lebensunterhalt geschaffen werden kann, um die Bedürfnisse der gegenwärtigen Arbeitnehmerschar wie auch der zusätzlichen 1,2 Milliarden Arbeitnehmer, die bis zum Jahr 2025 dazustoßen werden, zu befriedigen. Abbildung 9.1 zeigt das erwartete Wachstum der weltweiten Schar der Arbeitnehmer bis zum Jahr 2020. Im Jahr 1995 waren weltweit schätzungsweise 120 Millionen Menschen offiziell arbeitslos. Etwa 600 bis 700 Millionen sind unterbeschäftigt und suchen zusätzliche Arbeit, um ein Mindesteinkommen zu erzielen.[10]

8 ILO, World Labour Report 1994 (Genf, 1994)

9 ILO, Employment and Population: An Inseparable Duo (Genf, 1994)

10 World Bank, World Development Report 1995 (Oxford, Oxford University Press, 1995); UNDP, Human Development Report 1992 (Oxford, Oxford University Press, 1992)

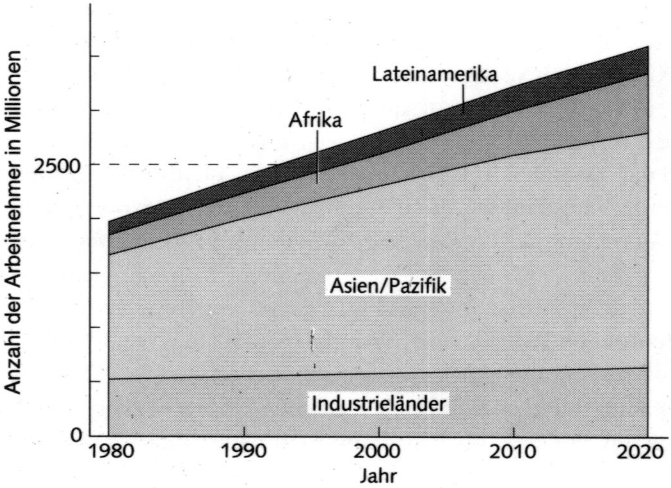

Abbildung 9.1: Zuwachs der weltweiten Zahl der Arbeitnehmer, 1980–2020 (Schätzungen).

Die Wirtschaftssysteme der Entwicklungsländer weisen noch keine Beschäftigungszuwächse auf, die mit dem Bevölkerungswachstum standhalten könnten. Die meisten Entwicklungsländer erreichten den Zenit ihrer Beschäftigungskurven in den frühen oder mittleren achtziger Jahren, wohingegen die afrikanischen Länder wohl noch bis zu den Jahren 2010 bis 2020 Beschäftigungszuwächse verzeichnen werden. Es wird erwartet, daß die absolute Zahl von Menschen, die Arbeit suchen, dramatisch steigen wird – eine beängstigende Herausforderung, vor allem wenn eine weitere deutliche Zunahme der Armut vermieden werden soll. Die gesellschaftliche Organisation der Arbeit und die Auswirkungen der Globalisierung der Wirtschaft verwehren allerdings einem immer größeren Teil der Bevölkerung die Möglichkeit, sich einen angemessenen Lebensunterhalt zu erarbeiten.

Alle diese Entwicklungen wirken sich auch auf die Industrieländer aus. Dort konnten ebensowenig genügend Arbeitsplätze geschaffen werden, um die wachsende Zahl Arbeitsuchender zu befriedigen. Zur verstärkten Nachfrage nach Arbeitsplätzen haben vor allem die Frauen beigetragen, die in den Arbeitsmarkt drängen (obwohl der Anstieg der Arbeitnehmerzahlen sich insgesamt langsamer vollzieht als der Alterungsprozeß der Bevölkerung). In den meisten europäischen Ländern werden sich die Arbeitnehmerzahlen ab dem Jahr 2000 rückläufig entwickeln.[11]

Die gegenwärtige Beschäftigungssituation ist durch mehrere Trends begründet. Seit 1973 befindet sich die Weltwirtschaft, getroffen von zwei „Ölkrisen", in einer lang anhaltenden Phase gedämpften Wachstums. Seit 1980 trägt das Zusammenspiel von Schuldenkrise, Strukturanpassung, Übergangsprozessen nach dem Zusammenbruch des Kommunismus und Inflationsbekämpfung dazu bei, die Schaffung von Arbeitsplätzen zu verlangsamen und die in den meisten Regionen vorherrschende Arbeitslosigkeit noch zu verschärfen.[12] Diese Trends wurden durch die Geschwindigkeit sowohl des technischen Fortschritts als auch der Wissens- und Kommunikationsrevolution verstärkt, die ihrerseits zu produktiveren, kapitalintensiveren und automatisierten Produktionsprozessen führten, was Hand in Hand mit deren Verlagerung in Niedriglohnländer ging.

In Asien hatten die Arbeitslosenstatistiken weitgehend positive Ergebnisse zu verzeichnen. In den meisten ost- und südostasiatischen Ländern lag die Arbeitslosigkeit in den frühen neunziger Jahren zwischen 1,8 und 2,7 Prozent, obwohl die Zahlen in Malaysia (mit 6 Prozent) und auf den Philippinen (mit 7 Prozent) höher waren. Auch die Realeinkommen entwickelten sich gut: Im herstellenden Gewerbe gab es zwischen 1980 und 1991 Wachstumsraten von durchschnittlich 5 Prozent jährlich. Südasien schnitt im Rahmen des Booms in dieser Region etwas bescheidener ab: Die Arbeitslosenzahlen schwankten zwischen 3 Prozent in Indien bis zu fast 15 Prozent in Sri Lanka. Die Realeinkommen im herstellenden Gewerbe wuchsen um nur 1 Prozent jährlich.[13]

11 ILO, Employment and Population: An Inseparable Duo (Genf, 1994)

12 OECD, The OECD Jobs Study, Evidence and Explanation (Paris, 1994)

13 ILO, World Labour Report 1993, 1994 und 1995 (Genf, 1993–95); ILO, World Employment 1995 (Genf, 1995)

In den Industrieländern der OECD versiebenfachte sich die Arbeitslosigkeit von 5 Milliarden im Jahr 1966 auf 35 Milliarden im Jahr 1994. Der Großteil dieses Zuwachses konzentrierte sich auf die Länder Westeuropas, in denen die Arbeitslosenquote von zwei bis drei Prozent in den fünfziger und sechziger Jahren auf zehn bis zwölf Prozent in den frühen neunziger Jahren stieg. Gleichzeitig wuchs zwischen 1983 und 1993 in den meisten Ländern die Zahl der Beschäftigten.

Die besorgniserregendste Entwicklung auf dem Arbeitsmarkt war in den mittel- und osteuropäischen Ländern, in der ehemaligen Sowjetunion, in Lateinamerika und der Karibik sowie in Afrika zu beobachten. Diese Regionen erlebten tiefgreifende Veränderungen ihrer Wirtschafts- und Handelsstrukturen, da ihre ehemals protektionistischen und staatlich bzw. zentral gesteuerten Märkte nach innen wie außen geöffnet und liberalisiert wurden. In dieser Phase ließen folgende Faktoren die Beschäftigungsmöglichkeiten schrumpfen:

- die Privatisierung und damit einhergehende Arbeitsplatzverluste in den unrentablen staatlichen Unternehmen;
- Kürzungen der staatlichen Arbeitsmarktmaßnahmen und Subventionen sowie
- die abrupte Öffnung der eigenen Märkte für konkurrierende Importe.

In Osteuropa und der zerfallenden Sowjetunion verursachten der Niedergang des Kommunismus und der Schock des plötzlichen Systemwechsels zum Kapitalismus weitverbreitete Arbeitslosigkeit, ein bis dahin in diesen Ländern unbekanntes Phänomen. Lediglich die Tschechische Republik überstand diese stürmischen Zeiten besser und hatte nur geringe Arbeitslosenzahlen zu bewältigen. Die offizielle Arbeitslosenquote des Jahres 1994 lag in Rußland offiziell bei zwei Prozent; die wirklichen Arbeitslosenzahlen lagen jedoch wesentlich höher, da viele Arbeiter einfach nicht bezahlt wurden. In Polen, Bulgarien, Albanien, der Slowakei und Slowenien stieg die Arbeitslosenquote von einem niedrigen Niveau bis auf vierzehn bis siebzehn Prozent im Jahr 1994.[14]

Die Staaten Lateinamerikas und Afrikas vollzogen ihren Änderungsprozeß, indem sie sich von Wirtschaftssystemen mit Importsubstitution und überbewerteten Wechselkursen auf Marktsysteme umstellten, die dem globalen Wettbewerb voll ausgesetzt waren. Gleichzeitig kämpften diese Länder mit Schuldenlasten in bis dahin nie gekannter Höhe.[15]

Mit dem Rückgang der Beschäftigungsmöglichkeiten in Lateinamerika wandten sich immer mehr Menschen dem informellen Sektor zu. Zwischen 1980 und 1992 stieg der Anteil der nicht in der Landwirtschaft beschäftigten Arbeiter, die ihren Lebensunterhalt im informellen Sektor verdienten, von 25 auf 32 Prozent. Die offene Arbeitslosigkeit hielt sich in bescheidenem Umfang, von der Karibik abgesehen, in der die Arbeitslosenquote 1992 zwischen 16 und 23 Prozent betrug. Gleichzeitig fielen in dieser Region die Löhne, und zwar um 5 Prozent in der Industrie und 20 Prozent in der Landwirtschaft. Im informellen Sektor fiel das Einkommen sogar um 42 Prozent.[16]

Bis 1995 mehrten sich in vielen mittel- und osteuropäischen Ländern und in Lateinamerika die Anzeichen, daß sich die Wehen des Übergangs- und Anpassungsprozesses einem Ende zuneigen könnten. In Afrika jedoch zeichnete sich kein Licht am Ende des Tunnels ab. Obwohl die Arbeitslosenquote Mitte der achtziger Jahre zwischen acht und dreizehn Prozent blieb, gab es einen starken Beschäftigungsrückgang im öffentlichen Dienst und in den Fabriken; diese wurden unrentabel, als die überhöhten Wechselkurse einbrachen. Die Arbeiter gingen massenweise in den informellen Sektor, in dem erheblich niedrigere Einkommen erzielt werden. Zwischen 1980 und 1988

14 ILO, World Labour Report 1993 und 1994 (Genf, 1993, 1994); A Puzzling Job, The Economist vom 18.2.1995; Marcia Greenberg, Removing the Barriers (New York, Institute for East-West Studies, 1994)

15 World Bank, World Development Report 1995 (Oxford, Oxford University Press, 1995)

16 ILO, World Labour Report 1994 (Genf, 1994); ILO, World Employment 1995 (Genf, 1995)

fielen die Realeinkommen im herstellenden Gewerbe um jährlich zwölf Prozent.[17]

Es wäre jedoch eine unzulässige Vereinfachung, Arbeitslosigkeit lediglich in Verbindung mit den Bevölkerungszahlen verstehen zu wollen. Es gibt eine Reihe weiterer Gründe; dies belegt auch die Entwicklung der Arbeitslosigkeit in den Industrieländern und ehemaligen Ostblockstaaten, die unter dem Phänomen des *jobless growth* (Wirtschaftswachstum ohne Beschäftigungswachstum) leiden, ohne daß ihre Bevölkerung zunimmt. Hohe Arbeitslosigkeit scheint zunehmend als unvermeidbarer Bestandteil des Lebens hingenommen zu werden. Selbst unter den Beschäftigten findet sich der weitverbreitete Glaube, daß sichere und stabile Arbeitsplätze der Vergangenheit angehören. Tatsächlich ist die Arbeitslosigkeit zum dominierenden wirtschaftlichen, sozialen und politischen Thema unserer Zeit geworden.

Von den nackten Zahlen einmal abgesehen, hat sich die Ungleichheit zwischen den Nationen verschärft. Der Aufschwung in Asien ist eine hochwillkommene Entwicklung, da diese Region im Jahr 1990 zwei Drittel der Armen der Welt beherbergte. Die jüngsten Entwicklungen haben die mittel- und osteuropäischen Länder und die ehemalige Sowjetunion klar in die Kategorie der Länder mit mittlerem Einkommen verwiesen; gleichzeitig fiel Afrika praktisch aus der Weltwirtschaft heraus.[18]

Auch die Ungleichheit innerhalb der Länder hat zugenommen. Das Wachstum der Zahl der langfristig Arbeitslosen hat dazu geführt, daß ein immer größerer Teil der Gesellschaft vom Arbeitsmarkt praktisch ausgeschlossen, demoralisiert und gebrandmarkt ist. Der Zustand der Arbeitslosigkeit wird durch ihr Andauern noch verschlimmert: In acht OECD-Ländern waren 1993 mehr als vierzig Prozent der Arbeitslosen seit mehr als einem Jahr ohne Beschäftigung.[19]

17 ILO, World Labour Report 1994 (Genf, 1994); ILO, World Employment 1995 (Genf, 1995)

18 World Bank, World Development Report 1992 und 1995 (Washington, 1992, 1995)

19 OECD, OECD in Zahlen (Paris, 1995)

Von der Arbeit ausgeschlossen – von der Gesellschaft ausgeschlossen

Menschen von der Arbeit auszuschließen hat viele zerstörerische Konsequenzen für die menschliche Sicherheit wie auch für die Gerechtigkeit. Der Ausschluß verringert das verfügbare Einkommen und damit alles, was man mit Geld erwerben kann. Würde und Selbstachtung werden untergraben; soziale Kontakte werden schwierig. Dieser Druck macht Familienkonflikte und den Zusammenbruch von Familien wahrscheinlicher.

Arbeitslosigkeit bedroht auch die körperliche und seelische Gesundheit von Erwachsenen und auch deren Kindern, wobei manche Gruppen härter als andere betroffen werden. Die Arbeitslosenquote unter Jugendlichen zwischen 15 und 24 Jahren ist gewöhnlich doppelt bis dreifach so hoch wie unter Erwachsenen. 1993 waren mehr als dreißig Prozent der Jugendlichen in Italien arbeitslos, in Spanien waren es mehr als vierzig Prozent.[20] Auch die älteren Arbeitnehmer leiden besonders. Rationalisierungsprozesse in Unternehmen führen oft dazu, daß ältere Angestellte zuerst entlassen werden, oftmals, indem sie in den vorzeitigen Ruhestand geschickt werden. Solche Einschnitte treffen Frauen meist härter als Männer.

Obwohl der weibliche Anteil an der arbeitenden Bevölkerung seit dem Zweiten Weltkrieg in den meisten Ländern deutlich zugenommen hat, ist Arbeitslosigkeit unter Frauen zu einem bleibenden Strukturproblem geworden. Ein deutliches Beispiel dafür sind die mittel- und osteuropäischen Länder und die ehemalige Sowjetunion, in denen die Frauen zur Zeit des Kommunismus einen hohen Anteil der Arbeitskräfte stellten und in denen die Frauen nach dem Systemwechsel am härtesten vom Einbruch des Arbeitsmarkts betroffen sind.[21]

In den meisten Ländern klafft die Schere zwischen denjenigen, die gesuchte Fähigkeiten oder eine qualifizierte Bildung vorweisen können, und denen, die dies nicht können, immer weiter auseinander. In

20 OECD, Unemployment Outlook (Paris, 1994)

21 Zdzislawa Janowska u. a., Female Unemployment in Poland (Warschau, Friedrich Ebert Stiftung, 1992)

vielen industrialisierten Ländern vergrößerte sich der Abstand zwischen den zehn Prozent mit dem höchsten und den zehn Prozent mit dem niedrigsten Einkommen zwischen 1980 und 1991 deutlich. Die am wenigsten Ausgebildeten waren am härtesten von Arbeitslosigkeit betroffen.[22]

Mit dem Anstieg der Arbeitslosigkeit und dem Fehlen flexiblerer und gerechterer Beschäftigungsstrukturen ging auch der Verfall der Arbeitsplatzsicherheit einher: Die Zahl der Teilzeitbeschäftigten wuchs; gleichzeitig gab es mehr kurzfristige Arbeitsverträge. Beide Beschäftigungsformen führen generell zu einem Verlust an Rechten und Leistungen für den Arbeitnehmer. Dies wiederum wirkt sich indirekt auf das Wohnungswesen und andere Lebensbedingungen aus, da Arbeitnehmer in nicht gesicherten Arbeitsverhältnissen nur unter größeren Schwierigkeiten Kredite erhalten.

Die Vielfalt der Arbeit: Eine aktive Gesellschaft entsteht

Die Kommission ist der Ansicht, daß das Konzept von Arbeit, das seit Beginn der industriellen Revolution gilt, derzeit einem drastischen Wandel unterworfen ist. Arbeit kann, auf nationaler wie internationaler Ebene, nicht länger anhand der Ideen und Variablen der Vergangenheit definiert werden, weil inzwischen vollkommen neue Aspekte eine Rolle spielen.

Zwar behält das Konzept der Industrialisierungsphase seine Gültigkeit, jedoch muß es durch Bestandteile des Lebens ergänzt werden, die industrielle Aktivitäten nicht abdecken können, zum Beispiel durch die Internalisierung externer Kosten oder durch die Bewahrung des sozialen Zusammenhalts und des Wohlergehens der Gemeinschaften. Andere Veränderungen vollzogen sich auch auf psychologischer und gesellschaftlicher Ebene, in dem Maß, wie sich die Bedeutung der Arbeit zu unseren Lebzeiten gewandelt hat.

Die Beschäftigungspolitik der Zukunft kann daher nicht auf Grundlage der Gleichgewichte gestaltet werden, nach denen wir in

22 OECD, The OECD Jobs Study (Paris, 1994)

der Vergangenheit suchten. Die Kommission schlägt vor, daß Arbeit vielmehr als eine Vielfalt von Möglichkeiten verstanden werden sollte, deren Schattierungen wirtschaftlich bewertet werden: von Jobs, die dem reinen Überleben dienen, bis hin zu inhaltsreicher oder sinnvoller Beschäftigung oder wichtigen Rollen (z. B. die unbezahlte Arbeit der Hausfrauen und ehrenamtlich Tätigen), die individuelle oder gesellschaftliche Bedürfnisse abdecken und letztendlich die Menschen stärken. Das herrschende Bild der „produktiven Arbeit“ sollte dahingehend erweitert werden, daß es den wachsenden Anteil der Aktivitäten mit einschließt, die bislang nicht direkt als produktiv galten, zum Beispiel Forschung und Entwicklung oder das Informationswesen und andere Dienstleistungen.

Außerdem werden Strukturreformen notwendig sein, um die Gesellschaft zur Bewältigung der strukturellen Ursachen der Arbeitslosigkeit zu befähigen. Wenn die langfristige „strukturelle Arbeitslosigkeit“ dazu führt, daß Menschen für ihren Lebensunterhalt vollkommen von der Arbeitslosenhilfe abhängig sind, dann leidet darunter die menschliche Würde. Das ist auch der Grund für den Vorschlag, die Arbeitslosengelder in „Beschäftigungsunterstützung“ umzubenennen.

Die Kommission stellt sich hinter die Idee einer „aktiven Gesellschaft“, die darauf ausgerichtet ist, Strukturreformen anhand von drei Prinzipien zu ermöglichen: Vielfältigkeit, Flexibilität und Mobilität. Daneben gibt es auch noch weitere Qualifikationen.

Vielfältigkeit der Arbeit bezieht sich auf das Spektrum von Tätigkeiten, die ausgeführt werden. Die Vielseitigkeit der Tätigkeiten drückt die *Vielseitigkeit* der *Wahlmöglichkeiten* aus, die dem einzelnen sowohl zu einem bestimmten Zeitpunkt wie auch im Verlauf seines Lebens zur Verfügung stehen. Diese Vielseitigkeit kann mit dem eindimensionalen, zusammenfassenden Begriff „Arbeiterschaft“ nur ungenügend beschrieben werden.

Was ist eine aktive Gesellschaft?

Eine aktive Gesellschaft zeichnet sich durch Möglichkeiten und Wahlfreiheit, durch Zusammenhalt und Solidarität aus. Sie geht auf die sich verändernden sozialen und wirtschaftlichen Bedürfnis-

se ein und versetzt ihre Mitglieder in den Stand, die Richtung des Wandels mit zu beeinflussen. Die Förderung der „Parität" ist dabei mehr als lediglich der Versuch, Vollbeschäftigung oder verbesserte Mitbestimmungsmöglichkeiten für Arbeiter zu erreichen. Es werden vielmehr deutliche Schritte unternommen, zu einer wirtschaftlichen und sozialen Mitwirkung zu ermutigen, indem die vielen verschiedenen Tätigkeitsgebiete, in die der einzelne – innerhalb oder außerhalb des Markts – involviert ist, anerkannt werden und indem das zunehmende Zusammenspiel zwischen den verschiedenen Tätigkeitsfeldern berücksichtigt wird.
„Shaping Structural Change – The Role of Women", Bericht einer Expertengruppe an den Generalsekretär der OECD (Paris, 1991)

Flexibilität der Arbeit umfaßt einerseits das Konzept der Arbeit als eines vielfältigen und dauerhaften Zusammenhangs und andererseits auch die Ansprüche derer, die eine Tätigkeit ausüben. Damit ist gemeint, daß die einzelnen Interessen verfolgt werden können und daß innerhalb einer bestimmten Tätigkeit Raum für Schwerpunktverlagerungen ist. Jedoch muß hinsichtlich der Flexibilität genau abgewogen werden, inwiefern sich dadurch negative Folgen für soziale Rechte und Sicherheiten ergeben können.

Um Flexibilität genießen zu können, ist sowohl vertikale als auch horizontale *Mobilität* eine Grundvoraussetzung, und dies hinsichtlich Arbeitgeber wie Arbeitnehmer. Die horizontale Mobilität, die in der Vergangenheit weniger häufig vorkam als die vertikale Mobilität innerhalb einer Institution oder eines Sektors und bei der es sich meistens um geographische Bewegungen handelte, ist dabei, ihren Charakter zu verändern, indem

- Menschen von einem Beruf in eine vollkommen andere Berufsrichtung wechseln;
- traditionelle, zentral ausgerichtete Bürostrukturen durch die Kommunikationsrevolution nicht mehr benötigt werden.

Die Veränderung der Arbeitsmodelle

Die Schaffung von Lebensunterhalt im ländlichen Raum
In den Entwicklungsländern besteht die Herausforderung darin, ausreichende Lebensunterhaltsmöglichkeiten zu schaffen, um die Armut zu beseitigen und Arbeitslosigkeit und Unterbeschäftigung zu beenden, wobei die wachsende Zahl der Arbeitsuchenden ausgeglichen werden muß.

Trotz der rapiden Verstädterung verdienten in den Entwicklungsländern im Jahr 1990 noch immer 61 Prozent der Arbeitenden ihren Lebensunterhalt in der Landwirtschaft.[23] Daher sollten sich die Bemühungen, Lebensunterhalt zu schaffen, auf die ländlichen Regionen (d. h. die Landwirtschaft wie auch andere Beschäftigungsmöglichkeiten in den kleinen Städten) konzentrieren. Durch einen solchen Ansatz kann die Armut gedämpft, die Nahrungsmittelproduktion gesteigert, die Wanderungsbewegung verlangsamt und damit der Druck auf die Städte gemildert werden.

Dabei sind Landreformen eine Grundvoraussetzung für die Schaffung von genügend Möglichkeiten, einen Lebensunterhalt zu verdienen. Die Umverteilung von Ackerland wird die ländliche Beschäftigung vermehren und ist eine unabdingbare Voraussetzung für die Bekämpfung der Arbeitslosigkeit auf dem Land. Die Kommission ist überzeugt davon, daß Land- und Agrarreformen nicht nur eine Bedingung für Gerechtigkeit und Effizienz sind; Reformen würden auch dazu beitragen, neue Arbeitsplätze in den Entwicklungsländern zu schaffen und die Nahrungsmittelproduktion zu steigern. Die Landwirte sind oft mit indirekten Steuern belastet, da in vielen Ländern der Staat die Preise kontrolliert und als Monopolist die Ernten aufkauft. Reformen könnten Millionen von Menschen einen Lebensunterhalt schaffen.

Außerdem sollten ländliche Regionen in den Genuß eines angemessenen Anteils der staatlichen Ausgaben kommen, wodurch auch direkt Arbeitsplätze geschaffen würden.

23 ILO, World Employment 1995 (Genf, 1995)

Die Rolle des informellen Sektors

Gleichzeitig muß der Schaffung von Lebensunterhaltsmöglichkeiten in den Städten Aufmerksamkeit geschenkt werden, wobei der Schwerpunkt auf kleinen Unternehmen und dem informellen Sektor liegen sollte. Ein großer Bestandteil des informellen Sektors in den Entwicklungsländern ist Teil der „verdeckten Wirtschaft" oder „Schattenwirtschaft", die oft in einem verzweifelten Überlebenskampf steht. In der Schattenwirtschaft umgehen Menschen die Steueraufsicht und Auflagen für Arbeitsbedingungen. Dieser Sektor besteht vor allem aus Kleinhandel, kleinen Dienstleistungs- oder Handwerksbetrieben, die gewöhnlich an den Vorschriften und Gesetzen vorbei arbeiten. In Lateinamerika finden inzwischen schon 40 Prozent der Beschäftigung außerhalb des Agrarbereichs in diesem Sektor statt; in Asien sind dies 55 Prozent und in den afrikanischen Ländern 70 Prozent.[24]

Da die Hürden für den Eintritt in den informellen Sektor viel niedriger liegen als im offiziellen Industrie- und Handelssektor, ist es für Menschen dort viel einfacher, sich einen Lebensunterhalt zu schaffen. Es kann teuer und zeitaufwendig sein, den offiziellen Anforderungen in bezug auf Kapital, Ausbildung oder bürokratische Formalitäten Genüge zu leisten.[25] Tatsächlich sind aber möglicherweise gerade die kleinen Unternehmen und die ländlichen Industrien durch Liberalisierungspolitiken besonders gefährdet.

Der informelle Sektor hat auch seine Nachteile. Die Arbeitsgesetze, die auf den ILO-Konventionen beruhen, sowie das Recht auf gewerkschaftliche Vertretung sind in diesem Sektor nicht anwendbar. Die Löhne liegen oft unterhalb des offiziellen Mindesteinkommens. Bestimmungen über Gesundheit und Sicherheit am Arbeitsplatz werden oft vernachlässigt oder gar nicht beachtet. Häufig müssen Kinder arbeiten, in vielen Fällen mit Gewalt gezwungen und unter gefährlichen Arbeitsbedingungen. Die Regierungen müssen dabei auf Steuereinkünfte verzichten.

24 ILO, World Labour Report 1994 (Genf, 1994)

25 Hernan de Soto, The Other Path: The Invisible Revolution in the Third World (New York, Harper and Row, 1989)

Die Antwort auf diese Mißstände können jedoch nicht Kontrolle und hartes Durchgreifen gegenüber dem informellen Sektor sein. Die Kommission glaubt, daß die Lösung darin liegt, den informellen Sektor zusammen mit den kleinen Unternehmen und Handwerksbetrieben, die den gesetzlichen Auflagen genügen, aufzuwerten. Dazu gehört auch, den kleinen informellen Wirtschaftseinheiten gleichberechtigten Zugang zu staatlichen Krediten oder Devisen zu verschaffen, wo diese reguliert werden. Kleine Unternehmen können oft auch besser florieren, wenn ihnen ein grundlegendes Managementtraining, zum Beispiel in Buchhaltung, Qualitätskontrolle oder Marketing, angeboten wird. Die Regierung kann diese Unternehmen darin unterstützen, die rechtlichen Anforderungen in bezug auf Gesundheit, Arbeitssicherheit und Kinderarbeit zu erfüllen.

Die Entwicklungsländer sollten sich bemühen, ihre großen, kleineren und kleinsten Unternehmen, die in den Bereichen von reparatur- und arbeitsintensiven Dienstleistungen (z. B. Reinigung, Verpakkung und Gastronomie) und der Produktion von Werkteilen tätig sind, besser zu integrieren.[26]

Die Kommission begrüßt auch die wachsende internationale Unterstützung für Kreditangebote für Kleinstunternehmen. Diese gereichen den Armen, vor allem den Frauen, zum Vorteil. Die Kommission drängt daher auf den weiteren Ausbau solcher Projekte und Programme, die sich bislang auf Asien konzentrierten, und fordert die bilateralen und multilateralen Geldgeber auf, die dazu notwendigen Finanzmittel bereitzustellen. Die Regierungen in allen Entwicklungsländern sollten darüber hinaus die notwendigen politischen und rechtlichen Rahmenbedingungen schaffen, die es den Kleinstkreditstrukturen ermöglichen, zu funktionieren und Früchte zu tragen.

Die traditionellen Arbeitsmärkte im industriellen Kontext

Die Arbeitslosigkeit in den meisten Industrieländern hat nichts mit einer Knappheit von Arbeit oder Reichtum zu tun: Sie ist im Prinzip nichts weiter als ein Problem der Verteilung von Arbeitsmöglichkei-

26 Paul Streeten, Strategies for Human Development: Global Poverty and Unemployment (Kopenhagen, Handelshøjskolens Verlag, 1994)

ten und Einkommen. Dies macht einen vollkommen neuartigen Ansatz notwendig, sowohl Zeit als auch Gewinn zu teilen.

Die Verteilung der Arbeitsmöglichkeiten unterliegt zunehmend Disproportionen. Auf der einen Seite gibt es eine Minderheit an Arbeitsuchenden, die keine Arbeit finden kann oder zumindest nicht soviel Arbeit, wie sie benötigen würde. Dem steht auf der anderen Seite eine Mehrheit gegenüber, die aufgrund des Wettbewerbsdrucks gezwungen ist, mehr zu arbeiten, als wünschenswert ist, und die Freizeit für den Arbeitsplatz zu opfern.

Dennoch *ist die Arbeit nicht knapp.* Während auf der einen Seite die Arbeitslosigkeit zunimmt, gibt es auf der anderen Seite eine wachsende Menge an Arbeit, die dringend getan werden müßte. Diese aber wird nicht erledigt, weil die öffentlichen Gelder fehlen, um sie zu finanzieren. *Gleichzeitig ist es auch nicht so, daß es insgesamt an Einkommen fehlt.* Während auf der einen Seite eine wachsende Minderheit unter immer größerer Armut leidet, sind auf der anderen Seite die durchschnittlichen Pro-Kopf-Einkommen in den Volkswirtschaften fast aller Industrieländer Jahr für Jahr gestiegen.

Das deutet darauf hin, daß das Problem des Lebensunterhalts in den Industrieländern gelöst werden könnte. Theoretisch steht genug Einkommen zur Verfügung, um einen guten Lebensstandard für jeden zu ermöglichen. Und es gibt genug Arbeit, die getan werden müßte, so daß jeder einen Job haben könnte und gleichzeitig genügend Raum für Familie und Freizeit, für lebenslange Fortbildung und für soziale Verpflichtungen. Die Kommission ist überzeugt davon, daß die Korrektur der Fehlverteilung von Arbeit und Einkommen eine der größten gesellschaftlichen Herausforderungen ist, der sich die entwikkelten Länder heutzutage stellen müssen. Dies erfordert

- Veränderungen in den arbeitsrechtlichen Bestimmungen;
- vermehrte und verbesserte Aus- und Fortbildungsangebote, die sich über das gesamte Arbeitsleben und darüber hinaus erstrecken;
- Veränderungen des Steuer- und Beihilfensystems.

Unserem Ansatz nach sollte der Abbau von Arbeitsplätzen verlangsamt werden. Unternehmen, die sich in einer schwierigen Lage befinden, sollten dazu angehalten werden, ihre Angestellten auf Kurzarbeit bei gleichzeitigen Lohnkürzungen zu setzen, statt sie zu entlassen. Die Regierungen können solche Maßnahmen unterstützen, indem sie es Arbeitnehmern ermöglichen, teilweise Arbeitslosenunterstützung zu beantragen, wodurch Einkommensverluste der Arbeiter partiell ausgeglichen würden, während den Regierungen die Kosten für volle Arbeitslosenunterstützung erspart blieben.

Langzeitarbeitslose sollten vorrangig berücksichtigt werden. Die Regierungen sollten die Einstellung von Langzeitarbeitslosen durch Zuzahlungen unterstützen, wobei diese Subventionen progressiv entsprechend der Länge der Arbeitslosigkeit ansteigen sollten. Dies würde zwar keine neuen Arbeitsplätze schaffen, aber verhindern, daß eine Klasse von Arbeitslosen entsteht, die permanent von der Beschäftigung ausgeschlossen bleibt.

Eine zweite Strategie ist darauf ausgerichtet, die Art der Arbeitsplätze, die die Menschen suchen, und die Arbeitsplätze, die auf dem Arbeitsmarkt angeboten werden, aufeinander abzustimmen. Um die Menschen dazu zu bewegen, mehr Teilzeitbeschäftigungen anzunehmen, sollten Teilzeitbeschäftigte ähnliche arbeitsrechtliche Absicherungen, Zuwendungen und Rentenbezüge genießen wie Vollzeitbeschäftigte. Dort, wo die Zahlungsmodalität von der geleisteten Arbeit abhängt, sollte die Bezahlung der Zahl der gearbeiteten Stunden entsprechen. Innovative Ansätze wie Job-sharing sollten gefördert werden.

Ein anderer Ansatz läge in einer obligatorischen landesweiten Kürzung der Wochenarbeitszeit. Arbeitszeitverkürzung müßte mit Lohnkürzung einhergehen, weil sonst Wettbewerbsnachteile die Folge wären. Viele Vollzeitbeschäftigte würden Arbeitszeitverkürzungen begrüßen, auch wenn die Löhne dadurch niedriger ausfielen. Eine Befragung, die 1991 in den USA durchgeführt wurde, untersuchte, ob die Menschen es vorziehen, mit entsprechender Lohnkürzung einen Tag pro Woche weniger zu arbeiten. 70 Prozent der Arbeitnehmer, die mehr als 30 000 US-Dollar im Jahr verdienten, sprachen sich für diese Möglichkeit aus, und selbst unter denjenigen, die 20 000 US-Dollar im Jahr verdienten, bevorzugten noch 48 Prozent diese Lösung.[27]

Teilzeit versus Vollzeit
Eine Untersuchung in Europa aus dem Jahr 1989 ergab, daß viele Menschen über ihre Arbeitszeitregelungen unglücklich waren: 21 Prozent der Vollzeitbeschäftigten hätten eine Teilzeitbeschäftigung vorgezogen, während sich 30 Prozent der Teilzeitbeschäftigten eine Vollbeschäftigung wünschten. Da mehr Vollzeitbeschäftigte befragt worden waren, bedeutete dies letztendlich, daß jedem Teilzeitbeschäftigten, der Vollzeit arbeiten wollte, drei Vollzeitbeschäftigte gegenüberstanden, die Teilzeit arbeiten wollten.
The OECD Jobs Study, Teil II, 1994

Schon eine landesweite Kürzung der geleisteten Arbeitsstunden für den einzelnen würde dazu beitragen, Motivation und Produktivität zu erhöhen. Solch eine Kürzung könnte durch Maßnahmen wie den Abbau von Überstunden, längere Urlaubszeiten, die Umorganisierung der Arbeitszeit auf eine Viertagewoche oder eine Verlängerung des Mutter- bzw. Vaterschaftsurlaubs erreicht werden. All diese Ansätze brächten auch Vorteile auf dem Gebiet der *Zuwendung* und der *Gerechtigkeit*: Sie würden es ermöglichen, mehr Zeit mit der Familie zu verbringen oder sich mehr um pflegebedürftige ältere oder behinderte Angehörige zu kümmern.

Die Arbeitszeit könnte auch durch Sabbatjahre (d. h. von längeren Urlaubsperioden nach Ablauf mehrerer Arbeitsjahre) oder durch Bildungsurlaub verringert werden. Dieser Ansatz würde zusätzlich das Wissen und die Fähigkeiten des einzelnen und damit seine Arbeitsleistung verbessern. Heutzutage benötigen die Industrieländer Arbeitskräfte, die flexibel sind und deren Fähigkeiten sowohl innerhalb als auch außerhalb ihres Arbeitsfeldes ständig auf den neuesten Stand gebracht werden. Dies setzt eine beträchtliche Ausweitung der Fort-

27 Judith B. Schor, Can the North Stop Consumption Growth?, in: V. Bhaskar und Andrew Glyn (Hg.), The North and the South and the Environment (Tokio und London, UN University und Earthscan, 1995)

bildungsangebote durch die Arbeitgeber wie auch durch Weiterbildungseinrichtungen und die Universitäten voraus.

Trotz der gewaltigen Produktivitätsfortschritte ist die Wochenarbeitszeit pro Beschäftigten in der Industrie in den letzten Jahren kaum zurückgegangen, wie dies in den früheren Phasen der Industrialisierung der Fall war. Dieses Phänomen wird vielerorts als einer der Hauptgründe für die zunehmende Arbeitslosigkeit interpretiert. Innovative Ansätze im Bereich des Job-Sharing, wie sie zum Beispiel das Volkswagenwerk verfolgt, unterstreichen die möglichen positiven Auswirkungen, die diese im Hinblick auf die Arbeitslosigkeit haben können: Die Reduzierung der Wochenarbeitszeit pro Arbeitskraft hat zusätzliche Beschäftigungsmöglichkeiten geschaffen.

Die Kommission schlägt daher vor, daß die Möglichkeiten des Job-sharing weiter ausgelotet, in einer Vielzahl von Unternehmen wie auch staatlichen Institutionen eingeführt und als ein Mittel genutzt werden, um das Problem der Arbeitslosigkeit im Norden wie im Süden zu lösen. Die Kommission ist darüber hinaus der Auffassung, daß das Teilen von Arbeit mit der Zeit durch Pläne zur Gewinnbeteiligung ergänzt werden sollte. Die steigenden Arbeitslosenzahlen stehen in manchen Fällen in einem scharfen Kontrast zu immer weiter steigenden Gewinnen; dies ist ein Paradoxon, das unerträgliche Spannungen zwischen Arbeit und Kapital hervorruft.

Eine solche Umverteilung der Arbeitsplätze ist jedoch nur ein Teil der Lösung; es bleibt die Aufgabe bestehen, neue und zusätzliche Arbeitsplätze zu schaffen. In den letzten Jahren war in vielen Ländern ein politischer „Umschwung" gegen die Schaffung von Arbeitsplätzen im öffentlichen Sektor zu beobachten. Während der Staat als Arbeitgeber Arbeitsplätze abbaute, verschlankten die privaten Unternehmen ihren Personalbestand, um im harten Wettbewerb überleben zu können. Viele der neu zu schaffenden Arbeitsplätze werden daher im privaten Sektor einzurichten sein, indem zum Beispiel in die Infrastruktur im Verkehrs- oder Kommunikationsbereich investiert wird, was gleichzeitig die Infrastruktur der gesamten Wirtschaft verbessern würde.

Es gibt außerdem ein Beschäftigungsfeld, in dem Arbeitsintensität und Qualität Hand in Hand gehen, nämlich bei den Pflege- und Zuwendungsdiensten wie auch in der Kultur, wozu das Bildungs- und

Gesundheitswesen sowie die Künste gehören. All dies sind Bereiche, in denen mehr Arbeitsplätze geschaffen werden müssen. Die Kommission ist der Auffassung, daß diese Aufgabe teilweise den Gemeinschaften zufällt, auch wenn es viele Möglichkeiten für neue Ansätze im Bereich der staatlich-privatwirtschaftlichen Zusammenarbeit gibt.

Es gibt Hinweise darauf, daß der Arbeitsmarkt in diesen Gebieten, vor allem im Pflegebereich, noch stark ausbaufähig ist: Gebraucht werden Gesundheitspfleger und Sozialarbeiter, Betreuer für Kinder, für Senioren und für Behinderte. Die Überalterung der Bevölkerung in vielen westlichen Gesellschaften wird voraussichtlich die Nachfrage nach medizinischer Pflege und anderen Formen der individuellen Zuwendung steigern. Schätzungen des Amtes für Arbeitsstatistik der USA zufolge wird der Bedarf an zugelassenen Krankenschwestern und -pflegern sowie medizinischen Hilfskräften, die sich der Heimpflege widmen, zwischen 1990 und 2005 um vierzig Prozent wachsen.

Auch im Bildungswesen und in der Fortbildung sollten immense Beschäftigungszuwächse möglich sein, da der kontinuierliche Ausbau der Fähigkeiten in einer sich schnell verändernden Welt unabdingbar ist. Ein weiteres Betätigungsfeld, das zunehmende Beschäftigungsmöglichkeiten bieten sollte, ist die Pflege der Umwelt. Der Erhalt wildlebender Tier- und Pflanzenarten, die Wiederherstellung zerstörter Lebensräume, die Säuberung belasteter Gebiete, jede Form von Recycling: all dies sind sehr arbeitsintensive Aufgaben.

Aufgrund all dieser Vorschläge unterstützt die Kommission das Konzept eines *übergangsweisen Arbeitsmarkts*, wie er in den jüngsten wissenschaftlichen Veröffentlichungen von Günter Schmidt vorgeschlagen worden ist.

Ein übergangsweiser Arbeitsmarkt
würde von Vielfalt, Flexibilität und Mobilität gekennzeichnet sein. Übergangsweise Beschäftigung entsteht in vielen verschiedenen Situationen, zum Beispiel:

- beim Übergang von Teilzeit- und Vollzeitbeschäftigung oder zwischen Arbeit und Ausbildung;
- beim Übergang zwischen Arbeitslosigkeit und Beschäftigung;

- beim Übergang zwischen Ausbildung und Beschäftigung;
- beim Übergang zwischen privater Hausarbeit und Beschäftigung;
- beim Übergang zwischen Beschäftigung und Pensionierung.

Solch ein übergangsweiser Arbeitsmarkt hätte vier zentrale Aspekte:

Organisatorisch würde er eine Kombination von lohnbringender Beschäftigung und anderen nützlichen gesellschaftlichen Aktivitäten darstellen, die bislang noch nicht vom „Markt" bewertet werden: Training, Fortbildung und Umschulung, die private Pflege abhängiger Personen, die Erziehung von Kindern innerhalb der Familien, unbezahlte kulturelle und politische Aktivitäten.

Das *Einkommen* wäre eine Kombination von Lohn oder Gehalt und Transferzahlungen. Würde beispielsweise der Lohn eines Beschäftigten im Zug von Arbeitszeitverkürzungen verringert, müßte der Ausfall durch eine Form von Arbeitslosengeld oder durch Entschädigung für bis dahin unbezahlte Leistungen ausgeglichen.

In der *Sozialpolitik* würde die Möglichkeit für übergangsweise Beschäftigung geschaffen, die von angemessenen gesetzlichen Regelungen flankiert oder zwischen den Sozialpartnern oder auf Betriebsebene ausgehandelt würde. Ein Beispiel hierfür wären Teilzeitarbeitsmodelle in den ersten Jahren der Elternschaft.

Finanzpolitisch würde die Finanzierung von gesellschaftlich nützlichen Tätigkeiten aus den Haushaltsposten gedeckt werden, aus denen sonst die Arbeitslosigkeit finanziert würde. Mittel der Arbeitslosenversicherung könnten dafür eingesetzt werden, Arbeit zu bezahlen, die in strukturell wichtigen Bereichen wie dem Umweltschutz oder den notwendigen sozialen Diensten geleistet wird.[28]

28 Wir berufen uns hier auf die Ideen von Günter Schmidt, Is Full Employment Still Possible? Transition Labour Markets as a New Strategy of Labour-Market Policy (mimeographierter Bericht, Berlin, 1995)

Auf der Suche nach Lebensunterhalt: Wanderungsbewegungen

Die Suche nach Lebensunterhalt und Lebensqualität ist der Hauptfaktor, der Wanderungsbewegungen sowohl innerhalb von Staaten als auch über Grenzen und Kontinente hinweg hervorruft. Heute gibt es zwei miteinander konkurrierende Tendenzen, die Einfluß auf Wanderungsbewegungen haben: die wachsenden Ein- und Auswanderungsströme und die gleichzeitig abnehmenden Beschäftigungsmöglichkeiten sowohl im Norden als auch im Süden.

Wanderungsbewegungen können sowohl kurzfristig als auch permanent sein. Kurzfristige Wanderungsbewegungen, wie sie vor allem unter afrikanischen Männern häufiger auftreten, können Familien trennen und die Frauen, die mit der Verantwortung für Landwirtschaft und Haushalt allein gelassen werden, überlasten. Die permanente Umsiedlung, vor allem von jungen Menschen oder aber ganzen Familien, entfremdet die Menschen von ihren kulturellen Wurzeln und hinterläßt sterbende Gemeinschaften.

Die Hauptwanderungsbewegungen in den Entwicklungsländern finden innerhalb der Staaten statt und sind zumeist eine Flucht vom Land in die kleineren oder größeren Städte. Die steigende Armut, Landlosigkeit und die Verschlechterung der Umweltbedingungen treibt 20 bis 30 Millionen der Ärmsten in die Städte.[29] Zwischen 1950 und 1990 expandierten die Städte der Welt im Vergleich zu den ländlichen Regionen um mehr als das Doppelte. Während 1950 lediglich einer von drei Menschen in der Stadt lebte, insgesamt 737 Millionen, gab es 1995 schon 2,584 Milliarden Stadtbewohner, das sind 45 Prozent der Weltbevölkerung.[30]

In vielen Ländern ist das Wachstum der Städte ungleich verteilt. So lebten 1980 36 Prozent der Städter in Afrika in der jeweils größten Stadt des Landes, verglichen mit 28 Prozent im Jahr 1960.[31] Die Zahl

29 UNFPA, The State of the World Population (New York, 1993)

30 UN, Population Division, World Urbanization Prospects (New York, 1995)

31 Berechnungen auf der Grundlage von: World Bank, World Development Report 1990 (Washington, 1990)

der Städte mit mehr als einer Million Einwohner stiegt von 83 im Jahr 1960 auf 325 im Jahr 1995.[32]

Das rapide Wachstum der Städte hat Auswirkungen auf die Lebensqualität aller Stadtbewohner. Die Neuhinzugezogenen siedeln sich oft zunächst einmal in wilden Siedlungen an, die häufig weder Kanalisation noch Trinkwasserversorgung, noch Stromanschluß, noch richtige Straßen und Wege aufweisen. Jüngste Studien in zehn großen Städten in Entwicklungsländern führten zu der Erkenntnis, daß die Durchschnittsfamilie über 6,1 Quadratmeter Wohnfläche verfügt und daß 44 Prozent der Familien keinen Zugang zu Trinkwasser haben.[33]

Die Kommission ist überzeugt davon, daß eine nachhaltige Verbesserung der Lebensqualität der Menschen überall die Wanderungsbewegungen und die damit verbundenen Probleme verringern würde.

Die Kommission ist weiterhin der Auffassung, daß die Zukunft sich ausschließlich in den Städten abspielen wird, wenn nicht ein besseres Gleichgewicht zugunsten von Investitionen in die ländliche Entwicklung erreicht wird oder wenn die Spannungen und Unsicherheiten in den Städten die Menschen nicht zu einer Umorientierung bewegen. Die Zahl der Städte mit mehr als einer Million Einwohner stieg innerhalb von 35 Jahren um das Vierfache, so daß UN-Experten vorhersagen, daß die weltweite städtische Bevölkerung bis zum Jahr 2025 auf 5,065 Milliarden gestiegen sein wird. Dies würde bedeuten, daß zwei von drei Menschen in der Stadt wohnen.[34]

Das urbane Wachstum stellt eine gewaltige Herausforderung dar für die städtischen Verwaltungen, denen Mittel und Unterstützung zur Bewältigung der in manchen Fällen fast apokalyptischen Probleme zur Verfügung gestellt werden müssen. Die Kommission schlägt vor, daß die ländlichen Gebiete einen stabilen und angemessenen Anteil aus den Staatshaushalten bekommen sollten, in direkter Relation zur

32 UN, Population Division, World Urbanization Prospects (New York, 1995)

33 Alan Gilbert, Human Resources: Work, Housing and Migration (Bericht an die Unabhängige Kommission für Bevölkerung und Lebensqualität, Mimeographie, Paris, 1994)

34 UN, Population Division, World Urbanization Prospects (New York, 1995)

Bevölkerungsdichte. Dies würde helfen, Arbeitsplätze zu schaffen. Der Aufbau soliderer sozialer Strukturen und besserer Dienstleistungen würde auch der Bekämpfung der Arbeitslosigkeit dienen und für mehr Beschäftigungsmöglichkeiten im Verkehrs- und Kommunikationswesen wie auch in anderen Sektoren sorgen. Untersuchungen in Bangladesch haben gezeigt, daß eine Verbesserung der Infrastrukturen das Ausmaß der Armut deutlich reduziert hat.[35] Die Förderung neuer Siedlungsstrukturen und die geographische Neuorganisation der Regionen, einschließlich städtischer Reformen, können zusätzlich dazu beitragen, den übermäßigen Druck auf die Städte abzuschwächen.

Aber es gibt auch Migrationsströme in den Entwicklungsländern, die sich von einem ländlichen Gebiet in ein anderes bewegen; auch diese sind in der Suche nach Arbeit oder Land begründet. Ein großer Teil dieser Wanderungsbewegungen ist saisonal bedingt und betrifft Männer, Frauen und kleine Kinder, die als Landarbeiter in Regionen mit mehreren Ernten jährlich oder als Bauarbeiter oder andere Handlanger woanders ein besseres Auskommen finden als in ihren Heimatregionen.

Landlose Landbewohner oder Menschen, die von Großprojekten wie Staudämmen, von Bergbau- oder Industrieprojekten oder durch die Ausbreitung der Städte vertrieben worden sind, werden auf ihrer Suche manchmal in neu bewässerte Gebiete geführt, in denen die Einwanderer bevorzugt aufgenommen werden; in anderen Fällen erhalten sie von den Regierungen Land zugeteilt, das oft nicht die gleiche Qualität aufweist wie das verlorene. Manche Wanderungsbewegungen enden in ökologisch sensiblen, aber noch intakten Gebieten. In den Tropen ist oftmals der Regenwald die Endstation, während in Afrika die Menschen vom Hunger in die semiariden Regionen und Weideflächen getrieben werden, die an sich für den Ackerbau nicht geeignet sind.

Die Binnenwanderungsbewegungen übersteigen mengenmäßig die grenzüberschreitenden Wanderungsbewegungen um ein Vielfaches, auch wenn letztere weltweit von der Öffentlichkeit mehr

35 Raisuddin Ahmed und Mahabub Hossain, Development Impact of Rural Infrastructure in Bangladesh, IFPRI Research Report 83 (Washington, International Family Planning Research Institute, 1990)

beachtet werden. Schätzungen zufolge lebten in den ersten Monaten des Jahres 1995 etwa 100 Millionen Menschen außerhalb ihres Heimatlandes.[36] Es gab umfangreiche Wanderungsbewegungen zwischen den Entwicklungsländern; außerdem wanderten in den achtziger Jahren etwa 1,25 Millionen Menschen jährlich von den Entwicklungsländern in die Industrieländer aus.[37] Dabei wuchs der Anteil der *Flüchtlinge* unter den Auswanderern stetig, sowohl aufgrund der sich verbreitenden Konflikte innerhalb der Länder als auch aufgrund der strenger werdenden Immigrationsgesetze, die viele dazu zwangen, sich als Flüchtlinge oder politische Asylanten zu bezeichnen.

1994 gab es weltweit etwa 23 Millionen Flüchtlinge, davon 7,4 Millionen in Afrika, 5,7 Millionen in Asien, 6 Millionen in Europa, 2,3 Millionen in der ehemaligen Sowjetunion und 1,3 Millionen in Nordamerika. Neben diesen Flüchtlingen gibt es inzwischen noch eine große Zahl von politischen Asylanten, deren Anträge noch geprüft werden. Die Gesamtzahl der Anträge in Europa und Nordamerika stieg gewaltig, von 100 000 im Jahr 1983 auf 346 000 im Jahr 1988 und 700 000 im Jahr 1991. Seitdem wurden die Antragsmodalitäten verschärft, womit auch die Antragszahlen sanken.[38]

Der Einwanderungsdruck wird mit dem sich vergrößernden Wohlstandsgefälle zwischen den reichen und den armen Ländern in absehbarer Zukunft steigen. Die demographische Entwicklung wird diesen Druck noch erhöhen. So wird für Nord- und Westeuropa eine Abnahme der Beschäftigtenzahlen von 114 Millionen im Jahr 1995 auf 101 Millionen im Jahr 2025 erwartet. Im selben Zeitraum wird die Zahl derjenigen, die neu auf den Arbeitsmarkt kommen, noch deutlicher zurückgehen.

Bis zum Jahr 2025 wird die Zahl der westeuropäischen Männer im Alter zwischen 20 und 24 Jahren um 33 Prozent niedriger liegen

36 Population Action International, Global Migration: People on the Move (Washington, 1994)

37 Peter Stalker, The Work of Strangers: A Survey of International Labour Migration (Genf, Internationale Arbeitsorganisation, 1995)

38 UN High Commision for Refugees, UNHCR at a Glance, Fact Sheet 34 (Genf, 1995)

als heute. Im Gegensatz dazu wird in Nordafrika die beschäftigungsuchende Bevölkerung von 46,4 Millionen im Jahr 1995 auf 96,4 Millionen im Jahr 2025 steigen. Es erscheint unvermeidbar, daß viele der letzteren Gruppe ihr Glück bei ihren nördlichen Nachbarn versuchen werden.[39]

Mit den Wanderarbeitern verbinden sich besondere Probleme, was ihren Status, ihren Rechtsschutz und ihre Rechte im Einwanderungsland betrifft. In den letzten Jahren ist die (legale wie illegale) Einwanderung von Frauen gestiegen; diese Frauen übernehmen oft Stellen als Haushaltshilfen oder in anderen Pflegebereichen. Manche Frauen sind als angebliche Künstlerinnen eingereist, da dies in einigen Ländern der einzige legale Weg der Einwanderung ist.

Es ist offensichtlich, daß Wanderungsbewegungen, Einwanderung und Flüchtlingswellen und die damit zusammenhängenden Fragen des Lebensunterhalts auf internationaler Ebene mit Vorrang behandelt werden müssen. Die Kommission ruft daher die Vereinten Nationen, die regionalen Organisationen und die informellen Ländergruppen (z. B. die G7) dazu auf, sich dieser Themen anzunehmen und sich zu bemühen, angemessene, humane und praktikable Lösungen im Zeitalter der Globalisierung zu finden.

Beschäftigung auf dem Weltmarkt

Die Universalisierung der Arbeit und die rapide Verbreitung neuer Technologien wirken sich bedeutsam auf die Zukunft der Arbeit und deren weltweite Verteilung aus.

Die Deregulierung und Öffnung der Märkte in Asien und Lateinamerika hat massive internationale Investitionen angezogen, vor allem im Bereich der herstellenden Industrie. Der Anteil der Industrieprodukte an den Exporten der Entwicklungsländer stieg von 33 Prozent im Jahr 1970 auf 66 Prozent im Jahr 1992.[40] Diese Expansion hat

39 UN, World Demographic Estimates and Projections, 1950–2025 (New York, 1988)

40 World Bank, World Development Report 1994 (Oxford, Oxford University Press, 1994)

bewirkt, daß Arbeitsplätze aus den Industrieländern in die neuindustrialisierten Länder verlagert werden – vor allem aufgrund des signifikanten Gefälles der Arbeitskosten.

Die Kosten für eine Arbeitsstunde betrugen 1994 in Deutschland 25 US-Dollar und in den USA 16 US-Dollar. In der Republik Korea lagen die Kosten jedoch nur bei 5 US-Dollar, in Mexiko bei 2,40 US-Dollar, in Polen bei 1,40 US-Dollar und in China, Indien und Indonesien sogar unter einem halben US-Dollar.[41] Die Globalisierung hat zudem den Bedarf an Arbeitern mit geringer oder gar keiner Berufsausbildung in den Industrieländern verringert. Viele arbeitsintensive Tätigkeiten, die keine besondere Qualifizierung voraussetzen, werden weiterhin in die Entwicklungsländer verlagert werden.

Technologie und Globalisierung zusammen führen zu einer neuen Entwicklung: der Verlagerung vieler Dienstleistungstätigkeiten vom Norden in den Süden, was durch die Fortschritte in der Telekommunikation erst ermöglicht wird. Während Europa und Nordamerika schlafen, geben asiatische Frauen zu Niedriglöhnen Daten ein, die ihnen per Satellit übermittelt werden. Das computerisierte Buchungssystem von British Airways wird von einem Team von Systemanalytikern und Programmierern in Indien im 24-Stunden-Dienst gewartet; ähnlich wird das Buchungssystem von Air France betreut.

Die Kommission ist der Auffassung, daß die Verlagerung von Arbeitsplätzen nicht zu Lasten der Arbeitsbedingungen oder -sicherheit erfolgen sollte. Einige multinationale Unternehmen haben gezeigt, daß Profitabilität und unternehmerische Verantwortung gegenüber den Beschäftigten Hand in Hand miteinander gehen können. Andere Unternehmen sollten ihrem Beispiel folgen und ähnliche Standards anwenden – möglicherweise entsprechend einem freiwilligen Verhaltenskodex. Dies sollte auch mit dazu beitragen, daß der wachsende Druck auf die Industrieländer abgemildert wird, ihre Handelsbarrieren anzuheben, um sich vor dem Import von Waren zu schützen, die unter niedrigen sozialen und ökologischen Standards hergestellt wur-

41 Working Man's Dread, The Economist vom 11.2.1995

den. Dies würde außerdem die ILO-Konventionen unterstützen, die ohnehin unter einem Umsetzungsdefizit leiden.

Es ist absehbar, daß die Öffnung und Liberalisierung der Weltmärkte weiter voranschreiten wird. Die meisten Einschätzungen über den Nutzen, den die Uruguay-Runde des GATT gebracht hat, deuten jedoch darauf hin, daß die Industrieländer doppelt bis zehnmal soviel Vorteile aus dieser Runde ziehen werden wie die Entwicklungsländer. Afrika erleidet sogar Verluste.

Die Kommission schlägt vor, daß ohne jegliche Verzögerungen weitere Verhandlungen aufgenommen werden sollten, möglicherweise unter dem Vorsitz der WTO, mit dem Ziel, Produkten aus den Entwicklungsländern den Zugang zu den Märkten in den Industriestaaten zu erleichtern. Die positiven Auswirkungen, die eine noch freiere Gestaltung des Welthandels mit sich bringen würde, würden den Entwicklungsländern Vorteile bringen.

Die Auswirkungen des technischen Fortschritts und der neuen Technologien

Die meisten Wirtschaftswissenschaftler vertreten das Argument, daß neue Technologien so viele neue Arbeitsplätze schaffen, wie sie alte vernichten. In der Vergangenheit hat sich diese Aussage als wahr erwiesen. Aber die schnelle und gleichzeitige Verbreitung von Computern, anderen Informationstechnologien und Robotern hat einen Wandlungsprozeß ausgelöst, wie er in der Geschichte so noch nicht vorgekommen ist. In der Vergangenheit wurden Arbeitsplatzverluste im herstellenden Gewerbe durch die Schaffung von Arbeitsplätzen im Dienstleistungsbereich ausgeglichen. Aber der Dienstleistungsbereich wurde inzwischen ebenfalls technisiert. Tatsächlich gibt es Schätzungen, nach denen drei Viertel der Arbeiter in den Industrieländern heutzutage Tätigkeiten ausüben, die automatisiert werden könnten.[42]

42 A World without Jobs?, The Economist vom 11.2.1995

Diese Trends werden sich unweigerlich zu Lasten bestehender Arbeitsplätze auswirken, wobei es möglich ist, daß sie zu Wachstum führen und zur Schaffung neuer Arbeitsplätze in anderen Sektoren. Im Moment jedoch kann keine Aussage darüber getroffen werden, was die Folgen auf nationaler wie auf globaler Ebene sein werden.

Vor allem die Wissensrevolution wird wohl einen tiefgreifenden Effekt auf die Funktionsweisen der Gesellschaft, auf die Produktionsweise von Unternehmen und auf das Beziehungsgefüge von Menschen ausüben; sie wird für die Entstehung neuer, gutbezahlter Arbeitsplätze sorgen, während andere Jobs einfach verschwinden werden. Die Geschwindigkeit des Fortschritts im Bereich der Computer- und anderer Informationstechnologien wird den Abstand zwischen Industrie- und Entwicklungsländern noch vergrößern. Letztere sind vom Zugang zu den neuen Technologien ausgeschlossen, solange es an einem ausreichenden Bildungs- und Trainingsangebot, am Aufbau der notwendigen institutionellen Unterstützung und an der Bereitstellung ausreichender Finanzmittel fehlt. Konflikte um den Zugang und die Kontrolle neuer Technologien können zu neuen Spannungen führen und vielleicht zu *dem* wirtschaftlichen und sozialen Thema des 21. Jahrhunderts werden.

Die Kommission ruft die internationalen Organisationen und die Privatwirtschaft dazu auf, die Bedeutung dieser Entwicklungen genauer zu untersuchen und energische Maßnahmen zu ergreifen, um die Entstehung neuer Kluften zwischen den Reichen und den Armen der Welt zu vermeiden.

Wir haben zwei Arten von Bildungssystem: Eines kümmert sich um die Elite, während das andere im Prinzip gar nicht besteht. Die Jugendlichen unseres Landes, die im Ausland ausgebildet wurden, haben Aussicht auf Arbeit. Für sie gibt es viele Möglichkeiten: von unseren Regionalbanken bis hin zu den multinationalen Unternehmen. Der Rest der Jugendlichen weist nicht mehr als eine Grundschulbildung vor, und ihre Zukunft ist vom Fehlen der Möglichkeiten gekennzeichnet: Teppiche knüpfen als Fünfjährige, als Haushaltshilfe arbeiten, betteln. Was für eine Art von Lebensqualität soll dies sein, und das bei einer Bevölkerung, die heute zu 45 Prozent aus unter 14jährigen besteht?

Shagufta Alizai, Pakistan, öffentliche Anhörung, Südasien

In Simbabwe verlassen jedes Jahr 300 000 Graduierte die weiterführenden Schulen, aber lediglich etwas über 30 000 neue Stellen werden geschaffen. Was passiert mit dem Rest?
Godwin Hlatshwayo, Simbabwe, öffentliche Anhörung, südliches Afrika

Der Widerspruch zwischen dem hohen Bildungsniveau bis hin zum Universitätsabschluß einerseits und den Schwierigkeiten bei der Arbeitsuche andererseits hat dazu geführt, daß die Wanderungsbewegungen innerhalb des Landes wie auch ins Ausland zunehmend Frauen umfassen. Außerdem erleidet die weibliche Bevölkerung, wie wir es nennen, „den Schreibtischtod" – Lehrerinnen arbeiten als Haushaltsangestellte, Ärztinnen als Krankenschwestern, Krankenschwestern als Hilfskräfte und so weiter, die ganze Rangordnung hinunter.
Rina Jiminez David, Philippinen, öffentliche Anhörung, Südostasien

10. Auf dem Weg zu einer alternativen Bildungspolitik

Jahrelang hatte eine Frau – selbst kinderlos und Analphabetin – zugesehen, wie die Kinder in ihrem Dorf nicht zur Grundschule gehen konnten, weil sie zu weit weg war. Kürzlich kam sie und bat um fünfzig Lesebücher und etwas Geld jeden Monat. Ein Verwandter war in das Dorf gezogen und hatte sich bereit erklärt, die Kinder zu unterrichten. Diese Frau – die selbst benachteiligt ist – zeigt mehr Verantwortungsbewußtsein als der Staat.
Narayan Banerjee, Indien, öffentliche Anhörung, Südasien

Wir möchten, daß unsere Kinder eine Ausbildung bekommen, und wir möchten ihnen eine gewisse Lebensqualität bieten. Lebensqualität heißt gute Schulen mit guten und gutausgebildeten Lehrern. Das sind Investitionen. Das ist Entwicklung.
Marvellous Mhloyi, Simbabwe, öffentliche Anhörung, südliches Afrika

Je mehr wir uns Einzelthemen wie Bildung, Gesundheit und Gewalt zuwenden, desto mehr kehren wir zur Armut als Grundproblem, das es anzugreifen gilt, zurück.
Rosiska Darcy de Oliveira, Brasilien, öffentliche Anhörung, Lateinamerika

Die Rolle von Bildung und Wissen

Bildung ist ein Schlüssel nicht nur zur sozialen Entwicklung, sondern zu fast allen Aspekten der Lebensqualität. Vor allem aber bedeutet Bildung die Bildung von intellektueller Neugier und Wissensdrang. Bildung verbessert die Lebensqualität und befähigt die Menschen,

Lösungen für die unterschiedlichsten sozialen und ökologischen Probleme zu suchen und zu finden. Bildung verbreitet Werte, sowohl über die offiziellen als auch die inoffiziellen Lehrpläne.

In einer globalisierten, von Technologie beherrschten Welt ist Wissen ein Machtfaktor und daher unerläßlich für jedes Land in seinem Streben nach Wirtschaftswachstum, ebenso wie für jeden einzelnen Menschen auf der Suche nach einem Arbeitsplatz oder nach Möglichkeiten der selbständigen Arbeit.

Bildung befähigt die Menschen auch, sich aktiv an Demokratie zu beteiligen und ihre politischen und gesetzlich verankerten Rechte einzufordern. In einer Welt, die sich komplexen Herausforderungen und Konflikten gegenübersieht, ist Bildung ein zunehmend wichtigerer Faktor bei der Ausprägung analytischer und lösungsorientierter Denk- und Handlungsfähigkeiten.

Bildung wird oft als eine bestimmte Lebensphase betrachtet, die mit etwa fünf Jahren beginnt, über die Schulzeit und eventuell das Studium hin andauert und mit dem Eintritt ins Berufsleben endet. Wollen wir aber das gesamte Potential von Bildung erschließen, um ökonomische, soziale und ökologische Probleme zu lösen, so müssen wir uns von dieser begrenzten und begrenzenden Sichtweise befreien.

Die tatsächlichen Möglichkeiten der Bildung werden heute nur in den wenigsten Ländern voll ausgeschöpft. In den Entwicklungsländern wird derzeit 1,3 Milliarden Erwachsenen und Kindern das Grundrecht auf Bildung vorenthalten.[43] Die größte Herausforderung der nächsten beiden Dekaden besteht darin, das Recht auf Bildung für die Menschen zu verwirklichen, denen es im Moment versagt bleibt – und für all diejenigen, die ihre Bildung und Ausbildung beim ersten Versuch abbrechen mußten. Dieser Herausforderung sind wir nur gewachsen, wenn uns eine grundsätzliche Umstrukturierung der Bildungssysteme gelingt: Bildung muß sich den immer neuen Gegebenheiten anpassen und die Potentiale ausschöpfen, die der technische Fortschritt bietet.

Die meisten Bildungssysteme folgen noch ausgetretenen Pfaden, oft sind sie blind gegenüber den unterschiedlichen Gegebenheiten der

43 UNESCO, World Education Report 1993 (Paris, 1993)

einzelnen Länder. Bildung mag das einzige vom Menschen gemachte System sein, das starr und von der technischen und der Informationsrevolution unberührt geblieben ist.

Die Kommission vertritt die Überzeugung, daß nur der Rückgriff auf Bildungstechnologien flexiblere Reaktionen auf gesellschaftliche Bedürfnisse ermöglicht. Flexible Reaktionen wiederum erhöhen die Produktivität, senken die Kosten der Bildung und verbessern die interne und externe Effizienz des Schulsystems.

Die Trägheit des Bildungssystems wird oft als Folge der Arbeitsintensität erklärt. Werden aber neue Bildungstechnologien angemessen integriert, verändert sich die Rolle des Lehrers. Das bedeutet, daß die Lehrer anders ausgebildet werden müssen.

Die Lücke zwischen den Erfordernissen des täglichen Lebens und dem Elfenbeinturmcharakter des Bildungssystems verringert die Möglichkeit, die Menschen so auszubilden, daß sie den sozialen und wirtschaftlichen Anforderungen von morgen gewachsen sind.

Das Recht auf Bildung – ein unerfülltes Versprechen

In den drei bedeutenden internationalen Pakten über wirtschaftliche und soziale Rechte ist das Recht auf Bildung als fundamentales Menschenrecht verankert. Kostenlose, allgemeine und obligatorische Grundschulbildung für alle gehört dabei zu den am klarsten definierten Rechten (Abbildung 10.1 zeigt die Zahl der Kinder, die keine Schule besuchen, 1990 bis 2000).

Die Kommission vertritt die Ansicht, daß Bildung ein Recht ist, das allen zusteht, nicht nur einer bestimmten Altersgruppe (den Kindern und Jugendlichen) – ein Recht, das ein Leben lang währt und dessen Verwirklichung die unterschiedlichsten Formen annehmen kann.

Das Recht auf Bildung wurde im Sozialpakt verkündet und in der Kinderrechtskonvention bekräftigt. Beide Abkommen enthalten die Klausel, daß durch die sukzessive Einführung kostenloser Schulbildung die Sekundarschul- und höhere Bildung allen zugänglich gemacht werden sollte. Der Sozialpakt erkennt auch an, daß jeder, der

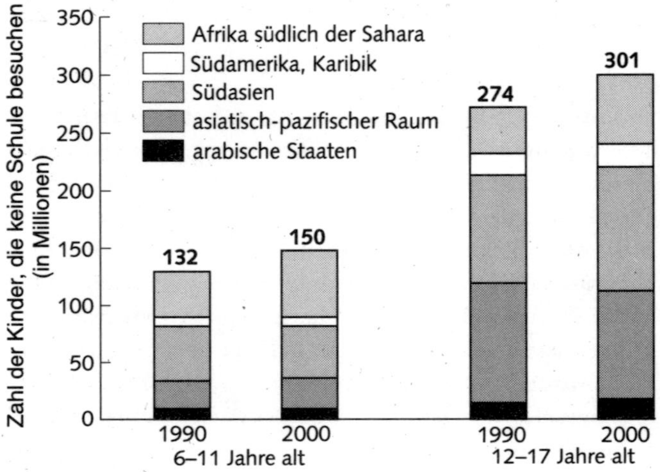

Abbildung 10.1: Die Verlierer im Bildungsrennen: Kinder, die keine Schule besuchen (1990 bis 2000). (Quelle: UNESCO, 1993)

seine Grundschulbildung nicht beenden konnte, ein Recht auf eine zweite Chance hat.[44]

Bei der Umsetzung dieser Rechte wurden beeindruckende Fortschritte erzielt. Die Alphabetisierungsrate unter den Erwachsenen stieg zwischen 1970 und 1992 von 46 auf 69 Prozent. Die Aufnahmerate in die Grundschule stieg bei den Sechs- bis Elfjährigen zwischen 1970 und 1991 von 57,8 auf 76,8 Prozent. Die Rate der Aufnahmen in die höhere Grundschule stieg sogar noch weiter, nämlich von 36 Prozent im Jahr 1970 auf 46,8 Prozent im Jahr 1991.[45]

Diese Fortschritte sind um so bedeutender, als sie mit einem signifikanten Wachstum der schulpflichtigen Bevölkerung zusammenfallen. In den Entwicklungsländern stieg die Zahl der Grundschüler von 310 Millionen im Jahr 1970 auf 514 Millionen im Jahr 1992.

44 UNESCR, 13; CRC, 28

45 Trends and Projections of Enrolment at Level of Education by Age and Sex (as assessed in 1993), Current Surveys and Research in Statistics (doc. CBPF-94/WS.1-1994) (Paris, UNESCO, 1994)

Die Zahl der Realschüler stieg im selben Zeitraum von 79 auf 224 Millionen.[46]

Trotz dieser Zahlen ist das Recht auf Bildung noch keineswegs voll verwirklicht. 1990 besuchten in den Entwicklungsländern mehr als 400 Millionen Kinder im schulpflichtigen Alter keine Schule, 132 Millionen davon im Grundschulalter, 274 im Sekundarschulalter.[47]

Noch größere Sorge bereitet die Tatsache, daß sich laut Schätzungen der UNESCO aus dem Jahr 1993 die Situation mittelfristig – besonders angesichts des Bevölkerungswachstums – nicht entschärfen wird. Die Aufnahmerate in die Grundschule wird in den Entwicklungsländern über die nächsten beiden Jahrzehnte stabil bleiben. Von 76,8 Prozent im Jahr 1991 wird die Aufnahmerate im Jahr 2000 mit 77,7 Prozent ihren Höhepunkt erreichen und dann bis zum Jahr 2015 langsam auf 76,8 Prozent bzw. 75,4 Prozent im Jahr 2025 fallen. Diese Zahlen basieren auf den UN-Prognosen zum Bevölkerungswachstum.

Erwachsenen wird in noch größerem Maß Bildung vorenthalten. In den Industrieländern hatte 1992 jeder Erwachsene über 25 Jahren im Durchschnitt 10 Jahre Schule hinter sich. In den Entwicklungsländern lag diese Zahl bei nur 3,9 Jahren. In 30 Ländern – 25 davon in Afrika – betrug der Durchschnitt weniger als 2 Jahre.[48] Diese Zahlen schreien zum Himmel: Hunderte von Millionen von Erwachsenen konnten überhaupt keine Schulbildung genießen oder verließen die Schule vor Beendigung der Grundschulbildung.

Die Kommission ist über die derzeitige Lage höchst besorgt: Fast 1,5 Milliarden Kinder und Erwachsene sind entweder Analphabeten oder auf dem Weg dazu. Untersuchungen in den Industrieländern weisen darauf hin, daß fünf bis zehn Prozent der Bevölkerung nur rudimentär lesen und schreiben können, Zahlen, die bei einer strikteren Definition des Begriffs „Analphabet" noch verheerender ausfallen. Experten zufolge sind mindestens sechs Jahre Grundschulbildung

46 UNESCO, Statistical Yearbook 1994 (Paris, 1995)

47 UNESCO, World Education Report 1993 (Paris, 1993)

48 UN Development Programme, Human Development Report 1994 (Oxford, Oxford University Press, 1994)

– nicht die derzeit angenommenen vier oder fünf Jahre – notwendig, um eine nachhaltige Alphabetisierung zu erreichen.

Verlassen die Schüler vor diesen fünf oder sechs Jahren die Schule, dann sind die Ausgaben für ihre Bildung praktisch umsonst gewesen, sowohl für die Familie als auch für das Land. Angesichts der derzeitigen Bevölkerungsdynamik besteht wenig Hoffnung, daß sich die Lage vor 2025 ändert. Anhaltende Armut wird darüber hinaus die absoluten Zahlen der Analphabeten ansteigen und die Rate der Aufnahmen in Grundschulen sinken lassen.

Was es heißt, Analphabet zu sein

Für Menschen, die lesen und schreiben können, ist es nur schwer vorstellbar, was es heißt, Analphabet zu sein. In einer Welt, die über geschriebene Gesetze, Regeln und Anweisungen funktioniert, ist Analphabetismus ein folgenreiches Handicap in allen Entscheidungsprozessen, in allen Lebensbereichen. Dem Analphabeten stehen nur die niedrigsten und am schlechtesten bezahlten Arbeiten offen. Was immer auf dem Saatgutpäckchen, dem Milchkarton oder der Packung mit den Verhütungsmitteln steht, bleibt ein Geheimnis. Analphabetismus bedeutet, keine Zeitungen, keine Straßenschilder und keine Gefahrenhinweise lesen zu können. Das Gesetzbuch, die Urkunde des Notars, der Grundbucheintrag – alles Bücher mit sieben Siegeln. Und wer nicht lesen kann, wird schnell Opfer von Betrug und Enteignung.

Eine wichtige Dimension der Schulbildung ist die externe Effizienz, also die Frage, wie gut sich das Bildungssystem an die sich ändernden Bedürfnisse der Gesellschaft anpassen kann, auch wenn die Gesellschaft zugegebenermaßen ihre Bedürfnisse und Erwartungen nur selten präzise artikuliert. Tatsächlich zeigen Lehrpläne oft eine beachtliche Diskrepanz zwischen dem, was gelehrt wird, und dem, was in bezug auf offensichtliche gesellschaftliche Bedürfnisse gelehrt werden sollte.

Die Anerkennung des Rechts auf Bildung ist in erster Linie eine Frage der Gleichberechtigung und Gerechtigkeit. Die Nichtverwirklichung des Rechts auf Bildung zeitigt verschiedene Konsequenzen, die Frauen stärker betreffen als Männer, die ländliche Bevölkerung stärker als die städtische, die Armen stärker als die Reichen, ethnische Minderheiten stärker als Mehrheiten. Die Sicherung der Bildungsrechte für alle bedeutet also die Sicherung der Gleichberechtigung in der Bildung. Gibt es keine örtliche Schule, kann ein Kind seine Bildung nur fortsetzen, wenn es einen – oft sehr langen – Schulweg auf sich nimmt, vielleicht sogar ohne öffentliche Verkehrsmittel. Es ist offensichtlich, daß in ländlichen Gebieten mehr Schulen gebaut werden müssen, aus örtlichen Materialien und von örtlichen Arbeitern errichtet.

Ziele und Zeitrahmen

Bildung muß sich stärker auf fortschrittliche Standards beziehen, auf Normen, die national und international auf klaren Zielen und Zeitplänen beruhen. Aus der Überzeugung heraus, daß weltweit Grundschulbildung für alle oberste Priorität hat, unterstützt die Kommission vehement die Vorschläge der verschiedenen internationalen Foren zur Förderung der Alphabetisierung auf allen Ebenen.

Allerdings sind schon viele Länder ins Hintertreffen geraten bei der Umsetzung der bereits von der internationalen Gemeinschaft vereinbarten Ziele und Verpflichtungen zur Gewährleistung universeller Grundschulbildung. So sollte laut der 2. UN-Entwicklungsstrategie aus dem Jahr 1971 die allgemeine Aufnahme in die Grundschulen bis 1980 erreicht sein. Als die Weltbildungskonferenz 1990 in Jomtien stattfand, hatte man dieses Ziel schon auf das Jahr 2000 hinausgeschoben – wenn auch mit dem Bezugspunkt „Beendigung der Schulausbildung". Der Weltkindergipfel 1990 reduzierte die Zielquote für das Jahr 2000 auf 80 Prozent. Die Weltbevölkerungskonferenz 1994 schob das Datum noch weiter hinaus – bis zum Jahr 2015.[49] Dieses Ziele-Chaos verlangt eine klare Harmonisierung.

49 Second UN Strategy for Development, 1970; International Conference on Population and Development, 1994

Laut derzeit verfügbaren Prognosen, die dem Bevölkerungswachstum Rechnung tragen, wird die Rate der Aufnahmen in die Grundschule von 76,8 Prozent im Jahr 1991 auf 74,5 Prozent im Jahr 2025 sinken. Die entsprechenden Zahlen für Afrika fallen von 49,7 Prozent im Jahr 1991 auf 48,9 Prozent im Jahr 2020, was bedeutet, daß 546 Millionen Kinder zwischen sechs und siebzehn Jahren keine Schule besuchen werden.

Als Zieljahr für die Angleichung der Aufnahmeraten für Mädchen und Jungen im Hinblick auf die Primar- und Sekundarschule gilt 2025. Das Ziel ist durchaus erreichbar, sollte jedoch nachdrücklich verfolgt werden, und Fortschritte sollten einer rigorosen Kontrolle unterliegen.

Die Kommission empfiehlt der UNESCO und anderen qualifizierten Organisationen, so schnell wie möglich eine gemeinsame Strategie „Bildung für alle bis zum Jahr 2010" zu verabschieden. Eine solche internationale Strategie hängt natürlich ab von der Einführung einer alternativen Bildungspolitik, die das bestehende Bildungssystem ergänzt. Diesbezügliche Vorbereitungen sollten sofort beginnen, indem die Dekade 2001 bis 2010 zur Dekade der weltweiten Grundschulbildung erklärt wird.

Eine Strategie „Bildung für alle bis zum Jahr 2010" sollte zwei Ziele verfolgen. Sie sollte erstens allen Kindern – Mädchen und Jungen – eine sechs Jahre lange Grundschulbildung ermöglichen. Zweitens sollte sie allen Erwachsenen Zugang zu Grundbildung verschaffen, wobei der Schulort innerhalb einer maximal einstündigen Anfahrtszeit erreichbar sein muß. Diese Grundbildung umfaßt Lesen, Schreiben, Rechnen sowie die Grundzüge von Ernährungslehre, Kindererziehung, Umweltbildung und kommunaler Organisation. Die Zielquote liegt bei einer achtzigprozentigen Alphabetisierungsrate unter Erwachsenen – Männern und Frauen – bis zum Jahr 2010. Zwischenetappen sollten dafür sorgen, daß jedes Land dieses Ziel Schritt für Schritt erreicht.

Der Faktor „Bevölkerung“ im Bildungsbereich

Regierungen fällt es oft schwer, das Bildungssystem mit dem Bevölkerungswachstum Schritt halten zu lassen. So verzeichnete Afrika südlich der Sahara in den achtziger Jahren eine absolute Zunahme von Kindern in Grundschulen von 48 auf 58 Millionen. Das Bevölkerungswachstum in diesem Jahrzehnt führte allerdings dazu, daß die Aufnahmerate prozentual von 78 auf 68 Prozent fiel.[50]

Die wachsende Zahl der Kinder im Grundschulalter macht es für alle noch schwieriger, das Ziel Grundschulbildung zu erreichen. Man betrachte nur Äthiopien, wo in den drei Jahrzehnten seit 1960 im Schnitt jährlich 57 000 Kinder mehr eingeschult wurden. Zwischen 1990 und 2000 wird die Zahl der Kinder im Grundschulalter um mehr als eine Million pro Jahr zunehmen. Das bedeutet, daß sich im Vergleich mit der jüngsten Vergangenheit die Einschulungsanstrengungen verachtzehnfachen müssen,[51] soll der allgemeine Schulbesuch erreicht werden.

Länder mit einem weniger rasanten Bevölkerungswachstum werden es entsprechend leichter haben. In Indien zum Beispiel stieg zwischen 1960 und 1990 die Zahl der Erstkläßler jährlich um über eine Million. Zwischen 1990 und 2000 bedeutet dies für Indien eine Steigerung der Aufnahmezahlen um 1,25 Millionen jährlich, soll der allgemeine Schulbesuch durchgesetzt werden. Pakistan müßte die Aufnahmezahlen jährlich um 1,46 Millionen steigern; zwischen 1960 und 1990 betrugen diese Zahlen nur durchschnittlich 170 000 pro Jahr.[52]

In der Bevölkerungsstatistik ist die Gruppe der Kinder im schulpflichtigen Alter sehr groß im Vergleich zur Gruppe der Erwerbsfä-

50 Als die UNESCO im Jahr 1989 ihren Plan of Action to Eradicate Illiteracy by the Year 2000 verabschiedete, wiesen viele Mitarbeiter von Beginn an ausdrücklich darauf hin, daß die Abschaffung des Analphabetismus unmöglich sei. Ziel sei vielmehr, die Bedeutung der Alphabetisierung deutlich zu machen und das Bewußtsein über diese Bedeutung zu bilden und zu fördern. UNESCO/International Literacy Year, Adult Education Information Notes Nr. 4, 1989.

51 UNESCO, Statistical Yearbook 1994.

52 UNESCO, Demographic Pressure on Primary Education (1993 Update) (Paris, 1993)

higen, die die Kosten für die Bildung tragen müssen. Die Rate wird in Afrika steigen, in den arabischen Staaten und Südasien dagegen langsam fallen. In Ostasien, Lateinamerika und der Karibik, wo das Bevölkerungswachstum stark nachgelassen hat, hat sich auch das Zahlenverhältnis zwischen Schülern und Erwerbsfähigen verbessert. So klafft die Schere in Ostasien nur halb soweit auseinander wie in Afrika.[53]

Starkes Bevölkerungswachstum bedeutet, daß die Staaten immer höhere Anteile des Haushalts darauf verwenden müssen, Jungen und Mädchen im schulpflichtigen Alter Bildungsmöglichkeiten zu bieten. Hierbei sind die Kosten für mehr Lehrbücher, Verbesserung der Lehrer-Schüler-Quote oder die Einführung neuer Bildungstechniken noch nicht berücksichtigt.

Auch die Familiengröße beeinflußt den schulischen Erfolg. Kinder aus kleinen Familien sind bessere Schüler und bleiben länger in der Schule als Kinder aus größeren Familien. In einer neuen Untersuchung, die sich auf die USA bezieht, hat Judith Blake herausgefunden, daß sich der Unterschied zwischen kleinen und großen Familien in zwei Jahren zusätzlicher Schulbildung ausdrücken läßt, wobei aber auch andere Faktoren wie der soziale Hintergrund der Eltern eine Rolle spielen.[54]

Bildung ist weder umsonst noch kostenlos

Wenn wir allen das Recht auf Grundbildung garantieren möchten, brauchen wir mehr Geld. Und wenn Entwicklungsländer ihr Bildungsniveau verbessern möchten, müssen sie neue Finanzquellen für die Grundschulbildung finden. Zuerst bietet sich hier eine Umschichtung der Mittel an. Die Länder in Afrika südlich der Sahara gaben 1991 4,6 Prozent ihres BSP für Bildung aus, mehr als jede andere Entwicklungsregion außer den arabischen Staaten, aber immer noch weniger als die Industrieländer (im Durchschnitt 5,5 Prozent). Dennoch besuchten nur 68 Prozent der Kinder im Grundschulalter und

53 UNESCO, Education for All. Status and Trends 1994 (Paris, 1994)
54 UNESCO, World Education Report 1993

18 Prozent der Kinder im Sekundarschulalter tatsächlich eine Schule.[55]

Armen Ländern wird es kaum gelingen können, Grundschulbildung (ganz zu schweigen von Sekundarschulbildung) für alle aus eigenen Mitteln zu erreichen. Es besteht in der Tat eine enge Korrelation zwischen nationaler Armut und Bildungsniveau. 1992 gab es kein Land mit einem durchschnittlichen Realeinkommen von unter 1900 US-Dollar, dem es gelungen war, mehr als achtzig Prozent der Kinder mindestens eine fünfjährige Schulbildung zukommen zu lassen.

Die Verschärfung der Armut kann unter Umständen Fortschritte im Bildungsbereich neutralisieren. Im von Schuldenkrise und Strukturanpassung geschüttelten Afrika fiel trotz diverser Schuldenreduzierungen und -streichungen durch Finanzinstitutionen oder Geberländer in den achtziger Jahren in 22 Ländern die Rate der Aufnahmen in die Grundschule. Die verschuldeten Länder litten natürlich mehr als die nichtverschuldeten. Im besagten Zeitraum stiegen in 75 Prozent der nichtverschuldeten Länder Afrikas die Aufnahmeraten hinsichtlich der Grundschule schneller als in den siebziger Jahren. In den hochverschuldeten Ländern Afrikas dagegen lag dieser Wert bei nur 10 Prozent.

In den ärmsten und am höchsten verschuldeten Ländern stellen höhere Ausgaben für das Bildungswesen folglich ein ernstes Problem dar. Daher sollten in Zukunft alle Strukturanpassungsprogramme eine Klausel enthalten, die gewährleistet, daß die Ausgaben für Bildung nicht gekürzt werden. Um dies zu erreichen, müssen die Haushalte unter Umständen insgesamt verringert werden. Gleichzeitig sollten auch eine höhere Effizienz, mehr Flexibilität und eine erhöhte „Durchlässigkeit" des Bildungssystems angestrebt werden. Eine Reduzierung der öffentlichen Schulden dagegen bedeutet nur, daß mit weniger mehr getan werden muß.

Ein Land kann in der Tat auch mit beschränkten Eigenmitteln sehr viel erreichen. Auf jedem Einkommensniveau finden wir große Unterschiede in den Erfolgen der jeweiligen Bildungssysteme. In

55 UNICEF, Progress of Nations 1995 (New York, 1995)

China, dessen Einkommen zu Kaufkraftparitäten 1992 bei 1910 US-Dollar pro Kopf lag, schlossen in besagtem Jahr 88 Prozent der Kinder ihre fünfjährige Grundschulbildung ab. In Pakistan, wo das Einkommen bei 2130 US-Dollar lag, waren es nur 37 Prozent. Sri Lanka verzeichnete 91 Prozent, während in Guatemala und der Dominikanischen Republik – wo die Einkommen um 500 US-Dollar höher waren – nur 41 Prozent der Kinder ihre Grundschulbildung beendeten.[56] Das Nationaleinkommen wirkt sich noch schärfer auf die Sekundarschulbildung aus, aber auch dort sind gravierende Unterschiede auszumachen. 1990 besuchten in Indien 44 Prozent der Kinder im Sekundarschulalter eine weiterführende Schule, in Sri Lanka, wo das reale Pro-Kopf-Einkommen gleich hoch ist, waren es nur 19 Prozent.

Mehr Geld in die Bildung investieren zu können ist auch in vielen Industrieländern eine unrealistische Erwartung. Zusätzliche Ressourcen müssen durch interne Reformen erschlossen werden, durch Umschichtung und durch die Verbesserung der internen und externen Effizienz des Bildungswesens.

Die Hochschule spielt eine besondere Rolle, weil diese Bildungsinstitution das gesamte System beeinflußt und dadurch – direkt und indirekt – die Gesellschaft als Ganzes. Aus- und Weiterbildung der Lehrer für ein erweitertes Bildungssystem zum Beispiel findet auf der tertiären Bildungsstufe statt. Folglich ist ein erfolgreiches Hochschulsystem eine Grundvoraussetzung für Entwicklung. In vielen Ländern aber herrscht akuter Mangel an qualifiziertem Personal, sowohl für Planung, Forschung und Entwicklung als auch in der Verwaltung.

Allerdings ist es aber oft gerade der Hochschulsektor, der einen überproportional hohen Teil des Bildungsetats verschlingt: Er ist teuer, erfordert mehr Lehrmittel und Ausrüstung sowie eine geringe Lehrer-Studenten-Quote. In einigen von Asiens erfolgreichsten Wirtschaftswachstumsländern (Japan, die Republik Korea, Thailand) kostet ein Hochschulstudent allerdings nur dreimal mehr als ein

56 World Bank, Social Indicators of Development 1994 (Datendisketten) (Washington, 1994); D. Woodward, Debt Adjustment and Poverty in Developing Countries, Vol. II (London, Save the Children Fund, 1992)

Grundschüler.[57] In einigen Entwicklungsländern sehen die Zahlen schlechter aus: In Indien waren 1990 die Kosten für einen Studenten achtmal so hoch wie für einen Grundschüler, in Pakistan zwölfmal so hoch. In zehn afrikanischen Ländern gehen mehr als 25 Prozent der Bildungsetats in die Hochschulbildung.[58]

Derartige Ungleichgewichte werden noch verstärkt durch die Tatsache, daß viele Hochschüler aus wohlhabenden Familien kommen und nur wenige aus armen. Bei begrenzten Mitteln sollte die Unterstützung für Hochschüler gekürzt werden; ein größerer Teil der Kosten kann durch Darlehen und Beteiligung der Eltern gedeckt werden. Um der Abwanderung von Wissenschaftlern vorzubeugen, sollten Entwicklungsländer in Betracht ziehen, von ihren Hochschulabsolventen eine gewisse Beschäftigungszeit in ihrem Heimatland zu verlangen, um einen Teil der Kosten aufzufangen, die in die Bildung geflossen sind.

Eine weitere Maßnahme, um mit weniger Geld mehr zu erreichen, ist die Reduzierung der Kosten pro Absolvent auf jeder Bildungsstufe. Bevölkerungsbeteiligung kann zum Beispiel auch bedeuten, daß die Menschen sich mit Land, Arbeit oder Geld an der Errichtung und Erhaltung der Schulen beteiligen.

Dem Mangel an Lehrern und Schulgebäuden kann abgeholfen werden, indem die Klassenstärke erhöht (jedoch nicht über vierzig Schüler) oder in Schichten – morgens und nachmittags – unterrichtet wird. Dabei sollten die Lehrer aber nicht überlastet werden. Ältere Kinder und Freiwillige können die jüngeren Kinder, die Geschwister oder Kinder, die keine Schule besuchen können, unterrichten – ohne daß dem Staat die Verantwortung für Bildung abgenommen wird.[59]

Diese Ziele können nur erreicht werden, indem einerseits mehr Geld in das Bildungswesen investiert wird und andererseits Ressourcen umgeleitet werden. Die Auslandshilfe für Bildung ist in realen Zahlen in den letzten Jahren zurückgegangen. So war sie 1989 niedriger als 1975. Der Anteil für Bildung in der staatlichen Entwick-

57 World Bank, World Development Report 1994 (Oxford, Oxford University Press, 1994); UNICEF, Progress of Nations 1995

58 UNESCO, World Education Report 1993

59 World Bank, Priorities and Strategies for Education (Washington, 1995)

lungshilfe der OECD-Länder fiel zwischen 1975 und 1982 von 17,3 Prozent auf 10 Prozent und lag 1992 bei 8,4 Prozent der gesamten bilateralen Hilfe.

Die Kommission vertritt die Überzeugung, daß die internationale Staatengemeinschaft – wenn es ihr wirklich Ernst damit ist, die demographische Entwicklung zu beeinflussen – eine moralische Verpflichtung (und ein Eigeninteresse) hat, den Entwicklungsländern dabei zu helfen, das Ziel der allgemeinen Alphabetisierung und Grundschulbildung zu erreichen.

In Kapitel 15 werden wir verschiedene Finanzierungsmöglichkeiten diskutieren. Die Kommission ist der Ansicht, daß der oben erwähnte Abwärtstrend in den öffentlichen Entwicklungshilfeausgaben so schnell wie möglich umgekehrt werden muß. Die zielgerichtete Verwendung dieser Auslandsmittel sollte koordiniert werden für diejenigen Länder, die das Ziel ohne Hilfe von außen voraussichtlich nicht erreichen können.[60]

Von Schulabbrechern und Wiederholern

1991 besuchten in 46 Ländern der Erde zwischen 75 und 99 Prozent der Kinder im Grundschulalter tatsächlich eine Schule, in 70 Ländern waren es weniger als 75 Prozent.[61] 1990 absolvierten nicht einmal vier von fünf Kindern in diesen Ländern fünf komplette Schuljahre. Inwiefern gelingt es also dem derzeitigen Schulsystem, die Kinder zu alphabetisieren?[62] Es besteht kaum ein Zweifel, daß die Rate der Grundschulabschlüsse wichtiger ist als die reinen Einschulungszahlen.

Erfolg wird am Bildungsstand gemessen, wohingegen die Einschulungsrate eine verwaltungsmäßige Realität zu einem gegebenen Zeitpunkt anzeigt. Die interne Effizienz des Inputs und Outputs der Schulsysteme ist in der Tat besorgniserregend. Was würde zum

60 Paul Harrison, The Third Revolution (London und New York, Penguin Books, 1993)

61 C. Colclough und W. Lewin, Educating All the Children (Oxford, Clarendon Press, 1993)

62 World Bank, Social Indicators of Development 1994

Beispiel passieren, wenn fünfzig Prozent der neuen Brücken am Tag nach ihrer Eröffnung zusammenbrächen oder wenn mehr als fünfzig Prozent der eingewiesenen Patienten die Krankenhäuser in Särgen verließen?

Wenn es dagegen um Bildung geht – vor allem die Grundschulbildung mit ihrer hohen Abbrecher- und Wiederholerrate –, nimmt die Gesellschaft Nachlässigkeit und Versagen hin. Neueste Zahlen beweisen, daß nur 50 Prozent der Kinder, die in Lateinamerika eingeschult werden, die Grundschule beenden. In Südostasien liegt der Prozentsatz bei 51, in Afrika südlich der Sahara bei 67, in Nordamerika und den arabischen Staaten bei 69 und in Ostasien bei 85. Zählt man die Wiederholer hinzu, sehen die Zahlen noch schlimmer aus: Im frankophonen Afrika wiederholen jedes Jahr 26 Prozent der Kinder ihre Klasse, im anglophonen Afrika sind es 15 Prozent.

Die Kommission hält es für dringend notwendig, daß diese Verschwendung in Form von Wiederholern und Schulabbrechern behoben wird, denn Schüler, die nichts lernen, belasten das Schulsystem zusätzlich. Im Jahr 1990 gaben 25 von 39 Ländern in Afrika südlich der Sahara mindestens 50 Prozent mehr für jeden Grundschulabgänger aus, als nötig gewesen wäre, hätten die Schüler keine Klassen wiederholen müssen.[63]

Will man die Abbrecherquoten senken, müssen zuerst die Gründe des Abbruchs genau untersucht werden – vielleicht spielen ähnliche Gründe eine Rolle wie bei der Nichteinschulung. In den Entwicklungsländern gehen Kinder vorzeitig von der Schule ab, weil sie Geld verdienen oder ihren Familien bei der Feldarbeit helfen müssen. Dennoch haben in Asien 80 Prozent der Kinder eine vollständige Grundschulbildung. In Afrika dagegen sind die Abbrecherquoten hoch: 1994 haben nur 67 Prozent der Schüler vier Jahre Unterricht absolviert.

Wiederholung ist auch eine Form der Verschwendung: 1994 gab es weltweit 24 Millionen „Sitzenbleiber", das entspricht 9 Prozent der Gesamtschülerzahl. Auch hier zeigt Afrika die schlechtesten Ergebnisse: Über 25 Prozent der Schüler wiederholen ein Jahr. Zugegebener-

63 Ebenda, umfaßt Länder mit einem Effizienz-Koeffizienten von 0,66 oder weniger.

maßen ist die Wiederholung einer Klasse eine Möglichkeit, das Weiterkommen in die Sekundarschule zu gewährleisten. Aber diese Strategie bürdet sowohl den Familien als auch den Staatshaushalten ein oder zwei Jahre zusätzliche Kosten auf, ganz zu schweigen von Schulräumen, die anderweitig besser genutzt werden könnten.[64]

Der Schlüssel zur Senkung der Wiederholerquote liegt in frühzeitigen Fördermaßnahmen: Die Leistung der Schüler muß von Anfang an begleitet werden, damit den Kindern, die zurückfallen, schnell Hilfe geboten werden kann. Längerfristige Reformen sind unabdingbar, dazu gehören sowohl Lehrplanreformen als auch die Verbesserung von Ausbildung, Bezahlung und sozialem Status der Lehrer.

Sowohl die Senkung der Abbrecherquote als auch die Steigerung der Einschulungsquote haben sozioökonomische Implikationen. Beide erfordern auch, daß die Schule spannender und interessanter und damit für die Schüler wichtiger wird. Neben den Reformen der Lehrpläne, Lehrmethoden und Hilfsmaßnahmen sollten die Gebühren für Grundschulbildung abgeschafft werden. Die Fehlbeträge könnten durch höhere Gebühren für den Hochschulzugang kompensiert werden.

Die Länge des Schultags und des Schuljahres sollte vor allem auf dem Land den Bedürfnissen der Familien angepaßt werden, die zu Hause und auf dem Feld auf die Mithilfe der Kinder angewiesen sind. Wo immer Fehlernährung ein Problem darstellt, sollten Schulen entsprechend ausgestattet werden, damit sie den Kindern nahrhafte Mahlzeiten anbieten können und somit dazu beitragen, die Ernährungskosten der Familien zu senken und die Leistungen der Schüler zu verbessern.

Das Recht auf eine zweite Chance

Die Milliarden von Analphabeten in den Entwicklungs- und den Industrieländern, die 400 Millionen Kinder, die keine Schule besuchen: sie sollten nicht allein gelassen, stigmatisiert und dazu verdammt

64 UNESCO, World Education Report 1993

werden, ihre Benachteiligung an ihre Kinder weiterzugeben. Alle diese Menschen haben das Recht auf eine zweite Chance.

Auch in Ländern mit einem recht gut entwickelten Schulsystem gibt es immer wieder Menschen, die in der Schule versagen oder bei denen das Schulsystem versagt. In unserer globalisierten und hochtechnisierten Welt sind es gerade diese Menschen, die von der Arbeit – und von der Gesellschaft – ausgeschlossen sind.

Es gibt einige Spezialprogramme, die besonders Kindern zwischen neun und fünfzehn Jahren, die zu alt für die Grundschule sind, eine zweite Chance geben. Typische Beispiele dafür sind die Djamaa-Zentren in Conakry (Guinea), wo arbeitslose Sekundarschulabgänger als Tutoren fungieren. In Bangladesch gibt es informelle Grundschulen, die all denen zwei oder drei Stunden Unterricht bieten, die ihre Grundschulausbildung abgebrochen haben.[65]

Auch ältere Menschen, die keine Schule besuchen konnten, verdienen Aufmerksamkeit. Alphabetisierungsprogramme für Erwachsene haben sich besonders in Ländern bewährt, wo sie in eine breite Bewegung der nationalen Entwicklung oder gar eine Revolution eingebunden wurden. In anderen Ländern dagegen sind sie – kurz gesagt – eine Enttäuschung. Erwachsenenbildung erfordert Personal und Ausrüstung, d. h. Geld. Sie wird auch nur dort funktionieren, wo sie von höchster Stelle politisch unterstützt wird. Außerdem müssen die erwachsenen Schüler, die natürlich andere Prioritäten als das Lernen haben, ständig dazu motiviert werden, den Unterricht zu besuchen und das zu behalten, was sie gelernt haben. Das bedeutet, daß sich Grundbildung für Erwachsene nah an den Bedürfnissen der Zielgruppe orientieren muß.

Alphabetisierungsprogramme zum Beispiel versprechen mehr Erfolg, wenn sie auch andere Fähigkeiten und anderes Wissen vermitteln: zum Beispiel Grundkenntnisse der Agroforstwirtschaft und des Umweltschutzes oder wie man arbeitssparende Geräte (energieeffiziente Herde und Feuerstellen) baut. Die Schüler sollten auch dazu motiviert werden, Kinder zum Lernen anzuspornen.

65 K. Fatema, The BRAC Non-formal Primary Education Programme in Bangladesh (New York, UNICEF, 1989)

Außerschulische Bildung klärt die Bürger nicht nur über ihre Rechte auf, sondern vermittelt ihnen auch Wissen zur Organisation von Basisgruppen. Das Projekt Tostan in Senegal hat dazu vorbildliche Arbeit geleistet. Je nach Bedürfnis kann diese Art des Unterrichts auch landwirtschaftliche und handwerkliche Methoden vermitteln, einfache Buchhaltung, Verwaltung eines Kleinstbetriebes usw.

Gleichberechtigung der Geschlechter

Die am tiefsten sitzende und am schwersten auszurottende Ungerechtigkeit im Bildungssystem ist die Diskriminierung von Frauen und Mädchen. Weltweit lag 1990 die Rate der Aufnahmen in die Grundschule bei Kindern zwischen sechs und elf Jahren für Mädchen bei 74,6 und für Jungen bei 88,3 Prozent. In den Industrieländern lagen die Raten bei 91,8 (Mädchen) und 92,2 (Jungen) Prozent, in den Entwicklungsländern bei 71,3 (Mädchen) und 81,5 Prozent (Jungen). In Afrika lagen die Raten bei 52,4 (Mädchen) und 61,5 Prozent (Jungen). In der Sekundarschule sind die Unterschiede noch größer: 48,3 Prozent Mädchen gegenüber 57,3 Prozent Jungen.[66]

Das Erbe der Diskriminierung lastet schwer auf den erwachsenen Frauen. 1992 hatten in 47 Ländern die Frauen über 25 Jahren im Schnitt weniger als zwei Jahre eine Schule besucht. Bei Männern war das nur in 21 Ländern der Fall. In 42 Ländern hatten Frauen im Vergleich zu Männern weniger als die Hälfte der Schuljahre absolviert. Alle diese Länder liegen in Afrika und in Südwest- oder Südasien.[67] 1990 gab es eine Milliarde Analphabeten, davon waren 60 Prozent Frauen. 44 Prozent der erwachsenen Frauen in Entwicklungsländern können nicht lesen – fast doppelt so viele wie Männer.[68]

Warum besuchen weniger Mädchen als Jungen eine Schule? Erstens: Mädchen und Mütter tragen traditionellerweise die Hauptverantwortung für die Ernährung der Familien. In den armen Familien müssen Frauen nicht nur den Haushalt erledigen, sondern auch zum

66 D. Jacobs, UNICEF Education Report of Activities (New York, UNICEF, 1989)
67 UNESCO, World Education Report 1993
68 UN Development Programme, Human Development Report 1994

Einkommen beitragen. Wenn dadurch die Mütter gezwungen sind, außer Haus zu arbeiten, treten oft die Mädchen als „kleine Mütter" an ihre Stelle. Sie kümmern sich um die kleinen Geschwister und verrichten im allgemeinen wesentlich mehr Arbeit im Haushalt als Jungen. In Burkina Faso zum Beispiel erledigen die Mädchen ab sieben Jahren Aufgaben im Haushalt, die Jungen erst ab elf. Diese Verantwortung trägt dazu bei, daß die Mädchen der Schule fernbleiben. Die meisten Kenner der Lebenswirklichkeiten der Frauen fordern daher Kindergärten, die den Mädchen die Aufgaben der „kleinen Mütter" abnehmen und es ihnen erleichtern, eine Schule zu besuchen. Gefordert wird natürlich auch eine Reduzierung der Zeit, die Frauen bzw. Mädchen benötigen, um Wasser zu holen sowie Brennholz und Nahrung zu sammeln.

Ein zweiter Grund für die Tatsache, daß weniger Mädchen als Jungen eine Schule besuchen, sind die Kosten. Auch wo der Schulbesuch kostenlos ist, müssen die Eltern doch Geld aufbringen für Schulbücher und Hefte, oft auch für Schuluniformen. In Kenia zum Beispiel können sich die Kosten auf 2000 kenianische Schilling belaufen; das sind 70 US-Dollar, was einem Viertel des Durchschnittseinkommens entspricht.[69] Eltern müssen sich dann entscheiden, in welche Kinder „investiert" wird. Dabei ziehen die Mädchen unausweichlich den kürzeren: Bei Jungen ist die Wahrscheinlichkeit größer, daß sie nach der Ausbildung eine bezahlte Arbeit finden und von zu Hause weggehen.

Es gibt noch andere Gründe: Entfernung der Schule, mangelnde Transportmöglichkeiten, Angst vor der Unsicherheit – alles Hindernisse, die Mädchen überwinden müssen, wollen sie eine weiterführende Schule besuchen. Diese Faktoren werden vor allem in den Städten immer wichtiger, wo die sexuelle Gewalt gegen Mädchen zunimmt. In Asien und Afrika ist es der hohe Bedarf an Frauenarbeit in der Landwirtschaft, der die Mädchen zwingt, frühzeitig manuelle Aufgaben zu erlernen, wenn Hände und Körper noch flexibel sind. Diese Fähigkeiten müssen Mädchen in bäuerlichen Familien mit in die Heirat einbringen.

69 UNESCO, World Education Report 1993

Auch kulturelle Barrieren halten die Mädchen von der Schule fern. In streng islamischen Ländern ist es undenkbar, daß Mädchen von männlichen Lehrern unterrichtet werden – und genau diese Gesellschaften haben die wenigsten Lehrerinnen. Im Jemen sind nur zehn Prozent der Grundschullehrer Frauen. Auch Kinderheirat ist in Südasien ein Hindernis für weibliche Bildung. In Afrika und Lateinamerika ist Schwangerschaft im Schulalter der häufigste Grund, warum Mädchen die Sekundarschule verlassen. Die Töchter von minderjährigen Müttern, die selbst nur eine rudimentäre Schulbildung genossen haben, werden oft auch wieder minderjährige Mütter.[70]

Jenseits der Quantität ist es auch die Qualität der Schulbildung, die es verhindert, daß Mädchen vorwärtskommen. Die Mädchen lernen nur Dinge, von denen die Bildungsplaner glauben, sie lägen in der traditionellen weiblichen Sphäre. Das Generationen alte Wissen über Viehzucht, Landwirtschaft und Forstwirtschaft ist in der Bildung zunehmend zur Männerdomäne geworden – trotz der Tatsache, daß Jungen und jungen Männern die Erfahrungen der Bäuerinnen fehlen.

Kräutermedizin und Ernährungswissen – wesentliche Bestandteile der Basisgesundheitsversorgung – waren jahrhundertelang die Domäne der Frauen. Heute wird dieses Wissen vom staatlichen Bildungssystem verdrängt und zerstört, ohne daß das neue Wissen auch tatsächlich geprüft wurde. Das Ergebnis: Die kulturelle Basis für Gesundheitsversorgung erodiert.

Folge dieser verblendeten Politik ist die Tatsache, daß das International Development Research Center, die UNICEF, die WHO und das Population Council mit viel Geld traditionelle Heilmittel und -verfahren wieder einführen müssen, z. B. Reisbrei gegen Durchfall in Bangladesch und Indien. Auf dem östlichen asiatischen Subkontinent und in der Bucht von Bengalen war das Wissen um diese Mittel jahrhundertelang von Generation zu Generation, von Mutter zu Tochter weitergegeben worden, bis es von den „gebildeten" Familienmitgliedern abgelehnt wurde.

Mädchen werden aus ihren traditionellen Wissensgebieten verdrängt, gleichzeitig wird ihnen aber trotz Antidiskriminierungspolitik

70 United Nations, World Survey: Women in Agriculture, Papier vorgestellt während der Weltfrauenkonferenz in Nairobi (1985)

der Zugang zu modernem Wissen verwehrt. In Indien wurde die Antidiskriminierungspolitik mit der Unabhängigkeit 1947 institutionalisiert, das Land kann jetzt Rekordleistungen von Mädchen in Mathematik und Naturwissenschaften in Hochschulen vorweisen. Dennoch hat es Indien nicht geschafft, den Mädchen eine adäquate naturwissenschaftliche Bildung auf den unteren Stufen zu bieten. Erst seit den achtziger Jahren werden Frauen auch in landwirtschaftlichen, tierärztlichen und technischen Akademien zugelassen – zweifellos ein Erfolg der Frauenbewegung. Gleichzeitig belegen aber in den meisten Ländern – sei es Ghana, sei es Dänemark – die Mädchen in den technischen Hochschulen traditionell „weibliche" Fachbereiche: Textildesign, Textilindustrie und Hauswirtschaft.[71]

Solche Formen der Diskriminierung bringen – nicht nur den Frauen – signifikante Nachteile. Erstens: fehlendes Einkommen für Familie und Staat. Frauen, die lesen, schreiben und rechnen können, sind eher bereit, bessere landwirtschaftliche Methoden einzuführen,[72] und Frauen mit einer guten Schulbildung sind produktiver als ihre weniger begünstigten Schwestern. In Marokko steigt das Einkommen der Mädchen mit jedem zusätzlichen Schuljahr um 15,8 Prozent, in Thailand gar um 26 Prozent.[73]

Die Schulbildung beeinflußt auch wesentlich die Fruchtbarkeit: Schulbildung für Frauen ist das effizienteste Mittel zur Eindämmung des Bevölkerungswachstums. Gebildete Frauen planen ihre Familien häufiger und sind weniger bereit, große Familien zu haben. Schätzungen zufolge sind zwischen vierzig und sechzig Prozent der Senkung der Fruchtbarkeitsrate in den Ländern Lateinamerikas auf das verbesserte Bildungsniveau der Mädchen zurückzuführen.[74]

Vor einigen Jahren ging man noch davon aus, daß nur eine Sekundarschulbildung die Fruchtbarkeitsrate beeinflusse. Jüngste Untersuchungen belegen allerdings, daß das nicht stimmt: Schon fünf oder sechs Jahre Schulbildung haben einen bedeutenden Einfluß auf

71 UNICEF, The Girl Child: An Investment in the Future (New York, 1991)

72 UNICEF, Strategies to Promote Girl's Education (New York, 1990)

73 Nafis Sadik, Investing in Women: Priority for the 1990s (New York, UN Fund for Population Activities, 1990)

74 UN, World Survey: Women in Industrial Development (Nairobi, Juli 1985)

die Fruchtbarkeit. Frauen mit Schulbildung bringen durchschnittlich bis zu 3,7 Kinder weniger zur Welt. Auch eine unvollständige Sekundarschulbildung hat in den meisten Fällen die Fruchtbarkeit verringert. Allerdings gibt es auch fünf Länder, in denen trotz Sekundarschulbildung die Fruchtbarkeitsrate leicht gestiegen ist.[75]

Die Kommission vertritt die Überzeugung, daß weibliche Bildung einen starken Einfluß auf die Gesundheit und das Bildungsniveau der eigenen Kinder ausübt: Sie sind meist gesünder und besuchen länger die Schule. Erhebungen in 33 Entwicklungsländern lassen darauf schließen, daß jedes zusätzliche Schuljahr der Mutter die Sterblichkeitsrate um sieben bis neun Prozent senkt.[76] Eine Untersuchung in Lateinamerika zeigt, daß gebildete Frauen häufiger eine Schwangerschaftsvorsorge in Anspruch nehmen, ihre Kinder unter Betreuung von Fachpersonal zur Welt bringen und sie impfen lassen.[77]

Die Kommission vertritt weiterhin die Überzeugung, daß Bildung der Schlüssel zur Stärkung von Frauen ist, da sie das Selbstbewußtsein stützt und Frauen die Kraft gibt, sowohl von ihren Männern als auch von der Gesellschaft bessere Behandlung zu fordern – was an sich schon eine Art Menschenrecht ist. Untersuchungen in Bangladesch, Mexiko und Nigeria haben ergeben, daß gebildete Frauen mehr mit ihren Männern kommunizieren und bei der Entscheidungsfindung in der Familie eine wichtigere Rolle spielen.[78] In Nigeria, Nepal und Indien waren es Frauen mit Schulbildung, die in Kliniken und Krankenhäusern eine bessere Behandlung verlangten und erhielten.[79]

Die Kommission geht davon aus, daß Schulbildung für Frauen wahrscheinlich die wichtigste Maßnahme überhaupt darstellt, um die Lebensqualität von Frauen, Kindern und zukünftigen Generationen zu verbessern.

75 Ebenda

76 Debbie Taylor, Meeting the Need, People and the Planet, 2: 1 (1993)

77 M. B. Weinberger, C. Lloyd und A. K. Blanc, Women's Status and Fertility: A Decade of Change in Four Latin American Countries, Oslo, Conference on Women's Position and Demographic Change in the Course of Development (1988)

78 J. G. Cleland und J. K. van Ginneken, Maternal Education and Child Survival in Developing Countries (Netherlands Institute of Preventive Health Care, 1989)

79 Weinberger u. a., Women's Status and Fertility

Die Weltbildungskonferenz von Jomtien empfahl, die Alphabetisierungsraten bei erwachsenen Frauen und Männern bis zum Jahr 2000 anzunähern. Diese Lücke vollständig zu schließen sollte zur Priorität erklärt werden. Erwachsenenbildung, speziell für Frauen, sollte sowohl Lesen, Schreiben und Rechnen umfassen als auch die Fertigkeiten und das Wissen, das die Frauen in ihrem Familien- und Arbeitsleben brauchen.

Die Erhöhung der Rate der Grundschulaufnahmen wird, wie beschrieben, Mädchen, Frauen und Männern Vorteile bringen. Unter Umständen sind gezielte Maßnahmen notwendig, besonders im Hinblick auf weiterführende Schulen und Hochschulen. Dabei muß allerdings bedacht werden, daß die extreme Feminisierung der Bildungsberufe in manchen Gesellschaften dazu geführt hat, daß Bildung entwertet wird. Sinnvoll könnten sowohl Aufwertungsmaßnahmen bei der Ausbildung und Einstellung von Lehrpersonal sein als auch die berufliche Weiterbildung von Lehrern.

Kinderhorte und -gärten erlauben es minderjährigen Müttern, länger die Schule zu besuchen und ihre Kinder auf die Schule vorzubereiten, wodurch die Benachteiligung gelindert wird, der Kinder von Analphabeten ausgesetzt sind. Damit sollte auch die spätere schulische Leistung erhöht und die Abgängerquote verringert werden.

Mädchen, die eine Schule besuchen, sollten dazu ermutigt werden, technische und naturwissenschaftliche Fächer – klassische Jungendomänen – zu belegen, da die am besten bezahlten Arbeitsplätze zukünftig diese Qualifikationen verlangen. Im Gegenzug muß Jungen auch eine breitere Palette von Wissen vermittelt werden, wozu auch „typisch weibliche" Beschäftigungen gehören und soziale Fähigkeiten, die sich positiv auf das Familienleben auswirken. Eine Reform der Lehrerausbildung sollte gewährleisten, daß geschlechtsspezifische Stereotypisierung gänzlich aus der Schule verschwindet.

Harte körperliche Strafe muß verboten werden; sie hilft den Kindern nicht und ist vor allem für Mädchen erniedrigend und schwer verkraftbar. In Gesellschaften, in denen Jungen und Mädchen getrennt aufwachsen, sind unter Umständen getrennte Toiletten, Klassenzimmer und sogar Schulgebäude angebracht.

Es sollte jede Anstrengung unternommen werden, Mädchen und Jungen einen verantwortungsvollen Umgang mit Sexualität zu vermitteln, um frühzeitige Schwangerschaften zu verhindern. Dabei muß sich Sexualkunde für Mädchen an deren Bedürfnissen und der weiteren schulischen Bildung orientieren. Schwangere Mädchen sollten nicht länger automatisch der Schule verwiesen werden. Vielmehr sollte man ihnen mit besonderen Maßnahmen wie Abendschulen, Horten und Weiterbildung zur Seite stehen.

Das Potential der neuen Technologien

Die Zeit der neuen Technologien ist gekommen. Ziel muß es daher sein, Analphabeten und Kindern über die Reichweite des traditionellen Bildungssystems hinaus Wissen zu vermitteln. Nationale Bildungsanstrengungen erfordern ein effizientes Verteilungssystem, das auf alle Angebote der modernen Technologie zurückgreift: Radio, Fernsehen, Video, Telefon, Computer, Kino, Satelliten und globale Netzwerke. In dem Maß, wie die Informationstechnologie billiger wird, wird sie auch vielseitiger und langlebiger. Elektrifizierung ist nicht länger eine Grundvoraussetzung, denn erneuerbare Energien können mehr und mehr den Strom aus der Steckdose ersetzen. Interaktive Technologien haben darüber hinaus das Potential, die Menschen auf jeder Stufe der Gesellschaft zu stärken.

Rundfunk und Fernsehen erreichen heute die Bauern der Regenwälder und die Nomaden der Wüste. Die standardisierte Informationstechnologie verwischt den Unterschied zwischen dem armen, abgelegenen Dorf und der Stadt oder dem wohlhabenden Vorort. Diese Medien können genutzt werden, um Lehrer und andere Wissensvermittler ebenso auszubilden wie Schüler, und sie können in der Verbindung mit persönlicher Kommunikation Synergieeffekte nutzen.

Télé pour tous (Fernsehen für alle) an der Elfenbeinküste sendet zum Beispiel über batteriebetriebene Fernsehgeräte seine Abendprogramme zu praxisorientierten Themen wie dem Bau hygienischer Latrinen, der Verlegung von Böden, den Antragsverfahren für Regierungskredite oder der Organisation von Kooperativen. Tagsüber werden Schulprogramme gesendet. Eine Untersuchung der Interamerikanischen Entwicklungsbank hat gezeigt, daß zum Beispiel in Haiti für nur zwei US-Dollar im Jahr allen Erwachsenen und Kindern Bildungsprogramme via Fernsehen geliefert werden können.

Die Informationsrevolution wird dazu führen, daß auf die eine oder andere Art innerhalb der nächsten Jahre ein Großteil der Arbeit per Telekommunikation geleistet werden wird. Es ist daher unabdingbar, daß das Bildungssystem die Kinder mittels Lehrplanreformen und durch praktische Übung auf die neuen Medien vorbereitet.

Ein weiteres Ziel bei der Nutzung der neuen Technologien wird in den sich entwickelnden Wirtschaften offensichtlich: Das Leben wird nicht länger in Arbeitsleben und Ruhestand getrennt sein. Ist Bildung tatsächlich ein lebenslanges Recht und sind die Menschen gezwungen, ihren Arbeitsplatz zu wechseln, und brauchen daher häufiger Weiterbildung als in der Vergangenheit, dann wird sich das klassische Arbeitsverhältnis immer öfter mit Phasen der Ausbildung abwechseln. Die Telekommunikation wird diese Zwischenphasen stark beeinflussen – ein weiterer Grund, die bis jetzt von oben oktroyierten Lehrpläne umgehend zu ändern.

Zwei weitere Faktoren sprechen für die Einführung der neuen Technologien in das Bildungswesen. Zum einen verlangt die Wissensexplosion höhere Lernbereitschaft, und zum anderen stellen die zunehmend multikulturellen Gesellschaften widersprüchliche Anforderungen an das Bildungssystem.

Bildungssysteme müssen flexibler werden und zum Beispiel Arbeitslosen, die sich weiterbilden, gewisse Begünstigungen zugestehen – eine Flexibilität, die die neuen Informationstechnologien erlauben. Die Technologien sollten Möglichkeiten der Rückkopplung umfassen, damit die Lehrinhalte durchgängig verändert und den Bedürfnissen der Nutzer angepaßt werden können. So kann jeder – unabhängig von Alter und Vorbildung – aus einer breiten Palette von modularen Kursangeboten wählen.

Dennoch, die Nutzung der neuen Medien (besonders des Fernsehens) birgt auch Gefahren, die nicht ignoriert werden dürfen. Kino und Fernsehen tragen mit ihrer Sensationslust und Gewaltverherrlichung, mit ihrer ständigen Präsentation von verantwortungslosem Umgang mit Sexualität und ihrer Anstiftung zum unkritischen Konsum oft zu einer Aufweichung gesellschaftlicher Werte bei. Der Fernsehkonsum nimmt häufig ebenso viele Stunden ein wie die

Schule, hat aber durch die Bildersprache einen nachhaltigeren Einfluß, besonders wenn Schulen selbst weder Fernsehen noch Multimedia einsetzen. Das Fernsehen kann das beste und das schlechteste aller Medien sein.

Die ärmsten Nationen dieser Welt sind noch nicht von der Informationsrevolution erfaßt. Ganz im Gegenteil, die Technologielücke zwischen Arm und Reich klafft immer weiter auseinander. Die meisten Länder wissen nicht, was die in anderen Ländern so einfach verfügbare Technologie für ihre Gesellschaft und Wirtschaft bewirken könnte. Es werden Mittel benötigt, die den armen Ländern helfen, *effiziente* Telefonnetze aufzubauen. Wahrscheinlich bieten Partnerschaften des öffentlichen und des privaten Sektors die besten Möglichkeiten, um Investitionen in solche Projekte anzukurbeln.

Die Kommission ist der Überzeugung, daß angesichts der bedeutenden Rolle von Bildung in Fragen der Lebensqualität und des Bevölkerungswachstums der politische Wille aufgebracht werden muß, alternative bildungspolitische Ansätze zu entwickeln. Eine neue Politik, weltweit finanziert und national umgesetzt, muß sich besonders damit beschäftigen, wie die neuen Medien auch den Armen zugänglich gemacht werden können. Regierungen, relevante zwischenstaatliche Organisationen und NRO, Medien und wissenschaftliche Institutionen sollten unverzüglich darangehen, das immense Potential der neuen Medien für Bildung, lebenslanges Lernen und soziale Integration zu untersuchen. Die entsprechenden Analysen sollen Aufschluß geben über die Erfordernisse hinsichtlich der für flächendeckende Anwendungen erforderlichen Kommunikationsinfrastruktur.

Die Kommission empfiehlt darüber hinaus systematische Untersuchungen zu Fragen der Beziehung zwischen Medien und Gewalt, Sexualität und Konsum.

Wieder auf dem Lehrplan: Werte und Zuwendung

Als der vielleicht prägendste Sozialisierungsprozeß ist Bildung seit langem als Wertevermittlung anerkannt. Die Globalisierung der Wissenssysteme, die Wissensexplosion, die steigenden, oft widersprüchlichen Anforderungen durch ökonomische, politische und kulturelle Veränderungen haben die Rolle dieser Wertevermittlung in der Bildung verändert. Nach dem Zweiten Weltkrieg hat man gerne von der Wertneutralität der akademischen Institutionen gesprochen. Aber jetzt scheint sich der Kreis zu schließen – immer lauter wird der Ruf nach Wertevermittlung als Teil des Bildungsprozesses.

Die Kommission betont die Schlüsselrolle, die das Bildungssystem bei der Vermittlung universeller Werte spielt, die für die nachhaltige Verbesserung der Lebensqualität von wesentlicher Bedeutung sind.

Der Sozialpakt zählt einige dieser Werte auf: Bildung sollte demnach Respekt vor den Menschenrechten vermitteln, für Frieden und Toleranz zwischen Völkern, ethnischen Gruppen und Religionen eintreten und die Menschen auf die Teilnahme an der Gesellschaft vorbereiten, die bei dem Bewußtsein für diese Rechte und Verantwortlichkeiten beginnt und zu einer aktiveren Partizipation führt, indem die Ethik der Fürsorge für Mensch und Natur stärker in den Mittelpunkt rückt.

Wenn Bildung die Herausbildung einer zuwendungsfähigen Gesellschaft fördern soll, müssen wir endlich aufhören, Bildung als Ware zu betrachten, die nur dem eigenen Fortkommen dient und nur in ökonomischen Kategorien bewertet wird. Wir müssen uns auf das offensichtliche Potential der Bildung besinnen, das es uns allen ermöglicht, uns selbst weiterzubilden und Werte wie Frieden oder Toleranz und Gerechtigkeit zu vermitteln. Die Kommission ist der Überzeugung, daß die besonderen Werte der Ethik der Zuwendung in allen Phasen der Bildung und Ausbildung zum Tragen kommen müssen: in Kindergarten, Grundschule, Universität oder Erwachsenenbildung. Gleichberechtigung und Gerechtigkeit, Rechte und Verantwortung, der Schutz der Schwachen, Würde und das Bewußtsein von der Bedeutung der Verbindung und Verbundenheit der Menschen untereinander – das sind einige der Schlüsselbegriffe der Ethik der Zuwendung.

Die Bewußtseinsbildung bei solchen Themen wird immer mehr als Aufgabe der Regierungen und NRO wahrgenommen. Aber Universitäten und andere Lehr- und Lerninstitutionen dürfen sich ihrer Verantwortung hier nicht entziehen, denn Lehrer, Politiker, Manager, Journalisten, Wissenschaftler, Schriftsteller, Künstler und

Beamte (nicht zu vergessen die NRO) sind meist selbst Produkte dieser Institutionen der höheren Bildung. Die Kommission hat viele Beispiele innovativer und konstruktiver Zuwendung kennengelernt, Beispiele partizipatorischer Ansätze durch Partnerschaften zwischen Universitäten und Basis-NRO.

Die Kommission dringt darauf, daß Bildungsexperten, Schüler und Studenten aller Ebenen ihre Aufgaben auch jenseits des Klassenzimmers wahrnehmen und ihre institutionellen sowie personellen Ressourcen für die nachhaltige Verbesserung der Lebensqualität aller Menschen einsetzen.

Je mehr der Markt das Bildungssystem durchdringt, desto häufiger müssen Eltern für Bildung bezahlen. Oft müssen die Kinder aufgrund von Armut oder anderen gesellschaftlichen Problemen die Schule aufgeben.
Natalia Rimachevskaya, Rußland, öffentliche Anhörung, Osteuropa

Mit Marketing kann man heute alles verkaufen. Was aber verkauft werden muß, sind neue Lebensweisen und neue Handlungsweisen.
David Tejada, Peru, öffentliche Anhörung, Lateinamerika

Die Kinder der Armen, die große Mehrheit der Bevölkerung, werden arm bleiben, weil ihre Eltern schon arm waren. Der Staat ist arm, und die Lehrer sind arm. Die Elite denkt, daß Bildung eine Wohlfahrtsaufgabe ist, aber ohne Geld gibt es auch keine Wohlfahrt.
N'goloe Coulibaly, Mali, öffentliche Anhörung, Westafrika

Für uns junge Leute ist Bildung die Quelle der Lebensqualität. Unsere Regierungen müssen diese Bildung anbieten, denn die meisten von uns können sich keine Schulgebühren leisten. Ich bin der Meinung, daß die Regierung das Schulgeld senken sollte. Wenn ein Mensch etwas werden soll, dann muß er Bildung erhalten.
Andre Tioro, Mali, öffentliche Anhörung, Westafrika

Der Wert der Bildung liegt heute in der Produktion, denn die wissenschaftliche und technische Revolution ist unumkehrbar. Ausbildung bezieht sich nicht mehr auf bestimmtes Wissen. Man wird nicht mehr für einen speziellen Job ausgebildet, sondern ein Grundwissen muß gelegt werden, das es erlaubt, sich permanent an einen Know-how-Kern anzupassen – Sprache als erster Code, Mathematik als zweiter wichtiger Code, das Know-how, sich selbst in der Welt, in der man lebt, zurechtzufinden, um soziale Veränderungen auch verstehen zu können. Wissenschaften und Fremdsprachen sind nötig, denn in einer globalisierten Wirtschaft werden mehrsprachige Länder zu Schulen für alle.

German Rama, Uruguay, öffentliche Anhörung, Lateinamerika

11. Von der medizinischen Versorgung zur Gesundheitsvorsorge

Im Jahr 1989 wurden umgerechnet 36 US-Dollar pro Kopf für das Gesundheitswesen ausgegeben. Im Jahr 1993 waren es nur noch 16 US-Dollar pro Kopf. Über 4000 Angestellte im Gesundheitswesen wurden entlassen. Die Zahl der Arztbesuche ist drastisch gesunken, besonders in der Reproduktionsmedizin.
Ana Maria Pizarro, Nicaragua, öffentliche Anhörung, Lateinamerika

Die älteren Menschen sind nicht mehr die Hauptproblemgruppe bei der Gesundheitsversorgung, denn heute kommen bis zu fünfzig Prozent der Kinder mit einer Abnormalität zur Welt – und die Stimme der Kinder wird nicht gehört.
Marja Lauristin, Estland, öffentliche Anhörung, Osteuropa

Vorsorge kommt nur über die Beteiligung der Öffentlichkeit auf die Tagesordnung im Gesundheitswesen.
Nancy Hall, Kanada, öffentliche Anhörung, Nordamerika

Erfolgsgeschichten aus der Praxis

Für die meisten Menschen ist physische und psychische Gesundheit der Inbegriff von Lebensqualität. Auch rangiert bei vielen Menschen Gesundheit – zusammen mit einem glücklichen Familienleben – an erster Stelle der persönlichen Definition von Glück. Gesundheit ist die Voraussetzung von Überleben und von Lebensfreude, von voller Teilnahme am wirtschaftlichen und gesellschaftlichen Leben. Gesunde psychische und körperliche Entwicklung beeinflußt nicht nur die Dauer der Schulausbildung, sondern auch den schulischen Erfolg.

Die Errungenschaften der letzten drei Jahrzehnte sind imponierend: Der Gesundheitszustand der Weltbevölkerung hat sich deutlich verbessert – und der positive Trend hält in vielen Ländern an. Zwischen 1960 und 1992 ist die durchschnittliche Lebenserwartung in den Entwicklungsländern von 46 auf 63 Jahre gestiegen. Das bedeutet, daß in jedem Kalenderjahr die Lebenserwartung um sechs Monate zugenommen hat. Im selben Zeitraum fiel in diesen Ländern die Kindersterblichkeit, das heißt die Sterblichkeit der Kinder unter fünf Jahren, um mehr als die Hälfte: von 216 auf 104 pro 1000 Lebendgeburten.[80]

Die Grundvoraussetzungen für eine stabile Gesundheit haben sich ebenfalls wesentlich verbessert, und das Tempo dieser Verbesserung hat sich nach 1975 signifikant erhöht. So stieg der Anteil der Bevölkerung in den Entwicklungsländern mit Zugang zu sauberem Trinkwasser von 36 Prozent zwischen 1975 und 1980 auf 70 Prozent zwischen 1988 und 1991. 1970 gab es einen Arzt pro 7600 Personen, im Jahr 1991 mußte sich ein Arzt nur noch um durchschnittlich 4800 Menschen kümmern. Gleichwohl ist die Verteilung der Ärzte weiterhin ein Problem. Die Quote der Immunisierung gegen tödliche Kinderkrankheiten stieg von etwa 10 Prozent in den späten siebziger Jahren auf 80 Prozent in den frühen neunziger Jahren.[81]

Die meisten dieser Erfolge sind Strategien zu verdanken, die auch auf alle anderen Bereiche der menschlichen Entwicklung übertragbar sind:

- Primärversorgung, die auf einer Ausweitung der Basisgesundheitsversorgung und -vorsorge für alle beruht (Gleichheitsprinzip);
- Mobilisierung von Personalressourcen vor Ort;

80 UN Development Programme, Human Development Report 1994 (Oxford, Oxford University Press, 1994); UNICEF, State of the World's Children 1995 (Oxford, Oxford University Press, 1995)

81 UN Development Programme, Human Development Report 1994; Weltbank, World Development Report 1994 (Oxford, Oxford University Press, 1994); UNICEF, State of the World's Children 1995

- Konzentration auf wenige hocheffiziente, aber preiswerte Interventionen;
- internationale Zielvorgaben und Koordination.

Inspiriert vom chinesischen System der Barfußärzte, wurde das Konzept der Primärversorgung unter dem Motto „Gesundheit für alle" im Rahmen der WHO-Konferenz in Alma Ata im Jahr 1978 zum Eckpfeiler der Gesundheitspolitik erklärt. Anders als viele andere Konzepte im Entwicklungsbereich hat „Gesundheit für alle" nichts von seiner Bedeutung eingebüßt.[82] Dennoch stellt sich die Frage, warum dieses Konzept zwanzig Jahre nach seiner Einführung noch nicht vollständig umgesetzt ist.

Das Konzept der Primärversorgung geht davon aus, daß jeder Mensch ein Recht auf alle grundlegenden Vorsorgeleistungen und Therapien hat und daß diese Leistungen und Therapien für die Patienten erschwinglich und wohnortnah zur Verfügung gestellt werden müssen. Die Primärversorgung beruht nicht mehr in erster Linie auf regionalen und überregionalen Krankenhäusern als den ersten und wichtigsten Anbietern von Gesundheitsdiensten. Krankenhäuser ergänzen vielmehr die Primärversorgung. Ihnen obliegt die Ausbildung des Personals, sie gewährleisten verläßliche Ausstattung mit Medikamenten und anderen Mitteln, und sie kümmern sich um schwierige Fälle. Einige Regierungen – zusammen mit vielen NRO – haben bewiesen, daß mit einem solchen Gesundheitsmodell auch die Landbevölkerung ohne exorbitante Kosten versorgt werden kann.

Das Potential der Primärversorgung

In ländlichen Gebieten bilden wir Frauen ohne formale Ausbildung sechs bis zwölf Monate aus. Sie lernen Vorsorge und Pflege, Familienplanung, kleinere Eingriffe und die Handhabung eines Mikroskops. Diese Frauen haben entscheidend dazu beigetragen, daß die Kindersterblichkeit in unserer Region auf 60 pro 1000 Lebendgeburten (im Vergleich zu 106 im Landesdurchschnitt)

82 E. Tarimo und E. G. Webster, Primary Health Care Concepts and Challenges in a Changing World: Alma-Ata Revisited (Genf, WHO, 1994)

gefallen ist. Der Landesdurchschnitt der Müttersterblichkeit liegt bei 5 pro 1000 Lebendgeburten. Die UNO möchte diese Zahl auf 3 reduzieren. Bei uns haben die Dorffrauen diese Zahl schon auf 2 verringert.
Zaffrullah Choudhury, Bangladesch

Die westliche Medizin hat aus Krankheit eine wichtige Industrie gemacht, und der Großteil der sechs Prozent des Bruttosozialprodukts, die Indien für das Gesundheitswesen ausgibt, fließt in die Behandlung von „westlichen Krankheiten" unserer reichen Schichten. Wir haben von China gelernt, daß Barfußärzte nicht drittklassige Versorgung für Menschen dritter Klasse bedeuten. Indien braucht etwa zwei Millionen Angestellte in der Grundversorgung, das bedeutet zwei Millionen Arbeitsplätze. Dazu müssen aber die Machtverhältnisse so geändert werden, daß die Menschen durch die *panchayat*, die Lokalbehörden, Kontrolle über die Finanz-, Verwaltungs- und technischen Spezialisten ausüben können.
N. H. Antia, Indien

Im konventionellen Gesundheitswesen werden die hohen Kosten der medizinischen Ausbildung und der Technologie als gegeben akzeptiert. Sie diktieren das Tempo, mit dem Gesundheitsdienste angeboten werden. Erfolgsrezept Nummer eins und Motor der Primärversorgung dagegen ist das Recht des einzelnen auf Gesundheit. Technologie und Experten werden so eingesetzt, daß im Rahmen der finanziellen Spielräume jeder Mensch Zugang zu den Basisdiensten hat, die den epidemiologischen Gegebenheiten der Region angepaßt sind. Das kann zum Beispiel bedeuten, daß nur eine begrenzte Zahl von billigen, aber wichtigen Medikamenten zur Verfügung steht oder daß die Ausbildung der Schwestern und Pfleger in Wochen, nicht in Jahren kalkuliert wird. Die Versorgung auf lokaler Ebene wird von lokalem Personal geleistet. Idealerweise kümmert sich eine Person um Erste Hilfe und um die Ausgabe von Medikamenten für die gängigen Krankheiten, während eine Hebamme auch für Familienplanung und prä- sowie postnatale Betreuung, einschließlich Geburtshilfe, zuständig ist.

Erfolgsrezept Nummer zwei der Primärversorgung ist die Mobilisierung der lokalen Bevölkerung. Die Menschen vor Ort setzen die Prioritäten, wählen das Personal des Gesundheitsdienstes aus, überwachen die Qualität der Dienstleistungen und tragen mit Boden, Arbeit oder Bargeld zum Erfolg bei. Dieses Konzept funktioniert deshalb besonders gut, weil es in erster Linie auf Vorsorge ausgerichtet ist, sowohl auf der individuellen als auch auf der Familienebene. Die „Gesundheitsarbeiter" begleiten und lehren – sie helfen der Gemeinde, Zugang zu Trinkwasser zu schaffen, Latrinen anzulegen und Hygiene sowie Ernährung zu verbessern.

Die Beteiligung der Bevölkerung kommt allerdings nicht von allein. Genau wie in den Industrieländern gibt es auch in den Entwicklungsländern ernstzunehmenden Widerstand aus der etablierten Medizin dagegen, daß medizinische Dienstleistungen von Personal mit geringeren Qualifikationen als denen der etablierten Ärzte angeboten werden.

Die verschiedenen Alternativen zur etablierten Medizin legen den Schwerpunkt auf Beteiligung der Bevölkerung, Förderung lokaler Führungspersönlichkeiten und Vertrauen in die Frauen. Der anhaltende Erfolg dieses Modells hat dazu geführt, daß die Dienstleistungen dezentralisiert und unter die Kontrolle der lokalen Behörden gestellt wurden. Dadurch können sowohl finanzielle als auch menschliche Ressourcen optimal genutzt werden.[83]

Die Situation in einigen indischen Staaten (Kerala, Maharashtra, Karnataka) und in Bangladesch (Savar) wird oft als Beispiel dafür herangezogen, was die Beteiligung der Bevölkerung vor Ort in der Primärversorgung bewirken kann. Auch die erfolgreiche Revolution im ländlichen und städtischen Gesundheitswesen in Kuba illustriert die Macht des politischen Willens: kostenlose Gesundheitsdienste, Integration von öffentlicher Gesundheit und Primärversorgung, Polikliniken, Fokus auf Sanitäreinrichtungen, Aufklärungskampagnen zu Fragen der öffentlichen Gesundheit und Reform der medizinischen Ausbildung. Mit engagierter Führung von oben und Beteiligung von

83 D. Bandyopadhyay, Powerlessness and Fertility, Papier vorgestellt zum Experts Group Meeting on Population and Governance der Kommission, Bellagio (September 1993)

unten hat Kuba einen bemerkenswerten Gesundheitsstatus erreicht. Im Hinblick auf die Erfolge bei der Steigerung der Lebenserwartung stellt Kuba viele Industrieländer in den Schatten.[84]

Erfolgsrezept Nummer drei einer Gesundheit-für-alle-Strategie ist die Wahl einiger weniger Interventionen, die mit minimalen Mitteln hohe Wirkung erzielen. Der Slogan GOBI-FF begleitet den Erfolg solcher Interventionen:

- **G**rowth of children: Wachstum der Kinder. Die unterernährten Kinder werden identifiziert und die Hilfe auf diese Kinder konzentriert.
- **O**ral rehydration therapy: orale Rehydrierungstherapie. Mit einer Salz-und-Zucker-Lösung wird die durch Diarrhö verursachte Dehydrierung verhindert.
- **B**reastfeeding: Stillen.
- **I**mmunization: Impfung gegen die wichtigsten „Killer"-Krankheiten.
- **F**amily planning: Familienplanung.
- **F**eeding supplements: Ergänzung zur Ernährung, z. B. Vitamin A oder jodiertes Salz zur Verhinderung von Kropfbildung.

Fernsehen und Verkehrsunterricht

Wir arbeiten mit gesellschaftlichen Multiplikatoren zusammen, dazu gehören auch die Autoren von Fernsehserien. Brasilianische Familienserien sind immens erfolgreich, sogar in Portugal. Deshalb machen wir *health merchandising*, wir „verkaufen Gesundheit", indem wir jede Gelegenheit wahrnehmen, Gesundheitsaufklärung in die Serien hineinzupacken. Bei uns gibt es sehr viele Verkehrstote, und schon so einfache Dinge wie die Tatsache, daß der Held einer Serie den Sicherheitsgurt anlegt, bleiben den Zuschauern und Zu-

84 Sergio Diaz-Briquets, The Health Revolution in Cuba (Austin, University of Texas Press, 1983); Larry R. Oberg, Human Services in Postrevolutionary Cuba (Westport und London, Greenwood Press, 1984)

schauerinnen im Gedächtnis. Wenn wir nicht Wege außerhalb der klassischen Gesundheitsaufklärung suchen, werden wir keinen Erfolg haben.
Paolo Buss, Brasilien

Erfolgsrezept Nummer vier ist es, Sinn und Zweck der Gesundheitsmaßnahmen präzise zu vermitteln, oft in Verbindung mit Aufklärungskampagnen, die von internationalen Organisationen, etwa unter Federführung von WHO oder UNICEF, gefördert oder unterstützt werden. Massive Kampagnen wie das Internationale Jahrzehnt für Trinkwasser- und Sanitärversorgung (1981 bis 1990) und das Erweiterte Immunisierungsprogramm waren außerordentlich erfolgreich, auch wenn sie ihre ehrgeizigen Ziele nicht immer erreicht haben. Der Gesundheitssektor benutzte als erster Indikatoren, Ziele und Zeitpläne, um präzise und realisierbare Ziele innerhalb eines festgelegten Zeitraums zu erreichen.

Wenn das Recht auf Gesundheit auf der Strecke bleibt

Trotz vieler Erfolge bleiben im letzten Jahrzehnt dieses Jahrhunderts zwischen einer und zwei Milliarden Menschen ihre *minimalen Rechte* auf Gesundheit versagt. Die meisten Gesundheitsprobleme bedürfen weder teurer noch hochmoderner Technologie. Impfung oder elementare Schwangerschaftsvorsorge und gute Gesundheitsvorsorge in der Familie – Stillen[85], sauberes Wasser, Hygiene, Sanitäranlagen und gesunde Ernährung – beugen vielen Krankheiten vor.

Derzeit haben zwischen einer und zwei Milliarden Menschen keinen Zugang zu lokalen Gesundheitsdiensten oder wohnortnaher medizinischer Versorgung. Ungefähr 1,3 Milliarden Menschen haben

85 In bezug auf Stillen wird seit neuestem davon ausgegangen, daß die Muttermilch bestimmte Antikörper enthält, die die Wirkung des mütterlichen Immunsystems auf das des Kindes überträgt: Jack Newman, How Breast Milk Protects Newborns; Scientific American, Dezember 1995.

keinen Zugang zu sauberem Wasser, und etwa 1,9 Milliarden haben keine angemessenen Abwasseranlagen.[86]

Das Fehlen von grundlegenden Gesundheitsrechten hat für neun von zehn Kindern in Entwicklungsländern, die ihr fünftes Jahr überleben, weitreichende Konsequenzen. Die Wechselwirkungen von Fehlernährung, fehlender Schwangerschaftsvor- und -nachsorge sowie Krankheiten bewirken, daß die Kinder ihr körperliches und geistiges Potential nicht ausschöpfen können. Oft bleiben leichte oder auch schwerwiegende Behinderungen zurück, die ihr Leben überschatten und ihre Möglichkeiten in Bildung und Beruf beeinträchtigen.

Ernährung ist ein wichtiger Bestandteil sowohl von Gesundheit als auch von Bildung. Genauso wie gesunde Ernährung einer der Grundpfeiler von lebenslanger Gesundheit ist, ist falsche oder unausgewogene Ernährung eine der wichtigsten Ursachen labiler Gesundheit oder gar eines frühen Todes. Fehlernährung schwächt die Abwehrkräfte, und Krankheiten beeinträchtigen die Fähigkeit, Nahrungsmittel aufzunehmen und zu verarbeiten. Obwohl in den Entwicklungsländern die Energiezufuhr von nur 1940 Kalorien pro Tag im Jahr 1960 auf fast 2500 zwischen 1988 und 1990 gestiegen ist,[87] hängen immer noch etwa 55 Prozent der Krankheiten von Kindern in Entwicklungsländern mit Fehlernährung zusammen.

Gesundheitsprobleme gibt es nicht nur in den Entwicklungsländern. Die neuere Forschung in den Industrieländern zu bestimmenden Faktoren der Gesundheit zeigt eine enge Beziehung zwischen sozioökonomischem Status und Gesundheit. Angemessene Wohnung, eine gesunde und sichere Umwelt, gute Schulbildung und sichere Arbeitsplätze sind Elemente besserer Gesundheit. Ein schlechter Gesundheitszustand hängt dagegen mit falscher Lebensweise zusammen, sowohl auf der individuellen als auch auf der gesellschaftlichen Ebene.

86 Human Development Report 1994. Diese Situation hat tragische Folgen: 1990 starben fast 13 Millionen Kinder unter fünf Jahren. Etwa eine halbe Million Mütter starben bei der Geburt. Sie hinterließen Halbwaisen, deren Lebenserwartung statistisch gesehen gering ist.

87 FAO, Production Yearbook 1992 (Rom, 1993)

Ein Maßstab des Fortschritts

Die Größe von Kindern und Erwachsenen ist ein guter Indikator für sozialen Fortschritt. Entwickelt sich eine Gesellschaft normal, d. h., sind Ernährung und allgemeine Gesundheit gut, dann ist jede Generation größer als die vorhergegangene. Unter wohlhabenden Personen beträgt der Größenunterschied vier bis fünf Zentimeter über zwei Generationen. Wenn dagegen arme Mütter 1,50 Meter groß sind, sind auch die Töchter nur 1,50 Meter groß. Das ist eine Folge nicht nur von Fehlernährung, sondern auch von überproportionalem Energieverbrauch.

Veena Shatrughna, Indien

Die bestimmenden Faktoren der Gesundheit

Die biologische Ausstattung von Individuen und Bevölkerungsgruppen, ihre physische Umwelt und ihr sozioökonomisches Milieu – diese Faktoren bilden ein kompliziertes Beziehungsgeflecht, das die Reaktionen auf Krankheiten bestimmt. Die Faktoren weisen auf die immensen Unterschiede im Gesundheitszustand hin, nicht nur zwischen Individuen, sondern auch zwischen Gruppen in einer Gesellschaft – ganz zu schweigen von Unterschieden zwischen Ländern. Der Arbeitsplatz und die Umwelt üben einen gewichtigen Einfluß auf die Gesundheit aus – das gleiche läßt sich aber auch von Bildung, Einkommen, gesellschaftlicher Unterstützung und dem Platz des einzelnen in der Gesellschaft sagen. Jeder dieser Faktoren beeinflußt die Krankheit wie die Reaktion auf die Krankheit.[88]

Die wichtigsten Faktoren von Gesundheit mögen außerhalb des Wirkungsbereichs des klassischen Gesundheitssystems liegen, sie liegen aber nicht außerhalb des Wirkungsbereichs der Politik. Das exakte

88 Premier's Council on Health Strategy, Nurturing Health: A Framework of the Determinants of Health (Toronto, Government of Ontario, 1991); Robert G. Evans, Morris L. Barer, Theodore R. Marmor (Hg.), Why Are Some People Healthy and Others Not? (New York, Aldine de Gruyter, 1994)

Zusammenspiel der Faktoren ist noch nicht eindeutig geklärt, aber wir wissen, welche integrierten Maßnahmen an den verschiedenen Fronten ergriffen werden können und müssen. Deshalb fordert die Kommission ein System der Primärversorgung, das die besten klassischen und alternativen Therapien umfaßt und ausgewogene medizinische Versorgung gewährleistet, die sowohl ambulant als auch stationär und räumlich wie finanziell allen zugänglich ist. Die Kommission fordert weiterhin eine von allen getragene Umverteilung öffentlicher Mittel auf die Sektoren Bildung, Wohnung, Arbeit und Umweltpolitik.

Für die meisten Entwicklungsländer schlägt die Kommission vor, vom überentwickelten Krankenhausmodell auf Krankenstationen mit Primärversorgung, ambulante und Heimbehandlung sowie Vorsorgeorientierung umzusteigen. Das erfordert eine neue Arbeitsteilung zwischen dem Gesundheitspersonal, besonders bei Aufgaben, für die derzeit Ärzte zuständig sind, die aber auch von Schwestern, Hebammen und anderen adäquat ausgebildeten Personen erfüllt werden können.

Die internationale Hilfe für das Gesundheitswesen muß sich ebenfalls an Primärversorgung und Vorsorge orientieren, besonders da sie die nationale Gesundheitspolitik mit prägt. Im Jahr 1990 kamen in den Entwicklungsländern 2,8 Prozent der Mittel für das Gesundheitswesen aus der Entwicklungshilfe. Dieser Prozentsatz war in den Ländern wesentlich höher, in denen Gesundheitsrechte beachtet werden: In Afrika südlich der Sahara betrug er 10,4 Prozent, in 12 anderen Ländern sogar 40 Prozent und mehr.[89] Gesundheitsetats werden verzerrt, wenn internationale Hilfe in den Bau von Krankenhäusern und anderen Institutionen fließt, deren Betrieb und Erhaltung dann aus öffentlichen Mitteln finanziert werden, die der Primärversorgung entzogen werden.

Ein kritischer Aspekt der Gesundheit ist Bildung, vor allem Bildung für Frauen. In armen Ländern ist Bildung für Frauen wahrscheinlich die effizienteste Maßnahme zur Gesundheitsvorsorge überhaupt. Frauen, die eine gewisse Bildung genossen haben, neigen weniger dazu, traditionellen – aber erwiesenermaßen falschen – Ansichten über

89 C. J. L. Murray und A. D. Lopez, Global Comparative Assessments in the Health Sector (Genf, WHO, 1994)

Gesundheit und Ernährung von Kleinkindern zu folgen. Sie verstehen die Grundlagen von Hygiene und Erster Hilfe und nehmen die Einrichtungen der Gesundheitsvorsorge häufiger in Anspruch. Sie haben weniger Kinder, die Geburten liegen weiter auseinander, und die Überlebenschancen der Kinder sind höher.[90]

Einkommen ist ein weiterer Faktor, der Selbsthilfe hinsichtlich der Gesundheit erleichtert. In allen Ländern ist der Gesundheitszustand der Armen schlechter, ihre Lebenserwartung ist kürzer, und die Säuglingssterblichkeit ist höher.

In Entwicklungsländern können nur steigende Einkommen kostspielige Transportkosten oder Arbeitszeitverluste auffangen, die mit der Behandlung von Krankheiten verbunden sind. In den Entwicklungsländern leiden mehr Menschen unter unsichtbarer Armut, d. h. unter Mangelernährung oder ungesunden Wohnverhältnissen. Auch deshalb ist eine Einkommenssteigerung für die Ärmsten eine wichtige Voraussetzung, um ihren Gesundheitszustand zu verbessern. Die Verbindung zwischen Armut und Gesundheit läßt sich auch in der Volkswirtschaft erkennen. Die Lebenserwartung steigt, und die Kindersterblichkeit der unter Fünfjährigen fällt dramatisch, wenn das durchschnittliche Jahreseinkommen auf 2000 bis 3000 US-Dollar zunimmt. Ein durchschnittliches Jahreseinkommen von mehr als 8000 US-Dollar dagegen bringt hinsichtlich dieser beiden Indikatoren kaum weitere Veränderungen.[91]

Steigende Einkommen, Industrialisierung und Urbanisierung können aber auch zu ungesunden Lebensweisen führen. Die Ernährung ändert sich, und die Menschen bewegen sich weniger, wenn menschliche Energie für Transport und Produktion durch kommerzielle Energie ersetzt wird. Veränderungen in der Lebensweise ziehen oft Veränderungen in der Gesundheit nach sich: Akute und ansteckende Krankheiten weichen chronischen und meist nicht ansteckenden Krankheiten, die eine höhere Lebenserwartung zulassen. Vorbeugen kann das Risiko solcher Phänomene stark vermindern.

90 Elizabeth M. King und M. Anne Hill, Women's Education in Developing Countries (Baltimore, Johns Hopkins University Press, 1993)

91 Ebenda

Das gesamte Gesundheitswesen, einschließlich der Forschung, muß dazu beitragen, die Menschen über die Risiken aufzuklären. Außerhalb des Gesundheitsbereichs hat allerdings die Politik den größten Einfluß. Die Kommission vertritt die Ansicht, daß Vorsorge wirkungsvolle Gesundheitsaufklärung benötigt und daß deshalb Gesundheitserziehung Pflichtfach in den Schulen werden muß.

Die Kommission kommt zu dem Ergebnis, daß wir aus dem Zusammenwirken der verschiedenen ausschlaggebenden Faktoren für die Gesundheit folgende Konsequenzen ziehen müssen: Gesundheitspolitik muß sektorübergreifend gestaltet und ebenso ganzheitlich angelegt werden wie Bevölkerungspolitik. Gesundheitspolitik, die sich allein auf Therapie konzentriert, ist zum Scheitern verurteilt, wohingegen Maßnahmen zur öffentlichen Gesundheitsvorsorge Erfolg versprechen.

Die Kommission schlägt weiterhin vor, daß eine umfassende, auf Frauen ausgerichtete Gesundheitspolitik folgende Elemente umfaßt: Ernährung (besonders während der Schwangerschaft), Mutterschaft, Familienplanung, Nahrungsmittelpreispolitik, Anti-Raucher-Kampagnen mit Blick auf Mädchen und junge Frauen, die Förderung von Sport und Bewegung sowie angemessene Verkehrs-, Raumordnungs- und Umweltmaßnahmen. Die Politik sollte die „Entmedizinisierung" der weiblichen Gesundheit von der Schwangerschaft über die Menopause bis ins Alter fördern und den Gesundheitsproblemen von Frauen einen höheren Stellenwert einräumen.

Gesundheit ist mehr als das Ressort eines Ministers; sie ist eine gesellschaftliche Herausforderung, die die Aufmerksamkeit von allen öffentlichen Institutionen der Bereiche Landwirtschaft und Ernährung, Bildung, Umwelt, Industrie und Verkehr erfordert.

Eine unvollendete Revolution

Die Revolution in der primären Gesundheitsversorgung ist ausgeblieben, weil die Veränderungen oft nur kosmetischer statt struktureller Natur waren. Abgesehen von den Immunisierungs- und Trinkwasserkampagnen ist die Gesundheitsversorgung in den armen Gebieten Makulatur geblieben. Macht und Privilegien der Ärzte und Krankenhäuser sind nach wie vor praktisch ungebrochen, und in den meisten Entwicklungsländern ist Gesundheitsversorgung ein Privileg der Städter: mehr von Krankenhäusern abhängig als von „Gesundheitsarbeitern" vor Ort und von oben nach unten organisiert. Auch ist in den meisten Ländern die Behandlung auf Spezialisten ausgerichtet, nicht auf die Vorbeugung innerhalb von Familie und Gemeinschaft.

Der Widerstand gegen das Konzept der Primärversorgung kam – wenig überraschend – von denen, deren Privilegien angetastet wurden: den Ärzten in den großen städtischen Krankenhäusern, den alten und neuen Eliten auf dem Land, die eng mit dem medizinischen und therapeutischen Gesundheitsmodell verbunden sind und die lieber von Ärzten als von Schwestern behandelt werden. Die Apparatemedizin wurde zum vorherrschenden Modell, unterstützt von einer mächtigen pharmazeutischen und medizintechnischen Industrie. Es überrascht kaum, daß das Ideal des hochtechnisierten, modernen Krankenhauses, dessen Team aus Spezialisten den praktischen Arzt zu Hause unterstützt, ein weitverbreiteter Traum geworden ist. In entwickelten wie in Entwicklungsländern ist dieses Szenario jedoch kontraproduktiv: Wenn die Menschen nicht auf lokaler Ebene Hilfe bei einfachen Gesundheitsproblemen bekommen, weichen sie auf die Krankenhäuser aus, die dem Ansturm nicht mehr gewachsen sind, wo die Fachabteilungen überbelegt sind und die Behandlung wesentlich teurer ist als nötig.

Die Primärversorgung mit ihrem Fokus auf Vorsorge und Selbsthilfe ist noch lange nicht Realität. Viele Krankheiten können verhindert werden, sei es durch politische Maßnahmen (Impfung), sei es durch öffentliche Kampagnen (Wasser und Sanitäreinrichtungen), aber die meisten können durch die *Menschen* selbst verhindert werden, nämlich durch Hygienemaßnahmen, durch gesunde Ernährung und durch Maßnahmen und Praktiken wie Stillen.

Eine Priorität im Gesundheitswesen muß es sein, Milliarden von Menschen den Zugang zu präventiven und therapeutischen Maßnahmen zu verschaffen. Daher empfiehlt die Kommission dringend:

- Gleichheit anstreben und dabei denen zuerst helfen, die die Gesundheitsversorgung am dringendsten brauchen;
- Vorsorge und Selbsthilfe betonen;

- Förderung der Partizipation und Umverteilung von Macht und Geld;
- die Gesundheitskultur muß sich auf die Patienten konzentrieren.

Die Kommission empfiehlt weiterhin, daß sowohl national als auch international Zielvorgaben an Zeitpläne geknüpft werden. Da noch massive Ungleichheiten bestehen, müssen in diese Zielvorhaben Prinzipien wie z. B. Gerechtigkeit und Handlungsmöglichkeiten auf lokaler Ebene integriert werden – wie von der WHO 1978 in Alma Ata oder in der Ottawa-Charta von 1986 niedergelegt.

Im Jahr 1991 z. B. erreichten in den Entwicklungsländern nur 28 Prozent der Ausgaben für das Gesundheitswesen die lokale Ebene.[92] Von den 21 US-Dollar, die 1990 in den Entwicklungsländern pro Kopf für Gesundheit ausgegeben wurden, ging nur 1 US-Dollar in die öffentliche Vorsorge, d. h. wurde für Trinkwasser und Sanitäreinrichtungen, die Erhebung und Kontrolle medizinischer Grunddaten sowie Gesundheitserziehung benutzt. Etwa 5 US-Dollar gingen in klinische Grunddienste: Mutterschaft, Familienplanung, Behandlung von sexuell übertragbaren Krankheiten, Infektionen, Traumata, Kinderheilkunde, erste Kontrolluntersuchungen und Diagnose, Gesundheitsberatung und Schmerzlinderung.[93]

Wenn das Gesundheitswesen krankt

Auf den Philippinen gibt es 271 Gemeinden ohne Ärzte – gleichzeitig ist das Land der größte „Exporteur" von Ärzten und Krankenschwestern.

Agnes Zenaida Camacho, Philippinen

In Indien gehen etwa drei Prozent des Staatshaushalts in das Gesundheitswesen, über die Hälfte davon in die Verwaltung. Ein Kleinzentrum muß vier bis fünf Dörfer versorgen und hat dafür

92 WHO, Implementation of the Global Strategy for Health for All by the Year 2000 (Genf, 1993)

93 World Development Report 1994

ein Jahresbudget von 2000 Rupien (66 US-Dollar) für die Grundausstattung mit lebensrettenden Medikamenten.
Prabeen Singh, Indien

Von den 21 US-Dollar pro Kopf gingen 14 US-Dollar als frei verfügbare Mittel an die Krankenhäuser, also mehr als doppelt soviel wie in die beiden Grunddienste öffentliche Vorsorge und klinische Basisversorgung zusammen.

Wir sprachen schon von der Bevorzugung der Stadt. In Indien leben 79 Prozent der Bevölkerung in ländlichen Gebieten, aber nur 30 Prozent der Ärzte sind dort niedergelassen, und sie erhalten nur 30 Prozent der öffentlichen Mittel für das Gesundheitswesen.[94] In vielen ländlichen Regionen ist nicht einmal die medizinische Notfallversorgung der Bevölkerung gewährleistet. In Simbabwe leben 33 Prozent der Frauen in ländlichen Gebieten – aber nur 2 Prozent der Frauen in Städten –, mehr als eine Stunde von der nächsten Krankenstation entfernt. In den Städten hatten doppelt so viele Menschen wie auf den Dörfern Zugang zu Wasser; in Afrika insgesamt sogar dreimal so viele.[95]

Die Kommission empfiehlt, daß in den Ländern, in denen Ungleichgewichte bestehen, die frei verfügbaren Mittel der Krankenhäuser für öffentliche Gesundheit und Basisversorgung umgewidmet werden. Darüber hinaus sollten zusätzliche Ressourcen in Gesundheits- und Trinkwasserbudgets für ländliche Gebiete und städtische Slums fließen, bis eine gleichwertige Versorgung erreicht ist.

Das Gesundheitswesen muß sich auch in anderer Hinsicht grundlegend ändern: Die Patienten müssen ins Zentrum der Aufmerksamkeit rücken. Umfassende Reformen in der medizinischen Ausbildung sind ebenso vonnöten wie eine Qualitätskontrolle, die gewährleistet, daß Patienten sinnvolle Informationen über ihren Zustand und die vorgeschlagene Behandlung erhalten. Patienten sollten Alternativen

94 Ebenda

95 World Bank, Social Indicators of Development 1994 (Datendisketten) (Washington, 1994)

angeboten bekommen und mit Achtung und als Partner behandelt werden.

Berufliche Kompetenz kontra kulturelle Nichtkommunikation

Der Arzt sprach mich nicht direkt an, und ich erhielt oft Medikamente, die ich nicht brauchte oder nicht wollte. Niemand erklärte mir die Vorzüge oder Nebenwirkungen der Medikamente.
Jeannette McDonald, USA

Der Patient muß die Fähigkeit und die Flexibilität besitzen, Termine zu machen und verschiedene Ärzte zu besuchen. Viele Immigranten und Flüchtlinge haben nicht das nötige Wissen, um sich Zugang zum Gesundheitssystem zu verschaffen. Unter den Anbietern von Gesundheitsdiensten gibt es zu wenige, die kulturell differenzierte Betreuung anbieten. Diese Tatsache wird verfestigt durch ein medizinisches Ausbildungssystem, in dem das Bewußtsein für kulturelle Unterschiede fast gänzlich fehlt.
Mary Chung, USA

Menschen aus anderen Kulturen oder mit anderen Sprachen werden permanent diskriminiert; sie erhalten verspätete oder gefährliche Behandlungen aufgrund der mangelnden Kommunikation zwischen Patient und Anbieter.
Luz Alvarez Martines, USA

Solch eine Veränderung verlangt umfassende Reformen der medizinischen Ausbildung, die Rückbesinnung auf ethische Prinzipien im gesamten Berufszweig, auf eine weniger von Vorurteilen geprägte und mehr wissenschaftlich ausgerichtete Beurteilung weiblicher Gesundheit und alternativer Medizin[96], auf die Bedeutung des Heilungspro-

96 Die alternativen Formen der Medizin sollten durch wissenschaftliche Untersuchungen gestärkt und nicht Teil eines kulturellen Fundamentalismus werden.

zesses und der *nursing theory of caring*, die den Schwerpunkt auf Betreuung setzt.

Ressourcen für die Gesundheitsversorgung

Der Gesundheit droht eine neue Gefahr: die Anwendung der Philosophie des freien Markts auf die Gesundheitsdienste. Doch die Erfahrung hat sowohl in Industrie- als auch in Entwicklungsländern gezeigt, daß Gesundheit keine Ware ist und nicht als solche behandelt werden kann. In einigen Ländern unterstützen dogmatische Ansichten über angeblichen Mißbrauch im Gesundheitswesen und die neoliberale Wirtschaftsphilosophie diese Tendenz zur Kommerzialisierung der Gesundheit. In vielen Teilen der Welt werden aber Stimmen laut und Initiativen gegründet, die auf die fatalen Folgen hinweisen, die die Kürzung der Mittel für das Gesundheitswesen haben kann.

In vielen Entwicklungsländern führen Strukturanpassungsprogramme zu Kürzungen der öffentlichen Ausgaben – auch im Gesundheitswesen. Eine Analyse im Auftrag des Save the Children Fund (England) hat festgestellt, daß in den afrikanischen Ländern, die hohe Strukturanpassungskredite erhielten, die öffentlichen Mittel für Gesundheit und Bildung zurückgegangen sind, wohingegen in den Ländern, die andere Finanzquellen fanden (oder keine Mittel brauchten), die Ausgaben in beiden Sektoren stiegen.[97] Da es oft einfacher ist, die Sachkosten zu senken als die Gehälter, fehlen Ärzten und Pflegepersonal oft Verbandsmaterial, Medikamente oder Heizmittel für Sterilisationsgeräte, und Berater in der Familienplanung müssen ohne Verhütungsmittel auskommen.[98]

In zehn Ländern Afrikas ist als Folge der Strukturanpassung und der Wirtschaftskrise – und in Zusammenhang mit AIDS – entgegen dem weltweiten Trend die Lebenserwartung zurückgegangen. So fiel in Uganda die Lebenserwartung von 48 Jahren (1987) auf 43 Jahre

97 David Woodward, Debt, Adjustment and Poverty in Developing Countries, Bd. 2 (London, Pinter, 1992)

98 Giovanni Cornea u. a., Adjustment with a Human Face (Oxford, Clarendon Press, 1988)

(1992) und in Sambia im selben Zeitraum von 53 Jahren auf 48.[99] Diese Daten veranlassen die Kommission zu der Empfehlung, an die Strukturanpassungsprogramme die explizite Bedingung zu knüpfen, daß die Ausgaben für Gesundheit (einschließlich Vorsorge und reproduktiver Gesundheit) nicht gekürzt werden.

Studien aus Ghana, Swasiland, Lesotho und Kanada belegen, daß nach der Einführung von Gebühren die Nutzung von Gesundheitsdiensten durch die ärmere Bevölkerung – also die Menschen, die die medizinische Versorgung am dringendsten brauchen – drastisch zurückgegangen ist.[100] Die Einführung von Marktmechanismen im Gesundheitssektor schafft Gefahren und besondere Probleme, z. B. die anteilige Kostenübernahme für sauberes Wasser und medizinische Behandlung. Die Auswirkungen des Markts auf den Gesundheitssektor werden noch lange nach der Verschuldungskrise spürbar sein. Es ist grundsätzlich nichts dagegen einzuwenden, für medizinische Versorgung oder Wasser zahlen zu müssen: Viele Menschen kaufen Wasser, bezahlen ihre Medikamente aus der Apotheke selbst oder suchen private Behandlung in der Alternativmedizin. Darüber hinaus nutzen die Reichen die kostspieligeren Elemente der Wasser- und Gesundheitsversorgung intensiver als die Armen. In Tansania ist die Wahrscheinlichkeit, daß die wohlhabenden zwanzig Prozent der Bevölkerung öffentliche Krankenhäuser besuchen, doppelt so hoch wie bei den ärmsten zwanzig Prozent.[101] Die Kommission dringt jedoch darauf, daß eine gewisse Basisversorgung gebührenfrei bleibt, damit sich im Gesundheitswesen kein Zweiklassensystem ausbreiten kann.

99 World Development Report 1994

100 R. Tarimo, The Prognosis of Health Care Services in Africa, unabhängiges Papier (Genf, WHO, ohne Datum); P. Smithson, Health Financing and Sustainability, Working paper 10 (London, Save the Children Fund, 1994); R. G. Beck und J. M. Horne, Study of User Charges in Saskatchewan 1968–71, in: User Charges for Health Services: A Report of the Ontario Council of Health (Toronto, 1979); und amerikanische Arbeiten, z. B. von E. B. Keeler u. a. herausgegeben 1985 vom Journal of the American Medical Association, How Free Care Reduced Hypertension in the Health Insurance Experiment

101 R. Paul Shaw und Charles Griffin, Financing Health Care in Sub-Saharan Africa through User Fees and Insurance (World Bank, Washington DC, 1995)

Der Kampf für öffentliche Gesundheit ist kein Kampf, der gewonnen – und damit auf alle Zeit beendet – werden kann. Er ist endlos, und das Bevölkerungswachstum macht ihn noch schwieriger. So erhielten zum Beispiel zwischen 1980 und 1990 zusätzliche 1,205 Milliarden Menschen Zugang zu sauberem Wasser, aber die Zahl der Menschen ohne Zugang zu sauberem Wasser fiel nur um 428 Millionen, da die Bevölkerung in diesem Zeitraum um 777 Millionen gewachsen ist. Für die neunziger Jahre ist die Herausforderung noch größer: Noch einmal 831 Millionen Menschen mehr müssen mit Wasser versorgt werden, damit die Zahl der Versorgten nicht zurückgeht.[102]

Auch die Impfung von Kindern bleibt eine weltweite Notwendigkeit. Die Immunisierungsrate konnte in den Entwicklungsländern in den frühen neunziger Jahren nicht gehalten werden, sie sank leicht. Auch in einigen Industrieländern ging die Immunisierung aufgrund der Nachlässigkeit der Eltern oder der Regierungen zurück. Setzt sich dieser Trend fort, dann können sich Epidemien ausbreiten und die Lebenschancen der Kinder verschlechtern.[103]

Vor neuen Krankheiten wie AIDS oder dem Ebolavirus (hämorrhagisches Fieber) und alten, wiederauftauchenden Krankheiten wie Tuberkulose und Malaria müssen wir auf der Hut sein. Die kommenden Jahrzehnte werden eine steigende Resistenz gegen Antibiotika zeigen. Während die Gentechnik neue Lösungen bieten könnte, werden sich Trägermoleküle von Insekten und Bakterien schnell an neue Medikamente anpassen. Außerdem besteht die Gefahr, daß medizinische Fortschritte durch den übermäßigen Gebrauch oder den Mißbrauch von Antibiotika oder Pestiziden neutralisiert werden.

Zweifellos: Im Gesundheitswesen wurden beachtliche Erfolge erzielt, von denen andere Bereiche der Lebensqualität lernen können. Aber es ist noch viel zu tun. Das Recht auf Gesundheit muß auch gewährleistet werden für die eine bis zwei Milliarden Menschen, für die es jetzt nur auf dem Papier besteht, und für die zusätzliche Milliarde

102 International Drinking Water Supply and Sanitation Decade, End of Decade Review (Genf, WHO, 1992)

103 Expanded Programme on Immunization, Programme Report 1993 (Genf, WHO, 1994)

Menschen, die in den nächsten Jahrzehnten dazukommt. Das bedeutet, daß wir eine tiefgreifende Veränderung in der medizinischen Versorgung und der Gesundheitsvorsorge brauchen. Im Klartext: eine Revolution in der Kultur und den Machtstrukturen des Gesundheitswesens.

Gesundheitspolitik ist momentan eigentlich Krankheitspolitik. Gesundheitspolitik sollte eine Kombination aus Information, Aufklärung und sozialer Kommunikation mit dem einzelnen und der Familie als fundamentale Ressource umfassen.
David Tejada, Peru, öffentliche Anhörung, Lateinamerika

Vielleicht ist nicht die medizinische Versorgung der Familie die erste Priorität, sondern Wasser und Sanitäreinrichtungen. Die Chinesen verstehen, daß der Umgang mit grundlegenden Faktoren wie Gesundheit hilft, extreme Armut zu vermeiden. Wir müssen von ihnen lernen.
Solita Monsod, Philippinen, öffentliche Anhörung, Südostasien

12. Reproduktive Gesundheit und freie Wahl

Die Gesundheitspolitik sieht Frauen ausschließlich als Reproduzentinnen und Mütter. Die vorhandenen Programme beziehen sich nur auf Schwangerschaftsvorsorge, institutionelle Betreuung während der Geburt und während der Stillzeit, postnatale Versorgung und Sorge für die Entwicklung und das Wachstum des Babys. Zu diesen konzeptionellen Schwächen kommt jetzt noch die Strukturkrise des Gesundheitswesens. Im Jahr 1980 benutzten in Nicaragua nur 38 Prozent der Frauen Verhütungsmittel. Wir wissen, daß die Rate auch heute noch niedrig ist. Neuere Forschung hat gezeigt, daß 74 Prozent der Frauen keinerlei Empfängnisverhütung praktizieren, was dazu führt, daß die Haupttodesursache von jungen Frauen in den Städten heimliche Schwangerschaftsabbrüche sind; bei Frauen auf dem Land sind es Blutungen während der Geburt.
Ana Maria Pizarro, Nicaragua, öffentliche Anhörung, Lateinamerika

Kinderprostitution ist oft organisiert, geschützt und aggressiv, um ihre Gegner zum Schweigen zu bringen. Im Lauf der letzten zwanzig Jahre haben meine Mitarbeiter und ich die Repressalien der Regierungsbeamten und der Pädophilen zu spüren bekommen, die gemeinsam versucht haben, die skandalösen Zustände zu verdecken und ihre politischen Karrieren und ihre Interessen in der Sexindustrie in Olongapo zu schützen. Dort verkaufen Syndikate systematisch Kinder – manchmal gerade vier Jahre alt – an Pädophile. Statt die Kriminellen zu verfolgen, schikanierten und bedrohten sie uns, die wir für die Rechte der Kinder arbeiten. (...) Diese unaussprechlichen Verbrechen an den Kindern und der Menschlichkeit sind nicht nur tödliche Gefahren für die philippinischen Kinder; sie sind Symptome eines viel größeren Übels: der ungerechten wirtschaftlichen und sozialen Strukturen auf den Philippinen, die die Armut institutionalisiert haben. Die herrschende Elite, etwa fünfzig immens reiche Familien, denen

siebzig Prozent der Wirtschaft gehören, kontrolliert die politischen Prozesse und die Verteilung des nationalen Vermögens. Nur wenig fließt in das Gesundheitssystem, in die Bildung und in soziale Dienste.
Alex C. Hermoso, Preda Foundation, Philippinen, öffentliche Anhörung, Südostasien

Manche internationalen Organisationen, die Gesundheitsversorgung bieten, sind der Meinung, daß es reicht, ein paar Stationen zu errichten, in denen Verhütungsmittel erhältlich sind. Aber Gesundheitsversorgung funktioniert nicht von oben nach unten. Einige Frauen brauchen zuerst den Kontakt zu anderen Frauen. Darüber hinaus gibt es noch andere Dienste im Gesundheitswesen, die Vorsorge und Versorgung leisten. Das Gesundheitswesen darf nicht auf die Senkung der Fruchtbarkeitsrate reduziert werden, Lebensqualität ist eine viel umfassendere Frage.
Barbara Klugmann, öffentliche Anhörung, südliches Afrika

In Indonesien ist die Geburtenrate in den achtziger Jahren von 2,4 auf 1,7 Prozent gefallen, (...) eine Erfolgsgeschichte. Aber hinter dem Erfolg steht offener und verdeckter Zwang. Es fängt damit an, daß die Ehefrauen der örtlichen Honoratioren oder gar die Polizei und das Militär den Familien einen Besuch abstatten, und reicht bis zu der Anschuldigung, Kommunist zu sein, und der Drohung, auf die Inseln außerhalb Javas umgesiedelt zu werden.
Wardah Hafidz, Indonesien, öffentliche Anhörung, Südostasien

Persönliche und gesellschaftliche Dimensionen der reproduktiven Gesundheit

Das Reproduktionsmuster einer Gesellschaft wird von historischen Umständen bestimmt, von der Kultur und von kollektiven und individuellen Werten, die sich aus diesen Umständen heraus entwikkeln. Die klassischen Zivilisationen sahen Reproduktion als eine natürliche Pflicht aller – ob Männer oder Frauen – an, um den Fortbestand der Gesellschaft zu sichern. Respekt für die Ahnen, ein Charakteristikum vieler Kulturen, stärkte diese Pflicht durch die

Betonung, daß man in der Schuld der Vorfahren stehe. Die Fortpflanzung war sozusagen die Wiedergutmachung dieser Schuld.

Die Tatsache, daß Abstammung matrilinear oder patrilinear (manchmal beides) definiert war, hat bei Frauen und Männern zu unterschiedlichen Vorstellungen über das Wesen dieser Verpflichtung geführt. In matrilinearen Gesellschaften bildeten Frauen das Bindeglied zwischen der Vergangenheit und der Gegenwart – die Rolle der Männer war sekundär. In patrilinearen Gesellschaften jedoch lag die Hauptverantwortung für die Nachkommenschaft beim Mann: Konnte oder wollte eine Frau keine Kinder austragen, so wurde vom Mann erwartet, daß er eine andere Frau nahm. Die Frau war also nicht ihrer Familie verpflichtet, sondern der Familie ihres Mannes. Adoption (eines Kindes aus der Verwandtschaft) und Levirat (Schwagerehe, d.h. die Ehe des jüngeren Bruders mit der kinderlosen Witwe des älteren Bruders) boten Auswege aus der Unfruchtbarkeit eines Ehepartners.

Die Fortführung des Geschlechts war um so wichtiger, wenn Besitz im Spiel war: Vieh, Land, Erbschaften anderer Art wie feudale oder religiöse Rechte und Pflichten, die Überlieferung beruflichen Wissens und beruflicher Fertigkeiten. War Land Gemeinschaftsbesitz, wurden auch Kinder als Gemeinschaftsbesitz betrachtet, deren Erziehung und Wohlfahrt eine kollektive Verpflichtung und nicht die eines Elternpaars darstellte. In den wenigen Gemeinschaften dieser Art, die es heute noch gibt, ändern sich Auffassungen der Illegitimität oder des Waisentums nur langsam.

Der Instinkt zum Erhalt der Gruppe ist allgegenwärtig, unabhängig von divergierenden Ansichten von Männern und Frauen. In einigen Gemeinschaften auf dem indischen Subkontinent gibt es weibliche und männliche Clans. Töchter gehören zum Clan der Mutter, Söhne gehören zum Clan des Vaters.

Es ist wichtig, diese Vielfalt im Hinterkopf zu behalten, denn das Konzept der Wahl ist eng mit dem der individuellen Rechte verbunden. Die Vielfalt soll auch an die Verpflichtung zur Reziprozität erinnern; diese besagt, daß reproduktive Rechte und Wahlmöglichkeiten anderer sich von den eigenen unterscheiden können. Gesellschaftliche Institutionen und kulturelle Werte, so fließend sie auch heute sind, üben immer noch einen starken Einfluß auf individuelle Entscheidungen aus. Sosehr wir auch die Autonomie der und des einzelnen in einem bestimmten Kontext schätzen, sosehr müssen wir auch ein Gleichgewicht zwischen Rechten und Pflichten suchen.

Wenn wir uns um zukünftige Generationen Sorgen machen, hängt das oft mit der Besorgnis über die Welt zusammen, die wir ihnen hinterlassen. Heute muß jeder Mensch selbst entscheiden, ob er Kinder haben will, wenn ja, wie viele und in welchen Abständen. Der ökonomische Wert von Kindern wurde *ad nauseam* diskutiert, aber die Debatte trivialisiert die Komplexität eines Entscheidungsprozesses, der bei Frauen und Männern unterschiedlich verläuft. In den meisten Kulturen fürchten sich die Männer vor der Fortpflanzung. Dagegen werden Frauen über ihre Gebärfähigkeit definiert und geachtet, auch in Gesellschaften, in denen ihre unmittelbare Beteiligung am beruflichen und gesellschaftlichen Leben erlaubt ist.

Kinder austragen und gebären kann nicht isoliert von Sexualität gesehen werden. Jedes Individuum sieht seine Existenz in allen Dimensionen des Seins. Sexualität ist eine dieser Dimensionen, ein Ausdruck individueller Persönlichkeit. Sie ist auch eine der bedeutendsten Grundlagen der menschlichen Kommunikation, denn Fürsorge und andere Gefühle verleihen der positivsten aller sozialen Beziehungen Vitalität.

Die obsessive Beschäftigung mit Sexualität, die die heutige Kultur charakterisiert (und die aktiv von den Massenmedien gefördert wird), beeinflußt den Zeitpunkt, an dem sich Sexualität in der Jugend manifestiert. Diese Obsession trägt zur Banalisierung der Sexualität bei. Die Sexualität junger Menschen reflektiert auch den Platz, den Sexualität in der Gesellschaft einnimmt. Schwangerschaft bei Jugendlichen und sexueller Mißbrauch von Kindern und Teenagern, sogar in der eigenen Familie, sind weltweite Signale, die nicht ignoriert werden dürfen.

Leiden, Freude, Kummer und Liebe

Wie unterschiedlich die Lebensumstände von Frauen auch sein mögen, ihre Reaktionen auf Schwangerschaft und Geburt sind erstaunlich ähnlich: die intensive Freude, die Sehnsucht, die Angst oder Niedergeschlagenheit, die je nach Situation mit dem Gedanken an eine Schwangerschaft einhergehen; die verzweifelte Ge-

heimhaltung, die oft mit außerehelichen Schwangerschaften verbunden ist; die Liebe zum neugeborenen Baby oder manchmal seine Ablehnung; der Schmerz über ein zu früh geborenes oder krankes Kind; die Mischung aus Liebe und Leid, wenn die Geburt eines Kindes von einem Elternteil freudig begrüßt, vom anderen aber abgelehnt wird.
Sisela Bok (USA)[104]

Das sexuelle Verhalten von Jugendlichen ist sowohl Ausdruck der Jugendkultur als auch der Kultur der Erwachsenen. Der Wunsch, die ganze Wirklichkeit zu erforschen, alle Möglichkeiten der Nähe und Intimität auszuprobieren, ist groß. Er kann aber auch mit Ängsten verbunden sein: Sex als Ware, wie in der Pornographie vorexerziert, die Sensationsgier der Boulevardpresse, Sextourismus: das sind Faktoren, die die Sexualität in den Bereich des Konsums verbannen, statt sie mit Liebe zu assoziieren, und die Jugendliche verunsichern können.

Früher war die Familie der Ort der ersten Sozialisierung. Wie unterschiedlich die Rollen auch gewesen sein mögen, die man Männern und Frauen zugeschrieben hat, so wurden die Kinder doch in den meisten Kulturen in der Familie auf das Erwachsenenleben vorbereitet. In der Familie erlebte man zum erstenmal Geschlechterrollen und Arbeitsteilung. Aber der gesellschaftliche Wandel hat diese Funktionen mehr und mehr dem Bildungssystem übertragen, den Gleichaltrigen, den Gangs und den Medien. Das hat die Ansichten der meisten Kinder über das Familienleben, über das Kinderkriegen und über das, was die Gesellschaft vom einzelnen erwartet, verändert.

Tabus sind verschwunden und damit auch die Initiationsriten, durch die die Weisheit vieler Kulturen an die Jugendlichen weitergegeben wurde und die ihnen halfen, mit ihrer Sexualität fertig zu

104 Population and Ethics: Expanding the Moral Space, in: Germain und Chen Sen (Hg.), Population Politics Reconsidered, Cambridge 1994. (Die Arbeit enthält eine beeindruckende zeitlich und räumlich weit gefaßte Literaturübersicht vom klassischen Griechenland über das mittelalterliche Europa bis nach Japan, Indien und Simbabwe.)

werden. Hinter der blasierten, allwissenden Attitüde von Jugendlichen heute, die den „Zauber" der Initiation ersetzt hat, verstecken sich Zweifel und Ängste, die die Selbsterkenntnis hemmen. Die Gesellschaften müssen die Werte und Praktiken überdenken und neu erfinden, die den Jugendlichen helfen, mehr in Einklang mit sich selbst zu reifen.

Sexualität gehört zu dem geheimnisvollen Bereich eines jeden Menschen, der seine Individualität und Einzigartigkeit ausmacht, und damit in den Bereich der persönlichen Freiheit. Ohne ernsthafte Bemühungen um eine Erziehung und Bildung, die ihre Sexualität akzeptiert und ernst nimmt, laufen die meisten Kinder und Jugendlichen heute Gefahr, ohne verantwortlichen Umgang mit Sexualität erwachsen zu werden. Die Kommission ist daher der Ansicht, daß der Sexualerziehung eine wesentliche Bedeutung in der Gesellschaft zukommt. Eine solche Erziehung kann auch dazu beitragen, eine Wertschätzung der Grenzen und Verpflichtungen der persönlichen Freiheit herauszubilden. Den Lehrplänen und den Medien kommt hierbei besondere Verantwortung zu.

> *Jugendliche werden immer früher sexuell aktiv. (...) In unserer Region sind 55 Prozent der jungen Männer und 52 Prozent der jungen Frauen sexuell erfahren und aktiv, bevor sie die Hauptschule verlassen. Dennoch dürfen wir in unseren Schulen keine Kondome verteilen. Das Problem unserer Jugendlichen ist nicht nur die Verhütung, es ist vielmehr der verantwortungsbewußte Umgang mit Sexualität und die Vermeidung von sexuell übertragbaren Krankheiten.*
> Nancy Hall und Franca Bertoncin, Kanada, öffentliche Anhörung, Nordamerika

Das Konzept der freien Wahl im Kontext der Reproduktionspolitik wird bedingt (und begrenzt) von:

- den Möglichkeiten, die die Gesellschaft bietet;
- den Werten, die die Persönlichkeit beeinflussen;
- dem Selbstverständnis des einzelnen;
- dem Selbstwertgefühl.

Die Selbstbestimmung, die die freie Wahl dem einzelnen bietet und die *per definitionem* die Abwesenheit von Zwang impliziert, muß ihre Grenzen in den möglichen gesellschaftlichen Folgen für andere finden. Autonomie kann nicht absolute Handlungsfreiheit bedeuten. Reproduktive Wahlmöglichkeiten können daher nicht unabhängig von der gesellschaftlichen Verantwortung des einzelnen gesehen werden.

Die Kommission weist darauf hin, daß die Erwartungen, die mit dem Konzept der freien Wahl einhergehen, ein gesellschaftliches Konstrukt sind. Die Gesellschaft prägt die Definition der Identität des einzelnen mit, der erwarteten Rolle als Mutter oder Elternteil, als Kind oder Jugendlicher, als Bürger, Arbeiter oder Künstler. Der Prozeß, durch den eine Person Autonomie in bezug auf diese Identitäten erlangt, bestimmt ihre Fähigkeit, frei aus einer Palette von – oft widersprüchlichen – Rollen zu wählen.

Reproduktive Rechte als Menschenrechte

Die Idee der reproduktiven Rechte ist nicht neu. Sie wurzelt in den universal anerkannten Rechten, den Grundrechten, und anderen Garantien und „sozialen Rechten". Viele Verfassungen gewähren diese Rechte explizit:

- Schutz der Familie,
- Gründung einer Familie,
- Bildung für und Unterstützung der Kinder,
- besonderer Schutz während und nach der Schwangerschaft,
- Elternschaft als herausragender gesellschaftlicher Wert,
- Gesundheit,
- Würde des Menschen und körperliche Unversehrtheit.

Das Konzept der reproduktiven Rechte tauchte zwar erst in den achtziger Jahren auf, aber zu diesem Zeitpunkt waren ihre konstituierenden Elemente schon international anerkannt. Die Konvention zur Beseitigung jeder Form der Diskriminierung der Frau (1979) erkennt das Recht an, die Größe der Familie „frei und selbstverantwortlich" zu wählen, sowie das Recht auf Bildung, Information und Beratung bei der Familienplanung und das Recht auf sichere Schwangerschaft, Entbindung und postnatale Versorgung. Das Recht auf Gesundheit, das in allen internationalen Verträgen über gesellschaftliche Rechte verankert ist, umfaßt alle diese Rechte.

Das 1987 eingesetzte Committee on Economics, Social, and Cultural Rights vertritt die Ansicht, daß „individuelle und kollektive Interessen nicht deckungsgleich sind". Der Ausschuß führt regelmäßig und Staat für Staat Erhebungen über Säuglingssterblichkeit und Gesundheitsversorgung für Schwangere durch.[105]

Dennoch *erscheint* das Konzept der reproduktiven Rechte neu. Es bestätigt die einzelnen Rechte, deren klare Konturen allerdings verschwimmen, sobald man sie aus der engen Perspektive „Kontrolle des Bevölkerungswachstums" betrachtet oder sie in ein Patientin-Arzt-Verhältnis einbindet, das die Patientin auf Subjekt, Fall oder Aktenzeichen reduziert. Die Kommission schlägt daher vor, daß den reproduktiven Rechten der Status von Menschenrechten zuerkannt wird.

Alle reproduktiven Rechte bestätigen, daß Frauen in allen Gesellschaften als vollwertige, den Männern gleichgestellte Bürgerinnen behandelt werden müssen. Sind Werte wie körperliche Unversehrtheit, informierte Selbstbestimmung in bezug auf alle Eingriffe am oder im Körper, sichere Mutterschaft, Entscheidungsfreiheit über die Art und Weise der Fortführung der Generationenfolge als Rechte anerkannt, wird die nächste Stufe der Entwicklung deutlich: „Die Erhebung dieser Rechte in den Status von Menschenrechten bedeutet, daß sie als absolutes Minimum und die Maßnahmen zu ihrer Verwirklichung nicht mehr verhandelbar sind."[106] Die Kommission vertritt die Ansicht, daß das Konzept der Nichtverhandelbarkeit reproduktiver Rechte im Sinn von Menschenrechten mit wesentlichen Gedanken einhergeht: der Würde des Menschen, Gleichheit, Partizipation und Solidarität.

Das Prinzip der *Würde* des Menschen verlangt, daß über Mutterschaft und ihre Begleitumstände hinaus und über alle Altersstufen

105 UN Dokument E/C.12/1987/SR. 8
106 Ebenda

hinweg alle Aspekte des weiblichen Reproduktionssystems einbezogen werden. Die Kommission fordert dringende Maßnahmen in bezug auf verschiedene Praktiken, die heute die reproduktiven Rechte der Frauen beschneiden und die nach Ansicht der Kommission eine eklatante Verletzung der Menschenrechte darstellen:

- das Töten von weiblichen Säuglingen sowie die Geschlechtswahl oder -bestimmung, denen in manchen Fällen eine geschlechtsspezifische Abtreibung ohne medizinische Indikation folgt;
- Genitalverstümmelung von Mädchen;
- ansteigender – und unbestraft bleibender – sexueller Mißbrauch von Jungen und Mädchen und Heranwachsenden in fast allen Kulturen;
- Handel mit arbeitsuchenden Mädchen aus armen Familien;
- die betrügerische Anwerbung von Mädchen als Hausangestellte oder in die Unterhaltungsindustrie zu Zwecken der Prostitution;
- Mißachtung der besonderen Rechte von Frauen während und nach der Menopause im Gesundheitswesen;
- Kinderheirat und erzwungener oder herbeigeführter Geschlechtsverkehr mit Minderjährigen (was noch nicht alle Gesetzgeber als Vergewaltigung definiert haben).

Das Prinzip der *Gleichheit* verlangt, daß der mangelnde Zugang mancher Frauen zu reproduktiver Gesundheitsversorgung (z. B. in abgelegenen Dörfern oder in städtischen Randgruppen) vorrangig beseitigt wird.

Das Prinzip der *Partizipation* bezieht sich auf die Mobilisierung der Kräfte, die reproduktive Rechte verwirklichen können. Das ist ein vielschichtiger Prozeß. Alle Frauen müssen die nötigen Informationen und die nötige Bildung erhalten, um ihre reproduktiven Rechte über alle Altersstufen hinweg einlösen und in ihrer Familie, an ihrem Arbeitsplatz oder in ihrer Gemeinde andere über diese Rechte informieren zu können. Jungen und Männer sollten über die Angemessenheit und die Bedeutung dieser Rechte aufgeklärt werden. Gemeinschaften, Gesellschaften und Kulturen sollten darüber hinaus diese

Rechte anerkennen und die Verantwortung, die aus ihnen erwächst. Die Rolle des Staats besteht darin, reproduktive Rechte so zu respektieren, zu schützen und zu fördern wie andere Rechte auch und sich nicht an ihrer Verletzung zu beteiligen. Die Beteiligung der Schulen, Universitäten, Berufsverbände, Gewerkschaften, religiösen und kulturellen Gruppen und Organisationen der Zivilgesellschaft ist dabei Ausdruck der *Solidarität.*

Die Kommission bekräftigt, daß reproduktive Rechte sowohl Lebensqualität, so, wie sie in diesem Bericht verstanden wird, reflektieren als auch ein integraler Bestandteil davon sind.

Die Kommission unterstützt den Gedanken, der sich auch durch die UN-Konferenzen der letzten Jahre zieht, daß reproduktive Gesundheit einen kritischen Aspekt der allgemeinen Gesundheitsversorgung darstellt. Die Kommission ist weiterhin der Ansicht, daß angesichts der Tatsache, daß in vielen Ländern nur begrenzte Mittel zur Gewährleistung der reproduktiven Gesundheit vorhanden sind, jede Forderung nach Wahlmöglichkeiten durch *Verfügbarkeit* ergänzt werden muß. Erhielte eine immer breitere Palette der Wahlmöglichkeiten absolute Priorität, so könnten dadurch andere wichtige Bereiche der Gesundheitsversorgung vernachlässigt werden.

Die Wahl der Familiengröße kann angesichts des Konflikts zwischen *Freiheit* und *Verantwortung* in ein Dilemma führen. Die meisten Menschen entscheiden über die Größe ihrer Familie aufgrund ihrer Wünsche und ihrer gegenwärtigen oder zukünftigen Ressourcen. Was dem einzelnen wünschenswert erscheinen mag, kann für die Gesellschaft als Ganzes ein Problem darstellen. Hier beginnt die Verantwortung: Wenn Eltern ihre Entscheidung treffen, müssen sie auch die Folgen bedenken, die ihre Wahl für zukünftige Generationen und für unsere natürliche Umwelt haben kann. Regierungen können helfen, solche Konflikte zu lösen, indem sie Bedingungen schaffen, in denen individuelle Wahl sowie gesellschaftliche und umweltbedingte Ziele soweit wie möglich übereinstimmen.

Angesichts der ungeheuren Bedeutung dieses Themas sowohl für die Bevölkerung als auch für nachhaltige Entwicklung unterstützt die Kommission den Vorschlag, daß ein Gremium aus internationalen Führungspersönlichkeiten eine Erklärung der reproduktiven Rechte initiiert. Diese Erklärung sollte das Recht auf freie Wahl und auf grundlegende reproduktive Gesundheitsversorgung bekräftigen und die Beteiligung der Betroffenen und qualitativ hochwertige Dienste gewährleisten. Eine solche Erklärung sollte den Standard für eine neue Kultur setzen, die sowohl von den politischen Entscheidungsträgern als auch dem Personal in der reproduktiven Medizin – deren Verantwortlichkeiten in einem Verhaltenskodex niedergelegt werden könnten – respektiert werden. Beratung und andere Dienste sollten von der Jugend bis ins hohe Alter zur Verfügung stehen, wobei jede Intervention die Zustimmung der Patientin verlangt und jede Zwangsmaßnahme unter Strafe gestellt werden muß.

Heftig umstritten: Abtreibung

Nach Schätzungen der WHO endet etwa ein Viertel aller Schwangerschaften mit einer Abtreibung. Jedes Jahr werden in den Ländern, in denen sie legal ist, 26 bis 32 Millionen Abtreibungen unter medizinischer Aufsicht durchgeführt. Darüber hinaus werden jährlich 20 Millionen Schwangerschaftsabbrüche unter gefährlichen medizinischen Bedingungen durchgeführt. Folge: pro 250 Abtreibungen stirbt eine Frau. Die meisten gefährlichen Abtreibungen geschehen in Entwicklungsländern. Unsachgemäße Abtreibungen können auch zu kurz- und langfristigen Komplikationen bis hin zur dauerhaften Unfruchtbarkeit führen.[107] Die Opfer sind oft junge Frauen, denen der Zugang sowohl zur Sexualerziehung als auch zur Empfängnisverhütung verwehrt wurde. Nachdem die chilenische Regierung kostenlose intrauterine Verhütungsmittel angeboten hatte, konnten zwischen 1965 und 1976 die Todesfälle nach unsachgemäßen Abtreibungen um die Hälfte reduziert werden.[108]

107 WHO, Division of Family Health, Abortion: A Tabulation of Available Data on the Frequency and Mortality of Unsafe Abortion (2. Auflage, Genf, 1994)

108 G. Adriasole u. a., Actualización del documento Evaluación de 10 años de planificación familiar en Chile (Santiago, Asociación Chilena de Protección de la Familia [ACPF], 1970); ACPF, Memoria (Santiago, APROFA, 1986)

Rußland war das erste Land, in dem Abtreibung legalisiert und kommerzialisiert wurde. Die „Abtreibungskultur" wurde 1936 verboten und ging in den Untergrund. 1955 wurde sie wieder legalisiert. Heute (...) können nur dreißig Prozent der Abtreibungen als ungefährlich gelten. Abtreibungen sind für dreißig Prozent der Todesfälle von Müttern verantwortlich. Eine negative Einstellung gegenüber den Patientinnen charakterisiert das Gesundheitswesen im postsowjetischen Rußland: Die negative Einstellung der Gynäkologen gegenüber Frauen, die eine Abtreibung suchen, spiegelt sich in den siebzig bis achtzig Prozent der Abtreibungen wider, die unter ungenügender Narkose durchgeführt werden.
Andrei Popov, Rußland, öffentliche Anhörung, Osteuropa

In Pakistan gilt Familienplanung als unislamisch, weshalb jede staatliche Maßnahme durch islamische Instanzen legitimiert werden muß. Daher wird das Familienplanungsprogramm Bevölkerungswohlfahrtsprogramm genannt. Es gibt Frauen bei uns, denen eine Wahl der Verhütungsmittel unmöglich gemacht wurde.
Hina Gilani, Pakistan, öffentliche Anhörung, Südasien

Dank der Familienplanung kann ich arbeiten. Aber ich benötige die Unterschrift meines Mannes, wenn ich Medikamente und Mittel aus der Familienplanungsklinik brauche. Einmal bin ich ohne die Unterschrift erschienen, da wurde ich nach Hause geschickt, um sie zu holen.
Eine Mutter von zwei Kindern, Mali, öffentliche Anhörung, Westafrika

Früher wurden Frauen in allen Kulturen oft dazu gedrängt, eine Abtreibung vornehmen zu lassen, wenn ihre Situation nicht den gesellschaftlichen Erwartungen entsprach. So konnte außereheliche Schwangerschaft oder Schwangerschaft als Witwe zu Ausgrenzung oder Stigmatisierung führen. Dann überredeten die Familien (meist die Mütter) ihre Töchter zu einer Abtreibung.

Die Kommission verurteilt Abtreibung als Mittel der Kontrolle oder der staatlichen Bevölkerungspolitik. Abtreibung darf weder Verhütungsmittel sein, noch zur Geschlechtswahl eines ungeborenen Kindes benutzt werden. Beide Praktiken laufen dem Ziel, sichere

Abtreibung als eines der Gesundheitsrechte der Frau zu gewährleisten, diametral entgegen.

Bei einer Anhörung der Kommission wurde ein asiatischer Erzbischof gefragt, was er im Fall einer Schwangerschaft nach einer Vergewaltigung raten würde. Seine Antwort war, daß sich die Vorschriften seiner Religion „lediglich auf Fortpflanzung innerhalb der Ehe" bezögen.

Ein beunruhigendes Phänomen ist die steigende Zahl von Inzestfällen in vielen Teilen der Welt. Die Opfer sind meist junge Frauen, und sie versuchen oft, ihre Schwangerschaft durch eine Abtreibung zu beenden. Die Kommission ist der Ansicht, daß die Zivilgesellschaft, besonders ihre kulturellen und religiösen Führer, solchen Mißständen gegenüber nicht blind bleiben darf. Tatsächlich haben schon einige Regierungen darauf reagiert.

Die Kommission vertritt weiterhin die Meinung, daß alle Aspekte des Problems Abtreibung, besonders die damit verbundenen Gesundheitsrisiken, in der Debatte über mögliche Gesetzesinitiativen aufgedeckt und diskutiert werden müssen. Gesellschaftliche, kulturelle und religiöse Eliten tragen eine besondere Verantwortung dafür, daß alle Argumente gehört und Empfehlungen an die Gesetzgeber weitergegeben werden. Die Kommission setzt sich auch dafür ein, daß Abtreibung entkriminalisiert wird, wobei allerdings im Fall der geschlechtsspezifischen Abtreibung bestimmte Strafmaßnahmen nötig sein können, um Gesetzesmißbrauch zu verhindern.

Reproduktive Gesundheitsversorgung

Männer und Frauen brauchen schnellen und erschwinglichen Zugang zu reproduktiver Gesundheitsversorgung, die kulturell angepaßt ist und ihre Bedürfnisse in allen Altersstufen deckt. Eine möglichst breite Palette an sicheren, benutzerfreundlichen und effizienten Methoden ist notwendig. Die Gesundheitsdienste sollten genau das bieten: Dienstleistungen. Es darf nicht erwartet werden, daß die Bevölkerung soldatengleich Aufstellung bezieht für den Kampf gegen das Bevölkerungswachstum.

Die Kommission ist überzeugt, daß ein umfassendes Konzept der reproduktiven Gesundheitsversorgung ein entscheidender Bestandteil der Lebensqualität von Männern und Frauen ist. Es schließt Familienplanung, gefahrlose Mutterschaft, Vorsorge und Behandlung von sexuell übertragbaren Krankheiten und Unfruchtbarkeit mit ein. Diese vier Bereiche sind in Ursache-Wirkungs-Zyklen eng miteinander verwoben.

Die Konferenzen von Kairo und Peking empfahlen, reproduktive Gesundheitsdienste im Rahmen des allgemeinen Gesundheitswesens und gemeindenah über die primäre Gesundheitsversorgung zur Verfügung zu stellen.[109] Dadurch wird eine doppelte Integration erreicht: Familienplanung wird in die reproduktive Gesundheit aufgenommen, und reproduktive Gesundheit wird ein Teil der öffentlichen Gesundheit.

Die Kommission unterstützt vorbehaltlos den Vorschlag, reproduktive Gesundheit nicht isoliert von der allgemeinen Gesundheitsversorgung zu betrachten. Die primäre Versorgung sollte vorsorgeorientiert sein und sich auf die Notfallbehandlung für weitverbreitete Leiden konzentrieren. Probleme, die eine komplexere Diagnose und Behandlung erfordern, werden an die nächste Ebene der Gesundheitsversorgung verwiesen. Dazu gehören zum Beispiel komplizierte Schwangerschaften, Patientinnen, die längerfristige Methoden der Empfängnisverhütung suchen, oder Antibiotikabehandlungen von Unfruchtbarkeit, die als Folge sexuell übertragbarer Krankheiten aufgetreten ist.

Die Kommission empfiehlt daher, daß der UN Fund for Population Activities in Zusammenarbeit mit Institutionen wie WHO und UNICEF ein Modell der reproduktiven Primärversorgung definiert, das die für jeden zugängliche Minimalversorgung umfaßt.

Etwa eines von fünf Neugeborenen in Entwicklungsländern ist kein Wunschkind.[110] In 24 von 42 Ländern, in denen demographische und Gesundheitsbefragungen durchgeführt wurden, berichteten Frauen von durchschnittlich mindestens einer unerwünschten Schwangerschaft.[111] Weltweit 57 Prozent aller verheirateten Paare im

109 UN, Report of the International Conference on Population and Development (Dok. A/CONF.1717/13, New York, 1994)

110 John Bongaarts, W. Parker Mauldin und James F. Phillips, The Demographic Impact of Family Planning Programs; Studies in Family Planning, 21: 6 (1990)

111 Dara Carr und Ann Way, Women's Lives and Experiences: A Decade of Research Findings from Demographic and Health Survey Programs (Calverton, Md., Marco International, 1994)

reproduktionsfähigen Alter benutzen Verhütungsmittel, fünfmal mehr als 1960.[112] Dennoch gibt es etwa 350 Millionen Paare, die keinen Zugang zur ganzen Palette der Verhütungsmittel haben.[113] Die Zahl der Paare im reproduktionsfähigen Alter wird in den neunziger Jahren schätzungsweise um 18 Millionen pro Jahr anwachsen.[114]

Diese Zahlen umfassen nicht die sexuell aktiven, unverheirateten Personen: eine Risikogruppe im Hinblick auf unerwünschte Schwangerschaften und sexuell übertragbare Krankheiten.

Unverheiratete Jugendliche haben oft die größten Schwierigkeiten, Zugang zu reproduktiver Gesundheitsversorgung, vor allem im Bereich Familienplanung, zu erlangen. Demographische und medizinische Untersuchungen in Afrika südlich der Sahara zeigen, daß junge Frauen etwa eineinhalb Jahre vor ihrer Heirat zum erstenmal Geschlechtsverkehr haben. Untersuchungen in Lateinamerika zeigen einen Abstand von einem Jahr zwischen der sexuellen Initiation und der Heirat.[115]

Kürzere Wege und niedrigere Kosten sind dringend notwendig. Als in Thailand 1976 die Pille kostenlos verteilt wurde, nahm ihre Verbreitung innerhalb eines Jahres um fünfzig Prozent zu. Viele Frauen nahmen die Pille zum erstenmal.[116] Die Verteilung vor Ort bedeutet, daß Informationen über Familienplanung und Gesundheitsversorgung auch in ländliche Gegenden und städtische Slums gelangen. Die Verteiler sind meist keine Mediziner. Bei Heimbesuchen bringen sie die Verhütungsmittel aus kleinen Depots mit. Viele dieser Menschen sind unbezahlte Freiwillige. Eine Bewertung von 28 solchen Projekten zeigt, daß sich der Gebrauch von Verhütungsmitteln innerhalb von zwei Jahren verdoppelte.[117]

112 Weltbank, Population and Development Implications for the World Bank (Washington, 1994)

113 UN, Report of the International Conference on Population and Development

114 Ebenda

115 Carr und Way, Women's Lives and Experiences

116 J. Knodel, T. Bennett und S. Panyadilok, Do Free Pills Make a Difference? Thailand's Experience, International Family Planning Perspectives, 10: 3 (1984)

117 John A. Ross und Elizabeth Frankenberg, Findings From Two Decades of Family Planning Research (New York, Population Council, 1993)

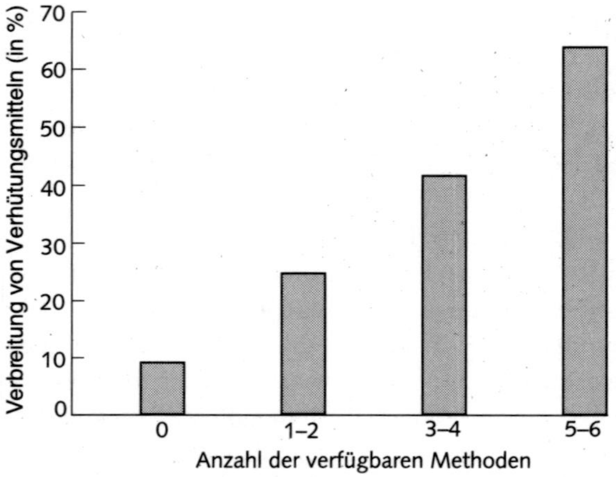

Abbildung 12.1: Verhütungsmittel: je breiter die Auswahl, desto mehr Benutzer und Benutzerinnen. Die Abbildung zeigt, daß der Gebrauch von Verhütungsmitteln proportional zur Zahl der verfügbaren Verhütungsmethoden steigt.

Die Kommission dringt darauf, folgende Prioritäten zu setzen: Reproduktive Gesundheitsversorgung muß in zumutbarer Entfernung der Menschen angeboten werden, die derzeit nicht versorgt werden, und die Kosten müssen gesenkt werden, wobei gleichzeitig die Bandbreite an Leistungen soweit wie möglich erweitert werden soll.

Die Bedürfnisse in bezug auf Empfängnisverhütung ändern sich im Lauf der verschiedenen Lebensphasen. In vielen Ländern bleiben die Möglichkeiten der Verhütung begrenzt, obwohl Studien in sieben asiatischen Ländern belegen, daß neue Methoden auch neue Benutzer anziehen.[118] In Ländern, in denen nur eine oder zwei Methoden zur Verfügung stehen, werden diese von etwa 25 Prozent angewendet. In Ländern, in denen fünf oder sechs Methoden zugänglich sind, werden diese von 64 Prozent angewendet.[119]

118 R. und D. Freedman, The Role of Family Planning Programmes as a Fertility Determinant, in: J. F. Phillips und J. A. Ross (Hg.), Family Planning Programmes and Fertility (Oxford, Clarendon Press, 1992)

119 Ross und Frankenberg, Findings (...) of Family Planning Research

Frauen haben eine Scheu vor medizinischen Institutionen. Ärzte lehnen es ab, immer wieder Abtreibungen vornehmen zu müssen, und bestehen deshalb darauf, daß sich die Frauen sterilisieren lassen. Wenn eine Frau das weiß, wird sie keine Abtreibung verlangen, auch wenn eine öffentliche Krankenstation in der Nähe ist. Sie wird jemanden suchen, der auch ohne entsprechende Qualifikation Abtreibungen vornimmt – und oft sind Komplikationen die Folge.
Imrana Qadeer, Indien

Sterilisation scheint das unausweichliche Schicksal der Frauen in Nordwestbrasilien zu sein, wo 19 Prozent der Frauen sterilisiert sind, bevor sie das 25. Lebensjahr erreicht haben und wo – zufällig? – der Anteil der schwarzen Bevölkerung am höchsten ist.
Edna Roland-Geledes, Brasilien

Die WHO schätzt, daß weltweit zwischen sechzig und achtzig Millionen Paare von Unfruchtbarkeit betroffen sind. 96 Prozent dieser Fälle sind zurückzuführen auf sexuell übertragene Krankheiten, Infektionen der Geschlechtsorgane nach unhygienischer Entbindung, unsachgemäße Abtreibungen und die Verwendung inadäquater Verhütungsmittel. In einigen Regionen südlich der Sahara ist eines von drei Paaren von dieser sekundären Unfruchtbarkeit betroffen. Nur zu einem geringen Teil ist Sterilität angeboren.[120]

Die Kommission ist der Meinung, daß die Vermeidung von Unfruchtbarkeit und die Behandlung von sexuell übertragenen Krankheiten in die allgemeine Gesundheitsversorgung integriert werden müssen. Die Kommission schlägt deshalb vor, Mittel für die Primärversorgung einerseits und die teure, hochtechnisierte Behandlung andererseits (einschließlich Forschung über primäre Unfruchtbarkeit) gleichgewichtig einzusetzen.

Die Kommission ist weiterhin der Ansicht, daß Beratung ein wesentlicher Bestandteil der Vorsorge ist. Nur über Beratung kann gewährleistet werden, daß die Patientinnen die Möglichkeiten der Empfängnisverhütung und die Vor- und Nachteile sowie die korrekte

120 WHO, Reproductive Health: A Key to a Brighter Future (Genf, 1992)

Anwendung der Mittel verstehen. In Nigeria zum Beispiel sind von den Nutzerinnen von Familienplanungseinrichtungen, die von ausgebildeten Schwestern beraten wurden, doppelt so viele zur Nachsorge erschienen wie in der Kontrollgruppe.[121]

Wenn die Fruchtbarkeitsrate durch freiwillige Maßnahmen sinkt, bleibt sie im allgemeinen niedrig. Bei den Anhörungen der Kommission wurden aber viele Beispiele aufgedeckt, in denen mittelbarer oder unmittelbarer Zwang ausgeübt wurde, um die Anwendung von Verhütungsmitteln durchzusetzen oder auf andere Arten die Fruchtbarkeitsrate zu senken. Die Kommission ist der Überzeugung, daß zur Förderung des nachhaltigen Gebrauchs von Kontrazeptiva freiwillige Familienplanungsprogramme wesentlich effizienter sind als aufgezwungene.[122]

Menschenrechte und Zwang

Zwang kann viele Formen annehmen: von den (wenigen) Fällen des physischen Zwangs zu vielen mehr oder weniger subtilen Formen des Drucks wie Strafgebühren, Streichung von Beihilfen oder krasse Verletzung von Grundrechten. Zwang ist nicht nur eine Verletzung von Rechten, Zwang erreicht auch nur selten sein Ziel. Ein weitverbreitetes Muster ist der Druck von oben nach unten durch die Hierarchie der Institutionen für Familienplanung oder Fruchtbarkeitskontrolle. Druck wird meistens durch Zielvorgaben erzeugt, die nach unten durchgegeben werden. Die beliebteste und umstrittenste Methode, diese Zielvorgaben zu erreichen, sind Anreize oder „Bestrafungen“ für die Berater. Sie tritt am offensten zutage, wenn die Versorgungsleistungen begrenzt sind, sei es aufgrund der Unangemessenheit und Mangelhaftigkeit der Methoden und der Unzulänglichkeit des Personals, sei es wegen der mangelnden allgemeinen Qualität der Versorgung. Finanzielle

121 Young-Mi Kim u. a., Improving the Quality of Service Delivery in Nigeria; Studies in Family Planning, 23: 2 (1992)

122 Steve S. Sinding, The Role of Government and Demographic Change, Papier für die Commission on Population and Quality of Life, Paris, April 1993

Anreize für Angestellte vor Ort vermindern außerdem die Mittel für Ausbildung und Qualitätsverbesserung.

Die Kommission merkt an, daß finanzielle Anreize, Beförderungsversprechen oder die Androhung von Sanktionen bei Nichterreichen der Zielvorgaben den Mißbrauch fördern, notwendige Mittel für tatsächliche Bedürfnisse verschlingen und vor allem im Zusammenhang mit langfristigen Behandlungen gefährlich sind.

Die Kommission hat mit Interesse erfolgreiche Beispiele *kollektiver Anreizsysteme* kennengelernt. So wurde z. B. Behörden der kommunalen Selbstverwaltungen erlaubt, die Lebensqualität von Kindern und Erwachsenen zu verbessern und damit einen indirekten Einfluß auf die Bevölkerungstrends auszuüben. Das Konzept, vorgestellt von zwölf Frauenorganisationen in Indien, belohnt Behörden, die dazu beitragen, Kinderheirat und Analphabetismus abzuschaffen, die Kindersterblichkeit zu senken und den allgemeinen Grundschulbesuch durchzusetzen sowie Primärversorgungs- und Kinderstationen für alle Dorfbewohner und in allen Stadtvierteln einzurichten.[123]

Die Kommission ist überzeugt, daß die Einbeziehung der Gemeinschaft ein besonders wichtiger Faktor ist, um den soziokulturellen Widerstand zu überwinden – ein Widerstand, der meist in der Unwissenheit über physiologische Prozesse wurzelt. Der Widerstand von Ehemännern, älteren Familienmitgliedern und religiösen Führern konnte durch Aufklärung und Fortbildung von lokalen Führern, Vertretern von Jugendorganisationen und Frauengruppen oft überwunden werden. Dadurch wurde ihr Wissen erweitert, und Denkprozesse in Richtung breiter sozialer Verantwortung wurden angestoßen.

Information, Bildung und Beratung

Entwicklung der Gemeinde, Stimulation der Nachfrage und innovative Schulung für Personal auf der lokalen Ebene sind nötig, um

123 A Positive Population Policy, Memorandum an die Swaminathan Expert Group on Population Policy, 1993

verläßliche Informationen zu verbreiten. Doch kann dies nicht die einzige Kommunikationsgrundlage sein für die Weitergabe korrekter – oft wissenschaftlicher und komplexer – Fakten.

Einige Beispiele mögen die Komplexität des Problems illustrieren: Im Durchschnitt ist eine ungeplante Schwangerschaft zwanzigmal gefährlicher für die Frau als der Gebrauch von modernen Verhütungsmitteln.[124] In Ägypten sterben jährlich 103 Mütter pro 100 000 Geburten, im Vergleich zu 8 pro 100 000 bei Pillebenutzerinnen und 3 pro 100 000 bei Benutzerinnen von Spiralen.[125]

Die Kommission vertritt die Ansicht, daß die Verbesserung der Qualität von Informationen, von Bildung und Beratung im Bereich reproduktive Gesundheit von zentraler Bedeutung ist, damit jeder einzelne ethisch und sozial verantwortliche Entscheidungen treffen kann über Schwangerschaft und Geburt. Dazu existieren verschiedene innovative Sozialentwicklungsmodelle.

Akkurate und vorurteilsfreie Information ist besonders wichtig in der reproduktiven Gesundheit, da die Konsequenzen aus Mißverständnissen oder Unwissenheit langfristige Wirkungen haben können. Die Kritik vieler Frauenorganisationen an der Qualität der Informationen über Mittel und Techniken der Empfängnisverhütung resultiert aus der Tatsache, daß sich viele Ärzte und anderes Personal im Gesundheitswesen auf die Auskünfte der Hersteller verlassen.

Nicht alle Ärzte, ob privat oder in der öffentlichen Gesundheitsversorgung, haben Zugriff auf die sich schnell ändernden Forschungsergebnisse in der reproduktiven Medizin. Auch die Rolle des Staats, der eigentlich für den Schutz der Verbraucher vor den Gefahren neuer Medikamente und Technologien verantwortlich ist, wird in diesem Zusammenhang oft kritisiert. Die immer enger werdende Allianz zwischen der Frauenbewegung und den ethisch orientierten Bereichen der Medizin ist jedoch eine positive Entwicklung, die gefördert werden muß.

124 Dr. Allen Rosenfield, nach Ann Starrs, Preventing the Tragedy of Maternal Deaths (Nairobi und Washington, Weltbank, 1987)

125 WHO, Division of Family Health, Maternal Mortality Rates: A Tabulation of Available Information (Genf, 1985); nach Population Reference Bureau, Contraceptive Safety: Rumours and Realities (Washington, 1988)

Tabelle 12.1: Risiken und Verhütungsmethoden in den USA

Todesursache	Wahrscheinlichkeit der Todesfälle pro Jahr
Verkehrsunfall (Basis)	1 zu 6 000
Entbindung	1 zu 11 000
Pille in Verbindung mit Rauchen	1 zu 16 000
Unterleibsentzündung als Folge von Geschlechtsverkehr	1 zu 50 000
Pille (ohne Rauchen)	1 zu 63 000
Eileitertrennung (mit Laparoskopie*)	1 zu 67 000
Intrauterine Verhütungsmittel	1 zu 100 000
Vasektomie	1 zu 300 000

* Eingriff in den Unterleib mit einem kleinen biegsamen Fiberglasinstrument.

Quelle: Robert A. Hatcher u. a., Contraceptive Technology, New York, 1994

Es ist Zeit für eine tiefgreifende Veränderung. Wir sollen die Führer von morgen sein, also hört auf, uns wie die Babys von gestern zu behandeln. Wenn sie solide ausgebildet werden, können Teenager sehr wohl andere Teenager informieren – genausogut oder besser als viele Erwachsene. (...) Mit wem reden Teenager öfter – mit ihresgleichen oder mit Erwachsenen? Ich selbst als Teenager spreche lieber mit einem Freund oder mit jemandem in meinem Alter über Sex oder was auch immer. Ich kann auch sagen, daß ich bemerkt habe, daß meine Freunde lieber und leichter mit mir über HIV und Kondome sprechen als mit der Krankenschwester in der Schule.
William Johnson, Teen Council, USA, öffentliche Anhörung, Nordamerika

Ich unterrichte Sexualkunde bei den Erstsemestern, auch den Medizinstudenten. Die Unwissenheit in bezug auf Sexualität, Schwangerschaft, Geburt und effiziente Empfängnisverhütung überrascht mich immer wieder. Die Tatsache, daß viele Medizinstudenten im ersten Jahr mehr Sachfragen zu diesen Themen falsch beantworten als Erstsemester des College, sagt mir, daß die sexuelle Revolution vielleicht im Verhalten stattgefunden hat, aber nicht im Wissen.
Eleanor Morrison, USA, öffentliche Anhörung, Nordamerika

Familienplanung ist Stärkung – darüber habe ich keine Zweifel. Aber Stärkung von oben ist keine Stärkung mehr. Im Namen der Familienplanung bekamen die Frauen Norplant, ohne über die Nebenwirkungen

aufgeklärt zu werden, oder sie wurden gar sterilisiert. Vielleicht hätten sie ja eine Sterilisierung akzeptiert, wenn sie gedacht hätten, es helfe, ihre Familiennorm zu halten, aber was ist mit den Nebenwirkungen? Wenn sie bluten, wer kümmert sich um sie?
Zaffrullah Choudhoury, Bangladesch, öffentliche Anhörung, Südostasien

Ich möchte ein Riesenproblem ansprechen, nämlich die völlige Unterversorgung mit Familienplanungsdiensten in diesem Land, den nicht gedeckten Bedarf an Verhütungsmitteln und an qualifizierter Hilfe für die Menschen auf dem Land, den Mangel an Zuwendung für die Patienten und den Bedarf an qualifizierter und erschwinglicher Hilfe für Randgruppen der Gesellschaft.
Andrei Popov, Rußland, öffentliche Anhörung, Osteuropa

Viele Kinder zu haben ist nicht mehr in. Zur Zeit unserer Mütter sorgte das Familienoberhaupt, auch wenn es vier Frauen und mehrere Kinder hatte, für alle. Heute sind die Frauen verantwortlich für alle Kinder.
Tinga Sow, Mali, öffentliche Anhörung, Westafrika

13. Die Stärkung der Frauen

Reproduktive Rechte sind eng mit der Stärkung der Frauen verbunden. Wie können diese Rechte unter Bedingungen wie Armut oder Ausgrenzung funktionieren? Und wie können reproduktive Rechte in einem bankrotten Gesundheitssystem ausgeübt werden? Ich bin der Meinung, daß wir dieser Frage nicht ausweichen können, ohne einem Trugschluß aufzusitzen, nämlich einerseits eine weltweite Politik der reproduktiven Rechte zu vertreten und andererseits zu glauben, daß sie in Gesellschaften durchgesetzt werden kann, denen die Voraussetzungen für die medizinische Grundversorgung für alle Menschen fehlen. Eine Reform des Staats, die soziale Versorgung für alle garantiert, kombiniert mit einer Stärkung der Frauen, damit sie ihre unersetzliche Rolle als Hüterinnen der Familie und der Gemeinschaft erfüllen können, das sind die Voraussetzungen für einen wirksamen Schutz der reproduktiven Rechte.
Rosiska Darcy de Oliveira, Brasilien, öffentliche Anhörung, Lateinamerika

Die Kernfrage ist doch, ob eine Frau, deren Kontrolle über sich selbst „eingetauscht" wurde, wirklich befreit sein kann. Denn mit der Bezahlung des Brautpreises ist alles, was die Braut repräsentiert – einschließlich ihrer Arbeitskraft und ihrer Gebärfähigkeit –, in den vollständigen Besitz des Ehemanns und seiner Familie übergegangen. Kann sie wahrlich frei sein, wenn alle ihre Handlungen von der Zustimmung ihres Mannes abhängig sind, wenn sie sogar innerhalb der eigenen vier Wände ungeheuer vorsichtig sein muß, um nicht den Zorn und die Strafe ihres Mannes auf sich zu ziehen, wenn ihre Gesundheit gefährdet wird durch die sexuellen Praktiken ihres Mannes, wenn sie kein Recht hat auf wirtschaftliche Entwicklung? Hier also liegt die Grundvoraussetzung für die wirkliche Befreiung der afrikanischen Frauen und ihre Integration in die nationalen Entwicklungsbestrebungen.
Judith Chikore, Simbabwe, öffentliche Anhörung, südliches Afrika

In Nepal sind etwa 80 Prozent der Frauen in der Landwirtschaft beschäftigt. In dieser Welt zählen die Frauen aus Nepal nicht. In Wirklichkeit sind die Frauen weit zurück: Die Alphabetisierungsrate liegt bei 18 Prozent, 37 Prozent der Grundschüler sind Mädchen, in den unteren Klassen der Hauptschule sind es 31 Prozent, in den oberen Klassen 39 Prozent. In den Hochschulen sind nicht einmal ein Prozent der Studierenden Frauen. Die Sterblichkeitsrate von Frauen in Nepal ist hoch: 1981 lag sie bei 850 von 100 000, jetzt liegt sie bei 550. Die Kindersterblichkeit ist mit 165 pro 1000 hoch. Und die Lebenserwartung von Frauen ist niedrig: 52 Jahre im Vergleich zu 56 Jahren bei Männern.
Shahana Pradhan, Nepal, öffentliche Anhörung, Südasien

Der krönende Abschluß eines hundertjährigen Kampfes

Das 20. Jahrhundert war Zeuge einer immensen zivilisatorischen Veränderung: der Emanzipation der Frau und der Anerkennung von Frauenrechten als Menschenrechte. Diese stille Revolution wurde durch unermüdlichen Einsatz herbeigeführt. Ihre Konsequenzen werden die Geschlechterbeziehungen und die spezifischen Bedingungen innerhalb jeder Gesellschaft verändern und das nationale und internationale politische, wirtschaftliche und soziale Leben fundamental beeinflussen.

Frauen wurden in erster Linie als unschuldige, aber am härtesten betroffene Opfer von Konflikten zwischen Nationen und als Opfer von Gewalt in Gesellschaft und Familie gesehen. Weniger sichtbar ist die Tatsache, daß Frauen die Hauptleidtragenden von wirtschaftlicher und sozialer Diskriminierung waren und sind. Abbildung 13.1 zeigt die weltweit unausgewogene Verteilung von Macht zwischen Männern und Frauen. Das wahre Ausmaß der Revolution der Frauen wird sich daher in der stärkeren Sichtbarkeit von Frauen manifestieren: als Handelnde, direkt Beteiligte und Führerinnen in allen Lebensbereichen einschließlich der internationalen Arena. Das wird der krönende Abschluß des langen und oft frustrierenden Weges von der Unterdrückung zur Anerkennung sein, des Weges aus der statistischen Unsichtbarkeit zu einer anerkannten – und tragenden – Säule der Entwicklung.

a)

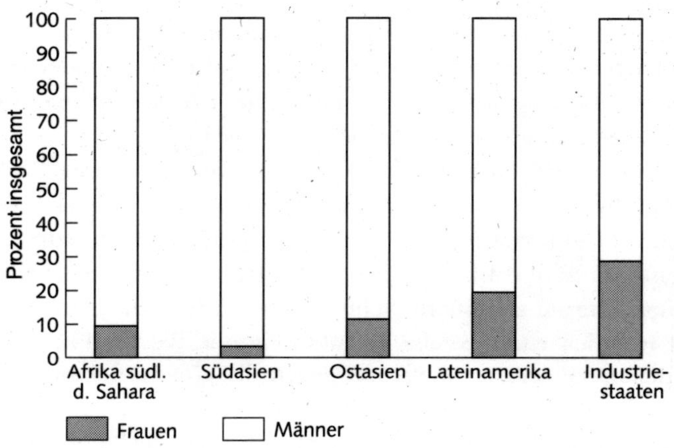

b)

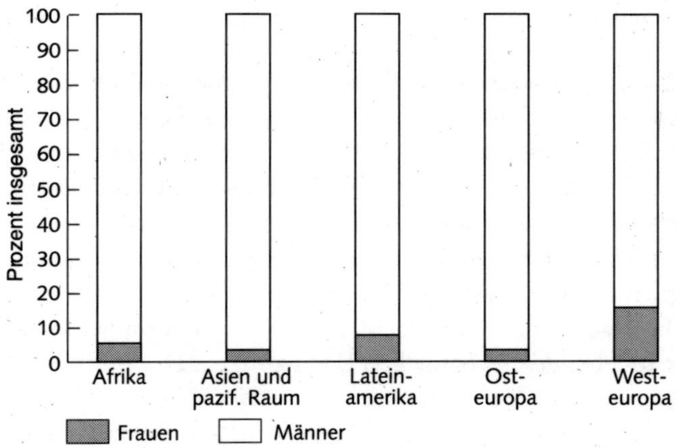

Abbildung 13.1: Geschlecht und Macht in den neunziger Jahren: (a) Frauen besetzen im Schnitt 13,5 Prozent der Verwaltungs- und Führungspositionen in der Dritten Welt; (b) Frauen besetzen 6 Prozent der Kabinettsposten in der Dritten Welt. Die jeweils rechte Säule zeigt die Vergleichszahlen der Industrieländer: (a) 31 Prozent und (b) zirka 5 Prozent. (Quelle: UNDP, UNICEF, 1995)

Erst vor knapp hundert Jahren haben die ersten Frauen das Wahlrecht erkämpft; schon heute gilt es mit Ausnahme von fünf Ländern weltweit. Viele Nationalstaaten haben die gesellschaftliche und wirtschaftliche Gleichberechtigung der Frau in ihre Verfassungen aufgenommen. Dadurch haben Frauen Eingang in die höheren Berufe, in den Dienstleistungssektor und in die Industriearbeit gefunden und sind dort sichtbarer geworden. Dennoch hat sich am untergeordneten sozialen Status der meisten Frauen nichts geändert.

Von einigen Ausnahmen abgesehen, wurde die erste Welle des Feminismus – mit ihrem Fokus auf Bildung – von Frauen der Mittelschicht getragen. Die zweite Welle, die in den sechziger Jahren begann, konnte dank der Tatsache entstehen, daß wesentlich mehr Frauen Zugang zu höherer Schulbildung hatten. Diese zweite Welle war wahrlich eine sexuelle Revolution: eine Revolution gegen die Doppelmoral und ein Aufschrei gegen die Unterdrückung der Frau in der Familie und in der Gesellschaft.

Zwei Faktoren gaben der Frauenbewegung eine besondere Dynamik: Frauen analysierten die tradierte Organisation der Gesellschaft, besonders im Hinblick auf Wirtschaft und Politik, so gründlich, daß sie zu zweifeln begannen, ob die nötigen Veränderungen in diesen Bereichen – aus denen sie sich ausgegrenzt sahen – durch eine Integration in das System erreicht werden könnten. Die Frauenbewegung im Norden zersplitterte, weil sich ein Teil der Frauen auf die Anerkennung und Umsetzung ihrer Rechte konzentrierte, während andere direkte Veränderungen in den Schlüsselbereichen der Gesellschaft erkämpfen wollten.

Die Frauen im Süden machten ähnliche Erfahrungen, wenn auch unter anderen gesellschaftlichen Bedingungen. Der Einfluß der Industrialisierung, der Verstädterung und des Bevölkerungswachstums auf Frauen war vergleichbar mit dem, was die Industrieländer im 19. Jahrhundert erlebt hatten. Bewußtseinsarbeit und neue Generationen von Frauen, deren Ausbildung ihnen erlaubte, die Bedingungen, die Ziele und Perspektiven der Armen zu untersuchen, waren die Triebkraft für die Erneuerung verknöcherter gesellschaftlicher Strukturen. Diese Erneuerung wiederum sollte die Agenda der weltweiten Frauenbewegung mit prägen.

Die Verabschiedung der Frauenkonvention durch die UN-Generalversammlung 1980 erweiterte rasch die statistische Basis im Hinblick auf den Status der Frauen in vielen Ländern, im Norden wie im Süden. Nationale und internationale Frauenorganisationen entwikkelten neue Perspektiven dank eines sich ändernden Bewußtseins und des Kampfes für Solidarität über die Grenzen von Klasse, Ethnie, Religion und Nationalität hinweg. Weitere Faktoren trugen zu diesem Prozeß bei: die weltweit steigende Popularität von Frauenstudien an den Universitäten, unterstützt durch die aufblühenden Netzwerke und den fruchtbaren Austausch von Ideen, Methoden, Taktiken und Strategien. Dazu kam die aktive Rolle, die Frauen im Kampf für Demokratisierung und gegen die autoritären Regimes in Lateinamerika, Afrika und Asien spielten.

Die Konferenzen der Vereinten Nationen zu Frauenfragen und zu anderen entwicklungs- und sozioökonomischen Themen, die seit 1975 stattfanden, halfen, die Rolle der Frauen, ihre Not und ihr Potential international ins Blickfeld zu rücken. Dadurch, daß sie auch auf eine bis dahin unbekannte Dimension von Entwicklung aufmerksam machten – die systemimmanente Diskriminierung und Marginalisierung von Frauen und ihre Benachteiligung auf der ganzen Welt –, erhielt die Veränderung eine besondere Dynamik.

Das Wahlrecht für Frauen hatte zwar ein hartnäckiges, in allen demokratischen Systemen existierendes Tabu gebrochen, aber der Zugang von Frauen zu politischer Macht blieb begrenzt. In manchen Ländern schafften es die Frauen erst vor kurzem, diesen Zugang zu öffnen. Im kulturellen Leben aber hatten die Frauen schon seit längerem einen vorderen Platz erkämpft.

Die Rolle der Frauen ist als eigenständiges Thema von mehr als nur symbolischer Bedeutung. Es kam mit der ersten UN-Konferenz über Bevölkerung und Entwicklung 1974 in Bukarest auf die internationale Politikbühne. Seitdem wurde die Frage immer komplexer. Andere Konferenzen folgten: So wurde der Beitrag der Frauen in ländlichen Gebieten für die Landwirtschaft auf der Weltkonferenz über Agrarreform und ländliche Entwicklung 1979 anerkannt. Die afrikanischen Hungersnöte dieser Jahre warfen auch die Frage auf, ob nicht die Tatsache, daß man Frauen als wichtigste Nahrungsmittelproduzentinnen einfach übersehen hatte, eine der Ursachen der Hungersnöte gewesen ist.

Der „Gegengipfel" der Frauen im Planet-Femina-Zelt während des Umwelt- und Entwicklungsgipfels 1992 in Rio de Janeiro beeinflußte die Ergebnisse dieser wichtigen UN-Konferenz. Die Menschenrechtskonferenz von 1993 in Wien bekräftigte: „Frauenrechte sind Menschenrechte". 1994 unterstützten Tausende von Frauen die Konferenz für Bevölkerung und Entwicklung in Kairo und stärkten damit das heute weithin anerkannte Konzept der reproduktiven Rechte von Frauen (vgl. Kapitel 12).

In der Erklärung des Weltsozialgipfels 1995 in Kopenhagen erkannten 120 Regierungschefs die Stärkung der Frauen als eine ihrer grundsätzlichen Verantwortungen an. Der Weltsozialgipfel erreichte explizit folgendes:

- Frauenrechte werden in die breiter gefaßte Erklärung der Menschenrechte integriert;
- die zentrale Rolle der Frauen in der sozialen Entwicklung und damit bei der Stärkung ihrer gesellschaftlichen Position wird erkannt.

In den Foren der Nichtregierungsorganisationen, die während all dieser Konferenzen stattfanden, wurden neue Allianzen gebildet. Seit den achtziger Jahren besteht ein „politisch und ideologisch weniger spezifisches" weibliches Bewußtsein, mit dem sich Frauen über Klassen-, Schichten- und Ländergrenzen hinweg identifizieren können – und das damit viel mehr Frauen erreicht, als es die erste Welle des Feminismus je vermocht hatte. Frauen als einer gesellschaftlichen Gruppe gelang, was ihnen vorher nie gelungen war: Sie wurden eine ernstzunehmende politische Kraft.

Das Internationale Jahr der Frau (1975) und die Frauendekade (1975–1985) sowie die Strategien, die während der drei Weltfrauenkonferenzen verabschiedet wurden, beschleunigten die Einrichtung nationaler Mechanismen zur Stärkung von Frauen. Dies schärfte das Bewußtsein für die offenen und versteckten Vorurteile gegen Frauen in allen Lebensbereichen.

Die Sichtbarkeit der Frauen fördern

Aus sozialpolitischer Sicht hängt die Existenz von Frauen von ihrer Sichtbarkeit ab, denn die meisten Kulturen neigen dazu, Frauen unsichtbar zu machen. Die männlich dominierte Gesellschaft „verschleiert" ihre Frauen: Sie kommen wenig vor in den Medien, in sozioökonomischen oder politischen Analysen oder auch in den Zukunftsvisionen. Wir dürfen nicht zulassen, daß die schwer erkämpfte Sichtbarkeit wieder hinter einem Schleier verschwindet. Der globale „*trickle down*"-Effekt der Frauenrechte, der bewirkt, daß Entscheidungen von oben auch nach unten durchsickern, sowie die Sichtbarkeit der Frauen und ihre Beteiligung müssen auf allen Ebenen beschleunigt und verstärkt werden. Nur so kann ihr Erfolg im Kampf für ein besseres Leben – sowohl für sie selbst als auch für andere – gewährleistet werden.

Die Sichtbarkeit der Frauen hat zu einer neuen Situation geführt, die weit über Chancengleichheit hinausgeht. In vielen Bereichen verringern sich Ungleichheiten, aber die völlige Gleichberechtigung von Mann und Frau bleibt eine Fata Morgana. Einigen wenigen Frauen gelingt es, die Karriereleiter zu erklimmen, aber die große Mehrheit ist nach wie vor ausgeschlossen. Passiv ertragene Unterordnung ist unhaltbar, sowohl rechtlich als auch in bezug auf Lebensqualität.

Die Würde des Menschen ist unantastbar – in diesem Gedanken ist auch der Gedanke der Gleichberechtigung verwurzelt. Die universelle Anerkennung der Gleichberechtigung steht somit im Zentrum der Grundrechte. Ungleichheit bedeutet also die Verneinung der Menschenrechte. Wenn es um Frauen geht, wird der Begriff Ungleichheit oft durch das weniger harte *Diskriminierung* ersetzt – ein Begriff, der verschleiert, daß Frauenrechte vorenthalten werden. Eine dringliche Minimalforderung ist die breitere Akzeptanz und die Umsetzung der Frauenkonvention.

Trotz der verstärkten Sichtbarkeit von Frauen besteht weiterhin eine inakzeptable Lücke zwischen den anerkannten Prinzipien und den Rechten der Frau einerseits und den Lebenswirklichkeiten andererseits. Die international anerkannten Prinzipien und sogar die nationalen Gesetze sind oft nichts als tote Buchstaben, und die internationalen Instrumente sind zahnlose Tiger, wenn die Ratifizierungstexte bis zur Unkenntlichkeit relativiert werden. Der Kampf für die Stärkung der Frauen muß sich die Dynamik zunutze machen, die begonnen hat, die Frauen sichtbarer zu machen – ein Kampf, der sich zunächst auf klar definierte Etappenziele konzentrieren muß, z. B.

gleicher Lohn für gleiche Arbeit (wie in der ILO-Konvention 100 niedergelegt).

Die Gesetzgebung hinsichtlich der Lohndiskriminierung sollte in allen Ländern das Prinzip „gleicher Lohn für gleiche Arbeit“ umfassen. Dies würde eine Neubewertung „typisch weiblicher“ Arbeit erlauben, die mit finanziellen und Statusgewinnen verbunden wäre.

Bevorzugungsregelungen, die sogenannte positive Diskriminierung (*affirmative action*), sollten daher ebenfalls so lange durchgehalten werden, bis die hartnäckigen Ungleichheiten in bezug auf Gehalt und Status der Frauen beseitigt sind. Dazu müssen auch Zielvorgaben und Zeitrahmen erstellt werden, die kontrolliert umgesetzt werden. Quotenregelungen können nicht nur bei Einstellung, Beförderung und Weiterbildung angewandt werden, sondern auch die Bereitstellung von Kindergartenplätzen sowie flexible Arbeitszeiten umfassen. Außerdem muß die strafrechtliche Verfolgung von sexueller Belästigung am Arbeitsplatz gefördert werden.

Das Arbeitsrecht muß so erweitert werden, daß Hausangestellte und Angestelle in der Landwirtschaft, Teilzeitangestellte und befristet Angestellte, die Frauen in der Hausarbeit in ihren vielfältigen Formen sowie die Arbeiterinnen in exportproduzierenden Zonen (*Maquilladoras*) bessere Bedingungen, bessere Sozialleistungen und mehr Arbeitsplatzsicherheit erhalten. Frauen sind in diesen Bereichen oft in der Mehrheit, was schlechte Arbeitsbedingungen und andere Formen der Ausbeutung begünstigt.

Die produktive Arbeit von Frauen verschwindet in den Statistiken, eine Unsichtbarkeit, die ernsthafte Folgen für die Entwicklung hat. Eine Untersuchung der FAO aus den achtziger Jahren hat gezeigt, daß in einigen Ländern achtzig Prozent der Nahrungsmittelproduzenten Frauen sind, daß aber weniger als zehn Prozent der Besuche von Landwirtschaftsberatern den Frauen gelten.

Die Jahrzehnte des Kampfes um die Rechte der Frauen haben endlich Früchte getragen: Die Vereinten Nationen haben errechnet, daß die weibliche unbezahlte und meist unsichtbare Arbeit mit einem Gegenwert von etwa elf Milliarden US-Dollar zur Lebensqualität weltweit beiträgt. In den Entwicklungsländern tragen die Frauen 53 Prozent der gesamten Arbeitslast. In den Industrieländern beträgt der Anteil 51 Prozent. Kurz: Männer arbeiten weniger – überall. Der

UNDP-Bericht über die menschliche Entwicklung 1995 hat unbezahlte Arbeit als „Markttransaktionen“ angesetzt und zu Durchschnittslöhnen bewertet. Das Ergebnis: Jedes Jahr wird unbezahlte Arbeit im Wert von 16 Milliarden US-Dollar geleistet, das sind siebzig Prozent des Werts der insgesamt geleisteten Arbeit von 23 Milliarden US-Dollar. Der Beitrag der Frauen beläuft sich also auf 11/16 oder knapp 3/4 des Gesamtwerts der Arbeit.

Die Verteilung von bezahlter und unbezahlter Arbeit variiert weltweit stark, denn in den Industrieländern verbringen die Männer 2/3 ihrer Arbeitszeit mit bezahlter Arbeit (und 1/3 mit unbezahlter). Bei Frauen ist die Situation genau umgekehrt. In den Entwicklungsländern fallen mehr als 3/4 der Männerarbeit in den Bereich Handel; die Männer genießen den Löwenanteil des Einkommens und des Ansehens, obwohl ein Großteil der Handelsware aus *gemeinsamer Produktion* stammt, aus der aber die Frauen weder Anerkennung noch einen gerechten Anteil des Einkommens ziehen.

Forschung zum Beitrag der weiblichen unbezahlten Arbeit für Familie und Volkswirtschaft ist dringend nötig. Dazu gehören auch Untersuchungen zu Subsistenzwirtschaft, Viehhaltung, Hausarbeit, Kindererziehung und Versorgung der Alten, Behinderten und Kranken. Diese Analysen sollten Daten zur Zeitverwendung umfassen und in die Politikformulierung einfließen. Sowohl alle neuen Entwicklungsinitiativen als auch die gesamte ökonomische und soziale Planung sollte einem *gender-audit,* also einer geschlechtsspezifischen Prüfung, unterzogen werden, um ihre Auswirkungen auf die Lebensqualität der Frauen und auf die bestehenden Ungleichheiten zwischen Männern und Frauen zu bewerten.

Auch Armut und Analphabetismus tragen weiterhin weibliche Gesichter. Der geschlechtsspezifische Unterschied besteht im Hinblick auf Löhne und Gehälter ebenso fort wie im Hinblick auf die Beteiligung am Arbeitsmarkt (mit all den Auswirkungen auf Mutterschaft, Kinderbetreuung und soziale Absicherung), auf Zugang zu Krediten und anderen wirtschaftlichen Möglichkeiten sowie zu zahlreichen politischen und Verwaltungsinstitutionen.

Die Kommission stimmt mit der Schlußfolgerung des Human Development Report von 1995 überein, daß „die unkontrollierten Mechanismen der wirtschaftlichen und politischen Prozesse höchstwahrscheinlich keine Chancengleichheit" für Frauen, Arme und Machtlose hervorbringen werden.

Konkrete Strategien, Quotenregelungen und Investitionen in Lebensqualität sind vonnöten, um die allgemeine Lebensqualität zu verbessern. Aber der politische Wille entsteht nur, wenn die Frauen weiterhin von unten Druck ausüben.

Die Mehrheit der Frauen der Welt sind arme Bürgerinnen armer Länder: Sie gelten als „benachteiligt" und „rückständig". Vierzig Prozent der Frauen weltweit (besonders in den Entwicklungsländern) sind Kinder unter fünfzehn Jahren. Der World Health Report von 1995 warf ein Schlaglicht auf die bitteren Aussichten eines Mädchens, das in einem der ärmsten Länder geboren wird, wo ein Sechstel aller Geburten jährlich verzeichnet werden.

Das Prinzip der Gleichberechtigung verlangt, daß die Situation dieser benachteiligten Säuglinge und Kinder sofort verbessert wird. Programme für ältere Frauen sind oft nur Rettungsanker – und Rettung ist nicht immer möglich. Belege für unterlassene Investitionen und verpaßte Gelegenheiten gibt es nur zu viele. Niedriges Geburtsgewicht, Analphabetismus und fehlende Grundschulbildung, Mangel an Fertigkeiten und an Selbstvertrauen, Selbstverleugnung in der Familie und in der Gemeinschaft, mangelndes soziales Selbstbewußtsein und Machtlosigkeit – das alles sind sowohl Ursachen als auch Folgen.

Der Mißbrauch von Mädchen ist nicht nur ein Problem der armen Länder, er ist ein weltweiter Skandal. Auch Kanada, die Niederlande, Neuseeland, Norwegen und die USA berichten von sexuellem Mißbrauch in Kindheit und Jugend. Schätzungen zufolge werden jährlich etwa eine Million Mädchen und junge Frauen zur Prostitution gezwungen, die meisten davon wahrscheinlich in Asien.

Die Kommission ist der Ansicht, daß dringend ein umfassender globaler Aktionsplan für Mädchen und junge Frauen erstellt werden muß, um viele der schlimmsten Ungerechtigkeiten, unter denen Frauen leiden, zu beseitigen. Die wichtigsten Elemente eines solchen Plans bestehen schon, auch wenn sie über mehrere internationale Vereinbarungen verstreut sind. Sie müssen in einem übergreifenden Rahmenkonzept zusammengeführt werden, das die politische Dringlichkeit eindeutig formuliert und altersspezifische Maßnahmen umfaßt. Ein solcher globaler Aktionsplan sollte den Rahmen für wirklich nötige Veränderungen abstecken.

Geburtsort: eines der ärmsten Entwicklungsländer, Geschlecht: weiblich

Dieses Mädchen wird nicht in den weltweiten Trend der steigenden Lebenserwartung passen. Es kann damit rechnen, 44 Jahre alt zu werden, denn es muß eine Reihe von Hindernissen überwinden: Die Wahrscheinlichkeit, daß es an Mangelernährung und Untergewicht leidet, ist 1 zu 3; die Wahrscheinlichkeit, daß es seinen ersten Geburtstag nicht überlebt, ist 1 zu 10; die Wahrscheinlichkeit, daß es seinen fünften Geburtstag nicht überlebt, ist 1 zu 5. In einigen afrikanischen Ländern ist die Wahrscheinlichkeit, daß das Mädchen gegen Krankheiten wie Cholera oder Tuberkulose geimpft wird, geringer als 1 zu 2. Die Wahrscheinlichkeit, daß es eine rudimentäre Schulausbildung – lesen und schreiben – erhält, ist 1 zu 3. Es wird an chronischer Blutarmut und an chronischer Überarbeitung leiden. Die Pubertät wird seine Lage nur verschlimmern.

World Health Report 1995

Die Bedeutung und die Implikationen von Stärkung

Heute gelten Frauen als frei und selbstbestimmt in dem Bereich, aus dem seit Jahrhunderten, gar Jahrtausenden, das Patriarchat seine Vorherrschaft legitimierte: der Reproduktion. Das ist eine ungeheure Revolution – ein Wendepunkt im Verständnis von Frauen und im Hinblick auf ihre Würde als gleichberechtigte Menschen, die nicht länger nur über ihre Gebärfähigkeit definiert werden.

Aber freie und selbstbestimmte Entscheidungen fallen nicht im luftleeren Raum. Sie brauchen einen sozialen, ökonomischen und kulturellen Kontext, in dem Freiheit und Verantwortung konkrete Gestalt annehmen. Daher muß die zentrale Rolle der Frauenrechte nicht nur im Bereich Reproduktion anerkannt und gefördert werden, sondern auch in allen anderen gesellschaftlichen Bereichen. Stärkung der Frauen ist mehr als die bloße Verkündung von Rechten. Die Umsetzung dieser Rechte muß an der Spitze der politischen Agenda stehen.

Die Idee der Stärkung von Frauen als Mittel zur Förderung ihrer Beteiligung in allen Bereichen des wirtschaftlichen, sozialen und politischen Lebens beruht auf der Verbindung zwischen persönlicher Freiheit – die keine Einmischung in und keinen Druck auf die individuelle Selbstbestimmung erlaubt – und Ansprüchen der Gesellschaft. Für letztere sind Quotierungen und rechtliche Garantien nötig.[126]

Persönliche Freiheit einerseits und Ansprüche der Gemeinschaft andererseits müssen sich ergänzen und Verantwortung reflektieren, sollen sie die gesellschaftliche Basis der Rechte nicht zerstören. Rechte und Pflichten gehören zusammen und spiegeln ihren gesellschaftlichen Kontext wider. Ziellose und unbegrenzte persönliche Freiheit führt zu Entfremdung, zur Isolation des einzelnen von der Gesellschaft.

In den ersten Phasen des erwachenden Selbstbewußtseins vergleichen Frauen ihre Lebenswirklichkeit mit den Rechten, die sie auf dem Papier besitzen. Armen Frauen, ganz gleich aus welcher Kultur, ist das Vokabular der Rechte fremd. Verantwortung ist der zentrale Begriff ihrer Sozialisierung. Erst wenn sie mit dem Konzept der Rechte vertraut gemacht werden, wenn sie die Legitimität ihrer Rechte in einem bestimmten Kontext akzeptiert haben, haben sie die Kraft, ihre unterdrückten Gefühle über die Ungerechtigkeit und Unfairneß der gesellschaftlichen Ordnung zu artikulieren, die es ihnen verwehrt, die Dinge zurechtzurücken.

Über diesen Prozeß formen Frauen ihre Identität, ihr Selbstwertgefühl und ihr Selbstbewußtsein, die es ihnen ermöglichen, ihre Angst und ihre Ohnmacht zu überwinden. Dieser Prozeß verwandelt die

126 Vgl. Srilatha Batiwanda, The Meaning of Women's Empowerment: New Concepts for Action, in: Gita Sen, Adrienne Germain und Lincoln C. Shen (Hg.), Population Policies Reconsidered – Health, Empowerment and Rights (Cambridge, Mass., Harvard University Press, 1994)

Frauen nicht in egoistische Individuen, denn sie sehen auch weiterhin die gemeinsamen Bedürfnisse als ihre primäre Verantwortung. Angefangen bei ihren Kindern und ihren Familien, dehnen sie ihre Verantwortung auf ihre direkte Umgebung und auf ihren Arbeitsplatz, mit dem sie sich identifizieren, aus – eine Verantwortung, die ihnen, nebenbei gesagt, ein gehöriges Maß an Managementfähigkeiten abverlangt.

Eine Analyse der Situation der Frauen entschleiert nach und nach die strukturellen Machtfaktoren, die die Diskriminierung aufrechterhalten. Frauen sehen dann über ihre persönliche Situation hinaus das größere – nationale – Bild und erkennen, daß Traditionen, Institutionen und Entscheidungen oft der Macht weniger über eine ungeheure Mehrheit entspringen.

Wird dieser Zusammenhang zwischen den Ungerechtigkeiten der eigenen Situation und den strukturellen Ungerechtigkeiten der Gesellschaft nicht hergestellt, führt dies dazu, daß Frauen zwar von der Verbesserung ihrer gesellschaftlichen Situation (z. B. in der Gesundheitsversorgung) profitieren, aber ihre gesellschaftliche Stärkung nicht vorantreiben können.[127] Anstatt die Fähigkeit zur Selbstbestimmung zu erwerben, bleiben sie passiv: Menschen, denen geholfen wird.

Wird die Verbindung dagegen hergestellt, entdecken Frauen die tiefen Wurzeln ihrer Diskriminierung und ihrer Marginalisierung. Sie erkennen, daß ein Teil dessen, was ihnen angetan wird, das Resultat einer strukturellen Herrschaft über sie ist, die in ideologischen Vorurteilen über die Geschlechter gründet. Sie verstehen, daß die Stärkung ihrer gesellschaftlichen Position unvereinbar ist mit der Entwürdigung und Demütigung von Frauen, wie sie in so vielen kleinen und großen Facetten sichtbar wird. Erst wenn ihnen dies bewußt ist, können Frauen gemeinsam für Veränderungen arbeiten.

Sind Rechte erst verkündet, ist die Stärkung der Frauen nicht aufzuhalten: die Rechte rücken auf den ersten Platz der Tagesordnung. Das ist eine radikale Veränderung, und die Frauenbewegung wird sich dieser Herausforderung in jedem Fall stellen.

127 Ebenda

Es besteht allerdings die Gefahr, daß Stärkung zum Schlagwort verkommt – ein Schicksal, das schon anderen international anerkannten Konzepten widerfahren ist, man denke nur an Integration oder Partizipation der Frau.

Warum sind so viele nationale und internationale Institutionen bereit zuzugeben, daß die Stärkung von Frauen ins Zentrum der Entwicklung gestellt werden muß? Der einzige plausible Grund ist die Erkenntnis, daß Frauen sowohl national als auch international dabei sind, ein Machtfaktor zu werden. Sogar die, deren Strategien und Institutionen von Frauen oft kritisiert werden, versuchen sich in der Geschlechterfrage. Dies läuft oft auf spezielle Programme für Frauen hinaus, auf die ökonomische Stärkung von armen Frauen in Entwicklungsländern als Antwort auf die wachsende *Feminisierung der Armut,* die erst ins Blickfeld gerückt ist, seitdem Frauen besser sichtbar sind.

Wenn wir von Stärkung sprechen, beziehen wir dies nicht auf bestimmte Gruppen von Frauen, z. B. arme Frauen in sehr schwierigen Lebenssituationen. Selbstverständlich erhalten solche Gruppen oberste Priorität. Aber alle Programme für bestimmte Zielgruppen müssen von Bemühungen für und von anderen gesellschaftlichen Gruppen ergänzt werden. Frauen in der Verwaltung und in der Regierung, selbständige Frauen, Freiberuflerinnen, Frauen an den Universitäten – alle müssen für den Prozeß der Stärkung mobilisiert werden.

Stärkung kann als der Prozeß beschrieben werden, durch den Zugang geschaffen wird zur *kollektiven Identität und zu den kollektiven Zielen von Frauen in unserer Zeit.* Nur wenn Frauen sichtbar werden und an der Macht teilhaben, werden sie die Werkzeuge ergreifen und benutzen können, mit denen sie eine Veränderung in unserer Welt bewerkstelligen können.

Neuer Einfluß auf den Entscheidungsfindungsprozeß

Solidarität zwischen Frauen ist – historisch gesehen – neu. Seit Jahrhunderten helfen Frauen Frauen, aber heute zeigen Frauen eine ganz außergewöhnliche Fähigkeit zur Zusammenarbeit. Um den

Herausforderungen der nächsten Jahrzehnte gewachsen zu sein, muß aus allen Stärkungsprozessen eine größere Solidarität erwachsen.

Frauen geben sich nicht länger mit Zugeständnissen zufrieden, mit Krumen, die ihnen die Mächtigen dieser Welt vorwerfen. Frauenorganisationen, die sich früher als apolitisch verstanden, analysieren heute die Weltwirtschaft. Sie sind bereit, Strategien zu entwickeln, zu bewerten und zu unterstützen, die zu einer nachhaltigen Verbesserung der Lebensqualität beitragen. Deshalb müssen Frauen über das gesamte Spektrum der politischen Macht hinweg mehr Einfluß auf Entscheidungen gewinnen. Der Status quo ist nicht genug.

Schon der Prozeß der Stärkung von Frauen wird die Art und Weise ändern, in der Frauen Macht ausüben, in der Familie, am Arbeitsplatz, in Regierungen und auf internationalen Treffen. Macht produziert Beziehungen und gesellschaftliche Bedingungen, die von vielen Frauen abgelehnt werden. Der Prozeß der Stärkung kann nur dann greifen, wenn er weltweite Gerechtigkeit und die friedliche Konfliktlösung fördert und wenn er von der wirtschaftlichen und politischen Kreativität der Frauen angetrieben wird. Stärkung von Frauen bedeutet schließlich *einen völlig neuen Zugang zur Frage der Bevölkerungsdynamik*.

Sowohl Regierungen als auch Finanzinstitutionen und internationale Organisationen müssen zur Stärkung von Frauen beitragen, indem sie eine radikale Veränderung in der Wirtschafts- und besonders der Finanzpolitik einleiten, die Prioritäten der Staatshaushalte anders setzen, von Frauen getragenen Projekten Kredite gewähren und die Bedingungen der internationalen Geldvergabe ändern. Wenn Staaten und internationale Institutionen in Übereinstimmung mit der immer wiederkehrenden Betonung der Rechte der Frauen handeln, müssen ihre Prioritäten weggehen von einseitigen und technokratischen Zielen, hin zu einer neuen Politik, die die gesellschaftlichen Bedingungen so verbessert, daß alle Frauen ihre Rechte ausüben können.

Frauen andererseits müssen auf zahme Empfehlungen verzichten und aktive Beteiligung und *Partnerschaft* suchen: Partnerschaft bei der Gestaltung und Verwaltung der Gesellschaft, im Hinblick auf Lebensqualität und das Schicksal der künftigen Generationen. Angesichts der bisher erzielten Fortschritte und der neuen Perspektiven sind wir der Meinung, daß die Welt am Beginn einer neuen Welle steht, einer Welle, die das Recht und die Pflicht der Frauen mit sich bringt, ihre

Erfahrungen und ihre Kultur in die Organisation von Gesellschaft und Wirtschaft einzubringen. Alles, was in unserer Macht steht, muß getan werden, um die Perspektive der Frauen in dieses Ziel einzubeziehen.

Macht hat eine neue Stimme – und die ist weiblich
Veränderungen werden nur dann eintreten, wenn sich Frauen – überall – ihrer Rechte und ihrer Verantwortung bewußt werden und wenn sie ihre Überzeugungen gemeinsam ausdrücken. Diese Stimme wird anders klingen: Es wird eine Stimme sein, die einbezieht, nicht ausgrenzt, eine Stimme, die die Einheit sucht, nicht die Trennung, eine Stimme, die nicht über abstrakte Rechte spricht, sondern über gelebte Fähigkeiten, eine Stimme, die Gerechtigkeit direkt in die Hände der Zuwendungsfähigkeit legt.

Wir müssen Werte und Symbole finden, die es uns ermöglichen, eine zivilisierende Veränderung herbeizuführen, eine neue Art, in der Gesellschaft zu leben, einen Weg heraus aus dem „Besser-sein-als-andere" – einen Weg heraus aus einer Welt, in der manche alles dürfen und die meisten nichts.
Margarida Pisano, Chile, öffentliche Anhörung, Lateinamerika

Bitte empfehlen Sie die Förderung der „juristischen Alphabetisierung" als Tor zum Recht. Wir haben in diesem Bereich gearbeitet: Broschüren verfaßt, die in einfachster Sprache Rechte und Gesetze erklären, für Menschen, die lesen können oder gerade erst lesen gelernt haben – vor allem Frauen. Unsere Workshops bauen nicht nur auf Büchern auf, sondern auch auf Geschichten, Liedern, Bildern und Rollenspielen. Wir hatten einmal eine Frau, die während der Arbeit an der Hand verletzt wurde. Sie sah irgendwo eine Broschüre, in der wir das Arbeitsrecht erklären. Sie ging damit zu ihrem Chef. Der war ebenfalls vom Land, genauso ungebildet wie sie, er hatte in seinem ganzen Leben noch nie jemandem Arbeitsausfallgeld bezahlt. Sie stritten sich ein paar Tage lang, und schließlich zahlte er ihr eine anständige Entschädigung. Diese Menschen müssen von einer

Organisation gestärkt werden. Wenn sie mit ihrem Wissen einsam und isoliert bleiben, können sie es nicht anwenden.
Vasudha Dhagamwar, Indien, öffentliche Anhörung, Südasien

Wir kamen zusammen und tauschten Erfahrungen aus. In der schwarzen und der afroamerikanischen Kultur wird schmutzige Wäsche normalerweise nicht in der Öffentlichkeit gewaschen. Was wir als Frauen merkten, als wir unsere Erfahrungen austauschten, war, daß diese Verschwörung des Schweigens uns tötete.
Wir nutzen viele dieser Gesprächskreise, um unseren Kummer loszuwerden und zu weinen. Aber wir nutzen sie auch, um darüber hinwegzukommen und persönliche Stärke zu finden, um das tun zu können, was wir als einzelne oder als Gruppe tun mußten, um unser Leben zu ändern.
Ich sagte einer Freundin: „Ich glaube, die Idee der Selbsthilfe und des Redens mit anderen ist nur für Menschen wie dich und mich." (...) Meine Freundin schaute mir in die Augen und sagte: „Von wessen Hoffnungslosigkeit sprichst du?" Und dann fiel der Groschen: Ich sprach von meiner eigenen Hoffnungslosigkeit.
Cheryl Boykins, USA, öffentliche Anhörung, Nordamerika

Teil IV
Neue globale Perspektiven

14. Gesellschaftliche Kräfte mobilisieren: Für einen neuen Gesellschaftsvertrag

Natürlich spielt der Staat eine wichtige Rolle, aber aufgrund der Größenordnung der heutigen Probleme ist es ebenso wichtig, daß die NRO als eine ihm gegenüberstehende, koordinierte Kraft unterstützt werden.
Cynthia Bautista, Philippinen, öffentliche Anhörung, Südostasien

Die Volksmensen in Lima sind eine der gemeinschaftlichen Antworten, die die Bevölkerung zur Lösung ihrer Probleme fand. Heute bereiten 5000 Mensen etwa eine Million Essensrationen täglich zu. Die Mensen führten zu weiteren Initiativen, zum Beispiel zu den Komitees für ein Glas Milch oder zur Gesundheitsfürsorge für Frauen.
Roelfien Haak, Peru, öffentliche Anhörung, Lateinamerika

Es ist eine globale Zivilkultur im Entstehen begriffen, die die transnationale demokratische Grundlage dafür bildet, die Regierungen herauszufordern, anständiger und wirksamer zu handeln. Wie müssen diejenigen, die an der Macht sind, daran erinnern, daß sie der NRO-Gemeinde wirklich zuhören müssen. Denn aus dieser Richtung können die Ratschläge kommen, die sie in ihrer Welt, der Welt der G7, nicht finden können. In den Regierungen sitzen eine Menge frustrierte Menschen, die auf Hilfe von außen hoffen.
Richard Falk, USA, öffentliche Anhörung, Nordamerika

Die meisten Programme und Projekte, die auf die Armen ausgerichtet sind, versagen darin, die Fähigkeit der Armen in den Städten zur Selbstverantwortung zu erkennen und weiterzuentwickeln. Der Schwerpunkt sollte auf Selbstverantwortung und gegenseitige Hilfe gelegt werden. Wie die philip-

pinische Kommission zur städtischen Armut es treffend ausdrückt: „Die Armen können es schaffen. Es ist eines der Wunder der städtischen Armut, daß die Armen dazu imstande sind, auch unter den bestehenden Bedingungen zu überleben, obwohl sie sich in einer fast unmenschlichen Situation befinden. Jegliche Maßnahmen zur Armutsbekämpfung sollten die Vorrangstellung der Menschen zur Kenntnis nehmen, nicht nur, was die Bewältigung ihrer grundlegenden menschlichen Bedürfnisse betrifft, sondern auch, indem die unmenschlichen Elemente in ihrer Umgebung beseitigt werden, so daß sie ihre Würde wahren können."
Cecile Joaquin-Yasay, Philippinen, öffentliche Anhörung, Südostasien

Die Menschen des südlichen Afrika haben genug von der Politik von oben nach unten, die sich direkt auf ihr Leben auswirkt. Sie wollen an dem Prozeß beteiligt werden und nicht lediglich passive Empfänger wohlmeinender, aber oft schlecht ausgestalteter Programme zu Bevölkerungspolitik und Lebensqualität sein. Die Menschen des südlichen Afrika wollen vollberechtigte und aktive Teilnehmer an der Entwicklung und Umsetzung aller Programme zu Bevölkerungspolitik und Lebensqualität sein, die einen wirklichen Unterschied zu ihrem bisherigen Leben bringen. Damit sind die Politiker herausgefordert, die es gewohnt sind, in vertikalen Strukturen zu denken. Bei uns gibt es einen Industrieminister, einen Landwirtschaftsminister, einen Gesundheitsminister. Genau darin liegt das Problem, gerade in der Integration besteht die Herausforderung.
Marvellous Mhloyi, Simbabwe, öffentliche Anhörung, südliches Afrika

Wir leben in einer Makrokultur, die rassistisch und klassenorientiert ist und voller Vorurteile, die tief in uns selbst verwurzelt sind. Wir müssen diese hierarchische Denkweise überwinden, wenn wir jemals in der Lage sein wollen, Kultur und Gesellschaft aufzubauen.
Margarida Pisano, Chile, öffentliche Anhörung, Lateinamerika

Die Notwendigkeit eines neuen gesellschaftlichen Gleichgewichts

Bevor wir dazu übergehen, eine Reihe von Vorschlägen zu unterbreiten, wie man vieles von dem, was wir empfehlen, umsetzen könnte, ist es sinnvoll, eine Bestandsaufnahme hinsichtlich des Mobilisierungsgrads innerhalb der internationalen Gemeinschaft zu machen.

Die Themen „Bevölkerung und Lebensqualität", wie wir sie im Teil II – „Für eine neue Vision" zusammengeführt haben, und die damit verbundenen Politiken erfordern neue Perspektiven in bezug auf zwei essentielle Bestandteile eines revidierten *Gesellschaftsvertrags*.

Der erste grundlegende Faktor ist das Gleichgewicht zwischen den verschiedenen Bevölkerungsgruppen, da jeder Gesellschaftsvertrag die Paradigmen betrifft, die die Beziehungen zwischen dem einzelnen und der Gesellschaft bestimmen. Im Gründungsmythos der meisten Traditionen besteht anfänglich ein Gleichgewicht zwischen Männern und Frauen, Kindern und alten Menschen, Selbständigen und Abhängigen sowie zwischen der faßbaren Welt und transzendentalen Elementen des Lebens. Einige dieser Traditionen sind Teil unseres Erbes geblieben, und es ist die Aufgabe unserer Zeit, ihnen einen neuen, aber angemessenen Ausdruck zu verleihen.

Das transzendente Element, das eine Charakteristik vieler großer Religionen ist, ist durch die Integration des Menschen in die Natur und das darüber hinausgehende Universum aufs neue in den Mittelpunkt gerückt worden. Die Ökologie entspricht zumeist dem Bild der Natur, das eine Gesellschaft sich macht, wohingegen bestimmte eklektische Manifestationen ein häufig auftretendes Phänomen individuellen Glaubens sind.

In früheren Kapiteln haben wir gezeigt, wie sich das Verhältnis zwischen Mann und Frau entwickelt, welche Mängel in dieser Hinsicht noch bestehen und welches Potential diesbezüglich existiert. Abbildung 13.1 stellt dar, wie die politischen Ämter und die Macht zwischen den Geschlechtern verteilt sind. Zum Beispiel hat die Menschheit, auf der Grundlage von Zuwendung, die Elemente des Wohlfahrtsstaats zusammengefügt, der zumindest auf die grundlegenden Überlebensbedürfnisse eingeht. Was wir bislang noch nicht betrachtet haben, ist das Gleichgewicht zwischen Kindern und alten Menschen; noch viel weniger wurde auf das Gleichgewicht zwischen den heute lebenden Generationen und den demographisch anders strukturierten Generationen der Zukunft eingegangen.

Es gibt einen zweiten grundlegenden Faktor in jeder Vereinbarung zwischen Menschen und Regierung: die Beziehung zum Eigentum. Die Fragen, die mit dem Schutz und der Sicherheit des Eigentums zusammenhängen, haben sich in den letzten Jahrhunderten auch durch die Einführung des Konzepts des *Markts* verändert; der Markt wurde zu einem autonomen Element. Mit Ende des kalten Kriegs ist der freie Markt zum dominierenden Organisationsprinzip des wirtschaftlichen und gesellschaftlichen Lebens auf der ganzen Welt geworden. Der Wettbewerb als kritische Komponente des marktwirtschaftlichen Systems zeigt außergewöhnliche Kräfte:

- die Beschleunigung der technologischen Innovation;
- eine verbesserte Effizienz;
- die Reduktion des notwendigen Energie- und Rohstoffverbrauchs innerhalb des Produktionsprozesses;
- die Schaffung von Arbeitsplätzen in den Entwicklungsländern.

Aber wir müssen die Grenzen der Marktwirtschaft und die ethischen Probleme des Wettbewerbs erkennen lernen. Einige der größten Herausforderungen, denen sich die heutigen Regierungen stellen müssen, sind Probleme, die entweder vom Markt nicht gelöst werden können oder die, in manchen Fällen, erst durch den Markt entstehen: Umweltschäden, Arbeitslosigkeit, sozialer Absturz, Kriminalität. Diese Probleme untergraben die Zuwendungsfähigkeit ganzer Gesellschaften. Auch wenn sie traditionell externalisiert werden, so können sie nicht länger auf diesen Status reduziert bleiben. Solange wir die sozialen und ökologischen Dimensionen des wirtschaftlichen Managements unserer Gesellschaft nicht internalisieren, sind wirkliche Veränderungen nicht möglich. Dementsprechend können sie auch nicht durch unregulierte Märkte gelöst werden. Märkte können nur durch politische Maßnahmen geregelt werden, wobei wir uns vor neuen Irrtümern oder Vereinfachungen hüten sollten.

Wir brauchen dringend eine neue Synthese, ein neues Gleichgewicht zwischen den verschiedenen Kräften, wie Markt, Gesellschaft, Umwelt, Effizienz, Gerechtigkeit sowie Reichtum und Wohlstand, zwischen Wirtschaftswachstum auf der einen Seite und sozialer Harmonie und einer nachhaltigen Verbesserung der Lebensqualität auf der anderen Seite.

Wir benötigen neue Konzepte und Instrumente, die es den Regierungen ermöglichen, die Märkte zu regulieren, und gesunde Finanzen, damit die Märkte nicht das Überleben der Menschheit gefährden.

Wir brauchen ein neues Gleichgewicht, das imstande ist, während des fortschreitenden demographischen Übergangs Harmonie zwischen den verschiedenen Altersgruppen wie auch zwischen Mensch und Natur zu schaffen, zwischen der geschaffenen Welt und den verschiedenen Formen der spirituellen Energie, die unsere Welt umgeben und erhalten.

Ein neuer Regierungsstil auf allen Ebenen

In den neunziger Jahren verloren die nationalen Regierungen an Gestaltungsfähigkeit, und die Macht der konventionellen politischen Institutionen erodierte Stück um Stück. Diese Erosion begünstigt Einrichtungen, die der Öffentlichkeit gegenüber weniger verantwortlich und zumeist auch weniger demokratisch legitimiert sind: Banken, multinationale Unternehmen, Medienverbände. Obwohl die Demokratie inzwischen praktisch allgemein anerkannt ist, lassen sich gleichzeitig bei den repräsentativen Regierungen Anzeichen dafür erkennen, daß diese nicht imstande sind, viele drückende Probleme der Gesellschaft zu lösen. Neben den schon erwähnten Problemen sind dies die zunehmenden gesellschaftlichen Unruhen und der steigende Drogenmißbrauch.

Darüber hinaus hat der Globalisierungsprozeß dazu beigetragen, die politischen, wirtschaftlichen und sozialen Aktivitäten grenzüberschreitend so eng miteinander zu verbinden, daß deren Management ein neues System globaler Werte und Umsetzungsmechanismen erfordert. Wir laufen jedoch Gefahr, daß wir politische Machtmechanismen aufbauen, in denen Instrumente fehlen, die die Bürger schützen – und die gleichzeitig auch nicht imstande sind, die Entscheidungen herbeizuführen, die notwendig wären, um das Wohlergehen aller Länder zu sichern.

Der globale Wandel verlangt nach einer politischen Klasse, die weiter vorausschaut, als dies in der Vergangenheit üblich war; statt dessen aber scheinen die Regierungen immer kurzfristigeren Perspektiven zu folgen. Wir haben beobachten können, wie die Notwendigkeiten des Wahlkampfes und der Druck der kurzen Amtsperioden die Machthaber zu kurzfristigen Überlebenstaktiken drängen, die es ihnen ermöglichen, akute Wirtschaftskrisen verschiedener Art zu überstehen. Neue politische Institutionen und neue Instrumente sind gefragt, verbunden mit einer kühnen und einfallsreichen Führung.

Die drei bevorstehenden Jahrzehnte könnten sich als die kritischsten in der Geschichte erweisen. Die wichtigste moralische Herausforderung wird es sein, unsere *Zuwendungsfähigkeit* voll auszubauen und zu realisieren, die darin besteht

- die Armut abzuschaffen,
- wirtschaftliche, soziale und politische Rechte für jeden zu realisieren und
- die Lebensqualität für jeden zu verbessern.

Wir benötigen eine neue Bereitschaft, Opfer für das Wohlergehen der Allgemeinheit zu bringen, eine Woge der Zuwendungsfähigkeit sowohl Menschen als auch unserer Erde gegenüber.

Probleme sind besser zu bewältigen, wenn die Menschen diese öffentlich benennen und dagegen protestieren können. Daher ist die Demokratie so essentiell wichtig, weil nur Versammlungs- und Organisationsfreiheit, freie Rede und freie Presse, freies und allgemeines Wahlrecht, gleichberechtigter Zugang zu Bildung in allen Lebensphasen und zu juristischer Unterstützung die fortwährende Anpassung der Menschheit an sich ändernde Lebensbedingungen gewährleisten.

Der Kern eines neuen Gesellschaftsvertrags

Der Gesellschaftsvertrag, wie ihn die politischen Philosophen (John Locke, Jean-Jacques Rousseau und andere) verstanden, sollte Staat und Gesellschaft auf die Grundlage der Vernunft stellen. Die Bürger geben ihre Zustimmung, vom Staat regiert zu werden. Im Gegenzug garantiert der Staat Sicherheit, Gerechtigkeit und das Wohlergehen aller. Durch diesen (imaginären) Vertrag wurde die Tatsache umgedeutet, daß Staaten durch Eroberungen entstanden waren und sich ohne öffentliche Einwilligung dem Volk aufgezwungen hatten. Dennoch war das Konzept eines Gesellschaftsvertrags in der historischen Übergangsphase vom Absolutismus zur Demokratie ein machtvoller Faktor.

Die Welt hat sich in den zwei Jahrhunderten seit Rousseau sehr verändert. Heute unterminieren die weltweiten Interdependenzen die Macht der Nationalregierungen, was verstärkt wird durch das Fehlen globaler Mechanismen, die neu auftretende Phänomene wie Treibhauseffekt oder Weltfinanzmärkte bewältigen könnten. Die Globalisierung eröffnet aber auch neue Möglichkeiten, um die grenzüberschreitenden Probleme anzugehen, die auf nationaler Ebene nicht gelöst werden können.

Die Streitpunkte, wie sie heute oft innerhalb von und zwischen Staaten im Hinblick auf die Machtverteilung auf den verschiedenen politischen Ebenen aufkommen, finden sich schon in den Texten von Rousseau. Der „natürlichen Freiheit", worunter wir heute die totale Deregulierung aller Bereiche verstehen, und dem „grenzenlosen Anrecht des Menschen auf alles, was ihm notwendig ist", was dem heutigen übermäßigen Konsum und der wirtschaftlichen Vormacht einiger Länder entspricht, stellte er das gegenüber, was wir heute als Bewegungsfreiheit und als internationale wirtschaftliche Standards bezeichnen. Ein neuer Gesellschaftsvertrag sollte daher angemessene Formen der individuellen Bürgerschaft, der nationalen Souveränität und der Weltordnung vorsehen.

In Anbetracht der vielfältigen Übergangsprozesse, die sich in einer globalisierenden Welt abspielen, scheint die Zeit dafür gekommen, einen *Gesellschaftsvertrag* zu vereinbaren, der als eine neue Grundlage für das gesellschaftliche Selbstverständnis dienen kann und der den neuen Realitäten Rechnung trägt, die in der Welt herrschen. Dieser Vertrag muß im Kern eine neue Bereitschaft enthalten, sich zusammen für die Verbesserung der Lebensqualität und deren Nachhaltigkeit einzusetzen.

Die Kommission ist der Auffassung, daß ein solcher neuer Gesellschaftsvertrag die Regierungen, die Menschen, die Natur und alle Nationen der Welt einbeziehen sollte.

Die Aufwertung des bürgerlichen Selbstverständnisses

Die Grundlage des Selbstverständnisses der Bürger ist ein Identitäts-, ein Zugehörigkeitsgefühl. Dieses umfaßt nicht nur die Zugehörigkeit zur selben Nation oder die gemeinsame Sprache, sondern auch die geschichtlichen Ereignisse, die Menschen verbinden, und die gemeinsamen Sorgen und Hoffnungen im Hinblick auf die Zukunft. Wenn Menschen sich zu etwas zugehörig fühlen, wenden sie sich diesem zu, wächst in ihnen Interesse. Und wenn sie sich zuwenden, wenn ihnen etwas wichtig wird, beginnen sie zu handeln – und tragen so zum Wohlergehen einer Gesellschaft bei. Dieses Handeln geht oft sogar den Partizipationsrechten noch voraus. Selbst Menschen, die ihrer Bürgerrechte beraubt sind, haben ein Zugehörigkeitsgefühl und nehmen wahr, daß sie mit allen anderen durch eine Art Verwandtschaft verbunden sind. Während der ersten freien Wahlen in der Republik Südafrika herrschte unterschwellig ein überwältigendes Zugehörigkeitsgefühl, obwohl es vornehmlich um die Entscheidung für politische Parteien gehen sollte. Das wichtigste war, dieses Gefühl zum erstenmal ausdrücken zu können.

Der Ausgangspunkt für einen neuen Gesellschaftsvertrag ist also die pragmatische und auch juristische Anerkennung der Tatsache, daß die Souveränität beim Volk liegt. Die politische Gemeinschaft wird von unten aufgebaut und erneuert und setzt sich aus verschiedenen Gruppen zusammen, die manchmal auch einander widersprechende Teilziele haben können. Dies bedeutet natürlich auch, daß die Menschen selbst für die Verbesserung ihrer Lebensqualität verantwortlich sind. Die Befähigung der Menschen, dies auch zu tun, ist nicht durch Wünsche allein erreichbar; dazu sind Dialog und

Handeln erforderlich in Form konkreter Projekte innerhalb eines rechtlichen Rahmens.

Partizipation ist ein häufig benutzter Entwicklungsslogan, der nicht immer auf sinnvolle Weise in die Praxis umgesetzt wird. Schwache Partizipation auf der Gemeinschaftsebene bedeutet, daß die Nutznießer eines bestimmten Projekts mit ihrer Arbeit, mit Geld oder Land zum Aufbau oder Erhalt von Gemeinschaftseinrichtungen und damit zum Allgemeinwohl beitragen, ohne jedoch Planung und Durchführung beeinflussen zu können. Dieser Ansatz wird oft verfolgt, um die Kosten für Brunnen, Gesundheitszentren, Grundschulen oder Landstraßen niedrig zu halten.

Auch der Partizipations*grad* kann variieren, von Datenerhebungen über verbreitete Bedürfnisse bis hin zu formalen Beratungsprozessen oder aber ländlichen Bewertungsverfahren, bei denen die Gemeinschaften selbst an der Bestimmung ihrer Bedürfnisse, Prioritäten und Ressourcen beteiligt sind.

Die Bürgerrechte sind natürlich ein Grundbestandteil der Demokratie. In vielen Ländern, in denen die Demokratisierung erst in der jüngeren Vergangenheit erfolgte, sind die Bürgerrechte durch ihren Beitrag zur Machtübernahme durch das Volk aufgewertet worden. In anderen Ländern hat sich das Zugehörigkeitsgefühl in *Partizipation* verwandelt, ohne daß dies unbedingt den Bürgerrechten zum vollen Durchbruch verholfen hätte. In diesem Fall wird weder die Demokratie gestärkt, noch bekommen die Menschen mehr Macht.

Die wesentlichen Aspekte der Partizipation

Um die Beteiligung der Bürger als universelles Recht und in der Praxis durchzusetzen, ist es erforderlich, Partizipationsverfahren in die politischen Entscheidungsprozesse zu integrieren, und zwar auf jeder Ebene und in allen Ländern, im Norden wie im Süden.

Führen auf der einen Seite fehlende Partizipationsmöglichkeiten zu Ohnmachtsgefühlen, Unsicherheit und Entfremdung, so bringen auf der anderen Seite Beteiligungsmöglichkeiten die Gewißheit mit sich, in Bereichen *Kontrolle ausüben zu können*, die bislang außerhalb des Einflusses lagen. Wenn Partizipationsansätze in einem Lebensbereich gefördert werden, so beeinflußt dies auch andere Lebensbereiche wie Gesundheit, Familiengröße, Wohnungswesen und Umwelt. Partizipation bedeutet, daß die Menschen aktiv an den Entscheidungen beteiligt sind, die ihr Leben betreffen – ob zu Hause, am Arbeitsplatz oder innerhalb der Gemeinschaft. Eine starke lokale Beteiligung bedeutet, daß die Menschen selbst die örtlichen Programme anregen, gestalten, durchführen und bewerten. Im Fall langfristiger öffentlicher Dienstleistungen wirkt die Bevölkerung bei der Ziel- und Prioritätensetzung mit und bewertet die Qualität der geleisteten Dienste.

Auf diese Weise gewährleistet die volle Beteiligung aller Bevölkerungsgruppen auf lokaler Ebene – einschließlich der Frauen, der Armen und Landlosen –, daß die Entwicklung auf die allgemeinen Bedürfnisse eingeht, da die Planung auf dem Wissen vor Ort sowie den jeweiligen kulturellen und wirtschaftlichen Gegebenheiten basiert. Daher können Partizipationsverfahren Gemeinschaften von passiven Nutznießern von Regierungsprogrammen in Partner verwandeln.

Dazu muß man sagen, daß sich in allen Entwicklungsländern echte Partizipationsprozesse abspielen. In den schnell expandierenden Städten wie Lima und Manila haben die Menschen von sich aus Organisationen gegründet, die sich für Landrechte einsetzen oder gemeinschaftliche Dienste aufbauen.[1] Die Förderung der Bürgerbeteiligung ist jedoch nicht einfach eine Frage des richtigen institutionellen Rahmens. Vielmehr müssen auch die Bedingungen dafür geschaffen werden, daß sich jeder einzelne oder Gruppen aktiv einsetzen können.

Politisch ausgedrückt, bedeutet Beteiligung der Bürger, daß Menschen das Recht haben, die Politik mit zu beeinflussen oder zu entscheiden – nicht nur indirekt, über ihre demokratischen Vertreter, sondern auch direkt, im Rahmen von Stadtversammlungen, öffentlichen Referenden und ähnlichem. Dies ist vor allem dort wichtig, wo die repräsentative Demokratie als schwache Form der Partizipation angesehen wird: In den meisten Ländern ist die Zahl der Menschen, die wirklich innerhalb der demokratischen Prozesse aktiv sind, tatsächlich sehr klein.

1 Paul Harrison, The Third World Tomorrow (Harmondsworth, Penguin Books, 1980)

Sinnvolle Eingriffe in die politischen Entscheidungsprozesse können darin bestehen, Eingaben zu schreiben, Petitionen aufzusetzen, Organisationen aufzubauen, Flugblätter zu verfassen und dabei die rechtlichen und politischen Möglichkeiten *auszunutzen*. All diese Aktivitäten setzen Information und Bildung voraus; die Auseinandersetzung mit den bürgerlichen Rechten und Pflichten sollte daher auf den Lehrplänen der Grund- und Sekundarschulen stehen. Die Weiterentwicklung und Vertiefung all dieser Formen der Bürgerbeteiligung bereichert eine repräsentative Demokratie und ist ein integraler Bestandteil eines neuen Gesellschaftsvertrags.

Die Voraussetzung für Partizipation ist die Dezentralisierung der Macht. Es geht nicht nur einfach darum, Macht innerhalb bestimmter Ermessensspielräume auf die Bürger zu übertragen, sondern auch darum, echte politische Entscheidungen und die Steuererhebung auf örtlich gewählte und örtlich verantwortliche Gremien zu übertragen. In den Industriestaaten gehört dazu auch die gerechtere Verteilung der staatlichen Ausgaben zwischen Stadt und Land – womit die Leistungen näher an ihre Empfänger gerückt werden sollten, um direkt auf deren Bedürfnisse eingehen zu können. In der Europäischen Union ist dem Prinzip der „Subsidiarität" eine prominente Stellung eingeräumt worden, um zu gewährleisten, daß Entscheidungen auf der angemessenen, möglichst niedrigen Ebene getroffen und umgesetzt werden.

Die Mobilisierung der gesellschaftlichen Kräfte der Zivilgesellschaft

Das überwältigende Interesse und die Beteiligung aller Arten von Organisationen an den Weltgipfeln der Vereinten Nationen in den neunziger Jahren sind kein Zufall. Sie stellen die „Spitze des Eisbergs" eines breiten gesellschaftlichen Prozesses dar, der in allen Kontinenten eingesetzt hat: die Entstehung einer organisierten Zivilgesellschaft.

Das erneute Interesse an der Funktionsfähigkeit der Zivilgesellschaft mag mit den Partnerschaften zwischen einigen nördlichen Organisationen und den Befreiungsbewegungen des Südens zusammenhängen, die in den frühen fünfziger Jahren begründet wurden.

Nach der Entkolonialisierung lieferte der Kampf für Demokratie und die Verteidigung der Menschenrechte überall verschiedenen Formen des Widerstands neue Impulse. Seit den sechziger Jahren dienten die Entwicklungsprojekte darüber hinaus in vielen Fällen als Möglichkeit, gesellschaftliche Wandlungsprozesse zu erkennen; die Graswurzelbewegungen entstanden. In den Industrieländern mit ihren geschichtlich etablierten Nationalstaaten wurden die ersten zivilgesellschaftlichen Organisationen schon früher aufgebaut, teilweise schon vor einigen Jahrhunderten.

Ob jedoch in den alten oder den neuen Staaten – der entscheidende Grund für die Organisation und Mobilisierung der Zivilgesellschaft war und ist die Verteidigung bestimmter Interessen oder die Versorgung mit Gütern oder Dienstleistungen, die der Staat oder etablierte Organisationen entweder nicht bieten konnten oder wollten. Es gibt verschiedene Gründe für den Aufbau zivilgesellschaftlicher Körperschaften, was Ausrichtung, Umfang und Dimensionen betrifft. Einige entspringen dem Wunsch, die eigenen Lebensbedingungen zu verteidigen, andere der inneren Überzeugung, daß „man die Dinge ändern kann", wohingegen wieder andere ihre Wut darüber ausdrücken, daß das, was getan werden sollte, nicht getan wird. In einigen Fällen liegen politische Motive vor, in anderen moralische oder sogar religiöse Beweggründe.

Die Bedeutung zivilgesellschaftlicher Phänomene

Von jedem neuen Gesellschaftsvertrag sollte erwartet werden, daß er über die Beziehungen zwischen einer Regierung und deren Bürgern hinausreicht. Es geht um ein Arrangement, welches nicht mit der sogenannten *sozialen Frage* gleichgesetzt werden sollte, die dem Widerspruch zwischen Kapital und Arbeit entspricht. Die Zivilgesellschaft beschwört, anders ausgedrückt, das Bild der *Vielfältigkeit* der Interessen und Anliegen, aus denen die gesellschaftliche Struktur besteht, und unterwirft diese einem kontinuierlichen Prozeß der Selbsterneuerung.

Wir sehen also, daß die Zivilgesellschaft nicht einfach verlangt, daß den Institutionen des Staats und des Markts neue Institutionen hinzugefügt werden. Das Spektrum der Zivilgesellschaft ist vielfältig und veränderlich. In Phasen, in denen es starke soziale Bewegungen gab, schien eine organisierte Zivilgesellschaft möglich zu sein. Heute stellt sich die Lage anders dar: Die zivilgesellschaftlichen Gruppen stehen für sehr unterschiedliche Ziele. Einige sind durchstrukturiert und auch kontinuierlich handlungsfähig. Andere sind mehr „ideologischer" Natur und zeigen intensive, aber wenig kontinuierliche Phasen der Aktivität. Andere Gruppen sind inneren oder äußeren Wandlungsprozessen unterworfen, die langfristige Aktivitäten entweder verhindern oder verändern. Sobald die Bürger dazu befähigt sind, sind sie sehr gut imstande, sich den Formen organisierten Handelns zuzuwenden, die es ihnen ermöglichen, Einfluß und Druck auszuüben im Hinblick auf Fragen, die sie betreffen. Die Vielfalt der Handlungsweisen, deren gegenseitige Befruchtung und Konfliktpotential verschaffen der Gesellschaft eine enorme Lebendigkeit. Und nur wenn all diese Aspekte gegeben sind, können wir zu Recht von einer *Zivilgesellschaft* reden.

Eine neue Form von Gesellschaftsvertrag wird bestimmen müssen, wie die Zivilgesellschaft das ganze öffentliche Leben mit Aktivitäten füllen kann, wie ihre Definition erweitert, wie ihre Organisationsweise und Funktionsfähigkeit weiterentwickelt werden können. Es wird außerdem notwendig sein, die Vertretungsverfahren der Zivilgesellschaft an ein Umfeld anzupassen, das ständig im Fluß ist. Genau dies versuchen heute viele Organisationen in verschiedenen Ländern und im internationalen Bereich.

Die Arbeit, die getan werden muß, um unsere neue Vision der Bevölkerungsfrage umsetzen zu können, könnte von einer vitalen Zivilgesellschaft bewältigt werden. Um den Gesellschaftsvertrag zum Leben zu erwecken, bedarf es auch der verbindlichen Anerkennung des Rechts auf Lebensqualität für alle, und es bedarf der Zuwendungsfähigkeit von Einzelpersonen, Gruppen und Institutionen. Auch wenn wir mit diesem Prozeß vielleicht nicht die vollkommene soziale Harmonie erreichen, sollten wir uns auf die grundlegenden Veränderungen zubewegen, die den sozialen Zusammenhalt stärken und den nach uns kommenden Generationen eine lebenswerte Zukunft versprechen.

Dieser Bericht fordert die neuen marktorientierten Regierungen daher dazu auf, ihren Teil der Verantwortung zu übernehmen – und nicht das private Kapital als eine Alternative zur Regierung anzusehen.

Beim Prozeß der Redemokratisierung und der zunehmenden Einforderung der Bürgerrechte in Lateinamerika ist es wichtig, auch andere Aspekte des bürgerlichen Selbstverständnisses zu analysieren – nämlich Verantwortung und Aufbau von Bereichen der öffentlichen Partizipation. Diese Bereiche und Orte liegen außerhalb der Familien; sie reichen über die häusliche Ebene hinaus, ohne jedoch so fern zu liegen wie die staatliche Ebene. Die Wiedereinführung der öffentlichen Bereiche und Orte, die der Partizipation offenstehen und an denen der Staat sich beteiligen kann – wenn er dazu eingeladen ist –, wäre etwas ganz Neues, worüber man einmal nachdenken sollte. Ich glaube, daß die Herausforderung für das 21. Jahrhundert darin liegt, sich mit diesen verschiedenen Bereichen der Partizipation kreativ auseinanderzusetzen.
Elisabeth Jelim, Argentinien, öffentliche Anhörung, Lateinamerika

Die Übertragung und Dezentralisierung von Verantwortungsbereichen – vor allem auch der zu bietenden Leistungen – wie auch von Ressourcen (ein größerer Anteil des Sozialprodukts, umfangreichere Steuerkompetenzen) stellen radikale Änderungen dar, bedenkt man die Geschichte unserer Zentralregierung. Das wirklich Revolutionäre an unserem Lokalregierungskodex ist jedoch seine Macht- und Regierungsphilosophie. Die lokalen Regierungskörperschaften „sollen den Aufbau und die Tätigkeiten von Bürgerinitiativen und Nichtregierungsorganisationen unterstützen, damit diese zu aktiven Partnern bei den lokalen Autonomiebestrebungen werden". Demokratisierung und Stärkung sind aber nicht auf die politischen Aspekte der Regierungstätigkeit beschränkt. Ein weiterer Bereich, in dem die Beteiligung der Gemeinschaft von größter Wichtigkeit ist, ist die Wahrung der öffentlichen Ordnung, vor allem in den städtischen Regionen. Der Kodex verlangt daher nach der Demokratisierung nicht weniger als eine echte Machtverlagerung von der nationalen auf die lokale Ebene, von der Regierung zum Bürger, von der Bürokratie zu den Bürgerorganisationen.
Rafael M. Alunan III, Philippinen, öffentliche Anhörung, Südostasien

Ich glaube an die Bürger. Ich glaube daran, daß die Welt, wenn sie sich ändern soll, mit den Bürgern beginnen muß. Dafür ist es jedoch notwendig, daß jede Person, jeder Bürger, vor allem an sich selber glaubt. Das unterscheidet uns von den beiden Extrempositionen – einerseits von den Menschen, die nicht wahrnehmen, daß es auch noch andere Menschen gibt, und andererseits von denen, die nur an Institutionen glauben. Für mich besteht heute der Königsweg zum Wandel darin, eine neue Kultur aufzubauen, die demokratisch ist, eine Kultur der Bürger. (...)
Wir schaffen die kulturellen Bedingungen für einen extrem wichtigen Wandlungsprozeß, für den Aufbau einer neuen Kultur, die auf ethischen Grundlagen beruht und die den Bürger zum Ausgangspunkt für eine Veränderung der Welt macht. Mir erscheint dieser Ansatz vollkommen klar, aber jeden Tag begegnen mir Tausende von Menschen, die an den Glaubenssätzen der Vergangenheit hängen und die ihr Leben noch immer an einer Kultur der Vergangenheit ausrichten. (...) Dieser Aufruf an die Bürger ist etwas vollkommen Neues in Brasilien. Wir hier waren – wie jede moderne Gesellschaft – institutionell organisiert, in Institutionen unterteilt.
Innerhalb der Familie gibt es Menschen, außerhalb der Familie aber gibt es die Partei, Gewerkschaften. (...) Man hat vergessen, daß es so etwas wie ein „Ich“ gibt, das Individuum, die Person, den Akteur, der hinter allem Handeln und allen Geschehnissen in der Welt steht.
Herbert de Souza (Betinho), Brasilien, öffentliche Anhörung, Lateinamerika

Der russische Transformationsprozeß hat auf gesellschaftlicher Ebene vor allem zur Zersplitterung und Desintegration der Gesellschaft geführt. Unser Ausgangspunkt zur Entwicklung einer Zivilgesellschaft ist eine rigide Gesellschaft gewesen, mit unitären und totalitären Zügen, paternalistisch und bürokratisch. Die öffentlichen Beziehungen werden zerstört, das Individuum wird nicht mehr vor Machtstrukturen (oder dem Machtvakuum) geschützt und auch nicht vor Rechtlosigkeit und Korruption, vor schlechter Wirtschaftslage und Armut, vor ökologischen und technologischen Katastrophen. Nur eine einzige Struktur erweist sich unter solchen Bedingungen als stabil – die Familie.
Natalia Rimachevskaya, Rußland, öffentliche Anhörung, Osteuropa

Wir haben die Notwendigkeit berücksichtigt, das Konzept der Zivilgesellschaft zu erweitern und aus der Zwangsjacke der Polarisierung „öffentlich“ gegen „privat“ zu befreien, die „öffentlich“ als „Staat“ definiert und „privat“ als „Profit“ bzw. als die Unternehmen, die auf dem Markt agieren. Danach haben wir das Konzept der Privatinitiative zum öffentlichen Wohl formuliert und entwickelt, welches einen dritten Sektor der Gesellschaft charakterisiert, der mit dem öffentlichen Sektor im engeren Sinn – dem Staat – und dem privaten, profitorientierten Sektor – dem Markt – koexistiert. Dieses Konzept eines dritten Sektors scheint vielversprechender und reichhaltiger zu sein als das bislang bestehende Konzept der organisierten Zivilgesellschaft. Am wichtigsten ist dabei, daß es Möglichkeiten für neue und wesentlich flexiblere Interaktionen mit dem ersten und dem zweiten Sektor eröffnet. Die Kampagne gegen Hunger und Armut in Brasilien, die Bewegung gegen Gewalt in Rio de Janeiro, die Erfahrungen mit den öffentlichen Mensen in Peru sowie mit der Arbeitsplatzbeschaffung in Chile sind nur einige der Beispiele für diese neue Formel.

Miguel Darcy de Oliveira, Brasilien, öffentliche Anhörung, Lateinamerika

15. Ressourcen mobilisieren: Die Märkte anzapfen

Es geht nicht sosehr um Norden gegen Süden. Meinem Verständnis nach geht es um die vereinte Unterdrückung des Südens des Nordens und des Südens des Südens durch den Norden des Nordens und den Norden des Südens.

D. Bandyopadhyay, Indien, öffentliche Anhörung, Südasien

Neue Perspektiven und neue Ansatzpunkte sind nötig

Es werden über einen langen Zeitraum hinweg enorme Ressourcen benötigt werden, um die ehrgeizigen Aktionspläne zu verwirklichen, die auf den Weltgipfeln zwischen 1990 und 1995 verfaßt wurden. Es ist bislang selten vorgekommen, daß die finanziellen Auswirkungen solcher multilateraler Richtlinien und Empfehlungen realistisch eingeschätzt wurden. (Bisher wurden die vorhersehbaren Kosten für die Gesellschaften in deskriptiven, nichtoperationalen Begriffen beschrieben. Auch wurden potentielle Überschneidungen oder Redundanzen nicht berücksichtigt.)

In diesem Bericht zeigt die Kommission die Ziele und Strategien, mit denen eine nachhaltige Verbesserung der Lebensqualität erreicht werden soll; dazu gehören auch Empfehlungen für ein Reihe menschlicher Handlungsfelder. Die Politik, Schwerpunkte und Ansätze werden vielfach verändert werden müssen, um die allgemeine Lebensqualität zu verbessern – und sie auch den vier Milliarden Menschen zugänglich zu machen, die in den nächsten fünf Jahrzehnten zur Weltbevölkerung hinzukommen werden.

Die Kommission ist sich darüber im klaren, daß der gewünschte Effekt nur dann erreicht werden kann, wenn die vorgeschlagenen Maßnahmen direkt oder indirekt mit umfangreichen Ressourcen ausgestattet werden, die weit über dem gegenwärtigen Niveau liegen. Diese Ressourcen müssen auf nationaler und internationaler Ebene bereitgestellt werden.

Der Bedarf ist vor allem auf der internationalen Ebene dramatisch. In den letzten Jahren wurde die offizielle Entwicklungshilfe zunächst eingefroren und dann zurückgefahren – und das trotz der rapide wachsenden Bedürfnisse und der steigenden Nachfrage nach Unterstützung. Es wird nicht ausreichen, das gegenwärtige System der Entwicklungshilfe lediglich besser zu managen oder effizienter zu gestalten, um die notwendigen zusätzlichen Ressourcen bereitzustellen.

Vielmehr wird es nötig sein, innovative Mechanismen zu entwikkeln und anzuwenden, die das derzeit herrschende Konzept, das sich auf Regierungsgelder und auf die durch NRO vermittelten privaten Spenden stützt, ergänzen und mit der Zeit ersetzen können.

Das Ende des kalten Kriegs bedeutet nicht nur, daß sich die Demokratie durchgesetzt hat. Es bedeutet auch, daß die Märkte, die seitdem die ganze Welt wie ein unsichtbares Netz umspannen, zur dominierenden Organisationsform und zum beherrschenden Verteilungsmechanismus für die globalen Ressourcen und Volkswirtschaften geworden sind. Es ist daher nur logisch, zu verlangen, daß die Märkte auch eine Schlüsselrolle dabei spielen sollten, die Mittel bereitzustellen, die benötigt werden, um langfristig und nachhaltig die überwältigenden Aufgaben zu finanzieren.

Der Imperativ der Selbsthilfe: die Mobilisierung nationaler Ressourcen

Viel zu oft wird in den Diskussionen über die Armutsbekämpfung oder über Menschenrechte die Behauptung aufgestellt, daß diese Aufgaben nur mit Hilfe von massiven Ressourcentransfers vom Norden in den Süden bewältigt werden können. Dabei ist der erste Ansatzpunkt für die Mobilisierung von Ressourcen die nationale Ebene.

Setzt man den politischen Willen voraus, so sollten die Länder, in denen das jährliche Pro-Kopf-Einkommen bei 2000 bis 3000 US-

Dollar liegt (gemessen in „internationalen“ Dollars, entsprechend der Kaufkraftparitäten), theoretisch dazu imstande sein, die meisten wirtschaftlichen und sozialen Rechte zu verwirklichen. Dies könnte im großen und ganzen durch effiziente politische Maßnahmen erreicht werden, die auf die verfügbaren nationalen finanziellen und menschlichen Ressourcen abzielen und diese sinnvoll einsetzen. Eine norwegische Studie aus dem Jahr 1995 hat gezeigt, daß auf jeden Steuerdollar, der in Lateinamerika erhoben wird, fünf Steuerdollar in Europa kommen.

Aber die ärmeren unter den Entwicklungsländern, die lediglich Pro-Kopf-Einkommen von weniger als 2000 bis 3000 US-Dollar im Jahr aufweisen, werden große Schwierigkeiten dabei haben, die Lebensqualität zu verbessern. Unterhalb dieser Grenze ist es wesentlich schwieriger, Steuern zu erheben und die öffentlichen Dienste mit ausreichend geschultem Personal zu besetzen. Diese ärmeren Länder werden daher in einem beträchtlichen Ausmaß auf externe Hilfe angewiesen sein.

Die Erschließung der nationalen Ressourcen

Im Vorfeld des Weltsozialgipfels (1995) schlugen das UN Development Programme (UNDP) und das Kinderhilfswerk UNICEF eine „20:20-Vereinbarung“ vor, nach der die Geberstaaten sich dazu bereit erklären sollen, 20 Prozent ihrer Entwicklungshilfegelder für vorrangige Aufgaben zur Verfügung zu stellen – das heißt für Grundschulbildung, medizinische Grundversorgung, Trinkwasserversorgung und Familienplanung. Im Gegenzug sollen die Entwicklungsländer ihrerseits 20 Prozent ihrer Haushalte für die gleichen Aufgaben vorsehen. Zu diesem Zeitpunkt, in den frühen neunziger Jahren, flossen 7 Prozent der Entwicklungshilfegelder in diese Bereiche und 13 Prozent der Haushaltsmittel der Entwicklungsländer.[2]

Auf dem Sozialgipfel in Kopenhagen wurde dieser Vorschlag nicht von allen Ländern als ein fester Aktionsplan angenommen. Vielmehr

2 UN Development Programme, Human Development Report 1994 (Oxford, Oxford University Press, 1994)

wurde dieses Konzept als eine Empfehlung betrachtet, der „interessierte Partner in den entwickelten und den Entwicklungsländern“ folgen könnten, wenn sie es wollten. Die Kommission drängt jetzt darauf, daß alle Länder und internationalen zwischenstaatlichen Institutionen die 20:20-Vereinbarung als ein wertvolles Ziel anerkennen und im Rahmen ihrer Politik berücksichtigen.[3]

Die Kommission ist allerdings der Auffassung, daß das 20-Prozent-Ziel nur ein erster Schritt sein sollte. Ein wachsender Anteil der nationalen Ressourcen und externen Hilfsgelder sollte für eine nachhaltige Verbesserung der Lebensqualität zur Verfügung gestellt werden, vor allem für die Grundschulbildung, für Alphabetisierungsprogramme für Erwachsene, für die medizinische Grundversorgung, für die Familienplanung, für einfache Unterkünfte, für eine ausreichende Nahrungsmittelversorgung, für die Gleichstellung der Frauen, für grundlegende juristische Dienste und den Aufbau von NRO und Informationsstellen zur Unterstützung der Demokratie.

Schuldenerlaß: die Freisetzung der öffentlichen Gelder

Die hohe Verschuldung stellt in den armen Ländern ein ernsthaftes Hindernis für die Bereitstellung ausreichender nationaler Ressourcen zur Verbesserung der Lebensqualität dar. Der Schuldenberg ist pausenlos gewachsen und hat im April 1994 einen Rekord von 1945 Milliarden US-Dollar erreicht, mit jährlichen Schuldendiensten von 199 Milliarden US-Dollar. Die Schulden der 32 am höchsten verschuldeten Länder mit niedrigem Sozialprodukt (von denen 25 in Afrika liegen) haben sich zwischen 1980 und 1984 vervierfacht.[4]

Daher ist ein umfassender Schuldenerlaß vordringlich, sowohl durch staatliche als auch durch private Gläubiger, vor allem für die am wenigsten entwickelten Länder, da dies beträchtliche Ressourcen freisetzen würde, die in Bereichen, die für die Lebensqualität relevant sind, eingesetzt werden könnten.

3 Programme of Action of the World Summit for Social Development (Copenhagen, 1995)

4 World Bank, World Debt Tables 1994/95 (Washington, 1995)

Es gibt verschiedene Ansatzmöglichkeiten, auf diese Priorität einzugehen: umschulden oder schlichtweg streichen. Die staatlichen und kommerziellen Gläubiger sollten die verschiedenen Möglichkeiten, die für die Rückzahlung der Schulden entworfen wurden, umfangreicher und sinnvoller als bislang üblich nutzen. Außerdem sollte man sich dem Tabu der Senkung der multilateralen Schuldenlasten zuwenden.

Je nach der spezifischen Lage eines Landes könnten auch andere, innovative Maßnahmen zur Senkung der Schuldenlast angewandt werden. Eine attraktive Möglichkeit ist der Tausch kommerzieller und staatlicher Schulden gegen bestimmte staatliche Maßnahmen und Programme, die dem Umweltschutz oder der sozialen Entwicklung dienen, zum Beispiel „debt for nature swaps". Solche Tauschprojekte erfüllen einen doppelten Zweck: Sie tragen dazu bei, die Schuldenlast zu senken, und helfen, empfehlenswerte ökologische oder soziale Anstrengungen zu unternehmen, was wiederum die Chancen erhöht, neue finanzielle Hilfen zu erhalten.

Der internationale Handel: eine Grundvoraussetzung für die Schaffung von Ressourcen und Arbeitsplätzen

Der direkteste und effizienteste Weg zur Erschließung der notwendigen nationalen Ressourcen sowie zur Schaffung von mehr Arbeitsplätzen besteht darin, den Entwicklungsländern die Möglichkeit zu geben, vom internationalen Handel mehr zu profitieren. Würde der Norden zum Beispiel seine Zölle und Einfuhrbeschränkungen abbauen, überstiegen die Gewinne für den Süden die Geldströme aus der Entwicklungshilfe um ein Vielfaches.

Eine Studie der Weltbank, die vierzehn Empfängerländer für Entwicklungshilfe untersuchte, hat gezeigt, daß die Aufhebung der Handelsbarrieren der OECD-Länder zu einem Anstieg der Exporte aus Entwicklungsländern führen würde, der mit einer Zunahme der Entwicklungshilfeleistungen von 46 bis 623 Prozent gleichzusetzen wäre. In zwölf dieser Länder würde eine Marktöffnung die Schuldendienste mehr als halbieren; in sieben Fällen würde die Liberalisierung sogar mehr bringen, als nur die Schulden zu tilgen. Die

Studie hat allerdings das GATT kaum beeinflußt, denn viele Handelsbarrieren gegenüber Importen aus Entwicklungsländern bestehen weiterhin.[5]

Der Abschluß der Uruguay-Runde des GATT ist daher für die Entwicklungsländer nichts als der Auftakt unablässiger Handelskriege. Andere Maßnahmen sollten baldmöglichst verabschiedet werden, um den Rohstoffen und anderen Produkten der Entwicklungsländer einen besseren Zugang zu den Märkten der Industrieländer zu verschaffen.

Gleichzeitig mit der weiteren Reduzierung der Zölle für die Produkte aus Landwirtschaft, Industrie und Handwerk aus dem Süden sollten in der Landwirtschaft des Nordens die Subventionen und das Exportdumping eingestellt werden. Zu diesem Zweck sollte die Welthandelsorganisation (WTO) ohne weitere Verzögerungen eine neue Verhandlungsrunde zum Welthandel initiieren, die gleiche Voraussetzungen für alle Länder und damit die Basis für die Schaffung neuer Arbeitsplätze erarbeiten sollte.

Die Rolle der staatlichen Entwicklungshilfe

1970 hat sich die Vollversammlung der Vereinten Nationen zum erstenmal auf Ziele für den Transfer finanzieller Ressourcen und für Zahlungen von staatlicher Entwicklungshilfe geeinigt.

Jedes wirtschaftlich entwickelte Land sollte sich darum bemühen, bis zum Jahr 1972 den Entwicklungsländern jährlich finanzielle Ressourcen in Höhe von mindestens einem Prozent netto des Bruttosozialprodukts zur Verfügung zu stellen, und zwar zu realen Marktpreisen. Die entwickelten Länder, die dieses Ziel bis 1972 nicht erreichten, sollten dies bis spätestens 1975 nachgeholt haben.[6]

5 Weltbank, Global Economic Prospects and the Developing Countries 1993 und Global Economic Prospects and the Developing Countries 1995 (Washington, 1993, 1995)

6 Resolution 2626 (XXV) der UN-Vollversammlung vom 24. Oktober 1970 zur Internationalen Entwicklungsstrategie für die zweite Entwicklungsdekade der Vereinten Nationen

In Anerkennung der besonderen Dringlichkeit sollte der Hauptanteil der finanziellen Ressourcentransfers in die Entwicklungsländer in Form von staatlicher Entwicklungshilfe bereitgestellt werden. Jedes wirtschaftlich entwickelte Land sollte seine Entwicklungshilfe progressiv anheben und sich bemühen, bis zur Mitte der Dekade einen Mindestnettobetrag von 0,7 Prozent des Bruttosozialprodukts zu Marktpreisen zu erreichen.[7]

Seit 1970 wurde das Ziel, 0,7 Prozent des BSP der Industrieländer für die staatliche Entwicklungshilfe (einschließlich der bilateralen und der multilateralen Finanzmittel) zur Verfügung zu stellen, in verschiedenen Foren bekräftigt, allerdings mit unterschiedlicher Verbindlichkeit. Letzteres ist aus den verschieden Formulierungen ersichtlich, die jedes Mal mühsam neu verhandelt werden mußten, sowohl auf dem „Erdgipfel" in Rio de Janeiro (1992) als auch auf dem Bevölkerungs- und Entwicklungsgipfel in Kairo (1994) und dem Weltsozialgipfel in Kopenhagen (1995).

Inzwischen ist ein Vierteljahrhundert seit der Verabschiedung dieser wegweisenden Entscheidung verflossen, und noch immer sind die Ziele schwer faßbar und werden von den wenigsten Ländern erfüllt. Lediglich vier der Industrieländer (Dänemark, Niederlande, Norwegen und Schweden) haben das 0,7-Prozent-Ziel erreicht oder sogar überschritten.

Der Durchschnitt der Leistungen der Mitglieder im Development Assistance Committee (DAC) der OECD lag weit unter dem 0,7-Prozent-Ziel. 1975 betrug der Anteil der staatlichen Entwicklungshilfe am BSP 0,36 Prozent; er fiel 1992 auf 0,32 Prozent und 1993 sogar auf 0,3 Prozent – also auf weniger als die Hälfte der Zusagen. Legt man das 0,7-Prozent-Ziel als Maßstab für alle OECD-Länder zugrunde, so hätte etwa 1993 der Finanztransfer 130,2 Milliarden US-Dollar betragen müssen. Tatsächlich wurden lediglich 55,96 Milliarden Dollar überwiesen.

Das sich ändernde politische Klima in vielen Geberländern läßt befürchten, daß die Bereitschaft zur Entwicklungshilfe weiter abnimmt, und daß sich die Widerstände gegenüber internationalen

7 Ebenda

Institutionen und Maßnahmen verstärken. Es besteht kein Zweifel daran, daß die eskalierenden weltweiten Bedürfnisse mit rückläufigen Beträgen der staatlichen Entwicklungshilfe nicht abgedeckt werden können. Sieht man aber von der „Hilfsmüdigkeit" in den Geberländern einmal ab, so entspricht dieser Trend auch einem grundlegenden Richtungswechsel in der Entwicklungshilfe, wonach private *Investitionen* zunehmend *Hilfsgelder* als Hauptantriebskraft für die wirtschaftliche Entwicklung ablösen.

Die Kommission ist besorgt darüber, daß die gegenwärtigen Bemühungen in der Entwicklungshilfe dem Geist der internationalen Vereinbarungen und ernsthaften Versprechungen zuwiderlaufen. Es müssen alle Anstrengungen unternommen werden, diesen Abwärtstrend zu stoppen und das weit entfernte 0,7-Prozent-Ziel so schnell wie möglich zu verwirklichen. Selbst wenn neue Mechanismen eingeführt würden, brauchten diese Zeit, um zu wirken. Daher wird die staatliche Entwicklungshilfe auch weiterhin eine entscheidenden Rolle bei der Ergänzung nationaler Ressourcen spielen müssen.

Die Ausrichtung der staatlichen Entwicklungshilfe am Ziel der Lebensqualität

1992 wurden lediglich 29 Prozent der Entwicklungshilfegelder auf menschliche Ressourcen und Landwirtschaft verwandt. Davon gingen 8,4 Prozent in das Bildungswesen und 3,7 Prozent in das Gesundheitswesen sowie in bevölkerungspolitische Maßnahmen. Das UNDP hat errechnet, daß zwischen 1989 und 1991 nur 16 Prozent der staatlichen Entwicklungshilfe für soziale Zwecke wie Bildung, Gesundheit und Familienplanung, Wohlfahrt, Wasser und Kanalisation, Unterkunft und öffentliche Einrichtungen sowie soziale Absicherung vorgesehen waren. Der größte Anteil an diesen 16 Prozent wurde für große Krankenhäuser und Universitäten aufgewendet. Kümmerliche 7 Prozent wurden für die Verwirklichung grundlegender wirtschaftlicher und sozialer Rechte wie Grundschulbildung, medizinische Grundversorgung und sauberes Wasser bereitgestellt.[8]

In Zukunft sollte die Vergabe von internationalen Hilfsgeldern und Krediten zu Sonderbedingungen bewußter auf die nachhaltige Verbesserung der Lebensqualität ausgerichtet werden – vor allem der Lebensbedingungen der Ärmsten der Armen in den Entwicklungsländern.

Die Neuausrichtung der Gelder erfordert bessere Statistiken als diejenigen, die derzeit vom OECD-Entwicklungshilfeausschuß zur Verfügung gestellt werden. Der jährliche Bericht des Ausschusses differenziert die aggregierten Daten innerhalb der einzelnen Kategorien nicht. So geben die Zahlen zu Bildung und Gesundheit beispielsweise keinen Aufschluß darüber, wie hoch der Anteil der Ausgaben für Grundschulen bzw. für die sekundäre oder die tertiäre Bildungsstufe war und in welchem Verhältnis die Ausgaben für die medizinische Grundversorgung zu den Ausgaben für Krankenhäuser standen.[9] Die Kommission empfiehlt daher, daß der Entwicklungshilfeausschuß zur Diskussion darüber anregt, daß die Statistiken über die durch die Geberländer bereitgestellten Finanzmittel nach ihrem Verwendungszweck aufgeschlüsselt werden.

Die Kommission ist außerdem der Überzeugung, daß die Hilfsgelder derzeit im umgekehrten Verhältnis zu den Bedürfnissen vergeben werden. Wenn wir Länder in Kategorien nach Realeinkommen einteilen, dann haben im Jahr 1991 die armen Länder, deren durchschnittliches Jahreseinkommen unter 2000 Dollar lag, Hilfsgelder in Höhe von lediglich 8,23 US-Dollar pro Kopf der Bevölkerung bezogen. Demgegenüber erhielten die Länder mit einem durchschnittlichen Jahreseinkommen von 3000 bis 4000 US-Dollar das Siebenfache und die Länder mit einem durchschnittlichen Jahreseinkommen von 4000 bis 5000 Dollar sogar das Zwölffache.[10] Allein eine

8 Development Assistance Committee, Development Co-operation 1994 (Paris, OECD, 1994); UN Development Programme (UNDP), Human Development Report 1994

9 Development Assistance Committee, Development Co-operation 1994

10 Berechnungen der Kommission auf der Basis von: Weltbank, World Development Indicators 1994 (Datendisketten)

gerechtere Verteilung der vorhandenen Hilfsgelder würde für die Armen in den ärmsten Ländern einen großen Unterschied ausmachen.

Botswana, mit einem Pro-Kopf-Realeinkommen von mehr als 4690 US-Dollar im Jahr 1992 eines der reichsten Länder Afrikas, erhielt je Einwohner mehr als dreieinhalbmal soviel Unterstützung wie Äthiopien, wo das Jahreseinkommen lediglich 340 Dollar betrug. In Thailand lagen die Pro-Kopf-Zuwendungen auf gleicher Höhe wie in Bangladesch, obwohl die thailändischen Einkommen fünfmal höher waren. Die Einwohner von Singapur erhielten pro Person mehr Finanzhilfe als die Nigerianer, obgleich letztere nur ein Zwölftel des Einkommens der Menschen im asiatischen Stadtstaat erzielen.[11]

Eine Umverteilung der Hilfsgelder könnte beeindruckende Wirkungen zeigen. 1991 erhielten Länder mit Einkommen von durchschnittlich mehr als 3000 US-Dollar fast 16 Milliarden Dollar. Wären diese Finanzmittel Ländern zugeteilt worden, in denen die Einkommen weniger als durchschnittlich 2000 Dollar betrugen, so wären die Pro-Kopf-Zuwendungen in diesen ärmsten Ländern um 75 Prozent gestiegen; die Länder der Kategorie zwischen 2000 und 3000 Dollar durchschnittlichem Jahreseinkommen wären von dieser Umverteilung unberührt geblieben. Wenn darüber hinaus die Hälfte der Hilfsgelder, die in die armen Länder fließen, auch *innerhalb* dieser Länder den Ärmsten und Schwächsten zugute gekommen wäre, dann wäre die Wirkung der Hilfsgelder, die der Verbesserung der Lebensqualität dienten, um mindestens das Fünffache verstärkt worden.

Ein anderer innovativer Ansatz besteht in der Möglichkeit, einen bestimmten Prozentsatz der staatlichen Entwicklungshilfe zu benutzen, um die Wirksamkeit der Ausgaben vor Ort zu überwachen und so der Fehlverteilung und dem Mißbrauch von Entwicklungshilfegeldern vorzubeugen.

11 UNDP, Human Development Report 1994

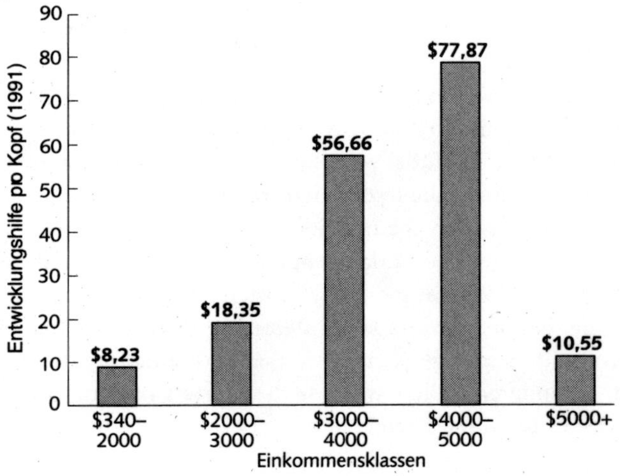

Abbildung 15.1: Entwicklungshilfe und wirkliche Bedürfnisse, Ungleichgewicht zwischen überwiesenen Geldern und dem Einkommensniveau der Empfängerländer (1991). Geht die Entwicklungshilfe wirklich dahin, wo sie am meisten gebraucht wird?

Es ist absurd, die Hilfsgelder und Zuwendungen für Länder wie Singapur, Hongkong und Israel als „Entwicklungshilfe“ zu deklarieren, obwohl manche dieser Staaten reicher als einige Geberländer sind. Um solche Fehlgewichtungen zu korrigieren, empfiehlt die Kommission, daß Finanztransfers in Länder mit einem jährlichen Realeinkommen von mehr als 3000 US-Dollar pro Kopf der Bevölkerung (gemessen in internationalen Dollars zum Kurs von 1992, entsprechend den Kaufkraftparitäten) nicht länger als staatliche Entwicklungshilfe klassifiziert werden.

In diesem Sinn drängt die Kommission darauf, daß alle Geberländer ihre bilateralen Programme radikal überprüfen. Ziel dabei sollte es sein, die Prioritäten über einen Zeitraum von drei bis fünf Jahren hinweg so zu verlagern, daß die Mittel zur Verbesserung der Lebensqualität Ländern mit einem Realeinkommen unterhalb der 3000-Dollar-Grenze zugute kommen, wobei die benachteiligten Regionen und Bevölkerungsgruppen innerhalb dieser Länder besonders berücksichtigt werden sollten.

Die Konsolidierung der internationalen Verpflichtungen

Schätzungen über die Kosten der auf internationalen Konferenzen festgesetzten Ziele vermitteln eine Ahnung von der Höhe der erforderlichen Finanzmittel. In Tabelle 15.1 sind einige der wichtigsten Verpflichtungen aufgelistet, die in den neunziger Jahren eingegangen wurden. Diese können nicht zu einer Gesamtsumme addiert werden, da in ihnen Überschneidungen und Doppelungen enthalten sind. In zu vielen Fällen wurde zudem gar keine Kostenaufstellung versucht, wie zum Beispiel bei der Weltfrauenkonferenz in Peking, was einen Eindruck von der Bedeutung geben kann, die der Frauenfrage beigemessen wird; in anderen Fällen wurden die Kosten nur für einige Bestandteile der Programme beziffert.[12]

Tabelle 15.1: Jährlicher internationaler Finanzbedarf für eine Auswahl an weltweit prioritären Programmen

Zweck	Konferenz	Kosten (in Milliarden US-Dollar)
Grundschulbildung für alle	Weltbildungskonferenz, 1990	5,0 – 6,0
medizinische Primärversorgung: Reduktion der Sterblichkeitsrate unter 5 Jahren	Weltkindergipfel, 1990	5,0 – 7,0
Wasser und Kanalisation für alle	Weltkindergipfel, 1990	10,0 – 15,0
Bevölkerungsfrage	Internationale Konferenz für Bevölkerung und Entwicklung, 1994	5,7
Nachhaltige Entwicklung: Umwelt usw.	Konferenz für Umwelt und Entwicklung, 1992	80,0
Armutsbekämpfung	Konferenz für Umwelt und Entwicklung, 1992	15,0
Unterkunft	Konferenz für Umwelt und Entwicklung, 1992	25,0

Quelle: UN Development Programme, Human Development Report 1994; Report of the International Conference on Population and Development (doc. A/CONF./171/13), New York 1995; Agenda 21, Rio de Janeiro, New York 1992.

12 Dragoljub Najman und Hans d'Orville, Towards a New Multilateralism: Funding Global Priorities (Paris und New York, Independent Commission on Population and Quality of Life, 1995)

Die Kommission findet den Zustand, wie er sich in Tabelle 15.1 zeigt, untragbar, auch weil er die Relevanz und Glaubwürdigkeit der internationalen Konferenzen unterminiert. Die Kommission fordert daher den Generalsekretär der Vereinten Nationen auf, dringend eine umfassende und detaillierte Bestandsaufnahme aller bislang international beschlossenen prioritären Programme zu erstellen, zu der auch Kostenschätzungen oder finanzielle Zusagen gehören sollten. Diese Bestandsaufnahme sollte im Zusammenwirken mit den betroffenen UN-Institutionen und anderen multilateralen Organisationen erarbeitet werden. Idealerweise sollte dieser Maßnahme als nächster Schritt die Konsolidierung aller Ziele der internationalen Vereinbarungen folgen.

Darüber hinaus fehlen auch dort, wo Kostenabschätzungen vorliegen, die Finanzmittel. Es wird immer deutlicher, daß die international vereinbarten Programme und ihre Prioritäten, ob im Bereich der wirtschaftlichen und sozialen Entwicklung oder in anderen Bereichen, aufgrund der Knappheit der international bereitgestellten Ressourcen totes Papier bleiben. So fehlen in den Aktionsplänen spezifische und konkrete Mechanismen für die Erschließung der notwendigen Mittel. Man findet lediglich den Routinehinweis auf das 0,7-Prozent-Ziel für die staatliche Entwicklungshilfe – eine immer hohler klingende Bestätigung angesichts der abnehmenden Bereitschaft einiger Länder, auch nur die geringste Verpflichtung einzugehen.

Es ist offenkundig, daß die Beträge, die für die weltweit vereinbarten Prioritäten im Bereich der Lebensqualität notwendig sind, die Summen um ein Vielfaches übertreffen, die derzeit und in absehbarer Zukunft durch die bestehenden Finanzierungsansätze und -mechanismen zur Verfügung stehen. Die Entwicklungshilfe betrug im Jahr 1993 insgesamt 56 Milliarden US-Dollar. Selbst wenn man Doppelzählungen und Überschneidungen berücksichtigt, belaufen sich die Verpflichtungen, die in Tabelle 15.1 aufgelistet sind, auf fast 150 Milliarden US-Dollar im Jahr. Dies macht die Größenordnung der internationalen Ressourcen deutlich, die erforderlich sind, um einige der weltweit vereinbarten Ziele zu erreichen. Und das sind längst nicht alle.

Die Aktivitäten werden durch das Problem erschwert, daß die festgelegten und damit rechtlich bindenden Beiträge gar nicht, nur teilweise und von einer überraschend großen Zahl von Regierungen verspätet eingezahlt werden.

Es ist eine traurige Tatsache, daß in den letzten Jahren nur wenige zusätzliche Mittel geschaffen wurden, um die vielen Bedürfnisse zu decken, die auf den Konferenzen der Vereinten Nationen in Rio, Kairo, Kopenhagen und Peking festgestellt worden sind. Der einzig neue Mechanismus ist bislang die Global Environmental Facility (GEF). Die Finanzmittel, die im Rahmen der GEF zur Verfügung stehen, sind jedoch nur begrenzt und belaufen sich für den Zeitraum von 1996 bis 1998 auf schätzungsweise zwei Milliarden US-Dollar, mit denen Entwicklungsländern geholfen werden soll, die „zusätzlichen Kosten" aufzubringen, die durch Maßnahmen zum Schutz des Klimas, der Biodiversität und der Meere entstehen. Um einen Vergleichsmaßstab zu geben: Allein für die Energieversorgung werden jährlich weltweit sechzig bis siebzig Milliarden Dollar investiert, von denen der größte Teil noch immer in die Umwandlung fossiler Brennstoffe fließt. Verglichen damit sind die Finanzmittel der GEF marginal und werden kaum die gewünschte Wirkung erzielen. Wenn wir es also mit den Verpflichtungen im Rahmen der Klimakonvention und mit anderen internationalen Verpflichtungen ernst meinen, dann müssen wir uns dringend mit der Erschließung zusätzlicher Ressourcen befassen.

Alternative Mechanismen zur Finanzierung der weltweiten Prioritäten

Die Kommission ist der Überzeugung, daß dringend neue Finanzmechanismen erforderlich sind, um die weltweiten Prioritäten (medizinische Grundversorgung, Wasser, Bildung, Familienplanung usw.) zu ermöglichen. Allerdings schwinden Großzügigkeit und Zahlungsmoral einzelner Nationen. Die Globalisierung der wirtschaftlichen, ökologischen und anderer Probleme erfordert sowohl globale Institutionen, die diesen Aufgaben entsprechen, als auch Finanzierungsmechanismen, die sich in weltweiten Dimensionen bewegen. Diese Mechanismen sollten Beträge in angemessener Höhe bereitstellen können und außerdem von den Haushaltsnöten einzelner Länder unabhängig sein.

In anderen Worten: Dies sollte die Stunde der Märkte sein, also der Einheiten, die bislang die hauptsächlichen Nutznießer der Globalisierung waren, die praktisch alle Handlungsfelder berührt. Märkte sind von einem weltweiten, interdependenten Netzwerk abhängig – einem Netzwerk, das durch die multilaterale Kooperation aufgebaut, erhalten, vertieft und erweitert wird.

In den letzten Jahren wurden viele Vorschläge für neue Finanzierungsmechanismen auf globaler Ebene vorgelegt. Die Kommission hat eine detaillierte Studie zu neuen Finanzierungsmechanismen in Auftrag gegeben. Einige der vorgeschlagenen Instrumente würden auf gravierende – vielleicht auch unlösbare – konzeptionelle, technische und politische Schwierigkeiten stoßen. Vorgeschlagen wurde die Besteuerung des internationalen Waffenhandels, die Umwidmung der „Friedensdividende" in einen Global Demilitarization Fund oder einen Global Human Security Fund.[13] (Siehe Abbildung 15.2 für einige Vergleichswerte.)

Daneben erscheinen andere, weniger weit reichende Mechanismen vielversprechend: Handelbare Emissionsrechte für Kohlendioxid, die auf alle Staaten anhand eines international ausgehandelten Schlüssels aufgeteilt werden, könnten von den armen Entwicklungsländern an die reichen Länder verkauft werden, wobei die Erträge für Maßnahmen zur Verbesserung der Lebensqualität eingesetzt werden könnten. Diese Maßnahme würde auch zur internationalen Gerechtigkeit beitragen und gleichzeitig die Treibhausgasemissionen reduzieren. Die UNCTAD arbeitet derzeit an einem Modellversuch für einen solchen Handel mit Emissionsrechten. Die Kommission möchte die UNCTAD darin bestärken, dieses Projekt so schnell wie möglich voranzutreiben, obwohl berücksichtigt werden sollte, daß solche Emissionsrechte bilateral gehandelt würden. Das heißt, daß aus diesem Handel keine Finanzmittel für weltweite Programme und prioritäre Projekte gewonnen werden könnten.

13 UN Development Programme, Human Development Report 1994

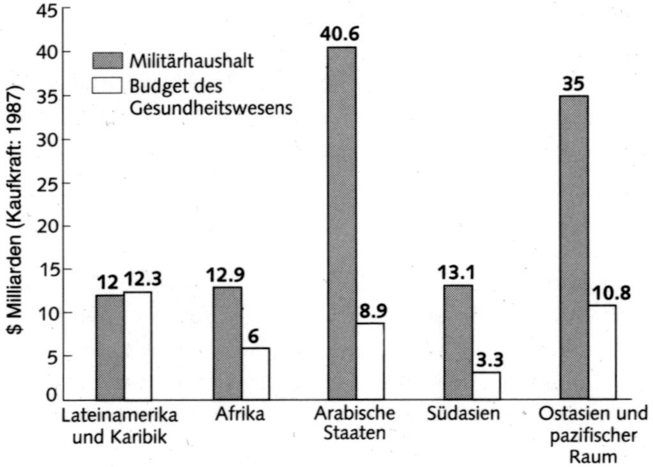

Abbildung 15.2: Prioritätensetzung in Sachen menschlicher Sicherheit (1990): ein Vergleich der Militärausgaben mit den Ausgaben im Gesundheitswesen. (Quelle: World Military and Social Priorities, 1993)

Ein anderes neuartiges Instrument ist der Schuldentausch, der gleichzeitig dem Schuldenabbau und der nachhaltigen Verbesserung der Lebensqualität in einzelnen Ländern dienen könnte. Seine Form und Wirkung hängen jedoch entscheidend von den konkreten Bedingungen einzelner Fälle und in verschiedenen Ländern ab. Die Finanzmittel, die durch einen solchen Tausch freigesetzt würden, könnten nur den jeweils beteiligten Ländern nutzen. Das Potential dieses Instruments für die Unterstützung der internationalen Programme ist daher sehr begrenzt.

Weitere vielversprechende Vorschläge sind Abgaben auf Flugtikkets, auf internationales Porto und auf die Zuweisung von Frequenzbändern in der Telekommunikation oder eine Kerosinsteuer. Auch die Idee einer internationalen Lotterie wurde vorgebracht, deren Gewinne für weltweite prioritäre Aufgaben ausgeschüttet werden sollen. Bislang sind nur wenige dieser Ideen genauer auf ihre Machbarkeit hin untersucht worden.

Die Kommission empfiehlt, daß die Vollversammlung der Vereinten Nationen in einer Sammelresolution den Auftrag für die Durchführung detaillierter Studien erteilt, die die Machbarkeit, die potentiellen Erträge und die möglichen Funktionsweisen all dieser Finanzierungsmechanismen für multilaterale Zwecke überprüft. Untersucht werden sollten vor allem folgende Möglichkeiten:

- Die International Civil Aviation Organization (ICAO) sollte die Möglichkeit verschiedener Abgaben auf den internationalen Personen- und Güterflugverkehr prüfen, und zwar in Absprache mit der International Air Transport Association (IATA) und dem Airports Council International.
- Die ICAO, das UN Environment Programme (UNEP) und die United Nations Conference on Trade and Development (UNCTAD) sollten die Einführung einer Kerosinsteuer erwägen.
- Die International Maritime Organization der Vereinten Nationen sollte die Möglichkeit einer Abgabe auf den internationalen Schiffsfrachtverkehr und internationale Kreuzfahrten untersuchen.
- Die International Telecommunications Union (ITU) der Vereinten Nationen sollte eine Abgabe auf die Zuweisung internationaler Telekommunikationsfrequenzen und im Anschluß daran jährliche Abgaben auf deren Nutzung erörtern.
- Die ITU und das Committee on the Peaceful Uses of Outer Space sollten die Möglichkeit von Abgaben auf Kommunikationssatelliten erwägen.
- Die Universal Post Union der Vereinten Nationen (UPU) sollte die Möglichkeit einer Abgabe auf internationale Poststücke untersuchen.
- Die Welthandelsorganisation der Vereinten Nationen und die UNCTAD sollten die Chancen einer Besteuerung des internationalen Handels mit Gütern und Dienstleistungen analysieren.

Alle diese Studien sollten der Vollversammlung nicht später als 1997 vorgelegt werden.

Der Generalsekretär der Vereinten Nationen sollte außerdem eine Gruppe von Experten einberufen, die Erfahrungen im Management nationaler Lotterien haben und die konkrete Vorschläge für die Einführung einer internationalen Lotterie erarbeiten könnten.

In bezug auf friedensstiftende und -erhaltende Missionen schlägt die Kommission vor, daß den Vereinten Nationen Sonderziehungsrechte zugewiesen werden, was auch einen gewissen Automatismus begründen und die Durchführung friedensstiftender Missionen erheblich vereinfachen würde. Zu diesem Zweck müßten die Artikel der Vereinbarung über den Internationalen Währungsfonds dahingehend novelliert werden, daß die Sonderziehungsrechte anders als bisher zugeteilt würden, nämlich nur für friedliche und friedensschaffende Maßnahmen. Solche Sonderziehungsrechte könnten auch zeitlich begrenzt zugeteilt werden, statt permanent gültig zu sein, wie dies derzeit üblich ist. Auch die Möglichkeit einer Verlängerung könnte vorgesehen werden.

Das Anzapfen der globalen Finanzmärkte

Die Kommission kommt zu der Schlußfolgerung, daß die vielversprechendste Quelle für die Finanzierung der weltweiten Prioritäten – zumindest was die Erträge angeht – eine internationale Abgabe auf alle Transaktionen wäre, die auf den weltweiten Finanzmärkten getätigt werden: Währungshandel, festverzinsliche und andere Wertpapiere, nachgeordnete Marktsegmente und Aktien.

Diese Idee entspringt einem Vorschlag des Nobelpreisträgers James Tobin, der im Jahr 1972 das erste Mal davon sprach, die kurzfristigen Spekulationen auf den internationalen Währungsmärkten durch die Einführung einer Steuer auf den „Spot"-Markthandel (Kassamärkte) einzudämmen. In den letzten Jahren hat Tobin darüber hinaus vorgeschlagen, daß eine solche Steuer als ertragreiche Finanzquelle für die Durchführung der global prioritären Aufgaben dienen könnte, mit denen wir uns in diesem Bericht auseinandergesetzt haben.[14]

14 James Tobin, A Currency Transactions Tax (Vortrag für die Konferenz Globalization of Markets; revidierte Fassung) (Rom, CIDEI-Universität, 1995)

Tobins Hauptziel bleibt jedoch die Eindämmung der Formen der Spekulation, die als destabilisierend angesehen werden. Diese haben sich auf den gerade deregulierten Märkten wie eine Epidemie ausgebreitet, mit katastrophalen Wirkungen auf die nationale Wirtschaftspolitik.

Der Gesamtumsatz der Währungsmärkte steht in keinem Verhältnis zu den zugrundeliegenden wirtschaftlichen Realitäten: An einem einzigen Tag im April 1992 belief sich der Gesamtumsatz auf 880 Milliarden US-Dollar – mehr als das Dreifache des BSP aller afrikanischer Länder südlich der Sahara.

Rechnet man diese Summe auf ein Arbeitsjahr (240 Arbeitstage) hoch, so beläuft sich die Gesamtsumme auf etwa 211 *Billionen* US-Dollar, genau 211 200 000 000 000 Dollar, oder fast das Zehnfache des BSP der gesamten Welt im Jahr 1992.[15] Bei einer späteren Untersuchung, im April 1995, betrugen die Umsätze auf dem gleichen Markt unvorstellbare 1,3 Billionen US-Dollar an einem Tag. Die Tendenz ist weiter steigend.

Das Ertragspotential einer Abgabe auf den Währungshandel ist offensichtlich. Selbst wenn man die Möglichkeit von Verhaltens- und Nachfrageänderungen nach Einführung einer solchen Abgabe einräumt, belaufen sich die Beträge, mit denen die unabhängigen Börsenmakler und die spezialisierten Makler jährlich umgehen, auf mehr als 100 Billionen US-Dollar. Eine Abgabe von nur 0,01 Prozent könnte leicht 100 Milliarden US-Dollar im Jahr erbringen, das Doppelte der derzeitigen staatlichen Entwicklungshilfe. Bei diesem Prozentsatz ist es unwahrscheinlich, daß die neue Abgabe die Marktaktivitäten beeinflußt, obwohl sie vielleicht Spekulationen dämpfen könnte.

Je nach der Elastizität des Handels besteht die Gefahr, daß Spekulanten und sonstige Akteure auf dem Markt in andere, nicht besteuerte Bereiche der globalen Finanzmärkte ausweichen. In Anbetracht der Interdependenzen zwischen den verschiedenen Teilmärkten – Währungshandel, festverzinsliche und andere Wertpapiere, nachgeordnete

15 Bank for International Settlements, Central Bank Survey of Foreign-Exchange Market Activity in April 1992 (Basel, 1992)

Marktsegmente und Aktien – sollte vermieden werden, diese Teilmärkte isoliert zu behandeln.

Aus diesem Grund empfiehlt die Kommission, daß eine Transaktionsgebühr pauschal erhoben wird, einheitlich und universell auf alle gegenwärtigen und zukünftigen Formen finanzieller Transaktionen, die auf den globalen Finanzmärkten stattfinden. Wenn solch eine Abgabe auf 0,01 Prozent des jeweiligen Transaktionsbetrags festgesetzt würde, dann würden sich die daraus ergebenden Erträge nach konservativen Schätzungen auf 150 Milliarden US-Dollar jährlich belaufen. Diese Summe allein könnte einen bedeutenden Beitrag leisten zur Finanzierung der weltweit vereinbarten Prioritäten, die in unserem Bericht vorgestellt wurden.

Vor der Einführung einer solchen Abgabe wäre eine Reihe vorbereitender Schritte erforderlich. Zunächst müßten weltweit genaue und zuverlässige Daten über die finanziellen Transaktionen auf allen betroffenen Teilmärkten erhoben werden. Die Datenerfassung über finanzielle Transaktionen müßte verbessert werden. Bei diesem Unterfangen müßten die Bank for International Settlements (BIS) und ihre Mitglieder zusammen mit den Mitgliedern der G7 und der G10 sowie des IWF-Interimsausschusses und den Berufsvereinigungen des Finanzsektors eine führende Rolle übernehmen.

Um die dezentralen und größtenteils ungeregelten Handelsaktivitäten zwischen einer großen Zahl von Marktakteuren überwachen zu können, müßten neue Softwareprogramme geschrieben werden. Der Finanzsektor sollte elektronische Programme (und andere Instrumente) zur präzisen und vollständigen Erfassung der Handelsaktivitäten entwickeln und harmonisieren.

Die Abgabe müßte von den nationalen Zentralbanken erhoben werden, und ihre Erhebung müßte von jedem Mitglied des IWF oder der Weltbank als Voraussetzung für den Erhalt von Krediten verlangt werden. Die gesammelten Erträge würden in einen globalen Prioritätenfonds eingezahlt werden, der zum Beispiel unter der Schirmherrschaft der BIS stehen könnte. Es sind jedoch auch andere institutionelle Lösungen vorstellbar.

Schließlich müßte auch eine neue internationale Behörde geschaffen werden, die die beachtlichen Beträge verwalten, die Funktionsweise des Mechanismus überwachen und die Erträge nach einem international ausgehandelten Schlüssel verteilen würde. Die Zusammensetzung der Mitglieder, die Abstimmungsverfahren und die Kompetenzen einer solchen Behörde müßten noch festgelegt werden, doch könnte bei dieser Gelegenheit eine neue Struktur aufgebaut werden, die alle wichtigen Interessensvertreter einbeziehen sollte. Dazu gehören auch die Vertreter der Zivilgesellschaft, u. a. Repräsentanten

- verschiedener Nichtregierungsorganisationen,
- aus dem privaten Sektor,
- aus den Parlamenten und
- nationaler Regierungen.

Organisationen, die sich um die bereitstehenden Gelder bewerben, müßten beratende Funktionen ausüben. Die Behörde könnte beauftragt werden, Prioritäten zu setzen, die Details von Maßnahmen festzulegen und Aufgaben wie Management, Überwachung, Zwischenbilanzierung, Bewertungen und Durchsetzung von Maßnahmen zu übernehmen.

Es wird voraussichtlich ein lange Jahre währender Prozeß sein, die Grundlagen für die Einführung einer globalen Steuer und eines globalen Fonds zu schaffen. Dennoch muß einmal ein Anfang gemacht werden. Und welcher Zeitpunkt könnte besser geeignet sein als die ersten Jahre der zweiten Jahrhunderthälfte des Bestehens der Vereinten Nationen? Während der ersten fünf Jahrzehnte sind die machtvollen Konzepte der Menschenrechte und des Rechts auf Lebensqualität entstanden. Natürlich hat es dabei viele Frustrationen gegeben, und, was vielleicht das beunruhigendste ist, auch die Armut stieg weiter an, wie unser Bericht gezeigt hat. Jetzt ist es an der Zeit, all die Zusagen, Proklamationen und Aktionspläne mit „Biß" zu versehen. Die Vorbereitungen für eine weltweite Konvention über Transaktionsabgaben sollten daher ohne weiteren Verzug beginnen.

Zu dem Zweck empfiehlt die Kommission, daß eine kleine Gruppe hochrangiger internationaler Experten unter der Schirmherrschaft der Vereinten Nationen oder der Bretton-Woods-Institutionen berufen wird, um die Detailfragen zu untersuchen, die bei der Einführung einer Abgabe auf Finanzaktivitäten gelöst werden müßten.

Wenn die internationalen prioritären Programme über die Finanzmärkte mit Hilfe der ersten wirklich internationalen Steuer finanziert werden könnten – global vereinbart, global bezahlt, zum globalen Nutzen eingesetzt –, so wäre dies eine wirklich revolutionäre Neuerung im Rahmen der internationalen Beziehungen. Die Regierungen hätten zum Beispiel nicht mehr das alleinige Recht, über die globalen prioritären Programme zu entscheiden; auf der anderen Seite hätten sie auch nicht mehr die alleinige Verantwortung, solche Programme zu finanzieren – oder nicht zu finanzieren, wie dies heute öfter der Fall ist.

Trotz all dieser großartigen Visionen und vieler Pläne wird die staatliche Entwicklungshilfe noch viele Jahre lang das Rückgrat der internationalen Entwicklungsbemühungen bleiben. Um die Existenzfähigkeit der bestehenden multilateralen Übereinkünfte zu gewährleisten, sowenig zufriedenstellend diese auch sein mögen, drängt die Kommission noch einmal darauf, daß zumindest der gegenwärtige rückläufige Trend bei der staatlichen Entwicklungshilfe durch ein entschlossenes internationales Vorgehen gestoppt wird, wobei die Industrieländer auch dazu bewegt werden sollten, ihr Versprechen so schnell wie möglich zu erfüllen, 0,7 Prozent ihres BSP für Entwicklungshilfe auszugeben.

Der globale Wohlstand steigt um etwa 700 Milliarden Dollar jährlich – die Finanzmittel wären also da, um die absolute Armut in den ersten Jahren des 21. Jahrhunderts zu beseitigen und um die Artenvielfalt auf unserem Planeten zu erhalten. Auch das Wissen und die Instrumente sind da. Was jetzt noch fehlt, ist der Wille und das Handeln. Wenn es uns wichtig genug ist, wenn wir uns zuwenden, wenn wir verantwortungsbereit sind, dann ist alles möglich.

16. Schlußfolgerungen und Empfehlungen

Im vorliegenden Bericht wird immer wieder deutlich, daß der Zusammenhang zwischen Bevölkerung und Lebensqualität uns förmlich dazu zwingt, neue und ganzheitliche Perspektiven zu entwickeln. In 25 Jahren werden zu den für das Jahr 2000 prognostizierten sechs Milliarden Menschen weitere vier Milliarden hinzugekommen sein. Alle diese Menschen haben ein Recht darauf, frei von Not und Mangel zu leben. Wie aber können wir dieses Ziel erreichen, wenn schon heute einer von vier Menschen in Armut lebt?

Vor uns liegt eine Aufgabe, die gleichzeitig eine qualitative Dimension – jedem Menschen ein lebenswertes Leben zu bieten – und eine quantitative Dimension – die Stabilisierung des Bevölkerungswachstums – hat.

Wir haben in den vorangegangenen Kapiteln versucht aufzuzeigen, wie diese beiden Ziele miteinander zusammenhängen und wie sie erreicht werden können, wenn bestimmte grundlegende Konzepte und Verfahren angewendet werden. Dabei müssen diverse Teilziele gleichzeitig angegangen werden.

Zu diesen Teilzielen gehören: durch verbesserte Gesundheit und Sicherheit für alle das Leben lebenswerter zu machen; mit den Geißeln Armut und Ausgrenzung fertig zu werden; Bildung und Zugang zu Informationen zu verbessern; Produktion und Konsum so zu gestalten, daß der nachhaltige Bestand an natürlichen Ressourcen gesichert bleibt; Fairneß und Gerechtigkeit für alle durch eine ausgewogene Nutzung dieser Ressourcen zu gewährleisten (dazu gehört beispielsweise, daß ein größerer Teil der Gewinne aus diesen Ressourcen „zu Hause" bleibt und daß die Ressourcen nachhaltig genutzt werden); wirksamere internationale Entwicklungszusammenarbeit und Hilfsmaßnahmen sowie neue Finanzierungsmechanismen zwischen Nord und Süd zu schaffen und schließlich Zuwendungsfähigkeit uns, unseren Nachbarn und unserer Umwelt gegenüber zu entwickeln und dabei immer im Auge zu behalten, daß unser Recht da endet, wo es die Rechte eines anderen verletzt.

Zuwendung ist das Gegenteil von Wettbewerb. Wir müssen der Zuwendung ein neues Gewicht verleihen, was nicht weniger erfordert als eine dramatische Veränderung unserer Denkstrukturen. Die Kräfte, die in der Vergangenheit unser Handeln bestimmt haben – übermäßiger Wettbewerb und die Philosophie des „Immer mehr" –, können uns zerstören. Wir müssen daher herausfinden, ob und wie unsere Ressourcen an Zuwendungsfähigkeit uns erhalten und wie wir gleichzeitig eine Milliarde Menschen aus der Armut befreien und unsere Lebensqualität nachhaltig verbessern können. Kurz gesagt, wir brauchen eine *neue Form der Entwicklung*. Wir stehen einer tiefgreifenden zivilisatorischen Veränderung gegenüber. Unser Überleben und ein Leben in Würde verlangen eine grundsätzlich neue Art der Entwicklung – Ökoentwicklung –, die jede menschliche Interaktion und jede Interaktion mit der Natur bestimmt.

Bei dieser Suche orientieren wir uns an einigen Leitlinien: Gleichberechtigung, Zuwendung, Teilen, Nachhaltigkeit, menschliche Sicherheit. *Gleichberechtigung* spielt in den Bemühungen um eine nachhaltige Verbesserung der Lebensqualität eine zentrale Rolle. Ohne Gleichberechtigung gibt es weder *Nachhaltigkeit* noch *Sicherheit.* Gleichberechtigung bedeutet faire und gleiche Behandlung für alle, das gilt für den einzelnen, die Institutionen und den Staat.

Neben Fürsorge und Zuwendung sind weitere, nicht minder wichtige Elemente in unsere Analyse und unsere Schlußfolgerungen eingeflossen: *Bevölkerung – als Menschen, nicht als Zahlen betrachtet* –, die *Überwindung des Nord-Süd-Konflikts* und *die Stimme der Frauen*, denn Frauen stehen im Zentrum der Bevölkerungspolitik, und sie bilden die Avantgarde der gesellschaftlichen Aktivitäten, besonders bei der Versorgungsarbeit.

Ausgehend von den Analysen und Ergebnissen, die wir in den vorherigen Kapiteln skizziert haben, empfehlen wir ein Reihe von Politiken, Strategien, Aktionsprogrammen und anderen Maßnahmen, die auf den verschiedenen Ebenen *unverzüglich* umgesetzt werden müssen, wollen wir die Lebensqualität in einer Welt verbessern, deren Bevölkerung weiterhin wachsen wird, bis sie im Jahr 2050 etwa 9,8

Milliarden erreicht hat und sich vielleicht hundert Jahre später bei 11 Milliarden stabilisiert.

Mehr Sicherheit in einer lebenswerteren Welt

In Kapitel 5 haben wir gesehen, daß Nachhaltigkeit sowohl eine Voraussetzung für als auch ein integraler Bestandteil von Lebensqualität ist, auf den sich die Politik weltweit konzentrieren sollte. Nachhaltigkeit und Sicherheit sind zwei wichtige – mehr noch: entscheidende – Aspekte der Lebensqualität. Da Sicherheit über die traditionellen Aspekte nationaler Souveränität und militärischer Sicherheit hinausgeht, schließt sich die Kommission einer umfassenden Definition menschlicher Sicherheit an, die den Menschen vor Risiken wie Verletzungen und Unfällen, vor Katastrophen, Krankheit und Gewalt ebenso schützt wie vor dem Verlust des Lebensunterhalts und vor Umweltzerstörung.

Die Neudefinition von Sicherheit muß persönliche, wirtschaftliche, soziale, ökologische und militärische Sicherheit umfassen und nationale Sicherheitsprioritäten setzen. Das bedeutet weniger Militärausgaben und Umwidmung der Mittel auf wichtigere Bereiche wie Gesundheit, Familienplanung, Umwelt und Verbrechensvorbeugung. Als erstes sollten alle Regierungen dafür sorgen, daß mindestens soviel Geld für Gesundheit und Bildung bereitgestellt wird wie für das Militär.

Wir schließen uns der internationalen Forderung an, daß alle Regierungen, die dieses Ziel noch nicht verwirklicht haben, besonders in Entwicklungsländern und in Regionen mit akutem Konflikt- oder Kriegspotential, ihre Militärhaushalte kürzen sollten.

Die entwickelten Länder müssen sich aktiv und glaubwürdig an der Entmilitarisierung des Lebens beteiligen, denn kein Staat, der vom Krieg profitiert, kann sich glaubwürdig für Frieden einsetzen. Es reicht nicht, die Entwicklungsländer zu ermahnen, ihre Militärausgaben zu reduzieren, was sie zweifellos tun sollten, oder entsprechende Bedingungen in Hilfsprogramme einzubauen. Militärische Hilfe, oft unter dem Deckmantel der Entwicklungszusammenarbeit, muß abgebaut und völlig gestoppt werden.

Wir schlagen darüber hinaus vor, daß das Konzept der kollektiven Sicherheit entsprechend angepaßt wird. Dem Sicherheitsrat der Vereinten Nationen, dem Gremium, das mit der Wahrung von Sicherheit und Frieden auf internationaler Ebene beauftragt ist, muß es ermöglicht werden, auch die Bedrohung für die sozioökonomische Sicherheit der Menschen zu erörtern.

Eine nachhaltige Verbesserung der Lebensqualität kann nur realisiert werden, wenn unverzüglich die grundlegenden Bedürfnisse der Bevölkerung gedeckt werden. Damit diese Bedürfnisse wirksam Eingang in die Politik finden können, müssen sie mit *Rechten* verbunden werden, d. h., daß ein Gleichgewicht zwischen bürgerlich-politischen und wirtschaftlich-sozialen Rechten hergestellt werden muß.

Die Kommission dringt darauf, bis zum Jahr 2000 die vier wichtigsten bestehenden Verträge (CEDAW, CRC, KESCR, ICCPR), die zahlreiche für die Lebensqualität relevante Rechte beinhalten, für universell gültig zu erklären.

Mehr Staaten müssen diese Verträge unterzeichnen, und Länder, die Vorbehalte gegenüber diesen Verträgen hegen, müssen umgestimmt werden. Letztere sollten ihre Gründe für die Nichtunterzeichnung offen darlegen und Wege zur Überwindung dieser Hindernisse vorschlagen.

Die Kommission dringt auf die zügige Verabschiedung eines Protokolls zur ICESCR, das ein Beschwerderecht für Einzelpersonen oder Gruppen vorsieht. Ähnliche Protokolle sollten für die drei anderen internationalen Instrumente eingeführt und insofern erweitert werden, als daß sie Staaten (wie bereits in der ICCPR vorgesehen) berechtigen, gegen andere Staaten Beschwerde zu erheben.

Ohne entsprechende Durchsetzungsmöglichkeit wird allerdings jedes Recht Lippenbekenntnis bleiben. Fehlen effiziente Instrumente, müssen direkte und indirekte Einflußmöglichkeiten entwickelt werden.

Die Ausschüsse, die im Zusammenhang mit den verschiedenen Verträgen und Konventionen eingerichtet wurden, sollten die Möglichkeit erhalten, regelmäßige Analysen der Verwirklichung bzw. Nichtverwirklichung der Rechte vorzulegen. So kann besser gewährleistet werden, daß alle Vertragsstaaten ihren Verpflichtungen nachkommen.

Die Kommission empfiehlt Entwicklungs- und Nichtregierungsorganisationen, die sich mit sozialen und wirtschaftlichen Fragen (Ernährung, Wohnung, Gesundheit und Familienplanung, Bildung) beschäftigen, ihre Aktivitäten stärker auf die Einführung und Umsetzung international anerkannter Rechte zu konzentrieren. Die Macht der Rechte sollte die Macht von Gerechtigkeit und Gleichberechtigung ergänzen. Daher sollten die betreffenden Organisationen den Ausschüssen entsprechende Berichte und Beweise vorlegen.

Wir unterstützen die Zusammenführung der relevanten Rechte in ein einziges, umfassendes Konzept mit einem ganzheitlichen Ansatz, das die wirtschaftlichen, sozialen und politischen Dimensionen der Lebensqualität erfaßt und sie meßbar und umsetzungsfähig darstellt.

Dies ermöglicht die Formulierung einer Strategie, die sich auf minimale Lebensqualitätsstandards gründet, die für alle Staaten Gültigkeit haben und die gemessen und verifiziert werden können. Alle beteiligten Staaten sollten diese Mindeststandards innerhalb eines gemeinsam verabschiedeten Zeitplans erreichen. Die Standards können sukzessive angehoben werden, während gleichzeitig die Staaten Hilfe erhalten, die die Minimalstandards nicht aus eigener Kraft einführen können.

Zielvorgaben und Indikatoren konkretisieren die verschiedenen Facetten von Lebensqualität. *Indikatoren* bieten den Regierungen Meßgrößen, die die Umsetzung erleichtern und eine Fortschrittskontrolle ermöglichen. Der Zivilgesellschaft bieten sie eine Möglichkeit, ihre Regierung in die Verantwortung zu nehmen.

Für jedes Element der Lebensqualität sollten auf internationaler Ebene Indikatoren und Mindeststandards erarbeitet werden. Unter der Führung der Regierungen und lokalen Behörden müssen Zivilgesellschaft und Wissenschaftsinstitutionen in die Entwicklung dieser Indikatoren einbezogen werden. Standards müssen klar und meßbar definiert werden, und die Zeithorizonte zur Einführung dieser Standards müssen so gewählt werden, daß die Regierungen die Ziele innerhalb eines vernünftigen Zeitrahmens erreichen können. Die Ziele selbst sollten als indikative Parameter formuliert werden und sich nicht auf landesweite Durchschnittswerte beziehen, sondern einen Grenzwert darstellen, den jeder einzelne erreichen muß. Das bedeutet, daß die Ziele disaggregiert, also nach Geschlecht, Ethnie oder Einkommensgruppe und Region differenziert werden. So wird ersichtlich, ob jede Gruppe die Zielmarke erreicht hat und ob die Armut beseitigt wurde.

Jedes einzelne Land muß sich in diesem Sinn engagieren, wobei der Staat die Rahmenbedingungen schafft und wahrt, damit die Menschen ihre Möglichkeiten und Fähigkeiten entwickeln und einsetzen können. So kann sich ein Umfeld herausbilden, in dem Politiken, Dienstleistungen und gesellschaftliche Prozesse gedeihen, die die Menschen dazu befähigen, die Lebensqualität eigenständig zu verbessern. Sind die Lebensqualitätsrechte für alle gesichert, wird das vorherrschende Politikziel sein, diese Qualität nachhaltig zu verbessern.

Auf der internationalen Ebene müssen widersprüchliche und unvereinbare Zielvorgaben aufgelöst werden. Wir empfehlen, Ziele und Zeitrahmen bezüglich sozialer und ökonomischer Rechte, die im Rahmen anderer UN-Konferenzen verabschiedet wurden, zu konsolidieren und in Übereinstimmung zu bringen.

Nationale Verpflichtungen armer Länder sollten durch eine internationale Vereinbarung gestärkt werden, damit Auslandshilfe die nationalen Ressourcen ergänzen kann, um die international gültigen Minimalstandards zu erreichen. Länder, die die Minimalstandards bereits erreicht haben, sollten von ihrer Bevölkerung dazu verpflichtet werden, Programme zu entwickeln, die benachteiligte Gruppen über die Mindeststandards heben.

Wir schlagen vor, daß regierungsunabhängige Gremien diesbezüglich Fortschrittsberichte erarbeiten. Denkbar ist auch ein Ombudsmann für Lebensqualität, der regelmäßig ein Lebensqualitätsaudit vornimmt.

Das Bruttosozialprodukt ist kein adäquater Maßstab für Lebensqualität: Es sagt weder etwas über den nationalen Wohlstand aus, noch, ob dieser Wohlstand nachhaltig ist. Internationale BSP-Vergleiche zeigen nicht die konkreten Unterschiede in der Lebensqualität zwischen den verschiedenen Ländern. Die – dringend notwendige – Verabschiedung einer reformierten Volkswirtschaftlichen Gesamtrechnung wäre ein Schritt in die richtige Richtung.

Doch es muß noch mehr getan werden. Parallele Berechnungen müssen die Umweltkosten und die Minderung des natürlichen Kapitals ausweisen. Geschieht dies nicht, werden Schlüsselentscheidungen in der Politik nach wie vor auf der Basis irreführender Daten gefällt. Das beste wirtschaftliche und wissenschaftliche Fachwissen sollte herangezogen werden, um die zukünftigen Kosten zu errechnen, die von Umweltschäden verursacht werden.

Weiterhin empfehlen wir, daß unbezahlte Versorgungsleistungen in den Privathaushalten und freiwillige Arbeit in der Gemeinschaft gemessen und in der volkswirtschaftlichen Berechnung mit aufgeführt werden.

Gleichberechtigung ist ein Schlüsselelement der nachhaltigen Verbesserung der Lebensqualität. Gleichberechtigung bedeutet echte Chancengleichheit, die von der Gesellschaft unterstützt wird, wenn eine tragbare Gerechtigkeit in der Verteilung von Einkommen, Dienstleistungen und Reichtum gegeben ist. Gleichberechtigung muß immer dann zum Leitfaktor werden, wenn hartnäckige Diskriminierung vorliegt. Ihre Verwirklichung verlangt *affirmative action*, also „positive Diskriminierung", die die Benachteiligten, Ausgegrenzten oder Opfer von Ungerechtigkeiten bevorzugt behandelt. Gleichberechtigung ist kein Prinzip, das auf spätere Entwicklungsstufen verschoben werden kann, da sie die aktuellen Formen der Diskriminierung korrigieren muß – und Diskriminierung ist in jeder Gesellschaft zu finden. Auch wird Gleichberechtigung nicht obsolet, sobald ein Land „reich" ist. Länder, die sich erfolgreich um Gleichberechtigung bemühen und die sich durchweg einer gesunden Politik rühmen können, werden mit raschem Wirtschaftswachstum und hoher menschlicher Sicherheit belohnt. Gleichberechtigung schafft Diskriminierungen ab und fördert so den sozialen Zusammenhalt.

Die Grenzen des Planeten: Tragfähigkeit

Wir haben erkannt (Kapitel 6), daß die Menschheit die Umwelt an die Grenzen dessen bringen kann, was wir Tragfähigkeit nennen. Rein wissenschaftlich gesehen, ist es unmöglich, eine Maximalbevölkerung für die Welt als Ganzes oder für einzelne Länder festzulegen, da sich solche Werte sowohl auf bestehendes Wissen als auch auf verfügbare Technologien und die derzeitigen Produktions- und Konsummuster gründen müssen.

Die Grenzen der landwirtschaftlichen Produktion
Da wir bis zum Jahr 2025 aller Wahrscheinlichkeit nach mit einem Bevölkerungszuwachs von etwa vier Milliarden Menschen rechnen müssen, ist es von zentraler Bedeutung, daß die Nahrungsmittelproduktion mit dem Bevölkerungszuwachs und der steigenden Nachfrage Schritt hält. Die dazu erforderliche langfristige wirtschaftliche Anstrengung auf allen Ebenen beginnt mit vernünftiger nationaler Wirtschaftspolitik und Preisgarantien für Bauern. Oberste Priorität muß der Einkommensverbesserung der ärmsten Schichten und der Schaffung von Arbeitsplätzen eingeräumt werden. Für die Bauern ist eine Landreform durchzuführen, die den Zugang zu Ackerland verbessert, während sie gleichzeitig die Fläche verringert, die für die Produktion tierischer Eiweiße genutzt wird. Sowohl für die Stadt- als auch für die Landbevölkerung ist der Zugang zu Kapital und Technologie ein kritischer Faktor.

Auf internationaler Ebene müssen außerdem Anstrengungen zur Nahrungssicherung für alle unternommen werden. Das kann die Umverteilung zur Verfügung stehender Betriebsmittel und Erträge ebenso umfassen wie Forschung im Bereich Fischerei oder – wenn angebracht – Nahrungsmittelimporte. Der Förderung nationaler Agrarforschungszentren und der Bereitstellung von Informations- und Serviceleistungen, durch die die Forschungsergebnisse an die Basis, die Bauern, weitervermittelt werden, sollte ebenfalls hohe Priorität zukommen.

Die Agrarforschung spielte bei der Steigerung der Nahrungsmittelproduktion eine zentrale Rolle. Dies wird auch in Zukunft nötig sein, um Pflanzen und Verfahren an die drohenden Klimaveränderungen anzupassen. Dabei darf sich die Forschung nicht ausschließlich an Regionen und Methoden orientieren, die hohe Erträge versprechen und ausschließlich reichen Bauern zugute kommen, sondern sie muß Pflanzenarten und Technologien entwickeln (Biodünger, Biopestizide), die den Bedürfnissen der Kleinbauern und den Erfordernissen marginaler Standorte entsprechen. Gleichzeitig muß sie gewährleisten, daß der genetische Pool allen zugänglich bleibt. Die vollständige Umsetzung der Konvention über die biologische Vielfalt, die 1992 in Rio verabschiedet wurde, wird auch dazu beitragen, daß indigene Völker ungehinderten Zugang zu diesen genetischen Ressourcen erhalten. Die Bauern selbst müssen an den Forschungsanstrengungen beteiligt werden, da sie ihre Traditionen, die Bedingungen und zukünftigen Potentiale am besten kennen.

Um den Herausforderungen der Nahrungsproduktion entgegentreten zu können, müssen die Zentren der Consultative Group on International Agricultural Research (CGIAR) wesentlich besser ausgestattet werden.

Da Nachhaltigkeit in der Nahrungsmittelproduktion unerläßlich ist, müssen wir – unter Beteiligung aller Betroffenen – einen nachhaltigeren Einsatz von Betriebsmitteln und nachhaltigere Bewirtschaftungsverfahren in der Landwirtschaft anstreben. Boden- und Wasserschutz sind integrale Bestandteile nachhaltiger Landwirtschaft.

Wasser und andere Gemeinschaftsgüter

Der zukünftige Wasserverbrauch wird von der Effizienz des Angebots und der Wasserverwendung diktiert werden. Subventionen, die den verschwenderischen Einsatz von Wasser, Düngemitteln und fossilen Brennstoffen fördern, müssen abgesetzt werden.

Auch in Privathaushalten ist Wasserverschwendung gang und gäbe. Sparmaßnahmen müssen mit der Verbesserung von Haushaltsarmaturen Hand in Hand gehen, damit signifikante Einsparungen realisiert werden können.

Viele industrielle Prozesse verbrauchen Unmengen von Wasser, sei es als Kühlmittel, sei es zur Beseitigung von Abfall. Technische Ansätze zur Lösung von Wasserknappheit und Wasserverschmutzung müssen weiterverfolgt und verbessert werden. Außerdem muß die Verbindung zu neuen Forschungsprioritäten hergestellt werden, um zum Beispiel Aufnahme und Nutzung von Regenwasser, Entsalzung und die Verwendung von Biodünger in der Landwirtschaft zu fördern.

Die drohende Wasserkrise kann ohne drastische politische Eingriffe nicht abgewendet werden. Wasseraufbereitung und -wiederverwendung müssen zur nationalen Priorität erklärt werden, damit zum Beispiel Brauchwasser für Bewässerung verwendet oder das Problem der Meeresverschmutzung konsequent angegangen wird.

Die Kommission vertritt die Ansicht, daß die globalen Gemeinschaftsgüter nachhaltig bewirtschaftet und verwaltet werden müssen, und schlägt deshalb die Einrichtung angemessener Institutionen und

Regelwerke vor. Die Kommission ist ferner der Meinung, daß Gleichberechtigung eine Grundvoraussetzung für jedes weltweite Übereinkommen über die globalen Gemeinschaftsgüter sein muß.

Eine der größten Herausforderungen ist die weltweite Reduzierung der Fischerei. Lösungen sollten sich auf verschiedene Maßnahmen stützen, einschließlich der Entwicklung effizienter Marktmechanismen, die der Überfischung entgegenwirken.

Es ist an der Zeit, die verschiedenen Formen der Meeresnutzung zu konsolidieren, die wissenschaftlichen Untersuchungen über Meere zusammenzuführen und neue politische Programme und Institutionen zu schaffen, die sich allen diesen Fragen widmen. Für viele Länder kann eine Lösung darin bestehen, angepaßte und umweltfreundliche Aquakulturen anzulegen, um so Nahrungs-, soziale, landwirtschaftliche und wirtschaftliche Aspekte miteinander in Einklang zu bringen und die potentiellen negativen Wirkungen einer Überproduktion zu verhindern.

Die Industrieländer, die Hauptnutznießer und -zerstörer der globalen Gemeinschaftsgüter, stehen in der Verantwortung: Sie müssen die Pro-Kopf-Treibhausgasemissionen auf ein nachhaltiges Niveau reduzieren, das niemanden benachteiligt. Dabei reichen Empfehlungen und einfache lineare Reduktionen nicht aus. Sie werden sich vielmehr auch mit umweltverträglichen Technologien und neuen Siedlungsstrukturen auseinandersetzen müssen. National wie international können handelbare Emissionsrechte, zum Beispiel in Form von Quoten, die Reduzierung der Emissionen erleichtern.

Die Stabilisierung des Gehalts von Kohlendioxid und anderen Treibhausgasen auf einem für die Atmosphäre unschädlichen Niveau erfordert eine drastische Reduktion der Emissionen. Dies kann wahrscheinlich nicht ohne eine massive Verringerung und schließlich den Ausstieg aus der Verwendung fossiler Brennstoffe geschehen. Notwendig ist daher ein schneller Wandel nicht nur in den Produktionstechnologien, sondern auch in den Lebensweisen und Konsummustern.

Eine breite Maßnahmenpalette muß den Einsatz von Kohlenwasserstoffen verringern und die großflächige Einführung erneuerbarer Energien wirtschaftlich machen. Die Preise fossiler Brennstoffe sollten die Umweltkosten reflektieren und nicht durch Subventionen künstlich gedrückt werden. Vielmehr müssen Anreize für energieeffiziente Technologien – einschließlich der Verwendung erneuerbarer Energien – geschaffen werden. Eine ökologische Steuerreform, die die Steuern auf Arbeit senkt und auf fossile Energieträger anhebt, kann die notwendige Veränderung vorantreiben.

Die Mittel für Forschung und die flächendeckende Anwendung erneuerbarer Energien müssen drastisch erhöht werden. Denkbar ist eine internationale Kooperation wie das Manhattan Project vor mehr als fünfzig Jahren. Die adäquate Mittelausstattung ist eine Voraussetzung für den Fortschritt bei der Forschung über Solar- und Wärmeenergie, Photovoltaik, Biomasse und möglicherweise Atomenergie. Mehr Mittel müssen aber auch in die Erhöhung von Energieeffizienz und -einsparung bei bestehenden fossilen Technologien fließen.

Um die internationale Forschung zu koordinieren und Prioritäten zu bestimmen, sollte im Rahmen einer weltweiten Vereinbarung ein Netz von Forschungszentren für erneuerbare Energien eingerichtet werden, das auch das Fachwissen in den Entwicklungsländern heranzieht. Die aus einem internationalen Fonds finanzierten Zentren können sich auf bestimmte Gebiete spezialisieren, und ihre Ergebnisse sollten – im Sinne des Transfers modernster Technologie – den Entwicklungsländern preiswert oder kostenfrei zur Verfügung gestellt werden.

Die Wälder der Welt spielen sowohl bei der Klimastabilisierung als auch bei der Verbesserung der Lebensqualität eine herausragende Rolle. Erforderlich sind besonders nationale Waldstrategien, eine Waldpolitik und Maßnahmen, die die Produktivität steigern, die Waldvernichtung stoppen und die Gewinne aus den Wäldern erhöhen. Darüber hinaus müssen Anreize geschaffen werden, die den effizienten Erhalt, die Bewirtschaftung und die nachhaltige Entwicklung der Waldressourcen gewährleisten. Die Forstwirtschaft muß sich stärker auf den Schutz der Ökosysteme konzentrieren, das heißt, die Ziele der Waldwirtschaft dürfen nicht einseitig an der Holzproduktion orientiert sein. Alle Betroffenen, auch diejenigen, die sich für den Waldschutz einsetzen, müssen an allen Prozessen beteiligt werden.

Der Königsweg zur Erhaltung der biologischen Vielfalt ist die Erhaltung der Lebensräume durch eine Politik, die der Zerstörung entgegenwirkt. Dazu gehören die Begrenzung der Ausweitung von

Ackerland in Urwäldern und die nachhaltige Nutzung schon bewirtschafteter Flächen.

In diesem Sinne empfehlen wir, daß Basisgruppen direkt in die Formulierung von Erhaltungsstrategien für Wasser, Fische und Waldressourcen einbezogen werden, und daß die Forschung all jenen indigenen Traditionen und Glaubenssystemen Rechnung trägt, die Meeres- und Forst-Ökosysteme betreffen.

Wir befürworten ein globales Übereinkommen, das die Nutzung der Gemeinschaftsgüter – sei es Wasser und Meere, die Atmosphäre oder Wälder – regelt. Gleichberechtigung ist eine unabdingbare Voraussetzung für ein solches Übereinkommen.

Die „Zuwendungsfähigkeit" der Menschen ist unbegrenzt

Kapitel 7 – „Auf Bedürfnisse eingehen" – hat zu einer Reihe weiterer Schlußfolgerungen geführt, da unsere Kommission glaubt, daß wir die enge Sichtweise, die sich auf die materielle Basis des Überlebens konzentriert, überwinden müssen. Wir müssen jetzt, als entscheidenden Faktor unseres Fortschritts und Überlebens, unsere psychischen, spirituellen und politischen Fähigkeiten ausbauen, um uns einander zuwenden und füreinander sorgen zu können. Die Ethik der Zuwendung – die uns als menschliche Wesen auszeichnet – geht über das wirtschaftlich-rationale Denken hinaus: Sie kann als Gegengewicht zu Individualismus und Gier wirken. Die Grundlage für eine nachhaltige und umfassende Verbesserung der Lebensqualität ist, daß wir uns uns selbst, anderen Menschen und der Natur wieder zuwenden. Die Zuwendungsethik erfordert einen sofortigen und drastischen Paradigmenwandel.

Zuwendung schlägt sich auch in Haltungen und Handlungen nieder, die anerkennen, daß die Menschen, ihre Gemeinschaften und Nationen nicht isoliert bestehen, sondern voneinander abhängig sind. Zuwendungsfähige Menschen sind wach für *Andersartigkeit* und zeigen die Bereitschaft, sich anderen Menschen gegenüber zu verpflichten oder verantwortlich zu fühlen. Genügend Zuwendung versetzt die Mitglieder einer Gesellschaft in die Lage, füreinander sorgen zu können: Dadurch wird eine ermöglichende, befähigende Gesellschaft geschaffen.

Wir brauchen einen neuen Humanismus, der die Menschenrechte nicht nur als rechtliche Garantien festschreibt, sondern, viel wichtiger, auch im Kontext der Würde des Menschen versteht. *Zuwendung* kann als Grundlage für einen solchen Humanismus dienen. Die Vorstellung, daß wir für uns selbst, füreinander und für die Umwelt, in der wir leben, sorgen können, ist die Wurzel, aus der heraus wir die Lebensqualität nachhaltig verbessern müssen.

Und doch sind wir von einem grundlegenden Paradoxon gelähmt: Wir scheinen fähig zu sein, unsere Probleme zu lösen, und können es dann doch nicht. Wir haben das Wissen und die Mittel – Technologie, Geld, politische Instrumente – für eine Veränderung, aber wir lassen die kollektive politische Absicht vermissen, den Willen zum Handeln.

Wir brauchen eine neue Geisteshaltung, die ungezügelte Selbstsucht nicht mehr erlaubt. Wir brauchen eine weithin akzeptierbare Ethik der Zuwendung gegenüber unseren Mitwesen und der Erde. Innerhalb eines solchen Wertesystems der Zuwendung kann die nachhaltige Verbesserung der Lebensqualität zum Fokus der Politik werden.

Da *Zuwendung* auf konstanter Interaktion beruht, fördert sie auch egalitäre Haltungen und Handlungen. Wir glauben, daß Zuwendung sichtbar gemacht werden muß. Auch wenn Zuwendung nicht in Geldwerten bemessen werden kann, muß sich die Gesellschaft über die Kosten im klaren werden, die entstehen würden, wenn Zuwendungsdienste zu Marktpreisen gekauft werden müßten.

Wir sind daher überzeugt davon, daß die Zuwendung das Fundament der zukünftigen gesellschaftlichen Aktivitäten sein muß: durch die darin implizierte Aufmerksamkeit gegenüber den konkreten Bedürfnissen von Individuen und Gruppen, durch die Bewältigung dieser Bedürfnisse und durch das konsequente Festhalten an dieser Selbstverpflichtung. Zuwendung ist dem makroökonomischen Ziel, die Lebensqualität „irgendwann" zu verbessern, absolut übergeordnet.

Wir bestehen darauf, daß die Sozialpolitik den Kern der staatlichen Verantwortung darstellt. Sozialpolitik kann in aktive Strategien umgesetzt werden durch den Staat oder private Akteure, wobei in letzterem Fall der Staat den ordnungsrechtlichen Rahmen setzt, um die soziale Gerechtigkeit zu wahren. Eine Zentralregierung kann sich nicht der Verantwortung entziehen, den Verpflichtungen des Sozialstaats – Bildung, öffentliches Gesundheitswesen, sozialer Wohnungsbau, Erneuerung der Städte – nachzukommen, auch wenn Mittel auf den untergeordneten politischen Ebenen bereitgestellt werden, da dies dort effizienter ist und dem Subsidiaritätsprinzip entspricht. Die Qualität der Dienstleistungen wird dadurch garantiert, daß die betroffenen Menschen an ihrer Gestaltung beteiligt werden.

Die Kommission versteht unter dem Modell des sozialen, sich zuwendenden Staats nicht den Wohlfahrtsstaat. Wir schlagen vor, daß die Länder, die sich jetzt allmählich auf den Weg der wirtschaftlichen Entwicklung und Industrialisierung begeben, dieses Modell intelligent reformieren, um auf dieser Basis eine humanere Sozialpolitik zu entwickeln.

Vor dem Hintergrund des Kopenhagener Weltsozialgipfels im Jahr 1995 drängen wir auf verstärkte Bemühungen, die Ausgabenprioritäten zu ändern und neue Ansätze zu verfolgen, um die soziale Ausgrenzung in jeder Form zu bekämpfen.

Wir halten es für geboten, ohne weiteren Verzug die Vereinbarung von Kopenhagen umzusetzen, alle Barrieren, die derzeit Menschen daran hindern, der Armut zu entgehen, zu beseitigen, und die *absolute Armut und die soziale Ausgrenzung* zu beseitigen bis zu bestimmten Terminen, die sich die einzelnen Länder selbst setzen.

Schließlich unterstützen wir die Idee, daß jedes Land einen nationalen Entwicklungsplan aufstellt, der alle wichtigen Aspekte der Lebensqualität auflistet (Armut, Arbeit, Ernährung, Kinder, Frauen, reproduktive Rechte), der Ziele und Zeitpläne festlegt und der Indikatoren definiert, mit deren Hilfe die Fortschritte bei der Umsetzung des Plans verfolgt werden können.

Bevölkerung: ein neuer Ansatz

Im Zusammenhang mit der Analyse der Bevölkerungspolitik in Kapitel 8 weisen wir auf eine neue und bemerkenswerte Veränderung im Umgang mit dem Thema Bevölkerungswachstum hin. Die effiziente Verbreitung von Verhütungsmitteln und die damit zusammenhängenden Informationen und Dienstleistungen, die die Fruchtbarkeitsrate gesenkt haben, wurde nicht von entsprechenden sozialen und wirtschaftlichen Veränderungen begleitet. Der Status der Frau in den siebziger Jahren wurde als bestimmender Faktor der Fruchtbarkeit erkannt, aber die Auswahl der Indikatoren, die diesen Status definieren, ließ viel zu wünschen übrig. Erst nachdem die ersten Parameter – Analphabetismus, Bildung und Heiratsalter – entwickelt worden waren, kamen langsam andere hinzu: wirtschaftliche Beteiligung, Bildung und Gesundheit.

Einerseits konnte man in nur zehn Jahren, zwischen 1974 und 1984, tiefgreifende Veränderungen im Verhalten gegenüber Frauen beobachten. Andererseits brachten massive strukturelle Veränderungen in der Weltwirtschaft und der Beginn der Globalisierung die Entwicklung in eine Sackgasse. Dennoch trat die Frauenbewegung auf den Plan, wurde gar zu einer einflußreichen, wenn nicht entscheidenden Kraft. Fast über Nacht wurden die reproduktiven Rechte der Frau Grundlage der Entscheidungen über Bevölkerung und Entwicklung, der Bevölkerungspolitik insgesamt. Die Bekräftigung des unverletzlichen Rechts der Frau auf reproduktive Wahlmöglichkeiten stellte die Bevölkerungspolitik in einen neuen Kontext – ein neues Paradigma war geboren.

Wir empfehlen, daß implizite und explizite Bevölkerungspolitik und ihre Beziehung zur Lebensqualität in den Verantwortungsbereich der Regierungen gestellt und auf höchster Regierungsebene angesiedelt werden. Dazu gehört auch, daß Debatten und Entscheidungen im Rahmen des parlamentarischen Prozesses stattfinden, besonders wenn finanzielle Prioritäten gesetzt werden. Diese Aufgabe sollte nicht untergeordneten Gremien übertragen werden.

Wir empfehlen ferner, einen gemeinsamen Ausschuß von WHO und UNICEF einzurichten unter der Beteiligung von Vertretern der UNO-Menschenrechtskommission und der Kommission zum Status der Frau. Aufgabe dieses Ausschusses soll es sein, internationale Ethikstandards hinsichtlich der existierenden Neuen Reproduktiven Technologien (NRT) auszuarbeiten. Diese Standards sollten den Menschenrechtsaspekt einbeziehen, geschlechtssensitiv sein und Leitlinien zur zukünftigen Entwicklung im Forschungsbereich und der zu erwartenden Entwicklung der NRT zur Verfügung stellen.

Wir empfehlen, nationale und internationale Forschungsorganisationen zu Untersuchungen des Gebrauchs und des Mißbrauchs neuer reproduktiver Technologien zu initiieren und ihre Ergebnisse einer breiten Öffentlichkeit zugänglich zu machen.

Wir empfehlen, auf nationaler Ebene unabhängige und interdisziplinäre Gremien (wie sie in manchen Ländern bereits existieren) einzusetzen, die sich den sozialen und ethischen Implikationen von Biotechnologie und anderen neuen Technologien widmen, die Fruchtbarkeit eingrenzen bzw. Unfruchtbarkeit überwinden.

Wir betrachten die Ausübung von Druck oder Zwang, sei es direkt oder indirekt, bei der Durchsetzung bevölkerungspolitischer Maßnahmen als eine Verletzung der Menschenrechte. Wir empfehlen den Verzicht auf Druck und Zwang zugunsten von Maßnahmen, die die öffentliche Debatte sowie fürsorgende Sozialpolitik und somit die freiwillige Begrenzung der Familiengröße fördern.

Wir empfehlen ferner, das Ungleichgewicht der zur Verfügung stehenden Information zu korrigieren und wissenschaftliche Untersuchungen zu interregionalen und globalen Migrationsbewegungen durchzuführen. Darüber hinaus regen wir spezielle Forschungsvorhaben an, die sich mit weiblicher Migration aus Entwicklungsländern befassen – sowohl am Ausgangspunkt als auch am Zielpunkt –, um politischen Handlungsbedarf zu bestimmen.

Neue Definitionen von bezahlter und unbezahlter Arbeit

Die besonderen Bemühungen der Kommission, zu einer Neudefinition von Arbeit (Kapitel 9) zu gelangen, münden in folgenden Empfehlungen:

Wir schlagen eine Neudefinition von Arbeit im weiteren Sinn vor: Sie soll ein breites Spektrum von Beschäftigungen umfassen, zu dem die klassischen Arbeitsverhältnisse ebenso gehören wie unbezahlte Arbeit, von der die Gesellschaft als Ganzes, Familien und Individuen profitieren. Eine gerechte Verteilung des durch diese Formen der Arbeit geschaffenen Einkommens ist zu gewährleisten. Der Wert unbezahlter Arbeit – die auf der ganzen Welt größtenteils von Frauen geleistet wird – muß, wie oben ausgeführt, in die Volkswirtschaftliche Gesamtrechnung einfließen.

Angesichts der Veränderungen, die Theorie und Praxis der Arbeit seit der industriellen Revolution erfahren haben, kommen wir zu dem Ergebnis, daß die traditionellen Begriffe die Realität der Arbeitswelt nicht adäquat beschreiben. Vielmehr muß Arbeit als Kontinuum gesehen werden, und den Segmenten in diesem Kontinuum muß wirtschaftlicher Wert zugewiesen werden: von Arbeit als Mittel zum Überleben bis zu Arbeit als sinnstiftender Tätigkeit und anderen Aufgaben (z. B. unbezahlte Hausarbeit oder, weniger verbreitet, freiwillige Tätigkeiten), die menschliche Bedürfnisse decken. Die Aufgabe der Arbeit in den Industrieländern besteht in erster Linie darin, Lebensunterhalt zu schaffen und damit der Armut ein Ende zu bereiten, Arbeitslosigkeit und Unterbeschäftigung aufzuheben und mit dem zukünftigen Wachstum des Arbeitskräftepools Schritt zu halten.

Auch der Arbeitsplatzschaffung in städtischen Gebieten muß hohe Priorität eingeräumt werden, wobei Kleinunternehmen und dem informellen Sektor besondere Bedeutung zukommt. Ein Großteil des informellen Sektors gehört zur Schattenwirtschaft. Wir sind der Ansicht, daß ein Lösungsansatz darin besteht, den informellen Sektor in die wirtschaftlichen Berechnungssysteme zu integrieren und Kleinstunternehmen und -gewerbe anzuerkennen, sofern sie bestimmte Kriterien erfüllen.

Wir begrüßen die wachsende internationale Unterstützung für Mikrokreditprogramme. Da sie den Armen – besonders armen Frauen – zugute kommen, dringt die Kommission darauf, diese Programme (die derzeit vor allem in Asien existieren) auszuweiten, und fordert bilaterale und multilaterale Geberorganisationen auf, die erforderlichen Mittel bereitzustellen. Die Regierungen der Entwicklungsländer müssen die nötigen gesetzlichen und politischen Rahmenbedingungen schaffen, um die Mikrokreditstrukturen zu begünstigen.

In den Industrieländern ist Arbeitslosigkeit keine Frage des Arbeitsmangels oder des Reichtums weniger. Die Korrektur der mangelhaften Verteilung von Arbeit und Einkommen stellt heute die größte soziale Herausforderung in den entwickelten Ländern dar.

Wir schlagen deshalb vor, daß zur Senkung der Arbeitslosigkeit im Norden und im Süden das Potential des Job-sharing besser ausgelotet und von Unternehmen und Regierungsbehörden flächendeckend realisiert wird. Job-sharing muß ergänzt werden durch Pläne zur Gewinnbeteiligung. Steigende Arbeitslosenzahlen kontrastieren vielerorts scharf mit steigenden Gewinnen, ein Paradoxon, das zu unerträglichen Spannungen führen kann.

Zur Ergänzung dieser neuen Ansätze empfehlen wir umfassende Veränderungen in der Regulierung von Arbeit, signifikante Verbesserungen beim Zugang zu Aus-, Fort- und Weiterbildung sowie im Steuer- und Zusatzleistungssystem.

Die Industrieländer müssen darüber hinaus zu einer Flexibilisierung der Arbeit kommen, die die Qualifizierung der Arbeiter – innerhalb und außerhalb des Arbeitsplatzes – ständig verbessert. Das bedeutet eine Ausweitung der Bildungsangebote auch in den berufsbezogenen Lehrplänen der Hochschulen und Universitäten.

Wir sind allerdings der Ansicht, daß die Umverteilung der Arbeit nur einen Teil des Problems löst: Neue Arbeitsplätze müssen geschaffen werden. Die Kommission ist sicher, daß hier ein reiches Innovationspotential für Partnerschaften zwischen dem öffentlichen und dem privaten Sektor liegt.

Wir sind überzeugt, daß eine nachhaltige Verbesserung der Lebensqualität Migrationsbewegungen und den damit zusammenhängenden Druck mindert.

Die sozialen und ökologischen Auswirkungen des Wachstums der Städte stellen eine enorme Herausforderung dar. Den Städten müssen deshalb die notwendigen Hilfen und Mittel an die Hand gegeben werden, um diese – nahezu apokalyptischen – Probleme zu lösen. Der Staat muß im Dialog mit der Zivilgesellschaft danach streben, die Bevölkerungsdichte gleichmäßiger zu verteilen.

Wir schlagen vor, daß die ländlichen Gebiete und die städtischen Armen, besonders unter Strukturanpassungsbedingungen, einen fairen Anteil an öffentlichen Mitteln erhalten. Dabei kann es nicht nur um vorübergehende Sicherheitsnetze gehen, vielmehr muß die Umverteilung der Verantwortung und der Ressourcen auf Gemeinden und arme Regionen dringend vorangetrieben werden.

Migration, einschließlich Immigration, Flüchtlingswanderungen sowie Arbeitsmigration, und ihre Beziehung zum Lebensunterhalt müssen international vorrangig behandelt werden. Die Kommission fordert die Vereinten Nationen, regionale Organisationen und informelle Zusammenschlüsse (z. B. die G7) auf, diese Problem anzusprechen und funktionale und menschliche Lösungen zu entwickeln, die dem Zeitalter der Globalisierung gerecht werden.

Wir vertreten die Ansicht, daß die Verlagerung von Arbeitsplätzen nicht auf Kosten der Arbeitsbedingungen oder der Arbeitsplatzsicherheit gehen darf. Einige transnationale Konzerne haben bewiesen, daß Rentabilität und verantwortungsbewußte Beschäftigungsverhältnisse Hand in Hand gehen können. Andere Unternehmen sollten hier nachziehen – denkbar ist ein freiwilliger Verhaltenskodex. Dadurch sinkt der Druck auf die Industriestaaten, nichttarifäre Handelshemmnisse für Produkte aus Entwicklungsländern zu errichten, die unter ausbeuterischen Bedingungen hergestellt wurden. Damit könnten auch bestehende ILO-Konventionen ergänzt werden, die derzeit nur mangelhaft umgesetzt und eingefordert werden.

Steigende Gewinne aus globalem Freihandel müssen den Entwicklungsländern zugute kommen. Wir fordern alle internationalen Organisationen und den Privatsektor auf, die Auswirkungen solcher Trends zu untersuchen und energische Schritte zu unternehmen, um die Verbreiterung der Kluft zwischen Armen und Reichen zu verhindern.

Wir schlagen vor, daß unter der Ägide der WTO sofort weitere Verhandlungen eingeleitet werden, um Produkten aus Entwicklungsländern den Zugang zu Märkten der Industrieländer zu erleichtern.

Neue Ideen für die Bildung: die Versprechungen neuer Technologien

Die Kommission hat sich ausführlich mit den Möglichkeiten einer neuen Bildungspolitik (Kapitel 10) beschäftigt und ist zu folgenden Schlüssen gekommen:

In den beiden Dekaden zwischen 1996 und 2015 wird die größte Herausforderung darin bestehen, das Recht auf Bildung für alle

Menschen zu verwirklichen, die keinen Zugang zu Schulen haben, und auch für jene, die bei ihrem ersten Versuch gescheitert sind. Die ungeheure Verschwendung, die sich in den vielen Schulabbrechern und Klassenwiederholern zeigt, verlangt sofortiges Handeln. Wir vertreten die Ansicht, daß Bildung eine ständige Aufgabe ist und ein Recht, das nicht nur einer bestimmten Altersgruppe zusteht (Kindern und Jugendlichen). Bildung sollte ein lebenslanges Unternehmen sein, das viele verschiedene Formen annehmen kann. Bildung für Erwachsene muß sich deshalb an den tatsächlichen Bedürfnissen orientieren.

Wir sind der Überzeugung, daß Bildungstechnologien, einschließlich neuer Informationstechnologien, helfen können, mehr Flexibilität zu schaffen und eine direktere Antwort auf gesellschaftliche Bedürfnisse zu ermöglichen. Wir fordern daher die internationalen Entwicklungsorganisationen auf, Pilotprojekte mit neuen Bildungstechnologien zu initiieren. Dazu gehört auch eine Lehrerausbildung, die darauf abzielt, die Lehrer selbst in den Lernprozeß einzubeziehen.

Die Trägheit des Bildungssystems wird oft der Arbeitsintensität angelastet. Wir sind uns der Tatsache bewußt, daß in den siebziger Jahren verschiedene Projekte am Widerstand der Lehrer scheiterten. Werden neue Bildungstechnologien jedoch sachgemäß integriert, wird sich die Rolle des Lehrers wandeln – das bedeutet, daß Lehrer anders ausgebildet werden müssen.

Wir sind besorgt über die Tatsache, daß das Recht auf Bildung zum großen Teil nicht verwirklicht ist: Millionen von Menschen wird Bildung vorenthalten. Voraussagen zufolge wird in den Entwicklungsländern die Einschulungsquote für Grundschüler bis zum Jahr 2015 stabil bleiben, d. h., die Lage wird sich mittelfristig nicht verbessern – etwa 1,5 Milliarden Kinder und Erwachsene sind auf dem Weg in den Analphabetismus: ein Grund zur Sorge.

Lehrermangel und fehlende Schulgebäude können durch größere Klassen (jedoch nicht über vierzig Schüler) teilweise aufgefangen werden. Diese Strategie sollte jedoch nicht zu einer Überbelastung der Lehrer führen. Ältere Kinder und entsprechend ausgebildete Freiwillige können teilweise den Unterricht für die Kleinsten, für die kleineren Geschwister zu Hause oder für Kinder, die keine Schule besuchen können, übernehmen. Tagesstätten ermöglichen es Müttern im schulpflichtigen Alter, länger eine Schule zu besuchen. Sie können dann ihren Kindern die Grundschulbildung selbst vermitteln und ihnen so die Benachteiligungen ersparen, die mit dem Quasianalphabetismus verbunden sind. Insgesamt gesehen, würden diese Maßnahmen zu erhöhter Produktivität führen, die Kosten für Bildung verringern und sowohl die interne als auch die externe Effizienz des Bildungsprozesses verbessern.

Wir vertreten die Überzeugung, daß die Grundschulbildung weltweit höchste Priorität haben sollte, und unterstützen daher die Vorschläge der verschiedenen internationalen Foren zur Bildungspolitik und zu Bildungszielen, die dem Zweck dienen, alle Faktoren, die Analphabetismus verursachen, endgültig zu beseitigen. Bildung muß sich immer der Verbesserung der Qualitätsstandards verschreiben, auch gegen den eventuellen Widerstand der Lehrer (und manchmal der Eltern), was sowohl international als auch national klare Ziele und Zeitpläne erfordert.

Wir empfehlen der UNESCO und anderen qualifizierten Organisationen so bald wie möglich einen gemeinsamen Plan „Bildung für alle bis zum Jahr 2010" zu verabschieden. Ein solcher Plan muß auf entsprechenden bildungspolitischen Zielen (z. B. daß achtzig Prozent aller Jungen und Mädchen in die Grundschule aufgenommen werden) oder einer Bildungspolitik basieren, die das formale Bildungssystem ergänzt. Vorbereitungen dazu sollten sofort beginnen, damit die Jahre 2001 bis 2010 zur Dekade der Grundschulbildung erklärt werden können.

Wir behaupten, daß die internationale Gemeinschaft – sofern es ihr Ernst ist mit der Beeinflussung des Bevölkerungswachstums – abgesehen vom Eigeninteresse die moralische Verpflichtung hat, den Entwicklungsländern bei der Beseitigung des Analphabetismus und der Verwirklichung der Grundschulbildung für alle zu helfen. Die Kommission vertritt ferner die Ansicht, daß als absolutes Minimalziel der derzeitige Trend der abnehmenden Mittel für Entwicklungszusammenarbeit schnellstens umgekehrt werden muß. Die Hilfe sollte koordiniert auf jene Länder konzentriert werden, die ohne Unterstützung von außen ihre Ziele nicht erreichen können.

Wir vertreten darüber hinaus die Überzeugung, daß Bildung für Frauen einen starken Einfluß auf die Gesundheit und Bildung der Kinder hat: Die Kinder gebildeter Mütter werden gesünder und besser gebildet sein als andere Kinder. Bildung für Frauen ist vielleicht das wirkungsvollste Instrument der Stärkung der Frauen und darüber hinaus wahrscheinlich die wichtigste Maßnahme zur Verbesserung der Lebensqualität von Frauen, Kindern und den zukünftigen Generationen insgesamt. Gleichzeitig ist sie auch ein Faktor bei der Stabilisierung des Bevölkerungswachstums. Wir möchten auch darauf drängen, in der gesamten Bildung und Ausbildung von Jungen und männlichen jungen Erwachsenen besonderen Wert auf Fragen der Geschlechterbeziehung, auf die Rechte und die gesellschaftliche Verantwortung der Frauen zu legen.

Angesichts der entscheidenden Rolle der Bildung für Bevölkerung und Lebensqualität sind wir der Überzeugung, daß der politische Wille aufgebracht werden muß, um alternative Handlungs- und Politikansätze im Bildungsbereich einzuführen. Dabei muß gelten: global finanzieren, aber national, regional und lokal umsetzen und vor allem Zuwendung für die Armen. Regierungen, qualifizierte internationale Organisationen, Forschungs- und Medieninstitute sollten unverzüglich Untersuchungen einleiten, die sich mit der Frage beschäftigen, wie das immense Potential der neuen Medien für eine Bildung genutzt werden kann, die Gleichberechtigung und Gerechtigkeit beinhaltet sowie lebenslange Weiterbildung und soziale Integration fördert. Darüber hinaus muß geklärt werden, wie die dazu benötigte umfassende Infrastruktur errichtet werden kann.

Wir halten es gleichzeitig für wünschenswert, daß systematische Untersuchungen zu den Folgen von Gewalt, Sexualität und Konsumzwang in den Medien durchgeführt werden.

Darüber hinaus möchten wir die zentrale Funktion des Bildungssystems bei der Förderung der für die nachhaltige Verbesserung der Lebensqualität wesentlichen universellen Werte betonen. Die Kommission ist der Ansicht, daß die Ethik der Zuwendung in das gesamte Bildungssystem integriert werden muß, von der Grundschule über die Sekundarschule und die Hochschule bis zur Erwachsenenbildung.

Soll Bildung die Entwicklung einer Gesellschaft vorantreiben, die auf Zuwendung beruht, darf sie nicht länger eine Ware sein, die nur dem individuellen Weiterkommen und den wirtschaftlichen Interessen dient. Wir müssen uns auf das unbestrittene Potential der Bildung konzentrieren: Alle müssen lernen, sich selbst weiterzubilden.

Wir fordern daher Lehrer, Bildungsexperten, Wissenschaftler, Schüler und Studenten aller Stufen auf, über ihre Lehrpläne hinauszublicken und ihre institutionellen, individuellen und partizipativen Ressourcen für die Förderung der Werte einzusetzen, die die Lebensqualität nachhaltig verbessern.

Hindernisse für die Gesundheitsversorgung

In Kapitel 11 befaßten wir uns mit dem Gesundheitszustand der Menschheit, wobei wir zu folgenden Empfehlungen gelangten:

Eine flächendeckende Einführung des Grundversorgungsmodells, das die besten traditionellen und alternativen Behandlungsmethoden umfaßt, ist unbedingt erforderlich. Gleichzeitig muß ein medizinisches Versorgungssystem – ambulant und stationär – entwickelt werden, das finanziell und geographisch allen zugänglich ist. Wir fordern weiterhin eine Umverteilung der öffentlichen Mittel zugunsten des sozialen Sektors, d. h. für Bildung, Wohnen, Arbeit und Umwelt.

Wir vertreten die Ansicht, daß eine Grundversorgung für alle, das heißt Vorsorge und Behandlung, unerläßlich ist, um jegliche Form der Klassenmedizin zu vermeiden.

Wir unterstützen eine Umverteilung der Mittel weg von dem überentwickelten, krankenhauszentrierten Behandlungsmodell zugunsten der Primärversorgung in Nachbarschaftskliniken und der Vorbeugung.

Um den negativen Folgen der Strukturanpassung in den Entwicklungsländern entgegenzuwirken, müssen die Ressourcen für Gesundheit und Bildung, besonders für Frauen, geschützt und, wenn nötig, wieder auf ein akzeptables Niveau angehoben werden.

- Wir sind überzeugt, daß Vorbeugung umfassende Aufklärungskampagnen ebenso erfordert wie Gesundheitsbildung als Pflichtfach in den Schulen.

- Wir geben zu bedenken, daß Veränderungen in den Lebensweisen auch Veränderungen im Gesundheitsstatus mit sich bringen, das heißt meist weniger ansteckende, aber mehr chronische und meist nichtübertragbare Krankheiten bzw. solche, die mit einer verlängerten Lebenserwartung in Zusammenhang gebracht werden.

- Weil Gesundheit von verschiedenen Faktoren bestimmt wird, muß Gesundheitspolitik mit anderen Politikbereichen koordiniert werden. Gesundheitspolitik muß ebenso ganzheitlich ansetzen wie Bevölkerungspolitik. Eine Gesundheitspolitik, die sich auf Behandlung konzentriert, ist zum Scheitern verurteilt, wohingegen eine Politik, die sich der öffentlichen Gesundheitsvorsorge verschreibt, Erfolg verspricht. Wirksame Gesundheitspolitik muß in der Lage sein, sich mit einer Reihe von gesellschaftlichen Faktoren auseinanderzusetzen, die den Gesundheitsstatus beeinflussen.

Wir empfehlen, daß eine umfassende Gesundheitspolitik und die dazugehörigen Leistungen auf lokaler Ebene den besonderen Bedürfnissen der Frauen Rechnung tragen, vor allem in bezug auf Ernährung, Familienplanung, sichere Mutterschaft, Preispolitik für Nahrungsmittel, Nichtraucherkampagnen besonders für Frauen und Mädchen, Sport und Bewegung sowie Verkehrs- und Umweltsysteme. Eine solide Gesundheitspolitik sollte den Gebrauch von Medikamenten bei normalen Prozessen weiblicher Gesundheit verringern – von der Pubertät über Schwangerschaft und Menopause bis zum Alter.

Unserer Ansicht nach darf Gesundheit nicht allein den Behörden überlassen werden. Gesundheit ist eine gesellschaftliche Herausforderung und berührt verschiedene politische Bereiche: Landwirtschaft, Umwelt, Ernährung, Verkehr, Industrie und Bildung.

Wir dringen darauf, die erforderlichen Maßnahmen einzuleiten, die eine Verwirklichung der wichtigsten Ziele bei der Primärversorgung versprechen:

- Förderung der Gleichberechtigung für all diejenigen, die eine Gesundheitsversorgung am dringendsten brauchen;
- Betonung auf Vorbeugung und Selbsthilfe;
- bessere Beteiligung der Bevölkerung und Umverteilung der Macht und der Mittel nach unten;
- eine veränderte Kultur der medizinischen Versorgung, die den Patienten in den Mittelpunkt stellt.

Wir schlagen darüber hinaus vor, daß national und international Zielvorgaben mit Zeitrahmen verbunden und mit Hilfe von außen koordiniert werden. Die Kommission fordert alle Länder auf, endlich konkrete Schritte zu unternehmen, um die Ziele der Erklärung von Alma Ata (1978) und der Charta von Ottawa (1986) zu verwirklichen.

Wir fordern die internationalen Finanzinstitutionen und Geberländer dringend auf, umgehend von allen Kürzungen im Gesundheitsbereich im Rahmen von Strukturanpassungsprogrammen Abstand zu nehmen. Erforderlich ist vielmehr eine Politik der Partnerschaft zwischen den Organisationen der Zivilgesellschaft, legitimierten Machtstrukturen auf der lokalen Ebene, professionellen Gremien, die Wissen und andere Ressourcen zur Verfügung stellen können, sowie privaten und öffentlichen Geldgebern. Solche gewachsenen Verbindungen sind unerläßlich, soll das Primärversorgungsmodell an die jeweiligen Umstände vor Ort angepaßt und finanzierbar gemacht werden. Unabdingbar ist außerdem eine Revolution in der Kultur und der Hierarchie des Gesundheitswesens, auch in der Ausbildung, die heute komplett globalisiert ist und daher grundlegend verändert werden muß.

Wir schlagen abschließend vor, daß alle Länder der internationalen Gemeinschaft Forschungsprogramme entwickeln, die sich der Kontrolle neuer und wiederauftauchender Krankheiten widmen.

Reproduktion: das neue Element der Menschenrechte

Die Kommission beschäftigte sich intensiv mit dem Problem der reproduktiven Wahlmöglichkeiten (Kapitel 12), das eng mit der Gesundheitsfrage verknüpft ist. Wir sind zu der Überzeugung gelangt, daß Sexualkundeunterricht in allen Gesellschaften dringend notwendig ist. Ein solcher Unterricht kann Verständnis für die komplexen Dimensionen der persönlichen Freiheit einerseits und der persönlichen Verantwortung andererseits vermitteln.

Wir weisen darauf hin, daß der Begriff der „freien Wahl" gesellschaftlich konstruierte Erwartungen enthält. Die Bekräftigung der Individualrechte verleiht reproduktiven Rechten im Rahmen der Menschenrechte eine neue Qualität. Im Begriff der reproduktiven

Rechte ist die Bestätigung verankert, daß Frauen in allen Gesellschaften als gleichberechtigte Bürgerinnen behandelt werden müssen und nicht ausschließlich über ihre Gebärfähigkeit definiert werden dürfen.

Wir sind der Ansicht, daß das Konzept der Nichtverhandelbarkeit der reproduktiven Rechte als Menschenrechte durch grundlegende ethische Prinzipien gestützt wird: die Würde des Menschen, Gleichberechtigung und Diskriminierungsverbot, Beteiligung und Solidarität.

Wir vertreten ferner die Ansicht, daß die Idee der Nichtkommerzialisierung der reproduktiven Rechte als Menschenrechte durch ebendiese Prinzipien vorgegeben ist.

Unsere Kommission fordert dringend Maßnahmen gegen die zahlreichen Praktiken, die reproduktive Rechte der Frau verletzen. Wir unterstützen das Aktionsprogramm der Weltfrauenkonferenz von Peking (1995), das reproduktive Gesundheit als kritischen Aspekt der Gesundheitsversorgung anerkennt. Wir sind ferner der Ansicht, daß sich „Wahl" und „Verfügbarkeit" die Waage halten müssen, da viele Länder die nötigen Ressourcen für die reproduktive Gesundheit nur schwer aufbringen können. Wird das Konzept der Verfügbarkeit mißachtet, kann die Förderung einer immer breiteren Palette von Dienstleistungen im Bereich der reproduktiven Gesundheit zu einer Vernachlässigung anderer kritischer Bereiche des Gesundheitswesens führen.

Unserer Ansicht nach sollte eine Gruppe gleichgesinnter Länder die Annahme einer Erklärung zu reproduktiven Rechten initiieren. Diese Erklärung soll das Recht auf Wahlfreiheit und Primärversorgung für reproduktive Gesundheit festlegen und darauf abzielen, daß die Qualität der Dienstleistungen und die Beteiligung der Menschen gewährleistet ist. Die Erklärung sollte auch Beratung umfassen sowie die Bereitstellung von Dienstleistungen von der Jugend bis ins hohe Alter, wobei die angemessene Information und die Zustimmung des Patienten sichergestellt werden müssen. Alle Zwangsmaßnahmen sind strikt abzulehnen.

Wir empfehlen, daß die UNFPA in Zusammenarbeit mit WHO, UNICEF und UNIFEM ein Modell der reproduktiven Gesundheitsversorgung entwickelt, das Mindeststandards definiert. Wir sind darüber hinaus der Ansicht, daß Dienstleistungen im Bereich reproduktive Gesundheit dringend auf die Gruppen ausgedehnt werden müssen, die derzeit nicht angesprochen sind: Männer, Ledige, Jugendliche. Weiterhin müssen die Kosten auf ein erschwingliches Maß gesenkt, und die Palette der Dienstleistungen muß soweit wie möglich verbreitert werden.

Abtreibung als Mittel der Geburtenkontrolle lehnt die Kommission strikt ab. Auch darf Abtreibung nicht aufgrund des Geschlechts des ungeborenen Kindes vorgenommen werden. Diese Praktiken laufen allen Bestrebungen zuwider, Abtreibung als Gesundheitsrecht der Frau durchzusetzen. Die Kommission lehnt weiterhin eine Abtreibungskultur ab, die aus Mangel an Empfängnisverhütungsmitteln entsteht. Denn dieser Mangel ist ein Indikator, daß Gesellschaft und Regierung die Bedürfnisse von Frauen und besonders Mädchen vernachlässigen.

Die Kommission empfiehlt, Abtreibung zu entkriminalisieren und im Rahmen des Gesundheitswesens zugänglich zu machen. Nur so kann Sicherheit gewährleistet werden. Strafrechtliche Maßnahmen gegen geschlechtsspezifische Abtreibungen können jedoch nötig sein, um Mißbrauch zu verhindern.

Wir raten, bei Gesetzesinitiativen alle Aspekte der Abtreibung, besonders die Gesundheitsrisiken, in Betracht zu ziehen. Gesellschaftliche, religiöse und andere Führungspersönlichkeiten tragen hier eine besondere Verantwortung und müssen alle Argumente genau abwägen, bevor sie den Gesetzgebern etwas empfehlen.

Wir sind der Überzeugung, daß die Zivilgesellschaft, besonders die religiösen und kulturellen Führer, den gesellschaftlichen Realitäten und Bedürfnissen gegenüber nicht blind bleiben dürfen – den Realitäten und Bedürfnissen, denen die Regierungen mit ihrem Leistungsangebot im Bereich reproduktive Gesundheit Rechnung tragen müssen.

Wir sind der Ansicht, daß das umfassende Konzept der reproduktiven Gesundheitsversorgung eine kritische Komponente der Lebensqualität von Frauen, Männern und Kindern ist. Zu dieser Versorgung gehören unter anderem Familienplanung, sichere Mutterschaft, die Behandlung von Unfruchtbarkeit und die Vorbeugung gegen und die Behandlung von sexuell übertragbaren Krankheiten.

Wir unterstützen den Vorschlag, reproduktive Gesundheit nicht als vom restlichen Gesundheitswesen isoliertes Phänomen zu betrachten, das ein eigenes Versorgungssystem erfordert. Dies bedeutet aber, daß das Modell der primären reproduktiven Gesundheitsversorgung allgemein akzeptiert und angeboten werden muß. Ziel des Modells sollte es aber nicht sein, alle Elemente einer solchen Versorgung auch anzubieten. Es sollte sich vielmehr auf die Vorbeugung und Erstbehandlung häufiger Leiden beschränken. Höhere Ebenen des Gesundheitswesens sollten zu Rate gezogen werden, sobald komplexe Diagnosen und Behandlungen erforderlich sind, zum Beispiel bei Problemschwangerschaften, wenn Patienten langfristige Methoden der Empfängnisverhütung suchen oder wenn Antibiotikabehandlungen von Unfruchtbarkeit notwendig sind.

Wir sind der Ansicht, daß die Verhinderung von Unfruchtbarkeit und die Erstbehandlung von therapierbaren sexuell übertragenen Krankheiten zur reproduktiven Gesundheit gehören. Wir schlagen vor, daß ein angemessenes Gleichgewicht zwischen den Mitteln für die Primärversorgung und den Ressourcen für die kostspielige hochtechnisierte Medizin (einschließlich der Forschung über Unfruchtbarkeit) gefunden wird. Wir möchten, daß unfruchtbaren Frauen geholfen wird, bestehen aber darauf, daß die Primärversorgung oberste Priorität hat.

Wir halten Familienplanungsprogramme auf freiwilliger Basis für wesentlich effizienter als Programme, die sich auf Druck und Zwang stützen, um Empfängnisverhütungsmittel oder kleinere Familien durchzusetzen. Wir merken darüber hinaus an, daß finanzielle Anreize, Beförderungsversprechen oder Strafandrohung für Beschäftigte im Gesundheitswesen den Mißbrauch fördern und finanzielle Mittel binden, die anderswo dringend gebraucht werden.

Wir sind überzeugt, daß die Einbindung der Menschen vor Ort eine wichtige Rolle spielt bei der effizienten Selbsthilfe sowie bei der Identifizierung und Überwindung soziokulturellen Widerstands, der meist dem Unwissen über physiologische Prozesse entspringt. Deshalb haben wir mit Interesse erfolgreiche Familienplanungsansätze zur Kenntnis genommen, die sich auf kollektive Anreize durch die örtlichen Selbstverwaltungsorgane stützen, um die Lebensqualität, besonders die der Kinder, zu erhöhen.

Wir sind ferner der Meinung, daß eine Verbesserung der Qualität und Glaubwürdigkeit der Informations-, Bildungs- und Beratungsangebote im Bereich reproduktive Gesundheit die Menschen in die Lage versetzt, ethisch und gesellschaftlich verantwortungsbewußte Entscheidungen in bezug auf Schwangerschaft und Geburt zu treffen. Es gibt zahlreiche innovative Sozialentwicklungsmodelle, die diese Überzeugung stützen. Eine nachhaltige Förderung von Forschung und Lehre mit dem Ziel der Verbesserung der Qualität von Information, Bildung und Beratung vor Ort wird sich positiv auswirken.

Stärkung der Frauen – eine neue gesellschaftliche Kraft

Reproduktion und das Wohlbefinden neuer Generationen hängen entscheidend vom Status der Frau ab. Deshalb wendeten wir uns als erstes der Frage zu, wie es Frauen ermöglicht werden kann, vollständig am gesellschaftlichen, politischen und Arbeitsleben teilzunehmen. Die Kommission hat zahlreiche konkrete Empfehlungen ausgesprochen, die es den Frauen ermöglichen sollen, an der verbesserten Lebensqualität gleichberechtigt teilzuhaben.

Die zentrale Rolle der Frau muß in allen gesellschaftlichen Prozessen gestützt werden, wobei eine Verbindung herzustellen ist zwischen persönlicher Freiheit und individuellen Rechten einerseits und Ansprüchen und Verpflichtungen andererseits. Solidarität zwischen Frauen – dieses historisch gesehen neue Phänomen – muß weiter gestärkt werden, während gleichzeitig viel Bewußtseinsbildung notwendig ist, um den Widerstand der Männer und Jungen gegen einen Machtzugewinn von Frauen zu verhindern und abzubauen.

Das Prinzip der Gleichberechtigung am Arbeitsplatz – gleicher Lohn für gleiche Arbeit – muß flächendeckend durchgesetzt werden. Bevorzugte Behandlung sollte so lange ein legitimes Mittel sein, bis die Ungleichheiten in Bezahlung und Status überwunden sind. Dazu gehören nicht nur konkrete Ziele, Zeitpläne und Fortschrittskontrollen, sondern auch Kindertagesstätten, flexible Arbeitszeiten für Mütter, Frauenquoten bezüglich Einstellung, Beförderung, Aus- und Weiterbildung sowie das Verbot von sexueller Belästigung.

Das Arbeitsrecht sollte dahingehend erweitert werden, daß Arbeitsbedingungen, Zusatzleistungen und Arbeitsplatzsicherheit für Hausangestellte und in der Landwirtschaft Tätige, für Teilzeitbeschäftigte, befristet Beschäftigte, Heimarbeiter und Arbeiter in Exportproduktionszonen gewährleistet sind.

Neue Entwicklungsinitiativen sowie die Wirtschafts- und Sozialpolitik, einschließlich der Strukturanpassungsprogramme, sollten einem Geschlechtsaudit – mit Beteiligung von Frauen – unterliegen, um die Auswirkungen auf die Lebensqualität von Frauen zu bewerten.

Die Erarbeitung eines umfassenden globalen Aktionsplans für Kinder und Jugendliche, besonders für Mädchen, ist zentraler Bestandteil einer Politik, die versucht, die Diskriminierung von Frauen aufzuheben. In den verschiedenen internationalen Dokumenten sind bereits Elemente eines solchen Plans verankert, doch müssen sie in einem einzigen Rahmenwerk zusammengefaßt werden. Interessierte Regierungen und NRO sollten eine Initiative in dieser Richtung starten.

NRO und Frauenorganisationen sollten intensiver daran arbeiten, das Interesse von Frauen und ihre Beteiligung am politischen Leben zu stärken und den Frauen die dazu notwendigen Kenntnisse zu vermitteln. Die Frauen müssen dazu ermutigt werden, sich direkt in der politischen Arena zu engagieren (dazu gehört auch passive Wahlbeteiligung), wodurch sie ihren Status im öffentlichen Leben und im Entscheidungsfindungsprozeß verbessern. Männer und Jungen müssen dabei unterstützt werden, mit den Frauen ein positives Umfeld zu gestalten, und dürfen sich dem Wandel nicht widersetzen.

Regierungen, Finanzinstitutionen und internationale Organisationen müssen dazu beitragen, den Begriff Stärkung mit Leben zu füllen. Das bedeutet, daß sie eine radikale Veränderung in der Wirtschafts- und Finanzpolitik mittragen müssen, ebenso wie eine neue Prioritätensetzung in den öffentlichen Haushalten, verbesserte Kreditbedingungen für Frauenkollektive und Veränderungen in den Bedingungen der internationalen Kreditvergabe. Indem sich diese wichtigen Wirtschaftsakteure von einer einseitigen, technokratischen Finanzpolitik verabschieden, werden sie dazu beitragen, daß alle Frauen die ihnen angestammten Rechte ausüben können.

Die Mobilisierung der gesamten Menschheit für einen neuen Gesellschaftsvertrag

Angesichts der vielen verschiedenen Übergangsprozesse in der globalisierten Welt erscheint die Zeit reif für einen neuen Gesellschaftsvertrag, der eine neue Grundlage für das Selbstverständnis einer Gesellschaft liefert und auf die neuen Realitäten eingeht.

Der Ausgangspunkt eines solchen Gesellschaftsvertrags wird die rechtliche und praktische Anerkennung der Souveränität des Volks sein: Es sind die Menschen, die die Subjekte der Verbesserung der Lebensqualität sein werden. Die Übertragung von Macht an die Menschen ist nicht nur ein abstrakter Wunsch; sie besteht aus zahllosen Dialogen und Aktionen sowie aus konkreten Projekten, die sich alle innerhalb rechtlicher Rahmenbedingungen abspielen.

Wir brauchen dringend einen neuen Gesellschaftsvertrag – eine neue Synthese zwischen den Märkten, zwischen Gesellschaft und Umwelt, zwischen Effizienz und Gerechtigkeit, zwischen Wohlstand und Wohlfahrt; ein neues Gleichgewicht zwischen Wirtschaftswachstum einerseits und sozialem Frieden und nachhaltiger Verbesserung der Lebensqualität andererseits. Wir benötigen außerdem neue Konzepte und neue Instrumente, die es den Regierungen ermöglichen, die Märkte zu regulieren; und wir brauchen eine gesunde Finanzbasis, so daß die Märkte weder unser Überleben bedrohen noch Vorrang vor einer nachhaltigen Lebensqualität genießen.

Dieser Vertrag soll auch ein neues Gleichgewicht ausdrücken zwischen den verschiedenen Altersgruppen im demographischen Übergangsprozeß, zwischen Mensch und Natur, zwischen Männern und Frauen, zwischen Erwachsenen und Kindern, zwischen der Schöpfung und den verschiedenen Formen ihrer uns umgebenden spirituellen Energie.

Das Herz des Gesellschaftsvertrags wäre eine Selbstverpflichtung, sich zusammen für Verbesserungen, Nachhaltigkeit und eine allumfassende Lebensqualität einzusetzen.

Es liegt in der Verantwortung der Politiker, ein politisches Klima zu schaffen, das dem Individuum Eigeninitiative ermöglicht. Die Beteiligung der Öffentlichkeit muß auf allen Ebenen zu einem zentralen Bestandteil der Aktivitäten der Gesellschaft werden.

Probleme entstehen, wenn Menschen stark darin eingeschränkt sind, diese öffentlich zu benennen und dagegen protestieren zu können. Nur die Demokratie kann die fortwährende Anpassung der Menschheit an sich ändernde Lebensbedingungen durch Versammlungs- und Organisationsfreiheit, freie Rede und freie Presse, freies und allgemeines Wahlrecht, gleichberechtigten Zugang zu Bildung in allen Lebensphasen und zu juristischer Unterstützung gewährleisten.

Die Förderung der Bürgerbeteiligung ist jedoch nicht einfach eine Frage des richtigen institutionellen Rahmens. Vielmehr müssen auch die Bedingungen dafür geschaffen werden, daß sich jeder einzelne oder Gruppen aktiv einsetzen können. Es müssen daher Formen der Bürgerbeteiligung entwickelt werden, die die Effizienz der Demokratie bereichern und vertiefen.

Voraussetzung für Partizipation ist die Übertragung und Dezentralisierung der Macht und die Bereitstellung der dafür notwendigen Ressourcen. Jede Entscheidung sollte auf der Ebene getroffen werden, die den betroffenen Menschen am nächsten ist.

Bürgerbeteiligung muß zu einem universellen Recht und zu einer allgemein üblichen Praxis werden. Wir müssen die Bürgerbeteiligung innerhalb der Regierungsstrukturen auf jeder Ebene stärken, und zwar sowohl in den entwickelten als auch in den Entwicklungsländern.

Wenn sie mit mehr Macht ausgestattet sind, greifen Bürger zumeist zu Formen organisierten Handelns, durch die sie Einfluß auf die Fragen ausüben können, die sie am meisten betreffen. Die Vielfalt der Handlungsweisen, deren gegenseitige Befruchtung und ihr Konfliktpotential verschaffen der Gesellschaft ungeheure Lebendigkeit. Nur wenn all diese Aspekte gegeben sind, können wir zu Recht von einer *Zivilgesellschaft* reden.

Auf globaler Ebene müssen Wege und Mechanismen gefunden werden, um die geschlossenen und ausgrenzenden Formen politischen Handelns, die Verhandlungen hinter geschlossenen Türen und die auf wenige Teilnehmer beschränkten Dialoge zu beseitigen – vor allem innerhalb des UNO-Systems. Die Vereinten Nationen sollten auch die Ressourcen der NRO nutzen und auf den konstruktiven Erfahrungen mit den NRO-Beiträgen zu den Konferenzen von Rio, Wien, Kairo, Kopenhagen und Peking aufbauen. Die herablassende Haltung einiger Regierungen und der Leitung mancher internationaler Organisationen sollte in eine echte und verläßliche Partnerschaft umgewandelt werden. Diese sollte allmählich auch in die Strukturen und Abläufe der Organisationen integriert werden.

Zu diesem Zweck und um die Legitimität und das politische Gewicht der NRO zu stärken, sollten die Kriterien für die Teilnahme von NRO auf internationaler Ebene im Rahmen eines Beratungsprozesses zwischen allen Betroffenen sorgfältig festgelegt werden.

Die Suche nach Ressourcen

Wir kommen schließlich zur Suche nach den Mitteln, die wir benötigen, um die meisten – wenn nicht alle – unserer Vorschläge und Empfehlungen umzusetzen.

Die Kommission ist sich im klaren darüber, daß die vorgeschlagenen Politikansätze und Maßnahmen umfangreiche direkte oder indirekte Ressourcen voraussetzen. Diese Ressourcen liegen weit über dem derzeitigen Niveau der Entwicklungshilfegelder. Sie müssen national oder international bereitgestellt werden. Wenn diese Ressourcen nicht aufgebracht werden, so wird es unserer Welt sehr viel schlechter gehen.

Neue Mechanismen müssen entwickelt und eingesetzt werden, die nach und nach den traditionellen Ansatz ergänzen und schließlich ersetzen, der auf den freiwilligen (und manchmal obligatorisch festgelegten) Beiträgen durch Regierungen sowie den durch die NRO gesammelten privaten Spenden beruht.

Den Märkten sollte eine Schlüsselrolle bei der Erschließung der Finanzmittel zukommen, die für die nachhaltige und langfristige Verfolgung der international vereinbarten Prioritäten benötigt werden. Die Märkte waren bislang die hauptsächlichen Nutznießer der Globalisierung praktisch aller Handlungsfelder. Sie sind von einem weltweiten, interdependenten Netzwerk abhängig – einem Netzwerk, das durch die multilaterale Kooperation aufgebaut, erhalten, vertieft und erweitert wird. Der private Sektor muß dazu bewegt werden, sich für die Finanzierung der nationalen und internationalen Aktivitäten einzusetzen, die in diesem Bericht skizziert werden.

Die staatliche Entwicklungshilfe (ODA)
In Hinblick auf die traditionellen Finanzierungsarten sind wir besorgt angesichts der rückläufigen Tendenzen in der staatlichen Entwicklungshilfe, die im Widerspruch zu allen internationalen Vereinbarungen und Versprechungen stehen. Es müssen alle Bemühungen unternommen werden, diesen Abwärtstrend zu stoppen und das – noch immer weit entfernte – 0,7-Prozent-Ziel so schnell wie möglich zu verwirklichen.

In Zukunft sollte die Vergabe von internationalen Hilfsgeldern und Krediten zu Sonderbedingungen bewußter auf die nachhaltige Verbesserung der Lebensqualität ausgerichtet werden – vor allem der Lebensbedingungen der Ärmsten der Armen in den Entwicklungsländern.

Die Neuausrichtung der Gelder erfordert bessere Statistiken als diejenigen, die derzeit zur Verfügung stehen. Wir empfehlen daher, daß das Development Assistance Committee (DAC) der OECD anregt, die Statistiken über die durch die Geberländer bereitgestellten Finanzmittel so zu verfeinern, daß sie nach ihrem Verwendungszweck aufgeschlüsselt werden können.

Wir sind der Überzeugung, daß die Hilfsgelder derzeit im umgekehrten Verhältnis zu den Bedürfnissen vergeben werden. Wenn nur die bestehenden Hilfsgelder gerechter verteilt würden, ergäbe dies für die Armen in den ärmsten Ländern einen großen Unterschied. Um solche Fehlgewichtungen zu korrigieren, empfiehlt die Kommission, daß Finanztransfers in Länder mit einem jährlichen Realeinkommen von mehr als 3000 US-Dollar pro Kopf der Bevölkerung nicht länger als staatliche Entwicklungshilfe klassifiziert werden.

Ein anderer innovativer Ansatz besteht darin, mit einem bestimmten Prozentsatz der staatlichen Entwicklungshilfe die Zivilgesellschaft so weit zu stärken, daß diese die Wirksamkeit der Zuwendungen vor Ort überwachen kann. So könnte der Fehlverteilung und dem Mißbrauch von Entwicklungshilfegeldern vorgebeugt und das Bewußtsein der Menschen geschärft werden.

In diesem Sinn drängt die Kommission alle Geberländer, ihre bilateralen Programme radikal zu überprüfen. Die Prioritäten sollten über einen Zeitraum von drei bis fünf Jahren hinweg so verlagert werden, daß die Mittel die Lebensqualität in Ländern mit einem

Realeinkommen unterhalb der 3000-US-Dollar-Grenze verbessern, wobei die benachteiligten Regionen und Bevölkerungsgruppen innerhalb dieser Länder besonders berücksichtigt werden sollten.

Die Kommission vertritt darüber hinaus folgende Positionen:

- Länder, in denen das jährliche Pro-Kopf-Einkommen bei 2000 bis 3000 US-Dollar liegt, sollten theoretisch dazu imstande sein, eine eigene Verteilungspolitik zu betreiben, die auf eine nachhaltige Verbesserung der Lebensqualität und auf die Verwirklichung der verschiedenen wirtschaftlichen und sozialen Rechte abzielt.

- Um die Finanzierung der Programme zur Verbesserung der Lebensqualität zu gewährleisten, ist ein wirkungsvolles nationales System zur Erhebung von Einkommens- und anderen Steuern notwendig. Wo ein solches System noch nicht eingerichtet wurde, sollte dies schnellstmöglich geschehen. Länder mit einem funktionierenden System sollten ihre Strukturen mit dem Ziel überarbeiten, ihr System zu verstärken und das Steueraufkommen zu maximieren.

- Alle Länder und internationalen Organisationen sollten die 20:20-Vereinbarung als ein wertvolles Politikziel anerkennen und im Rahmen der Umverteilung ihrer Ressourcen zugunsten der grundlegenden sozialpolitischen Maßnahmen anwenden.

- Das 20-Prozent-Ziel sollte jedoch lediglich als ein erster Schritt gelten. Ein wachsender Anteil der nationalen Ressourcen und externen Hilfsgelder sollte der nachhaltigen Verbesserung der Lebensqualität dienen, wozu nicht nur die Sozialpolitik, sondern auch andere Bereiche, zum Beispiel der Umweltschutz, gehören. Diese Ressourcen sollten verwendet werden für Grundschulbildung, Alphabetisierungsprogramme für Erwachsene, medizinische Grundversorgung, Familienplanung, einfache Unterkünfte, ausreichende Nahrungsmittelversorgung, Gleichberechtigung der Frauen, grundlegende juristische Dienste und Aufbau von NRO und Informationsstellen zur Unterstützung der Demokratie.

Regierungen, Banken und internationale Finanzinstitutionen müssen einen umfassenden Erlaß sowohl staatlicher als auch privater Schulden der ärmsten Länder erwirken, vor allem in Afrika. Der endlose Prozeß, der bislang nur Aufschub und konzeptlose Neufestsetzungen der Schuldendienste ergab, sollte abgeschlossen werden; wo bislang immer nur neue, aber kaum voneinander abweichende Variationen der gleichen halbherzigen Lösungen geboten wurden, sollte nun eine gesunde und stabile Antwort gefunden werden.

Auch die multilateralen Schuldenlasten, vor allem die der afrikanischen Länder, die bislang ein Tabu in der internationalen Schuldendebatte waren, müssen angegangen und substantiell gesenkt werden. Dazu sollten die Ideen, die im Verlauf des Jahres 1995 in der Weltbank entstanden sind, mit hoher Dringlichkeit weiterverfolgt werden.

Je nach der spezifischen Lage eines Landes könnten auch andere, innovativere Maßnahmen zur Senkung der Schuldenlast angewandt werden. Eine attraktive Möglichkeit ist dabei der Tausch kommerzieller und staatlicher Schulden gegen bestimmte staatliche Maßnahmen und Programme, die dem Umweltschutz oder der sozialen Entwicklung dienen. Solche Tauschprojekte erfüllen zweierlei Zweck: Sie tragen dazu bei, die Schuldenlast zu senken, und fördern empfehlenswerte ökologische oder soziale Maßnahmen, was wiederum die Chancen erhöht, neue finanzielle Hilfen zu erhalten.

Es sollten baldmöglichst Maßnahmen verabschiedet werden, um den Zugang von Rohstoffen und anderen Produkten aus Entwicklungsländern zu den Märkten der Industrieländer zu verbessern. Gleichzeitig mit der weiteren Rückführung der Zölle für die Produkte und Halbprodukte aus Landwirtschaft, Industrie und Handwerk sollte der Norden landwirtschaftliche Subventionen und Exportdumping einstellen. Zu diesem Zweck sollte die WTO ohne weitere Verzögerungen eine neue Verhandlungsrunde zum Welthandel initiieren, um gleiche Voraussetzungen für alle Länder und damit die Basis für neue Arbeitsplätze zu entwickeln sowie Raum für die Integration ökologischer Belange zu schaffen. Die potentielle Wirksamkeit solcher Maßnahmen wird schon durch den monetären Nutzen angedeutet, der erwartet wird, wenn der Norden seine Zölle und Mengenbeschränkungen auf die Exporte aus Entwicklungsländern senkt, wie dies in der Uruguay-Runde ausgehandelt wurde. Dieser Nutzen besteht in einem Finanzstrom, der dem der offiziellen Entwicklungshilfe entspricht, und dies, obwohl die ausgehandelten Bedingungen von vielen

Beobachtern und Akteuren als unbefriedigend für die Entwicklungsländer beurteilt werden.

Darüber hinaus sollten die derzeit bestehenden Warenabkommen, die der Stabilisierung des Exportaufkommens der Entwicklungsländer dienen, voll umgesetzt werden.

Die Notwendigkeit neuer Finanzierungsmechanismen

Es wird immer deutlicher, daß die international vereinbarten Programme und ihre Prioritäten, ob im Bereich der wirtschaftlichen und sozialen Entwicklung oder in anderen Bereichen, aufgrund der Knappheit der international bereitgestellten Ressourcen totes Papier bleiben. Die Kommission fordert daher den Generalsekretär der Vereinten Nationen auf, dringend eine umfassende und detaillierte Bestandsaufnahme aller bislang international beschlossenen prioritären Programme zu erstellen, zu der auch Kostenschätzungen oder finanzielle Zusagen gehören sollten.

Wir sind überzeugt davon, daß die Welt auf internationaler Ebene neue Mechanismen für die Finanzierung globaler Prioritäten braucht, die die gegenwärtigen Ansätze ergänzen. Diese neuen Mechanismen sollten Beträge in angemessener Höhe bereitstellen und von den Haushaltsnöten einzelner Länder unabhängig sein – schließlich ist einer der einfachsten Wege aus einer Haushaltskrise die Kürzung der bereitgestellten Entwicklungshilfegelder.

Die Kommission kommt zu der Schlußfolgerung, daß die vielversprechendste Quelle für die Finanzierung der weltweiten Prioritäten – zumindest was die Erträge angeht – die Einführung einer internationalen Abgabe auf alle Transaktionen wäre, die auf den weltweiten Finanzmärkten getätigt werden: Währungshandel, festverzinsliche und andere Wertpapiere, nachgeordnete Marktsegmente und Aktien. Die Kommission empfiehlt eine Transaktionsgebühr, die pauschal, einheitlich, gleichmäßig und universell erhoben wird auf alle gegenwärtigen und zukünftigen Formen finanzieller Transaktionen.

Wir sind uns der Tatsache bewußt, daß die Einführung einer solchen Abgabe eine umfassende, rechtlich bindende und wirklich universelle Vereinbarung oder Konvention voraussetzt. Durch die universelle Gültigkeit würde die Umleitung von Finanzmitteln in

Länder vermieden werden, die die Vereinbarung nicht unterzeichnet haben.

Entsprechend müßte wahrscheinlich auch eine neue internationale Behörde geschaffen werden, die die anfallenden Beträge verwaltet, die Funktionsweise des Mechanismus überwacht und die Erträge nach einem international ausgehandelten Schlüssel verteilt. Die Zusammensetzung der Mitglieder, die Abstimmungsverfahren und die Kompetenzen einer solchen Behörde müßten noch festgelegt werden, aber bei dieser Gelegenheit könnte eine neue Struktur, die alle wichtigen Interessensvertreter einbezieht, aufgebaut werden. Dazu gehören auch Nichtregierungsorganisationen, der private Sektor, Parlamente und die nationalen Regierungen.

Die Kommission empfiehlt auch, daß eine kleine Gruppe international hochstehender Experten berufen wird, unter der Schirmherrschaft der Vereinten Nationen oder der Institutionen von Bretton Woods die Detailfragen zu untersuchen, die bei einer Einführung einer Abgabe auf Finanzaktivitäten gelöst werden müßten.

Wenn die internationalen prioritären Programme mit Hilfe der ersten wirklich internationalen Steuer finanziert werden könnten – global vereinbart, global bezahlt, zum globalen Nutzen eingesetzt –, so wäre dies eine revolutionäre Neuerung im Rahmen der internationalen Beziehungen.

Die Kommission empfiehlt darüber hinaus, daß die Vollversammlung der Vereinten Nationen in einer Sammelresolution einen Auftrag zur Durchführung detaillierter Studien erteilt, die die Machbarkeit, die potentiellen Erträge und Aufkommen sowie die möglichen Funktionsweisen verschiedener innovativer Finanzierungsmechanismen untersuchen.

Wir rufen außerdem die UNCTAD auf, ihr derzeitiges Pilotprojekt zu handelbaren Emissionsrechten zügig voranzutreiben – auch als eine weitere Möglichkeit, Gelder zum Nutzen der Entwicklungsländer zu erschließen.

Wir fordern auch dazu auf, in intensiven Studien den möglichen Zugriff auf Sonderziehungsrechte unter der Verwaltung des Internationalen Währungsfonds zu untersuchen, die für Aktivitäten im Bereich des kollektiven Friedens und der Sicherheit, wie sie in diesem Bericht sehr weit definiert wurden, genutzt werden könnten.

Trotz all dieser Visionen und Pläne wird die staatliche Entwicklungshilfe noch viele Jahre lang das Rückgrat der internationalen Entwicklungsbemühungen bleiben. Um die Existenzfähigkeit der bestehenden multilateralen Übereinkünfte zu gewährleisten, so wenig zufriedenstellend diese auch sein mögen, drängt die Kommission noch einmal darauf, daß zumindest der gegenwärtige rückläufige Trend in der staatlichen Entwicklungshilfe durch ein entschlossenes internationales Vorgehen gestoppt wird, womit die Industrieländer auch dazu bewegt werden sollen, ihr Versprechen, 0,7 Prozent ihres BSP für Entwicklungshilfe auszugeben, so schnell wie möglich zu erfüllen.

Die Kommission ist der Auffassung, daß alle diese Aspekte der Erschließung und der Umverteilung der Ressourcen eine *conditio sine qua non* für die nachhaltige Verbesserung der Lebensqualität und gleichzeitig auch eine Bedingung für eine Beschleunigung der Wandlungsprozesse ist, die für eine Stabilisierung der Weltbevölkerung erforderlich sind.

Anhang

Die Kommission

Die Ursprünge der Kommission

Die **Independent Commission on Population and Quality of Life** (Unabhängige Kommission für Bevölkerung und Lebensqualität) wurde auf Initiative verschiedener Organisationen gegründet, die sich seit Jahren mit Bevölkerungsfragen beschäftigen. Sie erkannten die Notwendigkeit, Antworten auf die dringenden Fragen des Komplexes Bevölkerung/Familienplanung und die entsprechenden Programme zu finden. Zwei Vorbereitungstreffen führten schließlich zur Einrichtung der Kommission.

Das erste Vorbereitungstreffen fand unter der Schirmherrschaft der Rockefeller Foundation am **3. Dezember 1991 in London** statt. Die folgenden Experten und Vertreter von Organisationen aus dem Bereich Bevölkerungsfragen nahmen teil: *Internationale Organisationen*: Nafis Sadik und Jyoti Shankar Singh, United Nations Population Fund; Ann O. Hamilton, Weltbank. *Bilaterale Entwicklungsorganisationen*: Botschafter Nicolaas H. Biegmann, Niederlande; Duff Gillespie, USA; Jacques Martin, Schweiz; David Nabarro, Großbritannien; Carl Tham, Schweden. *Außenministerien*: Botschafter L.O. Edström, Schweden; Akura Kitamura, Japan. *NRO und private Stiftungen*: Peter Goldmark, Präsident, Kenneth S. Prewitt, Vizepräsident, Robert S. Lawrence und Steven W. Sinding, Rockefeller Foundation; Carolyn Makinson, Andrew W. Mellon Foundation; Carmen Barroso, MacArthur Foundation; Jose Barzelatto, Ford Foundation; Hafdan Mahler, Generalsekretär, International Planned Parenthood Federation; George Zeidenstein, Präsident, Population Council. *Eingeladene internationale Experten*: Robert McNamara, Manuel Urbina Fuente, Sandra Mostafa Kabir, Jacqueline Pitanguy, Shigemi Kono, Richard Sandbrook, Elizabeth Preble.

Ziel des Londoner Treffens war es, die weltweite Lage in bezug auf Bevölkerung und Familienplanung zu bewerten sowie neue Möglichkeiten für beide Bereiche zu definieren und konstruktive Wege zu suchen, diese Möglichkeiten zu realisieren. Auch einigte man sich auf die Leitlinien zur Organisation der Kommission sowie auf deren Zusammensetzung.

Das zweite Vorbereitungstreffen fand am **4. und 5. März 1992 im Konferenzzentrum Bellagio** statt. Hier sollten die wesentlichen Parameter der Arbeit der Kommission festgelegt werden. Die Eckpunkte, die bei diesem Treffen definiert wurden, dienten später als *Mission Statement* der neuen Initiative – der Independent Commission on Population and Quality of Life. Auf diesem Treffen ergaben sich weiterhin eine Liste potentieller Kandidaten für den Vorsitz sowie die Funktionen und die Zusammensetzung des Sekretariats. Darüber hinaus wurden erste Gedanken über die Mittelbeschaffung diskutiert, die über die finanziellen Zusagen der an den Vorbereitungstreffen beteiligten Regierungen und Institutionen hinausgingen.

Die Teilnehmer in Bellagio waren: *Internationale Organisationen*: Nafis Sadik und Jyoti Shankar Singh, United Nations Polulation Fund; Ann O. Hamilton, Weltbank. *Bilaterale Entwicklungsorganisationen*: Christoph Allison, Großbritannien; Botschafter Nicolaas H. Biegmann, Niederlande; Michael Bohnet, Deutschland; Duff Gillespie, USA. *Außenministerien*: Botschafter L. O. Edström, Schweden. *NRO und private Stiftungen*: Peter Goldmark, Präsident und Steven W. Sinding, Rockefeller Foundation; Carmen Barroso, MacArthur Foundation; Jose Barzelatto, Ford Foundation; Faith Mitchell, Hewlett Foundation. *Institutionen aus dem Bereich Bevölkerungsfragen*: Shigemi Kono, Institute of Population Problems, Japan; Mark Laskin, International Planned Parenthood Federation; Maher Mahran, Egypt National Population Council; Haryono Suyono, National Family Planning Coordinating Board of Indonesia; Manuel Urbina Fuentes, Consejo Nacional de Población (Mexiko); George Zeidenstein, Präsident, Population Council. *Eingeladene internationale Experten*: Jacqueline Pitanguy, Elizabeth Preble.

Zusammensetzung der Kommission

Präsidentin

Maria de Lourdes Pintasilgo
Geboren 1930. Chemikerin und Botschafterin. Vorsitzende der Portuguese National Commission on the Status of Women 1970–74. Sozialministerin 1974/75. UNESCO-Botschafterin 1976–80. Premierministerin 1979–80. Beraterin des Präsidenten der Republik Portugal 1981–85. Mitglied United Nations University Council 1983–99. Mitglied des InterAction Council of Former Heads of State and Government seit 1983. Mitglied des Europäischen Parlaments 1987–89. Vorstandsvorsitzende World Institute for Development and Economic Research, UNU/WIDER, seit 1990. Mitglied *High-level* Expertengruppe zu Frauen und Strukturveränderung in den 1990er Jahren, OECD 1990–91; Mitglied National Council on Bio-ethics 1991–96; Vorsitzende der Arbeitsgruppe zu Gleichheit und Demokratie, Europarat, Straßburg 1993–94; Präsidentin des Comité des Sages, EU 1995–96.

Mitglieder

Monique Bégin
Geboren 1936. Studium in Kanada und Frankreich. Selbständige Soziologin 1963–67. Exekutivdirektorin Royal Commission on the Status of Women in Canada 1967–70. Stellv. Forschungsdirektorin Canadian Radio and Television Commission 1972–72. Unterhausabgeordnete Ottawa 1972–84. Parlamentarische Sekretärin im Außenministerium 1975–76. Finanzminsterin 1976/77. Gesundheits- und Sozialministerin 1977–84; Professorin an den Universitäten Notre-Dame, McGill, Carleton und Ottawa 1984–90. Dekanin Fakultät für Gesundheitswissenschaften, University of Ottawa seit 1990. Stellv. Vorsitzende Ontario Royal Commission on Learning 1993/94.

Ruth Corrêa Leite Cardoso
Geboren 1930. Anthropologin. Seniorforscherin Anthropologie CEBRAP (Brasilianisches Zentrum für Analyse und Planung) seit 1985.

Assistenzprofessorin 1972–86. Mitglied Advisory Council of Foundation Monitoring Public TV 1984–89. Mitglied National Council for the Rights of Women 1985–89. Mitglied des Beirats verschiedener wissenschaftlicher Zeitschriften. Beraterin von Sozialprogrammen der brasilianischen Regierung seit 1994.

Karina Constantino-David
Geboren 1946. Soziologin und Aktivistin, Komponistin und Gitarristin, Publizistin und Redakteurin. Präsidentin Caucus of Development NGO Networks; Stellvertretende Vorsitzende Women's Action Network for Development (WAND). Stellvertretende Ministerin für Soziales und Entwicklung 1986/87. Beraterin Philippine Development Plan for Women 1988/89. Mitglied Inang Laya, weibliches Liedermacherduo. Exekutivdirektorin Harnessing Self-Reliant Initiatives and Knowledge (HASIK). Derzeit Professorin für Community Development, University of the Philippines. Beraterin long-term Plan for Gender Development 1995.

Eleanor Holmes Norton
Kongreßabgeordnete District of Columbia seit 1991. Führende Persönlichkeit in der Bürgerrechts- und der Frauenbewegung. Vorsitzende der Equal Employment Opportunity Commission unter Präsident Jimmy Carter. Vorsitzende Post Office and Civil Service Subcommittee on Compensation and Employee Benefits; Vorsitzende Subcommittee on Judiciary and Education, District of Columbia Committee. Ausgezeichnet vom Lawyers Committee on Civil Rights under Law für ihr Engagement für den Civil Rights Act 1991; wurde vom *Ladies Home Journal* als eine der hundert bedeutendsten Frauen der USA gewählt. Hat fast sechzig Ehrendoktortitel. Juraprofessorin Georgetown University.

Maria Anna Knothe
Geboren 1951. Historikerin. Ausbildung in „Women in Leadership" und NRO-Management. Forschungsgebiete: polnische Geschichte, alte Zeichnungen, bäuerliches Leben, Immigration 1973–91. Spezialistin für Frauen-NRO, Regierungsbevollmächtigte für Frauen- und Familienangelegenheiten 1991/92. Gründerin und Präsidentin Cen-

tre for the Advancement of Women, Warschau, seit 1992. Teilnehmerin bei zahlreichen nationalen und internationalen Konferenzen über Frauen- und historische Fragen. Veröffentlichte mehrere wissenschaftliche Beiträge und Untersuchungen.

Bernard Kouchner

Geboren 1939. Dr. med., Gründer und Vorsitzender Médecins sans Frontières 1971–79; Gründer und Vorsitzender Médecins du Monde 1980–88. Humanitäre Aufenthalte in Biafra, Jordanien, im Libanon, in Syrien, Kurdistan, Tschad, Eritrea, Vietnam, Kambodscha, Thailand, Uruguay, Peru, Guatemala, San Salvador, Honduras und anderen Ländern 1968–1996. Staatssekretär für Social Insertion 1988, Staatssekretär für Humanitäre Aufgaben 1992/93. Exekutivausschuß UN-Hochkommissariat für Flüchtlinge, UN-Vollversammlung seit 1988. Zahlreiche Buchveröffentlichungen.

Vina Mazumdar

Geboren 1927. Unterrichtete Politikwissenschaft an indischen Universitäten 1951–72. Sekretariat der University Grants Commission 1965–73, Committee on the Status of Women 1973–75; Direktorin Frauenstudien Indian Council of Social Research 1975–80, Gründerin und Direktorin Centre for Women's Development Studies, Neu-Delhi 1980/81; National Fellow Indian Council for Social Science Research 1992–94; Mitglied Beirat Population Council, New York 1976–85; Beraterin (ehrenamtlich) ILO 1981–90; Mitglied verschiedener Arbeitsgruppen, Indian Planning Commission, Ministerien für Bildung, für ländliche Entwicklung, für Arbeit 1977–93; Gründerin und Sekretärin Indian Association for Women's Studies 1982–85. Von UNIFEM und der Association for Women in Development (AWID) als außergewöhnliche Führungspersönlichkeit ausgezeichnet.

Hanan Mikhail-Ashrawi

Geboren 1946. Dekanin Faculty of Arts, Birzeit University; Palästinensische Verhandlungsführerin bei den Vorbereitungstreffen der Madrider Konferenz; offizielle palästinensische Sprecherin bei bi- und multilateralen Friedensverhandlungen. Mitglied des Birzeit University Human Rights Action Project; Basis-Aktivistin. Präsidentin der Palestinian Association for Human and Citizens' Rights. Veröffentlichungen zu Themen aus Literatur, Kultur und Kritik, Intifada, Friedensprozeß, Belletristik und Poesie. Ausgezeichnet vom palästinensischen Volk, wurde von arabischen Medien zur Frau des Jahres gewählt. Trägerin des Marisa-Bellisarion-Preises (Italien) für ihre Rolle als Frau in der internationalen Politik. Parlamentsabgeordnete.

Taro Nakayama
Geboren 1924. Dr. med., Mitglied der Versammlung der Präfektur Osaka 1955–68; Abgeordneter im Oberhaus des Parlamentes 1968–86. Stellv. Arbeitsminister 1971; Vorsitzender des Ausschusses für Kabinettsangelegenheiten 1976; Vorsitzender des Lenkungsausschusses 1979; Direktor des Büros des Premierministers; Direktor der Okinawa Development Agency 1980; Vorsitzender Parlamentsangelegenheiten 1985; Mitglied des Repräsentantenhauses seit 1986; Vorsitzender des Forschungsausschusses zu Ethik, Gehirntod und Organtransplantation der Liberal-Demokratischen Partei seit 1988 und des Finanzausschusses der LDP 1988; Außenminister 1989–91, Vorsitzender des LDP-Untersuchungsausschusses zur Außenpolitik seit 1994; Veröffentlichungen: Brain Death and Organ Transplants. Starting from Zero. Changing the World Through Science and Technology.

Olusegun Obasanjo
Geboren 1937. Offizier a. D., diente in der UN-Friedenstruppe im Kongo 1960/61; Kommandeur der 3. nigerianischen Marinedivision während des Bürgerkriegs; nahm im Januar 1970 die Kapitulation der biafranischen Streitkräfte entgegen; Kommandeur der Armeeingenieure 1970-75; Stabschef im Hauptquartier der Streitkräfte 1975/76; Führung der Militärregierung und Kommandeur der Streitkräfte 1976–79; leitete den Übergang zur Zivilregierung. Seit seiner Pensionierung Landwirt; Mitglied des Palme-Ausschusses zu Abrüstung und Sicherheitsfragen 1983–89; Mitglied des InterAction Council of Former Heads of State seit 1983; Direktor Better World Society 1987–91; Gründer und Vorsitzender African Leadership Forum seit 1987. Seit 1995 durfte Olusegun Obasanjo nicht mehr an den Sitzungen der Kommission teilnehmen, da er verhaftet und später in einem Geheimprozeß wegen angeblicher Teilnahme an einem Putschversuch zu

einer Gefängnisstrafe verurteilt wurde. Die Kommission hegt starke Zweifel an der Berechtigung der Anschuldigungen.

Jan Pronk
Geboren 1940. Schloß 1964 sein Studium der Wirtschaftswissenschaft an der Erasmus-Universität ab. Assistent des Nobelpreisträgers Jan Tinbergen, arbeitete am Development Programming Centre des Netherlands Economic Institute; Lehrauftrag an der Erasmus-Universität. Mitglied der Partei der Arbeit, Parlamentsabgeordneter 1971/73, 1978–80 und 1986–89. Professor für internationale Wirtschaftspolitik am Institute of Social Studies (Den Haag) 1980–86. Untergeneralsekretär der UNO und stellv. Generalsekretär der UNCTAD 1980–86. Professor mit Schwerpunkt Theorie und Praxis der Politik, Universität Amsterdam 1988/89. Minister für Entwicklungszusammenarbeit seit 1989.

Pu Shan
Geboren 1923. Dr. phil. Harvard University, Dr. jur. Carleton College; Präsident der Chinese Society for the World Economy seit 1985. Präsident Graduate School, Chinese Academy of Social Sciences seit 1991. Mitglied des Nationalkomitees der Chinese People's Consultative Conference seit 1988 und Mitglied des Ständigen Ausschusses dieser Konferenz seit 1993.

Augusto Ramirez Ocampo
Doktor der Wirtschafts- und Rechtswissenschaften Javeriana-Universität. Mehrmals Delegierter für Präsidialangelegenheiten in Kolumbien; Außenminister; Bürgermeister des Bezirkes Bogotá; Delegierter der Konstitutionellen Nationalversammlung; Direktor der Interamerikanischen Entwicklungsbank, persönlicher Vertreter des Generalsekretärs der UN für den Special Plan for Economic Development in Central America; persönlicher Vertreter des Generalsekretärs der Organisation Amerikanischer Staaten (OAS). Chef de mission zur Wiederherstellung der Demokratie in Haiti. Direktor des UN-Entwicklungsprogramms für Lateinamerika und die Karibik, Botschafter verschiedener internationaler Organisationen. Leiter der UNSAL-

Friedensmission in El Salvador. Parlamentsabgeordneter, Mitglied der Nationalen Versöhnungskommission.

Juan Somavia
Gründer, Exekutivdirektor und Präsident des Latin American Institute of Transnational Studies 1976–86. Präsident der Internationalen Kommission für Demokratischen Widerstand in Chile 1983–90. Gründer und Generalsekretär der South American Peace Commission seit 1986. Ständiger Vertreter Chiles bei der UNO seit 1990. Präsident des UN-Wirtschafts- und Sozialrats (ECOSOC) 1993/94, Vorsitzender des UN-Weltsozialgipfels, Kopenhagen 1995. Träger des Leonidas-Prano-Preises der lateinamerikanischen Menschenrechtsvereinigung. Mitglied International Foundation for Development Alternatives, MacBride Comission (UNESCO), Committee for a Just World Peace und mehrere NRO.

Aminata D. Traoré
Geboren 1947. Doktorin der Sozialpsychologie, Diplom in Psychopathologie, Arbeitsschwerpunkte: Frauen, partizipative Entwicklung Jugendlicher, Kultur und Ökologie. Forschungsassistentin Universität Abidjan 1974–88; Programm- und Studiendirektorin, Frauenministerium Elfenbeinküste 1975–86; Beraterin, UN-Entwicklungsprogramm, UNFPA, UNIFEM, UNICEF, Afrikanische Entwicklungsbank, niederländische und schweizerische Entwicklungshilfeagenturen, Oxfam. Innenarchitektin und Besitzerin von zwei Galerien-Restaurants in Bamako.

Beate Weber
Geboren 1943. Universität Heidelberg und Pädagogische Hochschule Heidelberg 1968–71. Lehrerin 1968–79. Stadträtin in Heidelberg 1975–85. Stellv. Vorsitzende des Bundesrates der SPD 1975. Mitglied des Europäischen Parlamentes (stellv. Vorsitzende, dann Vorsitzende des Umwelt-, Gesundheits- und Verbraucherschutzausschusses) 1979–90. Mitglied des Deutschen Nationalkomitees Habitat II. Seit 1990 Bürgermeisterin von Heidelberg.

Anders Wijkman

Geboren 1944. B.A. Universität Stockholm; Abgeordneter des Schwedischen Parlaments (Gemäßigte Sammlungspartei) 1970/78; Generalsekretär des Schwedischen Roten Kreuzes 1979/80; Präsident der Katastrophenhilfskommission des Internationalen Komitees vom Roten Kreuz 1981/89; Generalsekretär Schwedische Gesellschaft für Naturschutz 1989–92. Mitglied der schwedischen Königlichen Akademie der Wissenschaften seit 1988. Generaldirektor Schwedische Agentur für Forschungszusammenarbeit mit Entwicklungsländern 1992–95. Mitglied des Club of Rome seit 1992. Untergeneralsekretär der UN und Direktor des Bureau for Policy and Programme Support des UN-Entwicklungsprogramms seit 1995. Verschiedene Veröffentlichungen über Umwelt, nachhaltige Entwicklung, Katastrophenvorbeugung, AIDS.

Alexander Nikolajewitsch Jakowlew

Geboren 1923. Doktor der Geschichte. War nach dem Zweiten Weltkrieg Parteifunktionär, Lehrer und Journalist. Arbeitete abwechselnd an der Akademie für Sozialwissenschaften und für das Zentralkomitee der KPdSU 1953–73. Botschafter in Kanada 1973–83. Direktor des Institute for the World Economy and International Relations 1983. Gewählter Sekretär des Zentralkomitees und Mitglied des Politbüros, 1985 Mitglied des Präsidentschaftsrats. Wurde 1991 wegen des Versuchs, eine Partei zu gründen, aus der KPdSU ausgeschlossen. Derzeit Vorsitzender des Präsidentschaftsausschusses für die Rehabilitierung politischer Gefangener. Präsident der International Foundation for Charity and Health. Mehrere Veröffentlichungen über internationale Beziehungen, demokratische Prozesse in Rußland, globale, soziale und wirtschaftliche Probleme.

Berater

Dragoljub Najman

Geboren 1931. Studierte Jura, Diplomatie, französische und italienische Sprache und Literatur an der Universität Belgrad (1950–56). Mitglied des Centre for International Affairs der Harvard University. Chef de mission, Zaire; Direktor für Sekundärbildung; Assistant

Director-General, dann Sonderbeurlaubung, UNESCO 1957–86. Mitglied der Independent Group on Financial Flows to Developing Countries 1988/89. Mitglied des Lenkungsausschusses A World in Need of Leadership: Tomorrow's United Nations 1990/91. Mitglied des Direktoriums Peace and Crisis Management Foundation. Vizepräsident The African Leadership Forum; Mitglied des Akademischen Rates des European Centre for Peace and Development; Berater der Interamerikanischen Entwicklungsbank und des UN-Entwicklungsprogramms. Lehrauftrag über Makroökonomie, internationale Schulden, Auslandsinvestitionen an der Universität Belgrad.

George Zeidenstein
Dr. jur. Harvard University (cum laude). Private Anwaltspraxis 1954–65. Ehrenamtlicher Anwalt in Mississippi und Arkansas zur Unterstützung der Wählerregistrierungskampagne 1964. Landesdirektor (Nepal), dann designierter Regionaldirektor Ostasien und Pazifik des Peace Corps 1965–69. Präsident der Brooklyn Linear City Development Corporation 1968/69. Repräsentant in Bangladesch, später stellv. Leiter für Asien und den Pazifik der Ford Foundation, 1969–76. Präsident des Population Council 1976–93. Distinguished Fellow des Centre for Population and Development Studies, Harvard University seit 1993.

Sekretariat

Exekutivsekretär: Pierre de Senarclens (1992–94)
Leitender Stabsberater: Stafford Mousky (1992/93)
Bevölkerungsfragen: Christopher Allison, freigestellt von der Overseas Development Agency, Großbritannien (1992–95). Alain Mouchiroud, freigestellt von der UNFPA (1993/94).
Frauenfragen: Martha O. Garcia
Humanressourcen: Laura Faxas
Entwicklung: Anne Baer
Kommunikation: Nadia Khouri-Dagher, unter Mitarbeit von Sophie Lavoute

Berater: Leonard Appel, Hans d'Orville, Pierre Henquet, A. M. A. Muhith
Verwaltung: Samy Bernardout
Assistentin der Vorsitzenden: Françoise Brunel
Mitglieder des Stabes: Margaret Hoareau, Kristi Hampton, Roza Agrane, Diana Heath, Sonali Munasinghe

Der Bericht wurde von einer Arbeitsgruppe der Kommission vorbereitet. Er beruht auf einem ausführlichen Entwurf von Paul Harrison; die Endfassung wurde von Dragoljub Najman und Hans d'Orville erstellt, Jacques Richardson übernahm die Redaktion.

Arbeitsauftrag

Die Kommission definierte ihre zentralen Arbeitsbereiche auf der Basis ihres Arbeitsauftrags. Dieses Mandat umfaßte zwei wesentliche Aufgaben:

- unter Berücksichtigung aller relevanten Faktoren und deren Zusammenwirken eine „neue Vision" der Bevölkerungsfrage zu entwickeln;
- ein möglichst breites Publikum anzuhören und zu versuchen, sowohl aus dessen Erfahrungen Daten zu sammeln, als auch die Vision der Kommission zu Bevölkerungsfragen in die Öffentlichkeit zu tragen.

Der hier verkürzt und vereinfacht wiedergegebene Arbeitsauftrag der Kommission lautete also:

Zweck

Der Zweck der Kommission ist die Erarbeitung und die Verbreitung einer neuen Vision der internationalen Bevölkerungsproblematik, die eine umfassende und breite Öffentlichkeit einbezieht, inspiriert und zu nachhaltigem Engagement anregt.

Kontext

Das Beziehungsgeflecht zwischen Menschen, wirtschaftlicher Entwicklung, Umwelt und menschlicher Wohlfahrt ist heute ausgesprochen komplex. Dennoch steht außer Frage, daß eine nachhaltige Entwicklung unserer Lebensqualität und das Überleben unseres Planeten die übergeordneten Ziele darstellen.

Unsere Welt kann nur überleben, wenn wir neue und gemeinsame Lösungen finden, die alle Nationen in der Verpflichtung einen, Konsum- und Produktionsmuster in einer Art und Weise zu gestalten und Bevölkerungsfragen so anzugehen, daß eine gleichberechtigte Entwicklung gefördert wird und alle Rechte respektiert werden.

Hohe Fruchtbarkeitsraten werden mit zwei Faktoren in Verbindung gebracht: mit einem mangelnden Angebot an Familienplanung und sozioökonomischen Unterschieden. Es ist daher unerläßlich, eine qualitativ hochwertige Familienplanung anzubieten und die Lebensbedingungen zu verbessern, besonders in bezug auf Gesundheit, Ernährung und Bildung. Gleichzeitig steht zu befürchten, daß sowohl die finanzielle als auch die sonstige Unterstützung für Entwicklungsvorhaben in den sozialen Bereichen nicht angemessen ist und nicht immer ihr Ziel erreicht. Es sollen Mittel und Wege gesucht werden, wie ein Wirtschaftswachstum realisiert werden kann, das Gleichberechtigung fördert und menschenzentrierte, qualitativ hochwertige soziale Leistungen ermöglicht – besonders in den Bereichen Gesundheits- und Familienplanung.

Aus diesen Gedanken heraus wurde die Kommission eingerichtet. Sie soll eine Vision und direkte gemeinsame Maßnahmen entwickeln und verbreiten, die die Synergien zwischen den relevanten Akteuren erkennen und darauf aufbauen.

Überlegungen zur Politik

Die Kommission wird folgenden Aspekten Rechnung tragen:

- Die Verpflichtung der Regierungen zur Formulierung von politischen Programmen und der Regierungen und NRO zur Verbesserung ihrer institutionellen und technischen Fähigkeiten zur Umsetzung von entsprechenden Programmen muß gestärkt werden.

- Zwischen den verschiedenen Gruppen muß eine gemeinsame Basis geschaffen werden, die koordinierte Maßnahmen fördert und die notwendige Unterstützung gewährleistet, einschließlich der Erhöhung der zur Verfügung stehenden finanziellen Mittel.

- Wir müssen uns darauf konzentrieren, daß jede/r einzelne, jede Familie und jedes Paar seine reproduktiven Ziele innerhalb aller Bevölkerungsprogramme realisieren kann. Nur so können persönliche Freiheit und bessere Bedingungen für die Familie einerseits und nachhaltige Wachstumsraten der Bevölkerung andererseits erreicht werden.

- Die zentrale Rolle der reproduktiven Wahlmöglichkeiten und des nachhaltigen Bevölkerungswachstums als wesentliche Elemente einer breitangelegten Entwicklungsstrategie muß unterstrichen werden.

- Frauen sind oft die Ärmsten der Armen, häufig wird ihnen Gleichberechtigung mit Männern versagt. Die Kommission muß sich erfolgreich um die Abschaffung solchen Unrechts bemühen.

Methode
Soziale, wirtschaftliche, bildungsmäßige und kulturelle Faktoren müssen bestimmt, und ihr Zusammenhang mit Fruchtbarkeitsverhalten muß diskutiert werden. Sexualität, Geschlechter-Macht-Beziehungen, Diskriminierung und Gewalt sowie individuelle und kollektive Ethiken sollten wichtige Komponenten der Arbeit der Kommission sein.

Ansatz
Die Kommission wird energisch versuchen, die Erfahrungen und Ansichten betroffener Gruppen und Einzelpersonen in Regierungen, multinationalen Institutionen und NRO kennenzulernen und zu reflektieren. Der Kommission wird es dabei besonders darauf ankommen, in ihrer gesamten Arbeit die Ansichten von Frauen kennenzulernen und mit einzubeziehen. Zu diesem Zweck wird die Kommission intensive Anhörungen an ausgewählten Orten in repräsentativen Ländern rund um den Erdball durchführen; die verschiedensten

Gruppen innerhalb und außerhalb der Regierungen werden befragt werden, um ihre Sicht der Bevölkerungs-, Entwicklungs- und reproduktiven Gesundheitsfragen kennenzulernen. Die Kommission wird darüber hinaus Untersuchungen und andere schriftliche Beiträge in Auftrag geben.

Die Arbeitsergebnisse der Kommission richten sich an zentrale Persönlichkeiten, die an der Formulierung von politischen Programmen teilhaben, an Entscheidungsträger, an Meinungsbilder und Meinungsführer weltweit. Öffentlichkeitsarbeit wird von Beginn an eine wesentliche Aufgabe der Kommission sein: Die Kommission wird versuchen, sich über geeignete Kanäle mit einem möglichst großen Publikum auszutauschen.

Sitzungen der Kommission

Die Kommission traf sich halbjährlich, um eine gemeinsame Vision auszuarbeiten und ihre Botschaft zu formulieren, die in erster Linie über ihren Bericht Verbreitung finden sollte.

Die erste Sitzung fand vom **21. bis 23. April 1992 in Paris** statt. Hier sollte die gemeinsame Definition des Arbeitsauftrags und der Methodologie formuliert werden. Das Treffen diente dem Erfahrungs- und Meinungsaustausch der Kommissionsmitglieder in bezug auf Bevölkerungsfragen und Lebensqualität, Menschenrechte, sozioökonomische Entwicklung und Ökologie.

Die zweite Sitzung fand vom **13. bis 15. Oktober 1993** ebenfalls in **Paris** statt. Die Mitglieder der Kommission bestätigten ihre Entscheidung, das Konzept der Lebensqualität als Leitprinzip ihrer Arbeit heranzuziehen. In diesem Zusammenhang erfuhr auch das Konzept „Bevölkerung“ eine deutliche Umorientierung: es wurde über reine Zahlenspiele hinausgeführt und orientierte sich an den Menschen und ihren Lebensbedingungen. Folglich erhielt die Basisarbeit Priorität, und die Kommission erstellte Leitlinien für die öffentlichen Anhörungen, die weltweit in verschiedenen Regionen ausgerichtet werden sollten, um ein möglichst breites Publikum zu erreichen.

Die dritte Sitzung fand – im Anschluß an die Regionalkonsultation der Kommission in Südasien – vom **28. bis 30. April 1994 in**

Neu-Delhi statt. Auf dieser Sitzung verständigte sich die Kommission auf einen Vorentwurf und den allgemeinen Inhalt des Berichts. Das Sekretariat der Kommission wurde beauftragt, auf der Grundlage dieser Verständigung einen ersten Berichtsentwurf zu erarbeiten.

Dieser erste Entwurf wurde im Rahmen der vierten Sitzung der Kommission vom **4. bis 7. Februar 1997 in Sintra**, Portugal, vorgestellt. Der Titel des Berichts, „Caring for the Future", wurde angenommen. Bei dieser Sitzung hatte die Kommission die Gelegenheit, den Stand der Vorbereitung zum Weltsozialgipfel zu diskutieren. Als Diskussionspartner stand Juan Somavia zur Verfügung, Mitglied der Kommission und gleichzeitig Generalsekretär des Weltsozialgipfels, der im März 1995 in Kopenhagen stattfand.

Bei der fünften Sitzung vom **26. Juni bis 1. Juli 1995 in Paris** einigte sich die Kommission auf die endgültige Formulierung der Schlußfolgerungen und plante die Verbreitung des Berichts. Eine Arbeitsgruppe aus fünf Kommissionsmitgliedern wurde ernannt, die die Erstellung des Berichts im Detail begleiten und Anregungen für die Endfassung geben sollte.

Im Rahmen der sechsten und letzten Sitzung der Kommission vom **2. bis 4. Februar 1996 in Paris** diskutierte und verbesserte die Kommission den Bericht und verabschiedete eine neue und endgültige Fassung.

Regionale öffentliche Anhörungen

Auf ihrer zweiten Sitzung hatte die Kommission beschlossen, sich in erster Linie an die Betroffenen selbst und an Vertreter von direkt an der Basis agierenden Institutionen zu wenden. Daher wurden in sieben Regionen öffentliche Anhörungen zu Bevölkerungsfragen veranstaltet. Jede Anhörung widmete sich schwerpunktmäßig einem bestimmten, für die Region als besonders dringlich erachteten Aspekt der Bevölkerungsfragen im weiteren Sinn. Die Beiträge der NRO, der Wissenschaft, der Verwaltung, der religiösen und politischen Führung, der Frauen- und Jugendorganisationen ermöglichten ein dichtes und aufschlußreiches Bild. Die Aussagen der Anhörungen sind in den vorliegenden Bericht eingeflossen.

Darüber hinaus machten örtliche Kamerateams Videoaufzeichnungen der Anhörungen. Die Kommission plant, aus dem audiovisuellen Material zu jeder Anhörung ein Buch/Magazin zusammenzustellen. Das erste – von den Anhörungen in Simbabwe und Mali – ist bereits als zweisprachige Ausgabe mit dem Titel *Qui écoutera ma voix?/Who will listen to my Voice?* erschienen.

Bei jeder Anhörung waren die Vorsitzende, einige Mitglieder der Kommission und zwei Berater anwesend. Örtliche Gruppen wurden gebeten, mit Unterstützung der jeweiligen regionalen Kommissionsmitglieder die Organisation des gesamten Prozesses in die Hand zu nehmen. Somit konnte die Kommission Ansichten und Perspektiven bewerten, die in der Tat ein Echo der Stimme des Volkes sind.

Es fanden folgende Anhörungen statt:

- Südliches Afrika, Harare (Simbabwe), 10.–11. Dezember 1993
- Westafrika, Bamako (Mali), 22.–25. Februar 1994
- Nordamerika, Washington D.C. (USA), 28.–30. März 1994
- Südasien, New Delhi (Indien), 25.–27. April 1994
- Lateinamerika, 14.–18. August 1994
- Südostasien, Manila (Philippinen), 20.–23. September 1994
- Osteuropa, Moskau (Rußland), 17.–24. Oktober 1994

Expertenbefragungen

Die Kommission befragte Experten aus verschiedenen Disziplinen zu Bevölkerungsfragen. Über die Gespräche mit Einzelpersonen hinaus wurden auch thematische Diskussionsrunden organisiert.

Die Diskussionsrunden

Population Policies and Governance, Bellagio (Italien), 27.–30. September 1993. Im Mittelpunkt standen die Entwicklung von Bevölkerungspolitik und bevölkerungspolitischen Maßnahmen der verschiedenen Länder in der zweiten Hälfte des 20. Jahrhunderts und die Analyse ihrer Zusammenhänge mit Fragen der „guten Regierung" und der Ethik.

Production and Consumption Patterns in Relation to the Earth's Carrying Capacity and their Impact on the Quality of Life, Stockholm (Schweden), 18.–20. Mai 1994. Ziel dieser Runde war es, mögliche Alternativstrategien zu derzeitigen Konsum- und Produktionsmustern unter Einbeziehung ethischer und ökologischer Aspekte vorzustellen und zu analysieren.

Besondere Bedeutung kam unseren Gesprächen mit regionalen „Vordenkern" zu, die im Rahmen der öffentlichen Anhörungen stattfanden.

Finanzielle Unterstützung

Die Arbeit der Kommission wurde von den folgenden Regierungen, internationalen Organisationen und privaten Stiftungen unterstützt: den Regierungen von Deutschland, Großbritannien, Japan, Kanada, den Niederlanden, Norwegen und Schweden sowie von der International Planned Parenthood Federation, dem United Nations Population Fund, der Weltbank, der Ford Foundation, der William and Flora Hewlett Foundation, der MacArthur Foundation, der Andrew W. Mellon Foundation und der Rockefeller Foundation.

Index

Ein Beitrag zu einer global nachhaltigen Entwicklung

Das ressourcen- und energieintensive Wohlstandsmodell der Industrieländer ist weder zukunftsfähig noch verallgemeinerbar: Zu viele Naturgüter werden verbraucht, und hohe Schadstoffmissionen verändern das Klima und verschmutzen die Weltmeere. Wie aber müßte zukunftsfähiges Leben und Wirtschaften in einem Industrieland wie Deutschland aussehen? Wie bekommen Länder des Südens bessere Entwicklungschancen, wie bleiben die natürlichen Lebensgrundlagen erhalten? Mitarbeiter des Wuppertal Instituts haben im Auftrag von MISEREOR und BUND diese Fragen untersucht. In diesem Buch tragen sie die aktuellen Daten zusammen, schätzen Werte für einen tragfähigen Umweltverbrauch ab und entwickeln Leitbilder und Empfehlungen für Politik, Wirtschaft und Gesellschaft.

Zukunftsfähiges Deutschland
Ein Beitrag zu einer global nachhaltigen Entwicklung
Herausgegeben von BUND und MISEREOR
4., überarbeitete und erweiterte Auflage
450 Seiten, 54 Abbildungen. Broschur
ISBN 3-7643-5711-8

Zukunftsfähiges Deutschland
Der Film zum Thema
Eine Focus-film Produktion von Carl A. Fechner
Regie: Rüdiger Mörsdorf
43 Minuten. Betacam SP/VHS
Unverbindliche Preisempfehlung
ISBN 3-7643-5369-4

In allen Buchhandlungen erhältlich!
Birkhäuser Verlag AG • Viaduktstrasse 40-44 • CH-4010 Basel • Fax: +41 / (0)61 / 205 07 92
e-mail: promotion@birkhauser.ch • hompepage: http://www.birkhauser.ch

Globale Auswirkungen eines ,Zukunftsfähigen Deutschlands'

Über 30'000 Leserinnen und Leser haben bis heute die Studie ,Zukunftsfähiges Deutschland' gekauft! Diese überwältigende Resonanz macht deutlich, wie groß das Interesse an einer Überwindung der weltweiten sozialen und ökologischen Krise ist. Denn wenn alle Menschen so unbedacht mit den natürlichen Lebensgrundlagen (Wasser, Luft und Rohstoffe) umgingen, wie es eine reiche Minderheit derzeit noch praktiziert, müßten wir auf die Reserven von mindestens fünf Planeten zurückgreifen können. Gesucht wird also ein neuer Handlungsrahmen für die wirtschaftliche und ökologische Entwicklung Deutschlands im globalen Kontext; d.h. wir brauchen neue Impulse, wie wir zukünftig einkaufen, essen, wohnen, wegwerfen, reisen und produzieren sollten. Angeregt durch zahlreiche Leserbriefe legt MISEREOR jetzt das „Weltkursbuch" vor, das der Diskussion um eine zukünftige Lebensweise die notwendige soziale und entwicklungspolitische Komponente geben will. In Anlehnung an die Leitbilder der Studie (Wohnen, Ernährung, Bekleidung, gesellschaftliches Zusammenleben etc.) lädt das Buch zu einer Reise in den Alltag der Menschen in Afrika, Asien und Lateinamerika ein, der mit dem unsrigen verglichen wird. Dadurch wird dem Leser ermöglicht, sein persönliches Alltagsverhalten zu hinterfragen und zu verändern. Durch die lebendige Zusammenstellung von Informationstexten, literarischen Beiträgen, praxisorientierten Anregungen und Comics ist ein Buch enstanden, das zwar kritisch bilanziert, von Weltuntergangsstimmung aber weit entfernt ist: Das „Weltkursbuch" zeigt praktische Wege für eine Wende auf.

MISEREOR (Hrsg.)
Weltkursbuch –
Globale Auswirkungen eines
,Zukunftsfähigen Deutschlands'
Hinweise und Tips für unser alltägliches Handeln
216 Seiten, durchgehend zweifarbig, mit 8 Cartoons, Broschur
ISBN 3-7643-5827-0

In allen Buchhandlungen erhältlich!
Birkhäuser Verlag AG • Viaduktstrasse 40-44 • CH-4010 Basel • Fax: +41 / (0)61 / 205 07 92
e-mail: promotion@birkhauser.ch • hompepage: http://www.birkhauser.ch

Machen Grenzen noch Sinn, oder sind wir auf dem Weg in eine grenzenlose Gesellschaft?

Ein hochaktuelles Buch über Sinn und Zweck von Grenzen im gesellschaftspolitischen, technischen und naturwissenschaftlichen Bereich.
Mit Beiträgen bekannter Autoren: Ivan Illich, Orio Giarini, Vittorio Hösle, Klaus Meyer-Abich, Dieter Oesterhelt u.a.

Fortschritt war immer mit Fort-Schreiten verbunden, mit der Überwindung von Grenzen. In einer Welt der erzwungenen Seßhaftigkeit der Landwirtschaft, des Ochsenkarrens und quälender dörflicher Enge war Wanderschaft, das hurtige Reitpferd, das Erschließen neuer Räume und Kulturen ganz selbstverständlich eine Befreiung.
Entdeckungen und Eroberungen bis hin zur „Eroberung des Weltraums" haben das Fortschrittsgefühl bis in die neueste Zeit hinein bestimmt und beflügelt. Der amerikanisch-angelsächsische Traum der Überwindung immer neuer Grenzen hat nicht zuletzt auch die Wissenschaft und Technologie der letzten fünfzig Jahre dominiert. Die Kommunikationstechnologie, der interkontinentale Flugverkehr, die internationalen Wirtschaftsbeziehungen und schließlich die Globalisierung sind zum technologisch-politischen Programm des Niederreißens jeglicher Grenzen geworden.
Doch das Stichwort Globalisierung, als es in seinen Konsequenzen verstehbar zu werden begann, löste auf einmal Ängste aus. Zum ersten Mal in der Weltgeschichte, so kann man überspitzt sagen, ist ein breites Bewußtsein dafür entstanden, daß das Fortschreiten über Grenzen nicht mehr automatisch Fortschritt ist.

Ernst Ulrich von Weizsäcker
Grenzen-los?
Jedes System braucht Grenzen – aber wie durchlässig müssen diese sein?
406 Seiten mit 43 sw-Abbildungen
Gebunden mit Schutzumschlag
ISBN 3-7643-5666-9

In allen Buchhandlungen erhältlich!
Birkhäuser Verlag AG • Viaduktstrasse 40-44 • CH-4010 Basel • Fax: +41 / (0)61 / 205 07 92
e-mail: promotion@birkhauser.ch • hompepage: http://www.birkhauser.ch